DEN NYA HÖGERN

Michael O'Meara

DEN NYA HÖGERN

Antiliberalism i det postmoderna europa

ARKTOS

LONDON 2024

Publicerad 2015 av Arktos Media Ltd.

ISBN 978-1-915755-69-8

Svensk översättning av den andra engelska utgåvan, *New Culture,
New Right: Anti-Liberalism in Postmodern Europe* (Arktos, 2013).

ÖVERSÄTTARE
Daniel Friberg

REDAKTÖR
Charlotta Johansson

LAYOUT
Tor Westman

ARKTOS MEDIA LTD.
www.arktos.com

INNEHÅLLSFÖRTECKNING

Förord: Högern kommer tillbaka...........................vii

Inledning: Den sanna högern............................. 1

1 Från den gamla högern till den nya.....................22

2 Metapolitik...67

3 Liberalismens mängdvälde 89

4 Gudarnas skymning 151

5 Arkeofuturism 178

6 Antieuropa...217

7 Väst mot Europa 261

8 Imperium 283

Slutsats 324

Index...352

Förord av Daniel Friberg

HÖGERN KOMMER TILLBAKA

Vänsterns kulturella herravälde som sträckte sig från 1945 till 1989 är över. Den konsensus som efter Andra världskriget delats av gaullister, kommunister, kristdemokrater och socialister är förbi. Tabun har krossats — för alltid.

GÁSPÁR MIKLÓS TAMÁS

Efter ett drygt halvsekel av reträtt, marginalisering och ständiga eftergifter till en allt mer aggressiv och krävande vänster, är den europeiska högern på väg tillbaka med kraft. Det är förstås inte en dag för tidigt; Europa står inför en lång rad problem, för att inte säga hot. Vare sig vänstern eller den nygamla högern har viljan eller förmågan att lösa dessa problem — snarare utgör de själva två av huvudproblemen. De traditionella högeridéernas återkomst är därför något som angår oss alla.

VÄNSTERNS KULTURELLA ERÖVRINGSKRIG

Så sent som på 1950-talet ansågs det som allmänt brukar ses som traditionella ideal i stort sett vara självklara i merparten av Europa. Kärnfamiljen betraktades som samhällets fundament och de europeiska staternas jämförelsevis homogena etniska sammansättning sågs inte som ett problem som måste lösas genom massinvandring. Idag,

dryga 60 år senare, har Västs ideal inverterats fullständigt och idéer
som ursprungligen hörde den perifera extremvänstern till har upp-
höjts till samhällsnormer som präglar utbildningsväsende, massme-
dia, statliga institutioner och privata aktörer.

Michael O'Meara redovisar i föreliggande bok delar av den utveck-
ling som fört oss hit. En av de faktorer som tas upp är Frankfurtskolan
och dess kritiska teori.

Marxistiska sociologer och filosofer vid
Frankfurts *Institut für Sozialforschung* sökte redan under 1900-talets
början genom filosofi och selektiv samhällsanalys undergräva förtro-
endet för traditionella värderingar och hierarkier. Dess ambitioner
kom, genom en process som är allt för komplex för att redovisa här, att
spela en allt mer betydande roll under efterkrigstiden.

Mycket av Frankfurtskolans idégods kan idag ses i vänsterns och
massmedias verklighetsbeskrivning. I ett samhälle präglat av en okon-
trollerad invandring med tillhörande sociala problem, försöker man
övertyga befolkningen om att det avgörande problemet är västerländsk
rasism. Abortnormer och radikalfeminism tycks skräddarsydda för
att maximera både kvinnlig och manlig egoism, samt minska antalet
födslar till långt under reproduktionsnivån; "patriarkat" och "traditio-
nella könsroller" betraktas i den allmänna samhällsdebatten som om
de vore skadliga fenomen.

Invandringen, sexualliberalismen och flera andra felaktiga poli-
tiska och kulturella vägval kan inte helt förklaras med vänsterns verk-
samhet, men utan Frankfurtskolan och besläktade vänsterprojekt är
det osannolikt, för att inte säga otänkbart, att de skulle ha tagit sig de
former som de gjort.

För att förstå hur en av världshistoriens största civilisationer — un-
der vad som i ett historiskt perspektiv kan betraktas som ett kort ögon-
blick — genomgått en drastisk förvandling från en livsbejakande till en
genuint självskadlig samhällsform, fordras en förståelse för *metapoliti-*
kens roll i den senare delen av 1900-talets samhällsomvälvningar.

Begreppet metapolitik myntades av den italienske marxisten Antonio Gramsci i hans strävan att analysera varför den kommunistiska revolutionen aldrig nådde Västeuropa. Detta berodde enligt Gramsci på "borgarklassens" kulturella herravälde, som först måste brytas för att öppna upp samhället för ett kommunistiskt maktövertagande. Vägledd av denna analys inleddes sedermera vänsterns *långa marsch genom institutionerna*, som slutligen säkerställde vänsterns kulturella hegemoni i Europa—en hegemoni som uppnåddes genom en långsiktig, enträgen och kompromisslös metapolitik. Vare sig politiskt våld eller parlamentarisk politik spelade någon större roll i denna process, även om den kom att påverka både det förra och det senare. Resultatet blev visserligen annorlunda än vad Gramsci kunde föreställa sig, något som diskuteras i bland annat Paul Gottfrieds *The Strange Death of Marxism* (University of Missouri: 2005) och även görs tydligt av O'Meara i bland annat kapitel 2.

Metapolitik kan sammanfattningsvis definieras som arbetet med att sprida och förankra idéer, attityder och värderingar i samhället, och på sikt åstadkomma en djupare politisk förändring. Detta arbete behöver inte—bör kanske inte—vara kopplat till ett visst parti eller program. Poängen är ytterst att omdefiniera *förutsättningarna för allt politiskt arbete*, vilket den europeiska kulturvänstern drivit till sin yttersta spets. Den politiska korrekthetens strypkoppel är metapolitik brukad—eller kanske snarare missbrukad—på effektivast tänkbara sätt. Bara genom att förstå detta redskap, motverka dess missbruk och göra dess positiva användning till vår egen kan vi övervinna den eländiga situation vår kontinent befinner sig i.

DEN GAMLA HÖGERNS FALL

Vänsterns framryckning under 1900-talets andra hälft möjliggjordes av tre huvudsakliga faktorer:

1) Att högeridéer efter Andra världskrigets slut blev samman-
kopplade med den förlorande sidan och i synnerhet nazismen.
Det faktum att koncentrationsläger och systematiska poli-
tiska förföljelser i åtminstone lika hög utsträckning utmärkte
det segrande Sovjetunionen, och sedan åtminstone Franska
Revolutionen varit betydligt mer nyttjade av revolutionär
vänster än reaktionär höger, lyckades vänsterns apologeter
effektivt sopa under mattan.

2) Att vänsterns tidigare nämnda långa marsch genom institu-
tionerna eskalerade under 60- och 70-talen, och kulminerade
i att den tillskansade sig ett dominerande inflytande över me-
dia, kultur och utbildningsväsende, det vill säga de instanser i
samhället som formar människors tankar och åsikter.

3) Att den aparta form av vänster som utvecklades av sådana som
Herbert Marcuse, där den europeiska arbetarklassen avfärda-
des som obotligt reaktionär och ersattes i rollen som revolutio-
närt subjekt av sexuella och etniska minoriteter, sammanföll
med mäktiga ekonomiska och politiska intressen och tenden-
ser i Väst. Den marcuseanska vänsterns föreställningar, där
klasskampen och den ekonomiska omfördelningen drunknar
i en kult av individen och "hens" navelskådande identitetsmas-
turbation, var både förenlig med den globala marknadslibe-
ralismens idealkonsument, och med den amerikanska statens
vilja att hindra den inhemska vänsteroppositionen från att bli
allt för Sovjetvänlig eller politiskt effektiv.

Vänsterns framgångsrika metapolitik, där den under decennier av
enträgen kamp gradvis lyckats ta kontrollen över relevanta opinions-
formande institutioner, kan visserligen tjäna som ett lärande exempel
för oss som nu behöver genomföra samma resa. Samtidigt utgör den
också ett varnande finger. I den mån vänsterns projekt gått ut på att

skapa ekonomisk rättvisa och häva individens alienering, alltså det som Marx förespråkade, har det givetvis misslyckats fullständigt. Trots sitt strypgrepp om debattklimatet i exempelvis Sverige, spelar vänstern i praktiken rollen av den globala kapitalismens hovnarr. Dess främsta funktion har i övrigt blivit att förhindra att Europas majoritetsbefolkningar försvarar sig mot politiska projekt som underminerar deras möjlighet till politiskt självbestämmande, och försök till historisk analys har ersatts av sentimentalitet. Till och med relativt begränsade former av effektiv omfördelningspolitik förpassas successivt till historiens skräphög, undantaget omfördelningen av ekonomiska resurser från medelklassen till dels storkapitalet, dels det växande utomeuropeiska proletariatet på europeisk mark. Talar vi idag om kommunismens spöke, menar vi också ett spöke.

Detta visar också att vänsterns framryckningar till stor del skett med västvärldens eliters godkännande och draghjälp, vilket inte är något en genuin högerrörelse kan räkna med. Högern har dock till skillnad från vänstern fördelen att helt enkelt ha rätt i många frågor. Vår verklighetsbeskrivning stämmer bättre överens med det människor faktiskt upplever i vardagen (vilket inom politiken är av oerhörd vikt), och våra förutsägelser och förklaringsmodeller stämmer bättre överens med vad som faktiskt sker i samhället. Det är ingen garant för framgång, men det är en fördel.

När vi talar om höger gäller det förstås att vara tydlig med att man inte syftar på den vänsterliberala parodi som idag använder begreppet i exempelvis den svenska offentligheten. Den svenska "högerns" ovärdiga försvagning och vänsterglidning under efterkrigstiden är en direkt konsekvens av att man inte begripit vikten av metapolitik och kulturellt arbete, och därför helt enkelt kapitulerat inför vänstern i dessa frågor. Trygga i förvissningen om att den nya vänstern inte på något väsentligt sätt kan hota de egendoms- och produktionsförhållanden som tycks vara det enda som Europas liberaler och "konservativa" värnar om, har de ställt upp bakom idéer som jämställdhet, feminism, massinvandring, postkolonialism, antirasism och HBTQ-särintressen.

En "höger" som blivit en del av vänstern är inte vatten värd, och det är på tiden att dessa patetiska halvfigurer lämnar plats för en äkta höger.

DEN NYA HÖGERN FÖDS

I föreliggande bok redogörs för ett exempel på det kanske viktigaste försöket under efterkrigstiden att (åter)skapa en äkta höger. Ur ruinerna av den gamla högerns misslyckande har en imponerande samling intellektuella vuxit fram på kontinenten. Kretsen kring den franska tankesmedjan GRECE har haft en svår balansgång — för den som vuxit upp i efterkrigstidens Europa är det lätt att uppfatta världen som ett val mellan vänsterns utopism, marknadsliberalismens kortsiktiga realism eller någon form av "nynazism" eller "fascism". Denna trikotomi är förstås genomfalsk, men etablerade institutioner i västvärlden, med vänstern i spetsen, har länge haft ett intresse av att upprätthålla den.

Alla som vill Europa väl, det må vara tankesmedjor eller partier, måste förhålla sig till denna enfaldiga konstruktion och hitta vägar för att hantera dels de ständiga påhoppen från betalda hatpredikanter, dels den egna ideologins relation till Europas historia. GRECE, ämnet för denna bok, hör kanske till dem som brottats mest med den här problematiken, med varierande framgång.

Tydligast blir detta problem annars för de bredare folkrörelser som försöker göra slut på, eller åtminstone lindra, Europas nöd. Alla "högerpopulistiska" partier tvingas förhålla sig till en politisk och ideologisk hegemoni som ofta är direkt fientlig till Europas majoritetsbefolkningar och därmed ännu mer fientlig till den som gör sig till talesman för dessas intressen. I vissa fall är "anpassningen" förmånlig — att exempelvis helt distansera sig från våldsverkare, terrorister och allmänna dårar är en förutsättning för att högern ska segra, och för att segern ska vara önskvärd. Den avsky mellan olika folkgrupper som är en direkt konsekvens av den radikala mångkulturalismen är heller inte något som oproblematiskt kan översättas till ett meningsfullt politiskt projekt. Trycket från "etablissemanget" kan här bli ett smidigt sätt att disciplinera sig och skapa en konstruktivare politisk framtoning. Samtidigt kan försöken att promenera med ena foten i åsiktskorridoren leda radikalt fel. Partier vars funktion är att bevara, eller snarare återställa, traditionella europeiska värderingar ska inte ägna sig åt att ställa sig in hos dessa värderingars fiender. Att avstå från vulgära uttryck för "rasism" må vara ett uttryck för politisk och personlig mognad, men att vara "antirasist" är något helt annat — det är att vara del av en rörelse direkt kopplad till ett besinningslöst hat mot Europa och hennes historia.

Manisk avsky mot judar, homosexuella, muslimer eller andra minoriteter är givetvis irrationellt, och ingenting man kan eller i alla fall bör bygga ett positivt politiskt projekt på. Vad Europa behöver idag är en höger som ser till *hennes* intressen, inte en som gör sig till redskap för grupper vilka, som politiska enheter betraktade, i bästa fall är ointresserade av hennes framtid.

DEN SVENSKA NYA HÖGERN TAR TÄTEN

I början av det nya millenniet börjar etablissemangets hegemoni krackelera, i takt med att vänsterns ideologiserade, verklighetsfrämmande tolkning av världen allt tydligare visar sina brister, och därför genomskådas och utmanas av ett snabbt växande antal europeiska kvinnor och män.

Denna utveckling pågår över hela Europa och även om Sverige på grund av vänsterns oproportionerligt starka grepp över våra opinionsformande institutioner sackar efter, börjar vi komma ikapp. Detta har öppnat upp för nya aktörer och skänkt nytt mod åt desillusionerade samhällskritiker som efter åratal av hänsynslös åsiktsförföljelse nu vädrar morgonluft. Sammantaget skapar detta optimala förutsättningar för ett bredare genomslag för våra idéer — något som på ytan främst blir synligt genom Sverigedemokraternas unikt snabba tillväxt i opinionen.

Även om den stora massan främst ser de ytliga effekterna av detta begynnande paradigmskifte i form av de parlamentariska framgångarna, tog sig denna utveckling sin början långt tidigare. Bakom kulisserna — ofrivilligt så, eftersom de som styr medlen för masskommunikation effektivt blockerar våra skribenter och tänkare från deltagande i den offentliga debatten — pågår sedan över ett decennium ett livskraftigt och energiskt arbete för att främja våra — det vill säga Europas traditionella och autentiska — idéers utveckling och spridning.

Om man vill sätta ett definitivt startdatum kan man säga att den svenska nya högern föddes för tio år sedan. År 2005 började undertecknad och ett fåtal andra högerstudenter i Göteborg, efter entusiastisk läsning av bland annat den engelskspråkiga originalutgåvan av boken du just nu håller i din hand samt essäer av Alain de Benoist, Guillaume Faye, Dominique Venner, Pierre Krebs och andra tänkare från den kontinentala nya högern, på allvar få upp ögonen för den nya högerns intellektuella arsenal och dess idéers sprängkraft. Inte minst dess tämligen unika "metapolitik från höger".

Inspirerade av dessa lanserade vi året därpå, mer exakt den 10 juli 2006, Tankesmedjan Motpol. I snart tio år har alltså Motpol bedrivit opinionsbildande och fortbildande arbete riktat mot de som vill och gradvis har börjat ersätta den gamla, impotenta högern.

Motpol möttes inledningsvis av skepsis och fientlighet från inte bara vänstern och den liberala högern, utan också från vissa nationalister och högerradikaler, men med åren har vi kommit att vinna en ökad respekt från såväl nationalister som fientligt sinnade vänstermänniskor, och verksamheten har utvecklats från att vara en liten tankesmedja med tillhörande bloggportal till att bli ett större nätverk som anordnar föreläsningar och seminarier över hela Sverige. Den mest kända satsningen är kanske den årliga konferensen Identitär Idé, som kunnat presentera föreläsningar av många av de främsta konservativa och högerorienterade tänkarna i världen. Så småningom har Motpol även övergått till att bli en fullfjädrad digital kulturtidskrift som lockat gästkrönikörer från ett brett spektrum.

Motpol har fungerat inte bara som en tankesmedja och opinionsbildande kulturtidskrift, utan även som en plantskola för sällsynta förmågor inom den svenska alternativa högern. Många skickliga skribenter och debattörer har börjat sin bana hos oss. Några har stannat kvar, andra har rört sig vidare till andra projekt. De flesta har gjort betydande avtryck i den svenska politiska utvecklingen — inte minst inom idédebatten — och kommer säkerligen att fortsätta göra detta under många år framöver.

Parallellt med Motpols framväxt och ökande inflytande, började sakteliga en verkligt professionell alternativ medieflora växa fram i Sverige, som nu, 2015, på allvar börjat utmana etablerad media. Allt från de svenska alternativmediernas frihetligt konservativa flaggskepp Fria Tider — världsunikt i täckningsgrad i förhållande till folkmängd för ett medieprojekt som vuxit fram underifrån — till mer renodlat invandringskritiska mediesatsningar som Avpixlat. Vad vi kan se är helt enkelt en bred och slagkraftig medieflora inom alternativhögern som nu står i begrepp att på allvar utmana den vänsterliberala mediehegemonin i Sverige.

Motpol gav även upphov till flera sidoprojekt som gett internationellt avtryck, där det mest framträdande är bokförlaget Arktos som idag med över 100 utgivna titlar är världsledande bland traditionalistiska och konservativa bokförlag. Trots att förlaget är internationellt, har kretsen kring Motpol och den svenska nya högern varit absolut instrumentella för dess framgångar.

Med tanke på Sveriges perifera läge och ringa folkmängd har vårt avtryck på den europeiska högerns metapolitik och idéutveckling varit oproportionerligt stort och torde endast överglänsas av den franska, tyska och ungerska i just detta avseende, även om våra realpolitiska framgångar än så länge ligger långt efter.

Det systematiska arbetet för att vända utvecklingen i Sverige och Europa bedrivs av en liten minoritet i samhället. Men, som bland andra Oswald Spengler framhållit, är det just ett fåtal människor som förändrar historiens gång. Mindre organiserade grupper har upprepade gånger genom historien lyckats påverka samhällsutvecklingen genom att tillämpa genomtänkta strategier. Som Michail Chodorkovskij — Vladimir Putins västerländskt finansierade utmanare inför det ryska presidentvalet 2016 uttrycker det: "En minoritet blir inflytelserik om den är organiserad."

Denna hoppingivande insikt har varit vägledande för hela den svenska nya högerns projekt.

VÄNSTERNS UNDERGÅNG

Högern är nu på väg tillbaka över hela Europa. På område efter område, i land efter land, tvingas vänsterns desillusionerade, demoraliserade och feminiserade anhängare till reträtt; tillbaka till den periferi där deras verklighetsfrämmande idéer och destruktiva utopier hör hemma. Ytterlighetsvänstern tar inte sitt nederlag väl. Våldsamma upplopp, parlamentariska spektakel, ett obegripligt fokus på aparta sexuella identitetskonstruktioner och en återupplivad "antifascistisk" kamp bestående av trakasserier, våld och i förekommande fall mord på meningsmotståndare är alla symptom på dess krympande inflytande. För den som studerat högerns kollaps under efterkrigstiden är det lätt att känna igen mönstren. Vårt politiska projekt är förstås inte i första hand bundet till den vilsna vänstern, och det verkliga arbetet blir förstås att utveckla alternativ till den liberala moderniteten i sin helhet. Det arbetet underlättas dock av vänsterns pubertala självmord.

Den italienske baronen Julius Evola talade om "män bland ruinerna" för att beskriva det utanförskap traditionalister ur den sanna högern förpassades till i det efterkrigstida Europa, där de maktlösa tvingades bida sin tid medan moderniteten urartade i allt värre excesser. De befann sig i ett Europa där tidigare marginaliserade vänsteridéer — nu understödda av det internationella kapitalet — plötsligt förvandlades till samhällsnormer. Ett Europa där en anakronistisk "antifascism" och en hyperindividualistisk, liberal version av marxismen blev vår tids nya religioner. Ett Europa som gav fritt spelrum åt en ständig revolution mot tradition, hierarki och de strukturer och värderingar som tidigare fått den europeiska civilisationen att blomstra. Ett Europa där utopiska dumheter gav upphov till allt mer bisarra och skadliga samhällsexperiment. Ett Europa som trots dessa svåra förutsättningar och dystra omständigheter likväl fortfarande har kraften att vända utvecklingen, rädda sin civilisation och återerövra makten över sitt öde.

Vi traditionalister och högeranhängare, Europas försvarare, har under ett halvsekel stått utanför och emot. I Europas dystra skymningstid övergår vi nu till att stå i centrum och längst fram. Vi som går i bräschen för Europas framtid och företräder de eviga idéer och värden som nu återvänder på bred front, ska bygga något nytt av ruinernas sten.

Vi är den verkliga högerns män och kvinnor, vi är den faustiska civilisationens försvarare. Europa tillhör oss — imorgon och för evigt.

Inledning

DEN SANNA HÖGERN

De föreställningar om "konservatism" och "liberalism" som vi har fått från det engelska offentliga samtalet, de från fransk politik importerade ideologiska kategorierna "höger" och "vänster", liksom mer allmänna termer som "reaktion" och "utveckling" (som härletts från hur begreppen användes i Kontinentaleuropa på 1800-talet), har alltid haft en annan innebörd i USA än i Europa. I en amerikansk bok om den europeiska högern kan det därför vara lämpligt att börja med att definiera dessa termer. Detta är emellertid oerhört svårt. Till att börja med skiljer sig det historiska sammanhang som termerna utvecklades i från den amerikanska kontexten. USA har aldrig haft en kulturbärande aristokrati, en rotfast allmoge eller en upprorisk borgarklass. Till dessa ojämförbara historier kommer att begreppen höger och vänster uppkom som beteckningar på två parlamentariska motpoler, vars inplacering på en endimensionell politisk skala sällan kan göra rättvisa åt de komplexa ideologier som de syftar till att beskriva.[1] Slutligen erbjuder högern ett särskilt problem i och med att dess olika inriktningar i hög grad definierar sig själva i motsats till vänstern, vilket ger

---

1 Donald E. Stokes, "Spatial Models of Party Competition", i *The American Political Science Review 57* (juni 1963).

dem en negativ eller reaktiv karaktär.² Varje försök att närma sig dessa svårbestämbara och föränderliga beteckningar måste därför börja med vänstern. Vad är då vänstern? Även den undandrar sig en enkel avgränsning. I de flesta fall betecknar emellertid termen de rationalistiska ideologiska strömningar vars politiska drivkrafter kommer från "moderniteten" till skillnad från en världsbild grundad på "gudomlig skapelse". Den är inspirerad av protestantisk individualism, newtonsk vetenskap, latent gnosticism och tron på "kunskapens oändliga framåtskridande och ständiga samhälleliga och moraliska framsteg".³ Det förflutna är för vänstern synonymt med världens ofullkomligheter, i synnerhet dess inrotade privilegier, medan det moderna likställs med förnuftets förmåga att förbättra. Vänstern menar därför att varje tid bygger vidare på sina föregångares verk, i det att utvecklingen stegvis rör sig mot ett alltmer förnuftigt tillstånd. Precis som moderniteten "heroiserar nuet" (Michael Foucault) och ägnar sig åt "en allt häftigare tillbedjan av det nya" (Gianni Vattimo) hyllar vänstern det framåtskridande, de möjligheter och den frigörelse som moderniteten utlovar, i takt med att historien (i hegelsk bemärkelse) utvecklar sig mot ett tillstånd av "absolut rationalitet".⁴

Den upphöjer därmed nutida och framtida tankegångar över påstått förnuftsvidriga traditionella föreställningar, och söker bryta tra-

---

2   Högerns reaktiva karaktär var särskilt tydlig under den franska restaurationen (1815–1830), när vänstern verkade som "parti du Mouvement" och högern som "parti de la Résistance" — det vill säga, som det parti som bjöd motstånd mot vänsterns reformer. Se Jacques du Perron, *Petit brévaire de la Droite* (Paris: Consep, 2002), s. 68. Denna tendens fanns även, något mindre tydlig, i det sena 1700-talets England, där whigpartiet och torypartiet spelade liknande roller som rörelse och motstånd.

3   Jürgen Habermas, "Modernity and Postmodernity", i *New German Critique* 22 (vintern 1981); Eric Voegelin, *The New Science of Politics: An Introduction* (Chicago: University of Chicago Press, 1952).

4   Michel Foucault, "What is Enlightenment?", i Paul Rabinow, red., *The Foucault Reader* (New York: Pantheon, 1984). Jfr. Georges Sorel, *The Illusion of Progress*, övers. av J. och C. Stanley (Berkeley: University of California Press, 1969).

ditionens kontinuitet.[5] Vänstern förkastar därför hierarki, auktoritet och tradition, vilka den ser som hinder för förändring, och förordar istället individens "fulländning" och "frigörelse". Den enskilda individens "förnuftiga väsen" står i centrum för det modernistiska projektet. Man betonar mångfald, nymodigheter, debatt, dialog och omprövning, och även om vänstern också skapar traditioner och har etablerat ett nytt jämviktstillstånd, handlar det om modernistiska sådana, som grundar sig på påstått utvecklande och förbättrande nyskapelser.[6] Vänstern identifierar sig med andra ord med "framstegsmyten" och dess individualistiska förnuftstro, förkärlek för modeller, planer och reformer och motstånd mot det kulturarv som tidigare generationer har lämnat efter sig.

Högern tillkom som en reaktion, till försvar för det fäderneärvda och den övergripande andliga ordning som detta arv bygger på. Till skillnad från vänstern ser den inte det traditionella kulturarvet som "en dyster förteckning över orimligheter och brott mot mänskligheten" utan som den bakgrund mot vilken det nuvarande ska förstås och framtiden utformas. Dessutom tror den att detta kulturarv ger en skymt av det översinnliga — av högre, tidlösa värden — och av de större möjligheter som den mänskliga tillvaron inrymmer. När den är sann mot sig själv bekymrar sig högern faktiskt mindre om att "konservera" invanda former än om att realisera deras potential i nuet.[7]

---

5   Pierre Manent, *The City of Man*, övers. av M. A. LePain (Princeton: Princeton University Press, 1998), s. 17.

6   I sitt stora uppslagsverk definierade Emile Littré "vänstern" som "parti de l'opposition dans les chambres français." Detta var inte bara hur det såg ut under Louis Napoleon, när uppslagsverket först publicerades. Efterföljande upplagor under tredje republiken hade kvar samma definition — vilket underförstått innebär att vänstern är i ständig opposition mot alla traditionella former av auktoritet, också när den sitter vid makten. En högeranhängare tolkar detta som ett tecken på vänsterns inneboende "motstånd mot verklighetens beskaffenhet", mot "skapelsens ordning", mot "naturlagarna", mot "arvsynden" — med andra ord dess motstånd mot varje naturlig eller traditionell ordning som förekommit i människans historia. Se Yves Daoudal, "La Gauche et le péché originel", i B. Mazin, red., *Droite-Gauche: Un clivage dépassé?* (Paris: Uppl. CDH, 1998).

7   Klaus Motschmann, "Vorwort", i K. Motschmann, red., *Abschied von Abendland? Die Moderne in der Krise* (Graz: Stocker, 1997).

Dess identifiering med "det mogna, civiliserande inflytandet av traditionen, av skrivna och oskrivna lagar och (...) av de bestående värden som har utkristalliserat sig under historiens gång" gäller dessa tings tidlösa kärna och inte deras förgängliga former.[8] Högern motsätter sig nämligen inte förnyelse som sådan, utan endast sådana "reformer" som försöker förändra "skapelsens ordning". Det bör nämnas att den inte heller försvarar det förgångna bara för sakens skull. Som Arthur Moeller van den Bruck skriver är högerns ambition inte "att betrakta världen som ett museum".[9] Dess huvudsakliga intresse gäller "det som är" och "det som ska bli", som högern menar inte går att separera från "det som var". En "sann höger" (av vilken det har funnits få historiska manifestationer) föredrar därför att resonera i termer av de specifika geografiska, kulturella, etniska, religiösa och historiska realiteter som utgör dess kontext. Den använder sig följaktligen av historiskt etablerade referensramar, istället för idéer om hur världen skulle kunna vara beskaffad om förnuftet kunde sopa rent den från det förflutna. Högern accepterar att människan är en ofullkomlig varelse, förhåller sig skeptisk till utvecklingsoptimism och har vad som skulle kunna kallas en "tragisk" livssyn. Den lägger vikt vid rotfasthet, kontinuitet och naturliga hierarkier och misstror världsförbättrare som bortser från "hur det är" till förmån för "hur det borde vara". Medan vänstern betonar idealism, sätter högern realism i främsta rummet.

Eftersom höger och vänster, liksom konservativ och progressiv, är begrepp som är oupplösligt sammanflätade med modernitetens historia, förstås de kanske bättre om man betraktar dem i de roller de spelade i samband med modernitetens framväxt.[10] Även om det var först

---

8   Kay Heriot, "The Conservative Imagination", i *National Democrat* 2 (våren-sommaren 1982).

9   Arthur Moeller van den Bruck, *Germany's Third Empire*, övers. av E. O. Lorimer (London: George Allen och Unwin, 1934), s. 223

10 Högern är med andra ord inte enbart situationsberoende till sin karaktär. Den har ett tydligt och avgränsat ursprung och stakar ut sin framväxande identitet med den tradition som bildats i reaktion mot 1700-talets liberala revolutioner som yttersta referens. Detta ger den

mot slutet av 1700-talet som dessa termer fick ett tydligt ideologiskt innehåll, uppstod de i form av åsiktsmässiga "hållningar" samtidigt med de tidigaste ansatserna till modernitet. Detta var särskilt tydligt i den senmedeltida kampen om staten. I konflikt med en mängd lokala särintressen och i förbund med den urbana köpmannaklassen (som traditionellt betraktades som tillhörande det lägsta ståndet) sökte "progressiva" krafter med anknytning till det franska kungahuset införa ett centraliserat politiskt system med en rationell byråkrati som syftade till att samla all styrande makt i kungens händer.[11] Av central betydelse i denna antitraditionella maktkoncentration var en "avfeodalisering" av aristokratiska förmåner och kyrklig auktoritet. De konservativa krafterna i form av sedvänjor, språk och lokala identiteter, i förening med motstånd från överklassen och kyrkan, gjorde emellertid processen långsam och osäker. Det var i opposition mot dessa kungliga/borgerliga reformer, som hotade statens och samhällets feodala grundvalar, som högern först uppstod i form av en politisk kraft som motsatte sig modernistiska försök att undergräva feodalsamhället. (Ur detta perspektiv kan man hävda att Europas politiska historia sedan medeltiden i stor utsträckning är historien om högerns fortlöpande tillbakagång.)[12]

---

de perenna kvaliteter som gör att man med rätta kan tala om en sann höger. Enligt Russel Kirk är inte konservatism detsamma som "den allmänna meningen bland ledande konservativa tänkare och aktörer under de två senaste seklerna" (vilket skulle sammanblanda den med den falska högern) utan snarare det antiliberala projekt som föddes i kölvattnet av 1789. Jfr. *The Portable Conservative Reader* (New York: Viking, 1982), s. xv.

11   Alain de Benoist, "Le Bourgeois", i *Critique-Théoriques* (Lausanne: L'Age d'Homme, 2002). I England, som skulle spela en huvudroll som vägröjare för den liberala moderniteten, var den stat som bildats på grunden av den normandiska erövringen tämligen likformad och centraliserad, och dess aristokrati, vilken efter att ha decimerats i rosornas krig var tvungen att rekrytera sina medlemmar från lågadeln och köpmannaklassen, var indragen i moderniseringsprocessen i ett tidigt skede. Whigrevolutionen genomsyrade sedan denna utveckling med sin uttryckligen moderna politiska form och hjälpte till att inviga moderniteten tidigare, mer effektivt och mer organiskt än på det europeiska fastlandet — varför de saknar de mer självmedvetna kontinentala processernas förklarande kraft.

12   Se t.ex. Olivier Tholozan, Henri de Boulainvillier. *L'anti-absolutisme aristocratique légitimé par l'histoire* (Aix-en-Provence: Presses Universitaire d'Aix-en-Marseille, 2000).

Utöver monarkins centraliseringssträvanden ansattes det traditionella Europa under sen medeltid av de modernistiska krafter som var inneboende i den snabbt framväxande marknadsekonomin. Penningägande intressen började utmana de jordägande klasser som representerade de befintliga hierarkierna och auktoriteterna. Grundandet av det portugisiska ostindiska imperiet och den spanska erövringen av delar av Amerika i slutet av 1400-talet påskyndade denna process dramatiskt, framförallt genom att frigöra ekonomiska krafter som var så starka att de förmådde lösa upp de "brokiga, feodala band" som utgjorde kittet i den medeltida människans traditionella sociala relationer. Det var dock först i samband med den protestantiska reformationen (som förebådade både den moderna världen och vad som kallats den "judiska revolutionära andan") som embryot till vänstern intog en öppet revolutionär hållning.[13] Med början i de tysktalande länderna (men med starkast genomslag i Västeuropa, och i synnerhet England och Holland), inledde påvefientliga reformister ett frontalangrepp på den traditionella, hierarkiska och liturgiska grund som kyrkans auktoritet vilade på. Dessa dissidenter hade tagit intryck av den tidiga kristendomens radikala, hebreiska tankegods och backades upp av förmögna judar som var fientligt inställda till Spanien. De fick också stöd av en brokig allians av furstar, borgare och bönder, som i många fall inte bara drevs av en önskan att komma tillrätta med korruptionen inom kyrkan, utan även ville lägga beslag på kyrkans jordegendomar.

Protestantismens mest typiska förkämpar, särskilt i Västeuropa, kom dock från "den uppstigande medelklassen", vars ekonomiska initiativkraft och självständighetskänsla gjorde den särskilt motstånds-

---

13 Några historiker betraktar vänstern som väsentligen ett sekulärt kristet kätteri — en frälsningsreligion för jordelivet. Till exempel, Norman Cohn, *The Pursuit of the Millennium: Revolutionary Messianism in Medieval and Reformation Europe*, rev. uppl. (New York: Oxford University Press, 1970); Jacques du Perron, *La Gauche vue de Droite* (Paris: Pardès, 1993); Jules Monnerot, *Sociologie du Communisme: Echec d'une tentative religieuse du XXe siècle* (Paris: Hallier, 1979).

kraftig mot påvliga diktat. Borgaren var förmögen att läsa den nyligen översatta och tryckta Bibeln utan hjälp från sockenprästen och var benägen att fatta moraliska beslut oberoende av kyrkans trosgemenskap. Han föredrog en andlighet avpassad efter tidigmoderna moraluppfattningar, något som ledde till en allt starkare individualism i frågor om religiös teori och praktik. Det var alltså genom den egna upplevelsen av bön, samvete och tro, och inte genom det religiöst ordnade samhälle som åtföljde den medeltida katolicismen och dess ritualer, som protestanten hoppades nå fram till Gud. Det är ingen tillfällighet att denna religiösa individualism, som utmanade kyrkans traditionella auktoritet, skulle bli ett inspirerande exempel för merparten av framtidens vänsterrörelser.[14] Inte utan fog benämner Louis de Bonald reformationen "alla politiska revolutioners moder".[15]

Ironiskt nog blev reformationens viktigaste konsekvens inte en omdaning av kristendomens andliga liv, utan att en process som på sikt skulle underminera alla former av kristendom tog sin början. När reformatorerna utmanade den etablerade kyrkan öppnade de nämligen oavsiktligen slussarna för skepticism, och sekularisering, relativism och religiös tolerans. Kyrkans "uppenbarade sanning" kom att ersättas av subjektiva och praktiskt betonade etiska och religiösa ståndpunkter.[16] Även om de mer puritanska elementen eftersträvade en större doktrinär exakthet än Roms och ett inträngande av Guds rike i Caesars, vilket kom att förverkligas i köpmannaoligarkin i Kalvins Genève, gjorde kollisionen med katolicismen att det blev svårare att låta religionen sätta sin prägel på samhället (på det sätt som skedde i medeltidens "kyrkliga civilisation"), i synnerhet efter de blodbad som ägde rum under 1600-talets stora religionskrig. Det enda botemed-

---

14 Ernst Troeltsch, *Protestantism and Progress: A Historical Study of the Relation of Protestantism to the Modern World*, övers. av W. Montgomery (Boston: Beacon Press, 1958).

15 Citeras i Perron, *Petit brévaire de la Droite*, s. 101.

16 Harold J. Laski, *The Rise of European Liberalism* (London: Unwin, 1971), s. 22–25.

let mot sådana brödrakrig tycktes vara att göra tron till en privatsak, gradvis sekularisera samhället och börja acceptera pluralistiska och till och med ateistiska livsåskådningar. Denna religiösa tolerans kunde emellertid inte annat än leda till en tilltagande andlig likgiltighet, eftersom den kristna traditionens oumbärliga och eviga sanningar inte bara gavs en annan tolkning utan så småningom kom att sättas åt sidan för samhällsfridens skull och till förmån för en kultur som alltmer sysselsatte sig med världsliga ting.

Framdriven av denna sekulariseringsprocess — som samtidigt var en samhällsupplösningsprocess — "startade" moderniteten, i det att andra institutioner, såsom familjen, skråväsendet och olika kollektiva organ började kasta av sig sina traditionella, bredare samhällsfunktioner för det enskilda intressets skull. Det första och mest smärtsamma offret för denna upplösning var medeltidens religiösa världsåskådning. Den gamla aristotelisk-katolska förståelsen av världen och renässanshumanismens skeptiska, nyanserade dito tvingades ge vika för en rationalistisk åskådning, enligt vilken en urverksliknande natur skulle mätas, analyseras och beskrivas i matematiska termer.[17] På denna grund sökte 1600-talets nya vetenskap ersätta bibliska och antika auktoriteter med en "objektivitet" som grundade sig på empiriska iakttagelser och abstrakt resonerande. Fortsättningsvis upphörde allt, som inte kunde artikuleras med en kyligt objektiv och från innehållet avskild logik, mätas kvantitativt och uttryckas i matematiska formler som reducerade naturfenomen till statistiska sannolikheter, att räknas som en auktoritet . Detta utarmade givetvis den europeiska fantasin, men vetenskapens lockelse var icke desto mindre smittsam, då den tycktes "frigöra" Europas folk från vidskepelse och okunskap. Vetenskapens frammarsch lyfte på slöjan och demaskerade världens bakomliggande mekanik. Som Fontelle beskriver det betraktades plötsligt änglarna,

---

17   Paul Hazard, *The European Mind, 1680–1715*, övers. av J. Lewis May (Cleveland: Meridan, 1963), ss. 8–26.

som tidigare hade befolkat himmelriket, som skådespelare som "flyger" omkring på en scen med hjälp av osynliga linor.[18] Vetenskapen tillät européerna att titta in bakom scenen och själva se hur det drogs i linorna — kort sagt att se hur naturkrafterna verkar utan hänsyn till gudomliga eller traditionella bud.

Det avgörande steget i modernitetens och därmed vänsterprojektets tillkomst togs på 1700-talet, när européer började tillämpa den vetenskapliga rationalismens abstrakta, matematiska och individualistiska principer på politiska och sociala institutioner. Om frigörelse från traditionella inskränkningar hade medfört herravälde över den fysiska världen så kunde kanske förnuftet göra detsamma för det mänskliga samhället. Genom att eliminera det oförnuft som ingick i en på tradition och religion grundad förmodern ordning, hoppades man att en vetenskaplig ordning skulle kunna ta dess plats. Detta medförde att moderniteten kom att präglas av ett optimistiskt perspektiv, eftersom man antog att förnuftet hade förmåga att omdana verkligheten på sätt som det befintliga kulturarvet inte förmådde. Den filosofiska rörelse som är känd som upplysningen och som legitimerade dessa moderniseringskrafter kom så att söka befria samhället från det som John Fryden kallade "det förflutnas rost och okunskap". I det att man postulerade att världen styrs av enhetliga och kvantitativa egenskaper vilkas laglika principer kan kartläggas av den moderna vetenskapen, sökte denna "andra protestantiska reformation" (Christopher Dawson) att "avförtrolla" kosmos, organisera ett människans universella broderskap och bereda vägen för det ofrånkomliga framåtskridande som skulle utgå från förnuftets välde.[19] Därmed utmanades varje tradition,

---

18 Bernard le Bovier de Fontenelle, *Conversations on the Plurality of Worlds*, övers. av H. A. Hargreaves (Berkeley: University of California Press, 1990). s. 12. Angående den nya vetenskapens "utarmande" verkan, se René Guénon, *East and West*, övers. av M. Lings (Ghent NY: Sophia Perennis, 1995), ss. 46–81.

19 Christopher Dawson, *The Gods of Revolution* (New York: New York University Press, 1972), ss. 146–47. Även Carl Becker, *The Heavenly City of the Eighteenth-Century Philosophers* (New Haven: Yale University Press, 1932).

förkastades varje idé om familj- och gruppförpliktelser och under-
grävdes alla historiska auktoriteter. Upplysningens rationalistiska korståg övermannade sina tradi-
tionalistiska kritiker. Detta var emellertid mindre ett resultat av dess
påstådda "övertygande kraft" än av vissa förändringar i det europeiska
samhällets karaktär, i synnerhet den växande betydelsen av den ur-
bana köpmannaklassen, vilken betraktade människan torrt och sakligt
och enbart såg de konkreta egenskaperna i sinnevärlden som sanna
och säkra.[20] Sedan "förnuftet" hade omfamnats av denna mäktiga
samhällsaktör, i synnerhet efter att whig-revolutionen år 1688 hade
frigjort och institutionaliserat den, började egendomens betydelse sät-
tas över blodets och arvets. I denna process kom kontraktet att inta en
samhällsgrundande ställning och lösgöra kapitalet, varpå detta kunde
förena sig med jordinnehavet, bli en källa till politisk makt och göra
staten till ett rationellt (eller byråkratiskt) hjälpmedel för ekonomin.
Eftersom Gud och varje åberopande av något översinnligt, liksom
traditioner och bruk, förväntades träda tillbaka till förmån för mer
trovärdiga förnuftsbaserade övertygelser, tvingades dessutom tidigare
moraliska referenser ge plats för det värde som borgarklassen satte
framför alla andra: penningens. Upplysningsliberalismen skulle alltså
inte bara sanktionera rationaliseringen (eller avtraditionaliseringen)
av det europeiska samhället utan också kapitalistklassens uppgång,
vars penningmakt man hädanefter gav företräde framför varje poli-
tiskt, moraliskt och religiöst hinder som stod i dess väg.

---

20 Här, liksom annars i detta verk, ska alla antydda överensstämmelser mellan kulturella och
    intellektuella mönster och socioekonomiska utvecklingar tas som "valfrändskap". Som
    kommer att framgå i efterföljande kapitel betraktar jag "sanning" som en ontologisk före-
    teelse och kausalitet som en naturalistisk. Men medan idéer aldrig bara är återspeglingar
    av socioekonomiska sammanhang, är sammanhanget icke desto mindre avgörande inte
    bara genom att det ger näring åt idéerna utan genom att sammanhanget inverkar på hur
    idéerna tas emot. Idéer kan därför ha sin egen utvecklingslogik och sina egna syftemål,
    vilka går bortom rent samhälleliga intressen, men först när de omfamnas av "objektiva
    krafter", samhällsklasser eller personliga hänförelser blir de historiskt betydelsefulla. Jfr.
    Karl Mannheim, "Conservative Thought", i K. H. Wolff, red., From Karl Mannheim, andra
    uppl. (New Brunswick: Transaction Publishers, 1992).

Prästerliga, aristokratiska och folkliga anhängare av den gamla regimen—de som Isaiah Berlin sammanförde under benämningen "kontraupplysningen"—hade, som man kanske kunde misstänka, inte en lika förtröstansfull syn på den föregivna "ljusets tidsålder".[21] Med franska revolutionens blodiga institutionalisering av förnuftets välde år 1789 besannades deras värsta farhågor. Kontraupplysningens påföljande kamp för att försvara traditionella institutioner från revolutionens "förnuftiga övergrepp" skulle medföra en viss sammanhållning bland dessa traditionalistiska krafter och sporra de första genomtänkta, ideologiska formuleringarna av det som blev den politiskt medvetna högern. Paradoxalt nog kunde emellertid inte denna utkristallisering undgå att samtidigt markera högerns undergång; själva behovet av att formulera det som alltid hade tagits för givet vittnade ju om att den inte längre behärskade den etablerade ordningen. Icke desto mindre var det i opposition mot upplysningstidens avförtrollning av världen och ringaktning av sedvänjor, stånd och egendom som dessa sena 1700-tals- och tidiga 1800-talskontrarevolutionärer axlade det "organiska" (det vill säga det historiskt framvuxna snarare än det förnuftsmässigt planerade) samhällets mantel. När de gjorde det satte de traditionen högre än förnuftet, rötterna högre än rörligheten, samhället högre än individualismen, egenarten högre än det universella och växandet högre än framsteget. Samtidigt förkastade de förnuftets avvisande av de poetiska, mytiska och religiösa influenser som hade gett form åt det europeiska sinnet, och utan att för den skull vara motståndare till vetenskapen såg de till att understryka vetenskapens kunskapsteoretiska begränsningar och konstaterade att den var otillräcklig som normativ grund för samhällslivet. Det vore emellertid fel att tro att dessa kontrarevolutionärer motsatte sig förändring som sådan. Edmund Burke skrev att "förändring är medlet för vårt bevarande".

---

21   Isaiah Berlin, "The Counter-Enlightenment", i *The Proper Study of Mankind: An Anthology of Essays*, red. av H. Hardy (London: Chatto and Windus, 1997).

Kontraupplysningens motstånd mot modernistiska reformer var alltså mindre ett förkastande av förnyelse än ett tillbakavisande av föreställningen att abstrakt förnuft — särskilt ett förnuft som fått liv genom impulser från borgerlig materialism — hade kraften att pånyttföda människans natur och tvärt skapa en ny ordning. Under 1800-talets gång kom högerns reaktion "mot franska revolutionen, liberalismen och borgarklassens uppgång" begripligt nog att anta olika former, men oavsett gestalt fortsatte den, när den var sann mot sig själv, att göra motstånd mot vänsterns antitraditionalistiska omstörtningar.[22] Negativt skulle detta göra högern till en form av antiliberalism; positivt till en förespråkare av vissa beständiga värden som är förbundna med det översinnliga i det europeiska kulturarvet.

Till följd av modernitetens fortgående angrepp på traditionella europeiska institutioner, särskilt de angrepp som följde på det tidiga 1800-talets industrialisering, uppstod även — men på motsatta sidan av den ännu knappt etablerade högervänsterskalan — en socialistisk reaktion mot hur människan gjordes till "materia och en handelsvara" i det moderna samhället. I motsats till den sanna högern identifierade sig dessa socialister med upplysningsvärderingarna — och alltså med förnuftets och framstegets förmågor, med principerna om individua-

---

22 Samuel P. Huntington, "Conservatism as an Ideology", i *The American Political Science Review 51* (juni 1957). Detta "aristokratiska" högerbegrepp är varken Huntingtons eller Julius Evolas (vilken denna studie kretsar kring). Enligt Huntington är detta begrepp inte bundet till "en fortlevande socialgrupp" utan till en tradition vars former, om än aristokratiska, går bortom klassanknytningar. Se Evolas "La Droite et la Tradition", i *Explorations: Hommes et problèmes*, övers. av P. Baillet (Puiseaux: Pardès, 1989). Eftersom jag anser att den evolianska uppfattningen är den enda filosofiskt sammanhängande framställningen av högern, använder jag termen "sann höger" i denna bemärkelse. Den sanna högerns ledande ideologer, vilkas principer föregreps i Antoine de Rivarols och Gabriel Sénac de Meilhans arbeten under franska revolutionen, är Joseph de Maistre, Louis de Bonald, Donoso Cortés och, i vår tid, Evola. För det närmaste man kommer en programmatisk formulering av denna höger, se Julius Evola, *Orientations*, övers. av P. Baillet (Puiseaux: Pardès, 1988). Om Evola, som har satt sin prägel på den nya höger som dryftas i denna texts huvuddel, se Christophe Boutin, *Politique et Tradition: Julius Evola dans le siècle (1898–1974)* (Paris: Uppl. Kimé, 1992); Guido Stucco, "The Legacy of a European Traditionalist: Julius Evola in Perspective", i *The Occidental Quarterly: A Journal of Western Thought and Opinion II:3* (hösten 2002).

lism, jämlikhetssträvan och universalism, samt med ekonomins före-
träde. De skilde sig från den liberala vänstern huvudsakligen i det att
de förespråkade en mer jämn och medkännande fördelning av arbetets
frukter (därav deras antikapitalism) och ett förnuftigt, planmässigt al-
ternativ till den oordning och orättvisa som blev följden av oreglerade
marknader.[23] I detta och i sin kamp för folklig överhöghet och solida-
ritet tog socialisterna ställning mot den liberala modernitetens alie-
nerande krafter — vilket kan sägas vara det förnämsta i deras historia.

Förstörelsen av den traditionella kulturen, avsakraliseringen av värl-
den, införandet av marknadens kvantitetsstyre och nedsvärtandet av
maskulina, aristokratiska värderingar; allt detta, som väckte högerns
motståndskrafter, hade å andra sidan föga inverkan på socialisternas
version av upplysningens rationalistiska samhällsprojekt.[24]

Typiskt nog var Karl Marx (vars antikapitalistiska kritik aldrig har
varit mer relevant) kluven i sin behandling av de borgerliga värdering-
ar som gav liv åt det moderna samhället. Hans föreställningar om ett
klasslöst samhälle var nämligen i flera avseenden borgerliga, samtidigt
som han avsåg att göra borgarklassen överflödig. För att citera Oswald

---

23 Benoist, *Les idées à l'endroit*, ss. 84–89. Dessa skillnader härrör även från den skiljande
    tonvikt som liberaler fäster vid distribution (marknader) och marxister vid produktion.

24 Pierre Vial, "La camrade charpentier", i *Éléments pour la civilisation européenne* [hädanef-
    ter *Éléments*] 42 (juni 1982). Det bör noteras att delar av den socialistiska vänstern — den
    tradition som löper från Proudhon till Sorel till Niekisch till Dugin och Oberlecher — av-
    visar upplysningsarvet och betygar vikten av gemenskap och andlighet. Genom att göra
    motstånd mot det marxistiska och kosmopolitiska inbegreppet av den socialistiska idén har
    denna "vänster" alltid stått närmre yttersta högern än strömningar på sin sida av det poli-
    tiska spektrat, i så måtto att den såg socialism som en etisk och social princip som motsätter
    sig borgerlig individualism och materialism och inte som ett ekonomiskt program som är
    grundat på en rationalistisk, oorganisk ideologi engagerad i att vända ett skikt i samhälls-
    organismen emot ett annat. Se Oswald Spengler, *Preussentum und Sozialismus* (Munich:
    Beck, 1919); Marc Crapez, *Naissance de la Gauche* (Paris: Michalon, 1998); Michael Freund,
    Georges Sorel: Der revolutionäre Konservatismus (Frankfurt/M: Klostermann, 1932);
    Otto-Ernst Schüddekopf, *Linke Leute von rechts. Die nationalrevolutionäre Minderheiten
    und der Kommunismus in der Weimarer Republik* (Stuttgart: Kohlhammer, 1960); René
    Binet, *Socialisme national contre marxisme* (Montréal: Uppl. Celtiques, 1978); Alexandre
    Dougine (Dugin), "La Metaphysique du National-Bolchevisme", på Archivio Eurasia
    (http://utenti.tripod.it/ArchivEurasia); "Zwei Gespräche mit Reinhold Oberlercher", på
    Deutsches Kolleg (http://www.deutsches-kolleg.org).

Spengler: "marxismen är arbetarklassens kapitalism".[25] Givet denna kluvenhet hade marxistiska socialister en benägenhet att ansluta sig till liberalerna i tron att högre levnadsstandard också medför högre livskvalitet, att mer omfattande rationalisering för med sig mer frihet, att ekonomi är samhällslivets hjärta och att den europeiska kulturens etik och sedvänjor betyder mindre än materiella landvinningar. Kort sagt var deras kollektivistiska projekt mer en variant på än ett alternativ till det kapitalistiska projekt som de motsatte sig, liksom deras ekonomiska läror och vidare världsåskådning huvudsakligen var en "fördärvad rest" av borgerlig ekonomi och filosofi. Deras agiterande och lagreformer må därför ha motsatt sig de mer förtryckande inslagen i den industriella kapitalismen, men i slutändan höll de sig troget till dess underliggande trossatser.[26] Det är ingen slump att deras engagemang för moderniteten ofta har tagit sig abnorma och förtryckande uttryck. Med anledning av detta skriver Serge Latouche att den "verkliga, existerande socialismen" i det forna Sovjetunionen inte innebar mycket mer än "gulag + nomenklaturan + Tjernobyl".[27] Efter den ryska kommunismens sammanbrott har socialister till och med övergivit sin tidigare antikapitalism och definierar sig helt enkelt som mer effektiva och rättvisa ledare av kapitalismens marknadsekonomi. På många håll har de faktiskt blivit nästan omöjliga att skilja från socialliberaler — vilket ligger i linje med att socialismen, även den marxistiska socialismen

25 Spengler, *Preussentum und Sozialismus*, §20. Även Jan Waclav Makhaïski, "La banqueroute des socialisme du XIXe siècle" (1905), i A. Skirda, red., *Le socialisme des intellectuells* (Paris: Seuil, 1979); Jean Baudrillard, *The Mirror of Production*, övers. av M. Poster (St Louis: Telos Press, 1975).

26 Historiskt var inte socialismen det huvudsakliga hindret för marknadens stormanlopp utan arbetarna själva, då deras fackföreningar, kooperativ och ömsesidiga beroenden gjorde mer än alla socialistiska söndagstal och all parlamentarisk kohandel för att mildra den moderna kommodifieringen av arbetskraften. Alltså förblev arbetarrörelsen konservativ, även om den länge förenade sig med vänsterpartierna, i den utsträckning som den sökte hävda sina gemensamma, korporativa traditioner mot 1789 års liberala, modernistiska principer. Se Frank Tannenbaum, *A Philosophy of Labor* (New York: Knopf, 1951).

27 Serge Latouche, *The Westernization of the World: The Significance, Scope and Limits of the Drive toward Global Uniformity*, övers. av R. Morris (Cambridge: Polity Press, 1996), s. xiv.

(som Eduard Bernstein benämnde "organiserad liberalism"), härstammar från upplysningsprojektet och är delaktig i liberalismens krig mot traditionen.[28] Det var dock i Amerika som upplysningsliberalismen fann sina främsta förkämpar och moderniteten sitt mest fullständiga förverkligande. Det amerikanska folket var fött i en vildmark, utan Europas kulturarv av auktoritet och hierarki, och började sin historia som ett oskrivet blad, det tabula rasa som liberala reformatorer lovprisade. Där förekom bara ett halvhjärtat motstånd mot en ordning som vilade på förnuftets konstitutionella, ekonomiska och samhälleliga förkroppsligande. Det fanns inte mycket för moderniteten att övervinna i ett land som redan "befriats från det europeiska förflutnas döda hand". Till och med Amerikas protestantiska kristendom, som var central för dess institutioner, hade föga likhet med den europeiska kristendomens historiska uttrycksformer; den var i mångt och mycket en radikal eller puritansk yttring av den borgerliga livssynen. Framför allt saknade Amerika en aristokrati, med en uråldrig tradition och en högtstående kultur att försvara. Man saknade följaktligen ett alternativ till modernitetens materiellt imponerande men existentiellt ytliga bedrifter och saknade därför det slags fädernearv som utgjorde roten till den europeiska konservatismen.

Detta "första stora experiment i social ingenjörskonst" (Thomas Molnar) främjade också en politisk tradition som i allra högsta grad var progressiv i sin anda.[29] I själva verket har inget land förblivit så troget upplysningens liberala projekt som USA, knutet som det är till

---

28 Alain de Benoist, *Orientation pour des années décisives* (Paris: Le Labyrinthe, 1982), s. 74; Jean Desperts, "D'un sociale démocratie à l'autre", i *Éléments 42* (June 1982); John Schwarzmantel, *The Age of Ideology: Political Ideologies from the American Revolution to Postmodern Times* (New York: New York University Press, 1998), s. 106. Jfr. Jules Monnerot, *La guerre en question* (Paris: Gallimard, 1951), s. 151.

29 Jfr. Louis Hartz, *The Liberal Tradition in America* (New York: Harcourt, Brace and World, 1955); Alan Brinkley, "The Problem of American Conservatism", i *American Historical Review 99* (1994); Bernard Crick, "The Strange Quest for an American Conservatism", i *The Review of Politics 17* (1955).

de rationalistiska principer det grundades på. Typiskt nog har den antiliberalism som har förekommit varit förvisad till den politiska periferin och har till sin karaktär varit mer populistisk eller nativistisk än höger. Till och med det konstitutionella arv som amerikanska "traditionalister" för närvarande försvarar mot de nya eliternas påfund är väsentligen ett liberalt upplysningsarv. Termerna "vänster" och "höger" har därför kommit att beteckna andra saker i USA än i Europa. Den amerikanska högern (i sina "gamla högern"-, buckleyitiska, traditionalistiska och neokonservativa former) är ett bihang, om än konservativt, till den borgerliga liberalismen; den är allierad med konstitutionalism, ekonomism, jämlikhetssträvan och individualism, som den sanna högern definierade sig mot.[30] I samband med detta räknar man ofta den liberala kapitalismens teoretiske fader, Adam Smith, som den ledande filosofen, storföretagen till den viktigaste stödkretsen och medelklassen som det kulturella idealet.[31] Man skulle faktiskt kunna göra gällande att det aldrig har funnits en äkta höger i amerikansk

---

30 Det måste medges att detta konservativa försvar av Amerikas liberala republikanska grunder, med sin betoning på individuell självständighet, lokalt självbestämmande och medborgerligt ansvar (som jag förknippar med "konservativ liberalism"), är en väldigt olik och betydligt mindre subversiv "liberalism" än den liberala detaljstyrning som utövas av den nya klass som tog form efter Franklin Roosevelts New Deal. Mellan dessa försvarare av liberal republikanism och den nya höger som tas upp på dessa sidor finns förvisso utrymme för samarbete. Ur den senares synvinkel var det den från upplysningstraditionen härrörande liberala republikanismen som lade grunden till det detaljstyrningsvidunder som de båda för närvarande motsätter sig.

31 Vid sidan av Smith, särskilt för den traditionalistiska flygeln av efterkrigstidens amerikanska höger, står Edmund Burke. Trots den betydelsefulla roll Burke spelade i formulerandet av de första ideologiska yttringarna av konservatismen (faktiskt kommer ingen personlighet i närheten av hans format) tillhör han icke desto mindre det förrevolutionära inbegreppet av liberalismen, med rötterna i whigrevolutionen 1688 och anknytningen till de nyligen framvuxna merkantila kretsarna i 1700-talets Storbritannien. Om det amerikanska tillägnandet av "den irländske äventyraren", se Russel Kirk, The Conservative Mind: From Burke to Eliot, sjunde uppl. (Chicago: Regnery, 1986). Eftersom Burkes "konservatism" innehöll ett stort inslag av whigpolitik, vars ersättande av traditionella sociala roller med merkantila sådana förband den med borgerliga intressen, har han omfamnats av den amerikanska högern och har av samma skäl en mer tvetydig ställning bland européer. Det är värt att nämna att Smith betraktade Burke som en själsfrände, och anarkokapitalister som Friedrich von Hayek uttryckte vid flera tillfällen sin vördnad för honom. Se E. G. West, Adam Smith: The Man and His World (Indianapolis: Liberty Fund, 1976), s. 237; Alain de Benoist, Horizon 2000: Trois entretiens (Paris: Grece-skrift, 1996), ss. 5–14.

politik. Som den engelske akademikern John Gray anmärker är amerikansk konservatism "bara en variant på upplysningsprojektet för universell frigörelse och universell civilisation" — det vill säga, en variant på klassisk liberalism och således på vänsterprojektet.[32]

I Frankrikes fall däremot, där upplysningen kulminerade med 1789 års kollektiva psykos och de liberala principerna drogs till sin mordiska spets, går det inte att säga att den politiska traditionen är eller någonsin har varit huvudsakligen liberal. Fram tills för en generation sedan (när socialister och globalister inledde sitt styre) förblev Frankrike konservativt och antiborgerligt på ett för amerikanska förhållanden främmande vis.[33] Det nationella medvetandet var helt enkelt inte påverkat av upplysningen i lika hög grad. Det franska och, mer allmänt, det europeiska politiska höger-vänster-systemet tenderade följaktligen att delvis sammanfalla med den kamp mellan tradition och modernitet, konservatism och progressivism, som saknades i USA. Denna situation gjorde det möjligt för den gamla regimens konservativa krafter att bjuda visst motstånd mot den liberala moderniteten. Det gav också den europeiska politiken en betydligt större ideologisk mångfald och ett svagare nationellt konsensus än vad som var fallet i USA.

Under senare decennier har emellertid även detta förändrats. Liksom sina amerikanska motsvarigheter tenderar europeiska partier idag att endast skilja sig åt beträffande programmässiga nyanser; högern fungerar alltmer som ett vänsterns överflödiga bihang. Förespråkarna

---

32 John Gray, *Enlightenment's Wake: Politics and Culture at the Close of the Modern Age* (London: Routledge, 1995); även John Gray, *Endgame: Questions in Late Modern Political Thought* (Cambridge: Polity Press, 1997), ss. 1–11. Charles W. Dunn & J. David Woodard, *American Conservatism from Burke to Bush* (Lanham MD: Madison Books, 1991), tycker jag i mångt och mycket bekräftar Grays bedömning. Se även Jonathan M. Schoenwald, *A Time for Choosing: The Rise of Modern American Conservatism* (Oxford: Oxford University Press, 2001). I detta sammanhang är det av vikt att notera att Kirks *The Conservative Mind*, som har präglat Amerikas efterkrigstida "höger", nästan uteslutande ägnas åt angloamerikansk konservatism, med knappt ett ord om de mer livskraftiga och äkta, kontinentala formerna.

33 Dominique Venner, "La bourgeoisie, stade suprême du communisme", i *Gauche-Droite: La fin d'un système. Actes du XXVIIIe colloque national du GRECE* (Paris: Le Labyrinthe, 1994).

av framsteg och modernisering har i själva verket tagit kontroll över alla partistyrelser — över Tysklands och Italiens kristdemokrater, Storbritanniens konservativa parti, Frankrikes tidigare gaullister, och så vidare. Denna "amerikanisering" av den europeiska högern kan spåras tillbaka till det sena 1800-talet, när industrialiseringen skiftade makten från jordbruk till handel, raserade konservatismens sociala grund och tvingade dess försvarare i armarna på de moderata delarna av borgarklassen. Den avgörande omstruktureringen kom emellertid först efter 1945.[34]

I kölvattnet av Hitlers nederlag, som också var ett nederlag för det traditionella Europa, genomgick Kontinentaleuropa en grundlig förändring.[35] I öster införde de sovjetiska styrkorna en totalitär modernitet som inskränkte all politik till partidiktaturen. I väst hade den gamla

---

34 Thomas Molnar, "Metamorphosen der Gegenrevolution", i *Criticón 115* (september–oktober 1989). Det kan med lika stor trovärdighet hävdas att sedan uppkomsten av termerna "höger" och "vänster" i 1789 års nationalförsamling, har högern varit tvungen att verka inom de parlamentariska och institutionella parametrar som satts upp av borgarklassen och har således blivit indirekt indragen i dem — som dess konservativa men lojala opposition. Se Frédéric Julien, "Droite, Gauche et Troisième Voie", i *Etudes et recherches pour la culture européenne 5* (hösten 1987). Under sin historiska utveckling har högern — särskilt som representant för det jag kallar den "falska högern" — följaktligen alltid varit tvingad att godta en betydande tillsats av den liberalism som den formellt är motståndare till. Detta var särskilt fallet med den tradition som grundades av Burke och Peel, vilken redan från början var uppblandad med whigpolitik. Se Robert Blake, *The Conservative Party from Peel to Churchill* (London: Fontana, 1970), s. 3–9, 13–16. I och med att jag inser att denna höger är falsk, överensstämmer mina argument med denna argumentationslinje. Réné Rémonds ofta citerade teckning av den franska högern som delad i monarkistiska, liberala och bonapartiska strömningar, karakteriserar å andra sidan, även om den berör vissa historiska realiteter, bara en bråkdel av sitt föremål och är vilseledande i det att den sammanblandar tidigare yttringar av vänstern (bonapartism och orleanism) med högern. Detta tredelade schema misslyckas även att fånga de historiska konturerna av högern utanför Frankrike. Se *The Right Wing in France: From 1815 to De Gaulle*, övers. av J. M. Laux, andra uppl. (Philadelphia: University of Pennsylvania Press, 1969). I samband med detta ifrågasätter jag om det är rimligt att benämna fransk "konservatism" som ett högerflygelfenomen. Som Armin Mohler påpekar refererar konservatism till 1800-talets liberala borgarklass och dess orleanistiska politik. Det jag benämner "antiliberalism" eller det en tysk ger uttryck för när han talar om *konservatismus* är historiskt sett *la Droite traditionnelle* — vars arvtagare, hur intrasslad i modern politik de än må vara, i dag bara står att finna i den så kallade yttersta högerns led. Se Mohler, *Von rechts gesehen*, s. 120. Jfr. Pamela Pilbeam, "Orleanism: A Doctrine of the Right?", i N. Atkin och F. Tallet, red., *The Right in France, 1789–1997* (London: Tauras, 1998).

35 Jfr. Tage Lindbom, *The Myth of Democracy*, förord av C. G. Ryn (Grand Rapids: Eerdmans, 1996), s. 68.

högern varit inblandad i fascismens excesser. Den brännmärktes och fördrevs nästan överallt från politikens spelplan. De befintliga hierarkierna utplånades också och deras representanter utestängdes från den politiska arenan. Varhelst högern lyckades överleva i det efterkrigstida väst var den tvungen att anpassa sig efter Washingtons "liberala konsensus", godta denna konsensus grundregler och förneka att man verkligen var en höger — för annars löpte man risk att anklagas för "fascism" (som av vänstern definieras som praktiskt taget varje slags icke självutplånande högerlära eller -rörelse).[36] De vanligaste yttringarna av denna efterkrigshöger tog formen av "ekonomisk liberalism" (som i USA förknippas med "konservatism") eller kristdemokrati.[37] Kännetecknande är att båda dessa tendenser identifierade sig med fria marknader, individuella rättigheter, fortlöpande reformering och amerikanisering — vilket till andan gör dem mer lika den historiska vänstern än högern.

Idén om en ekonomisk eller demokratisk höger är emellertid, som Julius Evola hävdar, en självmotsägelse, eftersom det var i opposition mot marknadssamhället och den ur "dubbelrevolutionen" födda masspolitiken som högerns väsen utmejslades.[38] För Evolas sanna högeranhängare är borgarklassen och dess liberalism källan till allt ont. Föga förvånande försvann traditionella högerpartier från scenen nästan överallt efter den amerikanska ockupationen av delar av Europa.[39] Av de överlevande resterna började de flesta omfatta vänsterns eko-

---

36 Benoist, *Orientation pour des années décisives*, s. 19: Jean-Jacques Mourreau, "La Droite et la politique", i A. Guyot-Jeannin, red., *Aux sources de la Droite: Pour en finir avec les clichés* (Lausanne: L'Age d'Homme, 2000); Paul Piccone, "21st Century Politics", i *Telos* 117 (hösten 1999).

37 Erik von Kuehmelt-Leddihn, "Conservative or Rightist?", i *Chronicles: A Magazine of American Culture* (januari 1999). [Hädanefter *Chronicles*].

38 Julius Evola, *Le fascisme vu de Droite*, övers. av P. Baillet, andra uppl. (Puiseaux: Pardès, 1993), s. 22. Om "dubbelrevolutionen" (den borgerliga ekonomiska revolutionen i England och den borgerliga politiska revolutionen i Frankrike), se Eric Hobsbawn, *The Age of Revolution 1789–1848* (New York: Random House, 1996).

39 Jean-Christian Petitfils, *La Droite en France de 1789 à nos jours* (Paris: PUF, 1973), s. 105.

nomism, särskilt efter att Reagan-Thatcher-krafterna genomfört sina
nyliberala reformer i början av 1980-talet. Denna falska höger kom i
praktiken bara att agera för att mildra vänsterns reformiver och säker-
ställa att nationens ekonomi kunde tåla påfrestningarna av vänsterns
samhällsexperiment. Det som i nuläget kallas den europeiska högern
är i själva verket en oblyg förespråkare av liberal modernitet och un-
derförstått även av vänsterprojektet. Den är inte mycket mer än en rest
av tidigare manifestationer av vänstern. Dagens så kallade höger kan
därför beskrivas som en "mitt", som utgör vänsterns högerfalang.

Dock komprometterades även vänstern när den vann kampen om
moderniteten. Som en etablerad ordning, med starkare intresse av
konformitet än av opposition, definierar den sig alltmer i mittenpoli-
tiska termer.[40] Till och med i sin doktrin har dess socialistiska falang
övergivit sin antikapitalism och i några fall också sitt engagemang
för socialpolitik, vilket innebär ett närmande till de marknadskrafter
som är förbundna med den falska högern. Socialistregeringar har till
exempel nyligen varit ansvariga för minskad anställningstrygghet,
högre koncentration av rikedom i samhällets toppskikt, nedbrytning
av traditionella former av social solidaritet och för särskilda förmåner
till invandrare från tredje världen på bekostnad av den europeiska
arbetarklassen. I denna politiska miljö har de traditionella motsätt-
ningarna mellan höger och vänster förminskats till nyansskillnader;
alla tävlar om att vara den mest nitiska förkämpen för marknaden, den
mest självrättfärdiga väktaren av demokrati och mänskliga rättigheter
och den mest ståndaktiga fienden till rasism och främlingsfientlighet.

Lyckligtvis är inte detta hela sanningen. Varje amerikansk tid-
ningsläsare har hört talas om Le Pens Front National, Haiders FPÖ
och Pim Fortuyns "Lista" (man var tvungen att mörda Fortuyn för

---

40 Alain de Benoist, "Mais où est passé la Gauche?", i *Éléments 99* (november 2000); Alain
    de Benoist, "L'implosion de la Droite" (1997), i *L'écume et les galets. 1991–1999: Dix ans
    d'actualité vue d'ailleurs* (Paris: Le Labyrinthe, 2000). Jfr. Jean Baudrillard, *La Gauche di-
    vine* (Paris: Grasset, 1985), ss. 70, 91–104, 108.

att han inte skulle bli holländsk premiärminister); mindre välkänt är överflödet av identitära, nationalrevolutionära, populistiska och högerradikala grupperingar som motsätter sig den falska högern. Dessa antiliberala strömningar, vilka återfinns i den europeiska politikens marginaler men alltmer närmar sig makten, karakteriseras vanligen som smygformer av fascism, som högeryttringar av motståndet mot globaliseringen eller som obetydliga undantag från ett på det hela taget sunt parlamentariskt system. Om vi för tillfället bortser från att den beskrivningen är ideologiskt motiverad kan vi notera att den kontinentala politiken återigen har börjat avvika från den amerikanska modellen. Europa i allmänhet och i synnerhet Frankrike, Italien, Belgien och Tyskland (för att inte nämna Ryssland och delar av Östeuropa) erfar idag ett återupplivande av antiliberal politik som varslar om betydande förändringar i det europeiska politiska systemet. Även om de i många avseenden är traditionalistiska och konservativa, uppvisar de krafter som förknippas med denna "nya höger" föga likhet med vare sig den konservativa liberalismen, den falska högern eller den kvardröjande gamla högern — eller ens med den idealtyp som företräds av den sanna högern.

Denna bok handlar om de intellektuellt sett mest respektingivande bland dessa nya högerkrafter.

Kapitel 1

FRÅN DEN GAMLA HÖGERN TILL DEN NYA

År 1978 "upptäckte" fransk media *Forsknings- och studiegruppen för den europeiska civilisationen* [Groupement de Recherche et d'Etudes pour la Civilisation Européenne] (Grece). Grece var en förening, hängiven den europeiska kulturens förnyelse, bestående av högerorienterade intellektuella. Den leddes av en begåvad, ung journalist vid namn Alain de Benoist. De som betraktade sig själva som grecister ansåg att den europeiska civilisationens grundvalar hade rubbats och att ett kulturskifte var nödvändigt för att Europa skulle återfå sin tidigare livskraft. De första rapporterna hade, med tanke på mediernas partiskhet, en ovanligt neutral hållning. Grecisterna behandlades snarast som något av en kuriositet. Sedan kriget hade Frankrikes intellektuella liv nästan helt och hållet monopoliserats av vänstern. Att högeranhängare (förutom de "konservativa" i *droite affairiste*) skulle kunna bidra till idésfären eller få en inflytelserik ställning i de tunga debatterna hade i sig ett nyhetsvärde.

Vid sidan av en handfull böcker och ett antal universitetsavhandlingar publicerades under 1978 och 1979 i fransk och europeisk press närmare tusen artiklar om detta "parisermode".[1] Därefter, när Benoists *Vu de Droite* hade belönats med Grand Prix av Franska Akademien och Grece fått tillträde till magasinet *Le Figaro* och därigenom nådde en nationell och ibland europeisk läsekrets, började media bli bekymrade. Med Thatchers färska seger i England och Reagans hotande seger vid horisonten verkade grupperingen rida på en internationell våg av antiliberal väckelse. Ett kanske större bekymmer var att föreningens lärdom och förfining utgjorde en utmaning av vänsterns principer som inte kunde avfärdas med en handviftning. För vissa, såsom *Le Nouvelle Observateur*, den franska politiska korrekthetens domare, utgjorde Grece en "extremhögerns återuppståndelse" och således en kraft som behövde krossas.[2] I samma anda anklagades den av en amerikansk akademiker för att vara en "öppen konspiration" vars mål var "att återupprätta respektabiliteten, om inte populariteten, hos hållningar som sedan Andra världskrigets slut befunnit sig utanför gränserna för den tillåtna [det vill säga den liberala] debatten".[3] En annan kommentator gick så långt som att se "SS-finansiering" bakom Grece.[4] Då, medan vänsterns motstånd växte och medierna blev allt mer subjektiva, stämplades Benoists grupp som den "Nya högern" (*Nouvelle Droite*) och sammankopplades med Thatcher-Reagan-krafterna; den fördömdes som ett hot mot det liberala samförståndet.[5]

---

1 Jean Desperts, "La ND tient la forme", i *Éléments 56* (vintern 1985). Några av de viktigare artiklarna från 1978 och 1979 har samlats i Julien Brunn, *La Nouvelle Droite: Le Dossier de "process"* (Paris: Nouvelles Editions Osvald, 1979). För en uttömmande förteckning över artiklar ägnade åt Alain de Benoists arbete, se "Bibliography" på Les Amis d'Alain de Benoist (http://alaindebenoist.com).

2 "Les habits neufs de la droite française", i *Le nouvelle observateur*, den 2 juli 1979.

3 Allen Douglas, "La Nouvelle Droite: G.R.E.C.E. and the Revival of Radical Rightist Thought in Contemporary France", i *The Tocqueville Review 6* (hösten 1984).

4 *Le canard enchaîné*, den 20 december 1972.

5 Guillaume Faye, "Le libéralisme, ça ne marche pas", i *Éléments 44* (januari 1983). Termen "Nya högern" användes ursprungligen om 1970- och 1980-talens fackupplösande, budgetskärande, marknadsfixerade angloamerikanska höger, företrädd av Thatchers och Reagans

DEN GAMLA HÖGERNS BORTGÅNG

Denna nya skolbildning för antiliberalt tänkande uppstod inte 1978 utan ett årtionde innan den uppmärksammades i media. I likhet med den nya vänstern på 1960-talet stod Grece för såväl ett brott med som en fortsättning på tidigare traditioner. Den måste därför ses mot denna större historiska bakgrund, med det Andra världskriget som den viktigaste referenspunkten. Mellan slutet av 1944, när Frankrike "befriades", och 1946, när fjärde republiken grundades, decimerades den gamla högern, särskilt dess antiliberala, nationalistiska falang, i en mordisk utrensning. Det var ingen tillfällighet att dessa avrättningar påminde om dem som tidigare hade ägt rum i Sovjetunionen. De huvudsakliga organisatörerna var kommunister, även om hela vänstern var delaktig i utrensningen; man motiverades av det bittra arvet från kriget och av tidigare högerfientliga kampanjer, särskilt Folkfrontens, vilka hade lanserat idén att "fascism" är vänsterns motsats och att

---

regeringar och Friedrich von Hayeks och Milton Friedmans teorier. Programmatiskt var denna "höger" en nyliberal strömning som sökte minska statens ingrepp i ekonomin, montera ned det efterkrigstida systemet av keynesianska regleringar, minska kostnaderna för välfärdsstaten och uppbåda väljarstöd kring vissa protestantiska, fundamentalistiska grundtankar. Den nuvarande globalistiska ordningen är i hög grad ett foster av dess politik. Att den benämndes "konservativ" är endast kännetecknande för den gängse omkastningen av värden, då denna nya högers engagemang för fria marknader och ekonomisk individualism motsatte sig allt den historiska högern stod för. Se John Gray, *Endgames: Questions in Late Modern Political Thought* (Cambridge: Polity Press, 1997). I kontrast är Nouvelle Droite antiliberal och motståndare till kristendomen, fientlig till den angloamerikanska högern och mer upptagen med kultur än ekonomi. Ruth Levitas, red., *The Ideology of the New Right* (Cambridge: Polity Press, 1986) och Ted Honderich, *Conservatism* (London: Hamish Hamilton, 1990) är typisk för den rådande oförmågan att skilja mellan dessa inriktningar. Om Greces syn på den "anglosaxiska" Nya högern, se Alain de Benoist, "Hayek: A Critique", i *Telos 110* (vintern 1998); Alain de Benoist, "Le libéralisme contre les identités", i B. Guillemaind och A. Guyot-Jeannin, red., *Aux sources de l'erreur libérale: Pour sortir de l'étatisme et du libéralisme* (Lausanne: L'Age d'Homme, 1999). Greces samröre med den ansedda nationalliberala tankesmedjan Club d'Horlogue gav emellertid ett visst verklighetsunderlag för denna beteckning fram till 1981, då förhållandet mellan dessa två grupper sprack. Se Pierre-André Taguieff, "La Nouvelle Droite et ses stratégies", i *Nouvelle revue socialiste* (juli/aug 1984). Givet den rent journalistiska betydelsen av termen används "Nya högern" häri främst av bekvämlighetsskäl — för att åsyfta de grupperingar som är inspirerade av en Greceliknande identitarism. Jfr. Pierre Krebs, "Die Tätowierungen durch die Medien des Systems: Neue Rechte, Konservatismus oder Neue Kultur?", i *Thule Briefe 3* (september 1997).

antiliberalism i varje form (i synnerhet antistalinistisk) är en variant av den "bruna pesten".[6] Den nationalistiska regim som general Pétain upprättade i Vichy efter Frankrikes nederlag 1940, i ett oansenligt försök att vidmakthålla den franska statens institutionella arv, förstärkte denna koppling; regimens oundvikliga samarbete med ockupationsstyrkorna — ett samarbete utan någon ideologisk koppling mellan Vichyregimen och nazismen — befläckade högern i sin helhet.[7]

Så snart de allierade hade erövrat Paris i augusti 1944 försatt inte vänstern — med Franska kommunistpartiet (PCF) i spetsen och det amerikanska militärhögkvarteret bakom sig — någon tid för att hämnas på "kollaboratörerna". Alla högeranhängare blev måltavlor för den efterföljande terrorn, oavsett om man aktivt hade stöttat ockupationsmakten eller helt enkelt för den besegrade nationens skull hade samarbetat med Pétains lagligt upprättade regering. I och med att de hade motsatt sig den segrande liberalkommunistiska koalitionen stämplades de automatiskt som fascister och fick samma straff som sina förmenta motsvarigheter i Tyskland och Italien. I denna "orgie i summarisk hämnd" mördades så många som hundratusen "fascistkollaboratörer" av den antifascistiska motståndsrörelsen (siffran är omtvistad), över en miljon fängslades, tiotusentals dömdes till straffarbete, en kvarts

---

6 Det kan anmärkas att begreppet "fascism" i stor utsträckning är en uppfinning av sovjetkommunismen. Till exempel var italiensk fascism ett specifikt nationellt fenomen och väldigt olik tysk nationalsocialism. Skillnaderna mellan de spanska falangisterna, Rumäniens legionärer och Belgiens rexister etc. var lika stora. Likafullt har akademiker en tendens att följa Sovjets bruk och tala om en global "fascism", trots att man konsekvent har misslyckats att definiera termen teoretiskt. Roger Griffins *Fascism* (Oxford University Press, 1995) är ganska typisk för vad som i dag kan passera för lärdom inom detta område, i det att han samlar varje antiliberal buse under denna överskrift. För en kritik av denna tendens, se François-Georges Dreyfus, "Le mythe de l'extrême Droite et les danger du Front républicain", i B. Mazin, red., *Droite-Gauche: Un clivage dépassé?* (Paris: Eds. CDH, 1998); Alain de Benoist, *Communisme et nazisme: 25 réflexions sur le totalitarisme au XXe siècle* (Paris: Le Labyrinthe, 1998), ss. 83–87; Armin Mohler, "Le 'style' fasciste", i *Nouvelle Ecole 42* (sommaren 1985); Paul Gottfried, "La Gauche et le fascisme", i *Nouvelle Ecole 46* (hösten 1990).

7 Pierre Vial, "Vichy devant l'histoire", i *Éléments 70* (våren 1991); Dominique Venner, *Histoire de la Collaboration* (Paris: Pygmalion, 2000); François-Georges Dreyfus, *Histoire de Vichy: Verités et légendes* (Paris: Perrin, 1990).

miljon berövades sina medborgerliga rättigheter och ett okänt antal drevs i landsflykt.[8] Av dessa fängslade, jagade och mördade högeranhängare var ett icke försumbart antal, visade det sig, veteraner från den tyskfientliga motståndsrörelsen.[9] Detta spelade emellertid ingen större roll för de vänsterinriktade medborgargardisterna, vilka inte bara var betalda av utan också stod under de amerikanska invasionsstyrkornas befäl.

Utöver att förfölja kollaboratörer hoppades de amerikanska ockupationsstyrkorna på att rycka upp "kollaborationismen" med roten. På samma sätt som segrarna i 1600-talets religionskrig med styrka påtvingade erövrade befolkningar sin tro och bestämde vem som skulle vara protestant eller katolik, försökte USA:s antifascistiska allierade att förändra de europeiska befolkningarnas ideologiska karaktär. Samtidigt som de sovjetiska styrkorna började rasera de ockuperade östeuropeiska ländernas klasstruktur och upprätta enpartidiktaturer, var alltså även Frankrikes tidigare styrande klass dömd att bytas ut. Något som Thomas Molnar kallar en "monoklass" av degraderade förvaltare, som hade rekryterats bland de mest opportunistiska samhällselementen (främst förrädare och överlöpare som var lojala med "anglosaxarna") och utbildats i den nyss grundade Nationella förvaltningsskolan [École Nationale d'Administration] uppdrogs att införa amerikanska liberala styrelseprinciper. När denna monoklass (eller

---

8   Dessa siffror som är hämtade från officiella källor har alla ifrågasatts. För en viktig samling av dokument som tar parti för högersynen, se Maurice Bardèche, red., *L'épuration* (Paris: Eds. Confèrie Castille, 1997). Även Philippe Saint-Germain, *Le livre noir de l'épuration* (Paris: La Librairie Française, 1975); och akademiskt Henri Amouroux, "L'épuration dans tous ses états", i *Histoire 58* (maj 1995).

9   Dominique Venner, *Histoire critique de la Résistance* (Paris: Pygmalion, 1995) sticker auktoritativt hål på myten om att vänstern dominerade motståndsrörelsen och visar i stället att den sprang ur den nationalistiska högern — särskilt den yttersta högern — och hela tiden var mer höger än vänster beträffande sitt medlemskap. Även Jean-Claude Valla, "L'extrême Droite dans la Résistance" (Paris: *Les Cahiers Libres d'Histoire, nr 2 och 3,* 2000). I detta sammanhang är det läge att citera François Mauriac från 1940: "I vårt land är det högeridéernas öde, också de mest rättvisa, också de klokaste av dem, att segra endast till följd av landets olycka." Citerat i Philippe Burin, *France Under the Germans: Collaboration and Compromise,* övers. av J. Lloyd (New York: The Free Press, 1996), s. 25.

"nya klass") tog kontroll över regeringen, media och de större före-
tagsstrukturerna, var dess mål att "demokratisera" landet.[10] I princip
betydde detta att ersätta Europas traditionella, aristokratiska normer
med den nya efterkrigsordningens liberala. I praktiken innebar det
att upprätta en statsbyråkrati, ekonomisk elit och intelligentsia bero-
ende av sina amerikanska motsvarigheter, och i samma veva främja
ett system genomsyrat av "abstrakt individualism, utilitaristiska tros-
föreställningar, tillgjord humanism, historielöshet, kulturlöshet, att
det verkliga offras för det skenbara och en sårbarhet för korruption,
nepotism och röstköpande".[11]

Dessa aveuropeiserande åtgärder avklingade något under det
sena 1940-talet när Charles de Gaulle föll ur den liberala ordning-
ens led och bildade det högerorienterade Franska folkets samlings-
parti [Rassemblement du Peuple Français] (RPF). Även om hans RPF
omedelbart undergrävde vänsterns monopol och gav antiliberalerna
tillfälle att omgruppera, misslyckades man att hindra Amerikas kalla-
krigsetablissemang från att återvinna högerns antikommunism och

---

10 Thomas Molnar, *The Emerging Atlantic Culture* (New Brunswick: Transaction Publishers,
    1994). Molnars "monoklass" är begreppsmässigt besläktad med "nya klassen", en term
    som har en ganska invecklad härstamning och används för att beteckna de ämbetsmän,
    politiker och akademiker, vilka "sköter" inte bara statens utan alla de stora bolagens
    och institutionernas byråkratiska och teknologiska apparat. Se James Burnham, *The
    Managerial Revolution* (New York: John Day, 1941); Alfred D. Chandler, jr, *The Visible
    Hand: The Managerial Revolution in American Business* (Cambridge: Belknap Press, 1977);
    Bruno Rizzi, *The Bureaucratization of the World*, övers. av A. Westoby (New York: Free
    Press, 1985); Milovan Djilas, *The New Class: An Analysis of the Communist System* (New
    York: Praeger, 1957); Daniel Bell, *The Coming of Post-Industrial Society* (New York: Basic
    Books, 1976); Christopher Lasch, *The Revolt of the Elites and the Betrayal of Democracy*
    (New York: Norton, 1995); Paul Edward Gottfried, *After Liberalism: Mass Democracy in
    the Managerial State* (Princeton: Princeton University Press, 1999); och Samuel Francis,
    Revolution from the Middle (Raleigh NC: Middle American Press, 1997). Här använder
    jag termen "monoklass" och "nya klassen" omväxlande. Av intresse i sammanhanget är att
    historikern Robert H. Wiebe använder termen "ny nationell klass" för att fånga Amerikas
    nya klass historiska och sociologiska egenart — en term som jag anser är lämplig för den
    amerikanska situationen men inte för den europeiska. Se *Self-Rule: A Cultural History of
    American Democracy* (Chicago: University of Chicago Press, 1995), ss. 202–22.
11 Charles Champetier och Alain de Benoist, "The French New Right in the Year 2000", i
    Telos 115 (våren 1999); Hans-Dietrich Sander, "Das erste Kriegsziel der amerikanischen
    Politik", i *Staatsbriefe* (december 1999).

gammalmodiga nationalism för sina syften (som egentligen var mer antieuropeiska än antikommunistiska). RPF kom att konsekvent acceptera Europas delade tillstånd och oavsiktligt "spela de utomeuropeiska krafternas spel" (Yockey). Bildandet av Pierre Poujades Försvarsförbundet för köpmän och hantverkare [Union de Défense des Commercants et Artisants] i mitten på 1950-talet, vilket var en mer kraftfull yttring av antiliberal, parlamentariskt inriktad verksamhet, fortsatte denna samarbetsinriktning. Detsamma kan sägas om den antiliberala mobiliseringen till försvar för "det vita kristna Västerlandet" mot de nationella befrielserörelser som spred sig i den koloniala världen — som om dessa rörelser inte vore direkta avläggare till den USA-centrerade ordning som grundlades efter 1945. Upplösningen av den fjärde och bildandet av den gaullistiska femte republiken samlade åter antiliberalerna, men deras flyktiga och svagt underbyggda förbund med de Gaulle hamnade i en blodig återvändsgränd när dennes nya regering "förrådde" franska Algeriet. Av högerns många efterkrigstida förödmjukelser var nog förlusten av Algeriet den svåraste, då den avslöjade — eller åtminstone tycktes avslöja — att fienden hade fått kontroll inte bara över stad och stat, utan också över de nationalistiska krafterna.[12]

För många antiliberaler som mognade under denna period av liberal hegemoni kunde inte dessa misslyckanden annat än ge upphov till självrannsakan och granskning av de egna hållningarna och principerna. Inte bara hade man misslyckats med att återfå sin starka ställning från åren innan kriget: man tilltalade inte längre de väljargrupper som hade gett Charles Maurras' Fransk aktion [Action Française] och överste La Rocques Eldkorset [Croix de Feu] sina stora

---

12 Régés Constans, "Français d'Algérie: Un histoire occultée", i *La Nouvelle Revue d'Histoire 1* (juli/aug 2002). Även om den samhällssöndrande arten av det algeriska kriget och OAS:s revolutionära verksamhet sporrade många ur Nya högerns första generation har de flesta sedermera kommit att godta De Gaulles beslut att ge upp Franska Algeriet som klokt. Se Dominique Venner, *Le coeur rebelle* (Paris: Les Belles, Lettres, 1994), ss. 183–201.

anhängarskaror. Dessa väljargrupper hade i själva verket upphört att finnas till, i och med att Frankrike övergick till ett liberaldemokratiskt konsumtionssamhälle. I denna övergångsprocess tvingades den fortfarande stora landsbygdsbefolkningen bort från sin mark till följd av urbaniseringen och moderniseringen av jordbruket; amerikanska tillverkningstekniker trängde undan traditionella hantverksmetoder; universitet i amerikansk stil grundades, med massinskrivning av nätt och jämnt läskunniga studenter, och blev tillsammans med introduktionen av televisionen del av en ny, programmerbar socialiseringsprocess; avkristningen spred sig till folkflertalet; och en högkultur erfor sitt största bakslag sedan, kanhända, Romarrikets fall. Med den påföljande konsumtionen av sådana avkulturaliserande produkter som Hollywoodfilmer, jazz och standardiserade handelsvaror i amerikansk stil började den franska kulturen, liksom den europeiska kulturen i sin helhet, att retirera. Detta passerade inte antiliberalerna obemärkt förbi, men deras gammalmodiga nationalism och antikommunism gjorde det svårt att inse till vilken grad deras lojalitet med Amerika och indirekt Amerikas kulturella ordning hade gjort dem delaktiga i denna avkulturaliseringsprocess.

Medan familj och nation, samhälle och kyrka fortsatte att vika tillbaka för landets teknologiskt genomförda omstöpning, tvingades Dominique Venner, Jean Mabire och en handfull andra revolutionära högeranhängare att dra slutsatsen att det "europeiska levnadssättet" höll på att förgås. Den segrande amerikanska liberalismen hade inte bara gjort deras regering till en vasall, försvagat deras kulturs sammanhållning och hindrat européerna från att finna sig själva i sin historiska kontext, den hade även lyckats ta de nationalistiska, antikommunistiska krafterna i anspråk.[13] Det var under dessa förhållan-

---

13   Jean-Christian Petitfils, *L'extrême Droite en France* (Paris: PUF, 1983), ss. 109–13; Dominique Venner, *Histoire et tradition des européens: 30,000 ans d'identité* (Paris: Rocher, 2002), s. 264. Den amerikanska livsstil som följde med konsumismen var så hotande eftersom den inbegrep en upplösning av den europeiska kulturen, men också för att den utgjorde ett

den inte förvånande att Alain de Benoist efter en ungdomstid i Fransk aktion, deltog i Venners och Mabires Aktion Europa [Europe-Action], den första högerorienterade grupp att ta sig an de kulturella och identitära sakfrågor som så småningom skulle komma att definiera den europeiska nya högern.[14]

GRUNDANDET AV GRECE

Med grundandet av Grece i början av 1968, när den antiliberala högern befann sig på sin lägsta punkt, hade Benoist och hans landsmän inte för avsikt att skapa ytterligare en politisk gruppering för att återuppliva den nationella oppositionen. Det rådde ingen brist på sådana organisationer, och inget tydde på att de hade haft något inflytande av värde. Greces unga grundare, vilkas kopplingar till den gamla högern var av sekundär betydelse, och som i stor utsträckning formats av efterkrigstidens utmaningar, såg sin uppgift i andra termer. Så länge kulturen förblev genomsyrad av liberala föreställningar skulle en, som de såg det, framgångsrik antiliberal rörelse med udden riktad mot de aveuropeiserande krafterna i form av amerikanisering, konsumism och liberalkapitalistiska regimer inte kunna utvecklas. Som Benoist formulerade det: utan Marx, ingen Lenin.[15] Det vill säga utan utvecklandet av antiliberala idéer och därmed en "andlig revolution" skulle

---

försåtligt slag av politiskt styre. Som en tysk beskriver den: "Der vielzitierte *American way of life* ... ist eine Droge, an der man sich zu Tode lachen kann, ein Prinzip und einen Stil, aus dem sich ein Herrschaftsanspruch über andere Menschen und Völker ableiten könnte, verkörpert diese unendliche Amüsiermaschine gerade nicht." Se Thor von Waldstein, "Die 'Idee Deutschland' in postamerikanischen Jahrhundert", i *Staatsbriefe* (9–10/2000).

14   För mer om Greces organisatoriska rötter, se Pierre-André Taguieff, *Sur la Nouvelle Droite* (Paris: Descartes & Cie, 1994), ss. 111–47; för en förstahandsuppgift, se Pierre Vial, *Une terre, un peuple*, (Villeurbanne: Terre et Peuple, 2000), ss. 42–50; för en beskrivning av den miljö som formade de intellektuella angelägenheterna för de unga högeranhängare som grep sig an den identitära saken, se Venner, *Le coeur rebelle*, cit. ss. 143–81; för en förträfflig samling av artiklar som är typiska för de idéer som besjälade denna miljö, se Jean Mabire, *La torche et le glaive* (Paris: Eds. Déterna, 1999).

15   Alain de Benoist, "La Droite introuvable", i *Éléments 20* (odat. [ca 1977]).

en rörelse mot *le parti américain* vara omöjlig att hålla vid liv.[16] Grece skapades därmed inte som en politisk organisation upptagen med *la politique politicienne* utan som en tankeskola med syfte att utmana den förhärskande ideologin och återupprätta den europeiska kulturen och identiteten.

Greces beslut att i sin antiliberala kulturkamp grunda tidskrifter, organisera studiecirklar, främja forskningsprojekt och anordna konferenser gav den en viss likhet med Frankfurtskolan för socialforskning, även om man saknade denna judiska tankesmedjas (enligt Alain Pascal "grundad år 1923 för att göra motstånd mot den nationalsocialistiska filosofin") finansiella och institutionella resurser. I likhet med det generella fenomenet "västmarxismen" var den kontinentala nya höger som Grece skulle ge liv åt en produkt av ett politiskt nederlag.[17] De försämrade politiska möjligheterna mot slutet av 1960-talet, i synnerhet efter förlusten av Algeriet, innebar att antiliberala intellektuella, likt marxisterna efter de misslyckade revolutionerna 1923, inte hade mycket annat val än att söka en ny tyngdpunkt i filosofiskt och teoretiskt arbete.

Greces beslut att följa ett intellektuellt kall med betoning på kultur och identitet snarare än politik skulle markera ett paradigmatiskt brott med alla tidigare högermetoder. Inte bara lyfte man Europas kulturarvs sak (som aldrig tidigare hade behövt försvaras), man antog ett helt nytt sätt att närma sig den politiska arenan och definierade sig själv i termer som var hedniska snarare än katolska, postmoderna snarare än antimoderna, europeiska snarare än västerländska. Samtidigt distanserade sig de unga grundarna från de misskrediterade arven i form av pétainism, neofascism, traditionell katolicism, kolonialism, poujadism och ekonomisk liberalism (för att inte nämna borgerlig konservatism och amerikanism) och tog upp frågor som var "nya" i det att de försökte frammana de mest arkaiska drivkrafterna ur det

---

16 Alain de Benoist, *Les idées à l'endroit* (Paris: Hallier, 1979), ss. 62–65.

17 Perry Anderson, *Considerations of Western Marxism* (London: Verso, 1976), ss. 24–48.

europeiska kulturarvet. Denna omformulering av högerprojektet stötte naturligtvis bort många konventionella högeranhängare, men den tilltalade också ett förbisett behov, för man lyckades snabbt attrahera åhörare, och återupprusta många vissnande högerinriktade och nationalistiska krafter. Inom bara några år efter grundandet nådde Grecepublikationer en allt vidare fransk och europeisk läsekrets.

Benoists briljans som skribent och hans medarbetares mångfasetterade talanger gjorde snart *Nouvelle Ecole*, föreningens teoretiska organ, till en av Europas ledande högertidskrifter. När så tidskriftens positiva rykte växte började intellektuella av världsklass att strömma till dess *comité de patronage*, vilket ökade inflytandet ytterligare. Tillväxten av Greces internationella rykte under slutet av sjuttiotalet och början av åttiotalet nådde så småningom höjdpunkten med att liknande strömningar tog form i andra europeiska länder, särskilt i Italien, Belgien och Tyskland. När den så småningom upptäcktes av media hade den befäst sin ställning som den mest respektingivande intellektuella kraften i den europeiska högern.

1968

Grece hade inte mer än bildats — det första numret av *Nouvelle Ecole* kom ut i mars 1968 — förrän en massiv, i det närmaste revolutionär omvälvning gav Greces kulturprojekt en betydelse som inte kunnat förutses. Som nämnts ovan hade efterkrigstidens samhällsförändringar tillintetgjort många traditionella levnadssätt — i Frankrike och över hela Europa. I och med detta började européerna göra sig av med mycket av sitt kulturarv. År 1968 verkade det emellertid som om man vore i färd med att förgöra också de institutionella grunderna för det europeiska varandet; för under detta vanvettiga skede, vars närmaste historiska parallell hittas i den "revolutionära våren" år 1848, framträdde den mest uppseendeväckande yttringen av den efterkrigstida moderniseringsprocessen: "majrevolten".

Vid en tillbakablick tycks det franska studentupproret i maj 1968 ha varit mindre av en revolutionär utmaning mot den liberala ordningen, vilket det tedde sig som då, men desto mer av en radikal sporre till redan pågående omstörtningar.[18] Revoltens moderniserande knuff var särskilt verkningsfull för att underlätta ett utbyte av den befintliga eliten, vilken fortfarande på olika sätt var bunden av äldre, hegemoniska uppfattningar, mot en kosmopolitisk borgarklass — en "yuppie-international" (Peter Berger) — som bestod av förvaltare, experter och affärsmän som helt och hållet omfamnade den teknokratiska andan och logiken hos det system de hade att sköta. För den katolske filosofen Augusto Del Noce föranleder denna "cirkulering av eliter" efter sextioåtta (då den ordning som skapades av 1945 års "lejon" föll till föga för en subtil modifiering, utförd av dess "rävar") att majrevolten väsentligen var inomborgerlig snarare än antiborgerlig.[19] Att upproret utfördes av medelklassungdomar som var obekanta med sina föräldrars föramerikanska europeiska ordning är också värt att nämna.[20]

Upprorets ursprung ligger följaktligen i det sena 1950-talet och tidiga 1960-talet, när regeringen grundade universitet i amerikansk stil, vilka var främmande för de elitmodeller som tidigare dominerat europeiskt utbildningsväsende.[21] När så ett av världens främsta utbildningssystem började avveckla sig självt avlägsnades grekiska och latin från läroplanen; franskans karaktär och rättskrivningsregler förenklades; moraliska och medborgerliga föreskrifter undertrycktes;

18   Benoist, Les idées à l'endroit, cit., s. 287; Roberte de Herte, "Anniversaire", i Éléments 26 (våren 1978).

19   Augusto Del Noce, "Le Marxisme meurt à l'Est parce qu'il realise à l'Ouest", i Krisis 6 (oktober 1990); Alain de Benoist, Orientations pour des années décisives (Paris: Le Labyrinthe, 1982), s. 69; Alain de Benoist, "Mai 68, c'est bien fini!", i Éléments 64 (december 1988).

20   Liksom i Amerika var den tillåtande dr Spock det efterkrigstida Frankrikes främsta auktoritet inom barnuppfostran.

21   Jfr. Caspar von Schrenck-Notzing, Characterwäsche: Die Politik der amerikanischen Umerziehung in Deutschland (Frankfurt/M: Ulstein, 1993).

politisk-nationell historia ersattes med en "ny samhällshistoria"; memorering avlägsnades; och olika pedagogiska och psykologiska metoder, kompletterade med ljud- och bildhjälpmedel, ersatte mer rigorösa undervisningsmetoder. Samtidigt bemödade sig kommunistiska och vänsterinriktade utbildare, som dominerade de nya universiteten, om att göra klassrummet till en "demokratins tjänarinna". Universitetens traditionella uppgift som socialiserande överförare av kunskap såväl som kulturarv och värderingar lämnade sålunda plats för en ny roll: den amerikanska pedagogiska modell man anammat syftade till "individuellt självförverkligande": ett kodord för subjektivism, relativism och pragmatism.[22] Liksom sina amerikanska motsvarigheter uppmuntrades parisiska universitetsstudenter — med sinnen som var "oförmögna till urskillning enligt gott omdöme" (Evola) — att avvisa den "förlegade" ansamlingen av tidigare överfört vetande till förmån för vissa ideologiska moden. Tillsammans med konsumismen kom dessa "utbildningsreformer" att bereda marken för majrevolten.

Även om Frankrike vid denna tid leddes av de Gaulles milt antiamerikanska regering hade hans nationalism misslyckats att inspirera den franska ungdomen med ett nytt kall.[23] (Att CIA och dess "kulturella" avledningsprojekt kampanjade för att ringakta hans politik och kontrollerade en stor del av det franska samhället var antagligen också en faktor.)[24] Det franska samhällslivet höll redan på att duka under för amerikansk masskultur, vilket gaullistisk modernisering oavsiktligt

---

22 Fabrice Valclerieux, "Phatasme de la pédagomanie et réalités de la pédagogie", i *Études et recherches 3* (juni 1976). Om man godtar att "bildning" är formande i en kultur och "undervisning" överförande av ren teknik så är det svårt att invända mot Le Bons påstående: "Det kräver bara några få år för att undervisa en barbar [dvs. någon som är främmande för ens kultur] men ibland århundraden för att bilda honom." Se Alice Widener, red., *Gustave Le Bon: The Man and His Work* (Indianapolis: Liberty Press, 1979), s. 288.

23 Robert Poulet, *J'accuse la bourgeoisie* (Paris: Copernic, 1978), s. 23.

24 Vincent Jauvert, *L'Amérique contre De Gaulle* (Paris: Seuil, 2000). Robert Steuckers, bland andra (inklusive De Gaulles efterträdare Georges Pompidou), tror att upproret kan ha anstiftats av amerikanska hemliga agenter för att avleda De Gaulle från att utmana USA:s hegemoni i Europa. Se "Interview mit Robert Steuckers: Vitales Denken ist inkorrekt", på Eurocombate (http://es.geocities.com/eurocombate).

uppmuntrade.[25] I takt med att Elvis, blåjeans och tv-skärmar trängde undan det inhemska, började fransmännen trollbindas av Amerikas kulturindustri och dess motvilja mot traditionell smak och traditionella värderingar.[26] Den mediainspirerade medborgarrättsrörelsen och studentprotesterna vid Berkeley väckte den franska ungdomens fantasi i särskilt hög grad. Så, i början av 1968, efter en tvist om könsmässig "segregering" av universitetets sovsalar, återuppförde de parisiska studenterna spontant det psykodrama som tidigare hade skakat Berkeley. Händelseutvecklingen trappades snabbt upp och överträffade allt som hade utspelat sig på amerikanska campus. När det var som värst gungade till och med statsmakten. De unga upprorsmakarna liknade de amerikanska i sin "brist på disciplin, irrationalism och underlägsna form av anarkism".[27] När man hasplade ur sig Mao Zedongs revolutionära lära eller lovprisade Che Guevaras hjältemod uppvisade man en sporadisk idealism, men det var mest fråga om en fernissa på en individualism vars antiauktoritära och hedonistiska kraft inte, som Herbert Marcuse trodde, utgjorde en revolt mot det efterkrigstida samhället, utan snarare ett ungdomligt förfäktande av samma samhälles underliggande trossatser.[28] "Revolutionen", skulle en anhängare av den nya högern senare säga angående 1968, "det är jag" — för den släppte lös ett uppsving av narcissistisk individualism.[29]

Periodens maoistiska marxism anslöt sig följaktligen till motkulturella och individualistiska frågor, snarare än klasskamp. Inte den militante fackföreningsmannen, som i arbetarsolidaritetens namn mot-

25 Richard F. Kuisel, *Seducing the French: The Dilemma of Americanization* (Berkeley: University of California Press, 1993), s. 149.

26 Jacques Thibau, *La France colonisée* (Paris: Flammarion, 1980), s. 35. För mer om kulturindustrin, se Max Horkheimer och Theodore W. Adorno, *Dialectic of Enlightenment*, övers. av J. Cumming (New York: Seabury Press, 1972), ss. 120–67.

27 Jean Mabire, red., *Julius Evola: Le visionnaire foudroye* (Paris: Copernic, 1977), s. 119. Jfr. Jacques Duclos, *Anarchistes d'hier et d'aujourd'hui* (Paris: Eds. Sociales, 1968).

28 Henri Gobard, *La guerre culturelle: Logique du désastre* (Paris: Copernic, 1979), ss. 13–17.

29 Pierre Bérard, "Cours camarade, le Nouveau Monde est devant toi!", i *Le Mai 68 de la Nouvelle Droite* (Paris: Le Labyrinthe, 1998), s. 26.

sätter sig kapitalistiskt utnyttjande, utan banbrytaren för "frigörande" livsstilar, personlig frihet och politisk korrekthet förkroppsligade revoltörernas ideal om "kulturrevolutionen". Slagordet "det personliga är politiskt" flaggade inte endast för intåget av feminister, homosexuella, färgade och motkulturella grupper i den "revolutionära kampen" utan för tillkomsten av ett "helt nytt politiskt rum" för den individuella "frigörelsen".[30] I stället för att ansätta det borgerliga samhällets socioekonomiska strukturer eftersträvade majrevolten faktiskt en slutgiltig, liberal seger över all kvardröjande "obskurant" traditionalism i det europeiska samhällslivet; intellektuella, moraliska, rasmässiga och kulturella normer jämnades med marken i vissa frihetsivrande ideals namn, såsom förmaningen att "förbjuda alla förbud".

I likhet med sin andlige gudfader, Karl Marx, tog sextioåttorna liberala, modernistiska principer för givna. Den låtsasrevolt de hade iscensatt framför tv-kamerorna tröttade ut sig som en "befrielse" från alla tyglar som kyrka, familj eller sedvänjor hade på individen. Revoltörerna påstod att vägen mot fullständigt självförverkligande och lycka löpte i riktning mot just detta slags frihet.[31] Som man kunde förvänta sig skulle det påföljande avlägsnandet av tabun komma att främja de mest otyglade av de "progressiva" krafterna. Exempelvis var sexualiteten hädanefter avskild från sin fortplantningsfunktion, varpå den kom ut i det fria och blev föremål för kommersialisering, politisering och medieexploatering. Markis de Sade, som var omöjlig att publicera före maj, vann en likartad respektabilitet, när det de Sade-anstrukna tillståndet av permanent libidinös revolt etablerade sig som en inventarie i post-1968-ordningen.[32] Äktenskapet, familjen

30   Fredric Jameson, "Periodising the Sixties", i P. Waught, red., *Postmodernism: A Reader* (London: Edward Arnold, 1992).

31   Alain de Benoist, "La France aurait mieux fait de garder Daniel Cohn-Bendit", i *Le Mai 68 de la Nouvelle Droite*, cit.

32   Gerd Bergfleth, "Sade, notre contemporain", in *Éléments 82* (mars–april 1995); Philippe Baillet, *Julius Evola ou La sexualité dans tous ses "états"* (Chalon-sur-Saône: Hérode, 1994), ss. 53–59.

och nativiteten fick utstå motsvarande "frigörelser".[33] Till och med kristna, vilkas teologi blev märkbart mer profan och socialt engagerad, började till förmån för självförverkligandet överge eller tona ned hänvisningar till det översinnliga. Feminism, homosexuell stolthet, etnomasochism, hedonism, mångkulturalism och anarkokapitalism — de stora "ismerna" som sprang ur sextioåttafilosofin — skulle naturligtvis blomstra i denna drivhusatmosfär, samtidigt som Europas högkultur och särskilda identitet började vissna och förtvina.[34] Genom att upphöja personliga begär över allt annat kunde sextioåttorna emellertid inte annat än att egga den i det modernistiska projektet latenta "nihilismen" — den nihilism som följer på ett sammanbrott av traditionella trosföreställningar och värderingar. En del högeranhängare var faktiskt benägna att betrakta sextioåttorna i termer av Nietzsches "sista människa", inriktade som dessa revoltörer var på *här och nu*, upptagna av endast sin egen lycka och likgiltiga inför såväl det som hade kommit före som det som skulle komma efter dem.[35]

Under det decennium som följde på revolten sökte sig barnen av Marx och Coca-Cola (Jean-Luc Godard) undan för undan tillbaka till det borgerliga samhällets famn.[36] Medan de gjorde det började tredjevärldsvurmandets, antiamerikanismens och maoismens fanor ge företräde åt flaggor med lömskare emblem. I likhet med sina amerikanska motsvarigheter förblev de före detta upprorsmakarna trogna många av sextiotalets ideal, i synnerhet de hedonistiska ideal som hör samman med individualismen. När de växte ifrån sin revolutionsretorik och slöt fred med konsumtionssamhället bytte de även ut sin ungdoms

33 Jfr. Agathe Fourgnaud, *La confusion des rôles: Les toujours-jeunes et les déjà-vieux* (Paris: J. C. Lattés, 1999).

34 Jfr. Michel Houellebecq, *Les particules élémentaires* (Paris: Flammarion, 1998).

35 Nietzsches sista människa, vilken det kommer att hänvisas till fler gånger, är den typiska moderna människan ("den uslaste människan"), som överger alla faustiska strävanden för trygghet, bekvämlighet och självbelåtenhet. Se Friedrich Nietzsche, *Thus Spoke Zarathustra*, övers. av R. J. Hollingdale (London: Penguin, 1969), Prologue §5.

36 Benoist, *Les idées à l'endroit*, cit., s. 289; Philippe Conrad, "Réflexions sur la 'révolution' de Mai 68", i *Le Mai 68 de la Nouvelle Droite*, cit.

marcusiska ideal mot Amerikas människorättsretorik och marknadsideologi, och genom detta avslöjade de återigen att det inte var liberalismen och kapitalismen, utan den traditionalism som de felaktigt förknippade med dessa företeelser, som hade utgjort omedveten måltavla för upproret.[37] Följaktligen skulle deras nyfunna amerikanism bli lika dogmatisk och inkvisitorisk som den övergivna marxismen hade varit. På åttiotalet blev fransk antiamerikanism (som traditionellt hade utgjort ett försvar för den nationella identiteten) i stor utsträckning "synonymt med främlingshatare, antikvarier, hjärtlösa, marxister, fascister, butiksinnehavare och auktoritära personligheter, [medan] proamerikanism [förknippades] med allt som är skapande, modernt, öppet, allmängiltigt och frigjort ... År 1960 hade [Jean-Paul] Sartre sagt att antikommunister är hundar; trettio år senare [var] hunden antiamerikanen".[38]

I förvandlingen från ungdomens marxism till den "sociala reaganismen" i mogna år — från det Régis Debray kallar de fattiges manikeism (kommunism) till den välbärgades manikeism (liberalism) — fortsatte de före detta upprorsmakarna att hålla sig till "utlänningspartiet", men nu hade amerikanen tagit ryssens plats. När denna "kaviarvänster" så småningom började få ansvarspositioner i samhället, särskilt efter att François Mitterrands socialistparti tagit makten 1981, anslöt man sig beredvilligt till globalisering, invandring från tredje världen, mångkulturalism och de olika "progressiva" krafter som kämpade om resterna av det gamla Europa.[39] Detta var förstås helt förutsebart, inte

---

37 Venner, Le coeur rebelle, cit., s. 169.

38 Régis Debray, "Confessions d'un antiaméricain", i C. Fauré & T. Bishop, red., L'Amérique des français (Paris: Eds. François Bourin, 1992).

39 Alain de Benoist, "C'est encore loin, l'Amérique (1991)", i La ligne de mire. Discours aux citoyens européens: II. 1988–1995 (Paris: Le Labyrinthe, 1996); Frank Costigliola, France and the United States: The Cold Alliance Since World War II (New York: Twayne, 1992), ss. 191–94; Kuisel, Seducing the French, cit., ss. 221–24; Denis Lacorne & Jacques Rupnik, "The France Bewitched by America", i D. Lacorne, J. Rupnik & M.-F. Toinet, red., The Rise and Fall of Anti-Americanism: A Century of French Perception, övers. av G. Turner (New York: St. Martin's Press, 1990).

minst för alla de företags- och multinationella intressen som hade mest att vinna på det. Individualism och universalism har nämligen alltid gått hand i hand; de har inte varit varandras motsatser utan olika sidor av samma mynt.[40] Förkastandet av traditionella europeiska värderingar på individnivån, framställt som det varit i antikapitalistiska termer på sextiotalet, sammanstrålade nu med *le parti américains* generaliserande, antieuropeiska förkastelse. Detta skulle för en tid göra Frankrike till en av Amerikas mest fogliga allierade, i det att man frånsade sig den gaullistiska politik som ett kort ögonblick hade återupprättat nationen som en kraft i världen. Sedan, när landets portar hade slagits upp på vid gavel för alla som önskade köpslå med och sälja ut nationens välfärd, rörde sig mänskliga rättigheter mot mitten av vänsterns värdesystem. Liberal individualism blev mode, och entreprenörs"kultur" trängde undan den traditionella.[41] På samma gång tvekade inte dessa nyfunna förkämpar för Amerikas planetariska civilisation att svartmåla de kvardröjande spåren av sin europeiska identitet och de unika sidorna av sitt arv — de använde emellertid inte ordet "unika" utan "rasistiska", "exkluderande" eller "ovidkommande".[42] Denna situation var för övrigt inte begränsad till Frankrike utan påverkade hela kontinenten, liksom

---

40 Jfr. William R. Garrett, "The Reformation, Individualism, and the Quest for Global Order", i R. Robertson and W. R. Garrett, red., *Religion and the Global Order* (New York: Paragon House, 1991).

41 Alain de Benoist, "Les fausses alternatives" (1983), i *La ligne de mire: II*, cit.

42 Keith A. Reader, *Intellectuals and the Left in France Since 1968* (London: Macmillan, 1987), ss. 108–38. Som Guillame Faye noterar var Mitterands socialister, hur destruktiva de än var, "gammalmodiga, opportunistiska och amatörmässiga" och nästan konservativa i jämförelse med Lionel Jospins halvtrotskistiska socialistregering, vars ideologiskt drivna dagordning angrep Europas kulturer och folk i "skenproletära" principers namn ("sken-" eftersom de blandade en abstrakt, småborgerlig radikalism med läror som ingen fransk arbetare någonsin funderat över). Se "Le trotskisme au pouvoir" i *J'ai Tout Compris 12* (augusti 2001); Jérôme Bourdon, *Une taup trotskiste in Matignon?* i Écrits de Paris 634 (juli-augusti 2001); Louis-Marie Enoch och Xavier Cheneseau, *Les taupers rouge: Les trotskistes de Lambert au coeur de la République* (Paris: Manitoba, 2002). Mindre förutsägbart var att nyare högerregeringar i sitt odelade engagemang för globaliseringen verkar ha föresatt sig att överträffa socialisterns antiidentitära politik. Se Jean-Gilles Malliarakis, *La droite la plus suicidaire du monde* (Paris: Trident, 1998), ss. 122–26; "Que fait le gouvernement Raffarin pour combattre l'immigration?", i *J'ai tout compris!* (29 januari 2003).

majrevolten krävde sina offer i praktiskt taget varje europeiskt land. I Tyskland till exempel blir numera den som ifrågasätter de före detta sextioåttornas kosmopolitiska modernism, till och med de som håller fast vid SPD:s gamla, socialdemokratiska ideal, automatiskt misstänkta för "fascism".[43] I Storbritannien, Belgien och på andra håll har liknande inkvisitoriska och antieuropeiska krafter kommit att behärska offentligheten.

Vad gav upphov till denna fullständiga förvandling, som omvandlade upprorsmakare i Mao-jackor till kostymklädda anhängare av amerikaniserad globalism? Svaret är komplext. Man kan peka på den kommunistiska modellens tilltagande dysfunktionalitet och således minskade dragningskraft; u-landsregimernas blodbestänkta meritlistor; nedgången för nationalstaten och dess stora, förenande strukturer (armé, klass, skola, fack, parti); den multinationella och efter hand globala utvecklingen av kapitalistiska relationer; spridningen av känslor närda av televisionen, elektroniska retningar och datoriseringen, den obevekliga amerikaniseringen av det europeiska samhällslivet; universaliseringen av Guy Debords skådespel; omvandlingen från fordistisk masstillverkning, vilken var grundad på bestämda arbetsmarknader och keynesiansk finanspolitik, till flexibla, postfordistiska, efter just in time-tillverkning anpassade system. Allt detta påverkade tvivelsutan tidsandan. För grecisterna var dock den avgörande faktorn kulturell. Med tanke på att den europeiska monoklassen i stigande grad efterliknade de nyaklasskrafter som kontrollerade de amerikanska institutionerna och att traditionella värden drog sig tillbaka inför den amerikanska masskulturens, ansåg de det vara fullt naturligt att den politiska och sociala utvecklingen slog in på en liknande bana.[44] Detta verkade särskilt vara fallet eftersom den kapitalism som sextio-

---

43   Karlheinz Weissmann, "Ein paar einfache Wahrheiten", Criticón 130 (mars–april 1992); även Alain de Benoist, "La Nouvelle Droite allemande", Éléments 86 (oktober 1996).

44   Mindre kritiskt framlagt är detta även Kuisels tes i Seducing the French, cit.

åttorna i hypermodernismens namn angripit också hade blivit hyper-modern, i samband med marknadens tilltagande globalisering och avnationaliseringen av de europeiska ekonomierna.[45] Sextioåttornas anammande av de nya ekonomiska formerna påverkades emellertid av en utveckling med om möjligt än större kulturella följdverkningar: postmodernismen.

POSTMODERNA MOTSÄGELSER

Oavsett om det uppfattas som ett brott med moderniteten eller som den senaste modernistiska nyskapelsen så markerar det postmoderna tillståndet ankomsten av ett helt nytt skede i Västerlandets historia. Den första och mest inflytelserika filosof som tolkat detta tillstånd, Jean-François Lyotard, skriver om ett sammanbrott i den stora berättelse som driver moderniteten framåt.[46] Han hävdar att en berättelse av detta slag upprättar en filosofisk ordning som tillåter kunskap och mening att överföras utifrån en enda vidvinkelöverblick. I fallet med modernitetens stora berättelse, vars sammanbrott varslar om post-moderniteten, legitimerade en förvärldsligad version av den kristna frälsningsmyten den generaliserande västerländska förnuftsdiskursen.

Under mer än tvåhundra år uppfyllde denna metaberättelse det vetenskapliga förnuftet med det gudomliga logos' myndighet och skildrade världen med objektiv skärpa, hånskrattade åt "oförnuftighet, vidskepelse och fördomar" och upprättade ett allmängiltigt sannings-system som skulle frigöra människan från det "förmyndarskap hon själv ådragit sig". Med det postmodernismens födelse under 1900-ta-lets sista decennier vände sig emellertid förnuftets "ständiga självkri-tiksprocess" (William Connolly) mot moderniteten själv och avslöjade

---

45 Jfr. Gérard Desportes & Laurent Mauduit, *La Gauche imaginaire et le nouveau capitalisme* (Paris: Grasset, 1999).

46 Jean-François Lyotard, *La condition postmoderne: Rapport sur le savoir* (Paris: Eds. de Minuit, 1979).

att dess sammanförande diskurs vilar på snarlika, narrativa grunder.[47] Man upptäckte plötsligt att framsteg, frihet och objektivitet — de påstådda frukterna av vetenskapligt förnuft och de krafter som skulle frigöra den moderna människan från hennes oförnuftiga trosföreställningar — var fiktiva, inte mer verkliga än sådant som naturfolk berättar om världen.[48] I den bemärkelsen flaggar postmoderniteten det stadium i det senmoderna medvetandet då moderniteten börjar kännas vid de subjektiva grunderna för sin egen berättelse.

Postmodernisterna räknar in personer som Michel Foucault, Gianni Vattimo, Gilles Deleuze, Jacques Derrida och Jean Baudrillard i sina led och anser sig "avnaturalisera" (eller "avdoktrinisera") moderna framställningars fundamentistiska karaktär.[49] Mot den moderna berättelsens förnuftsmässiga, objektiva och allmängiltiga anspråk, i det att den tillämpar det matematiska förnuftets tidlösa sanningar på människans ovissa värld, ställer postmodernisterna det berättande subjektet som aldrig fristående, aldrig beläget på en arkimedisk punkt bortom tid och rum samt oförmöget att uppfatta världen med kylig objektivitet och säkerhet. Snarare är framställningar av alla slag sammanflätade i sociolingvistiska betydelsenät som inte känner någon allomfattande sanning, bara sina egna sanningar, vilka inte kan skiljas från viljan till makt. Olika "språkspel", för att använda Lyotards wittgensteinska terminologi, spelar med olika regler. I stället för att ordna de olika manifestationerna av den objektiva världen i neutrala, naturalistiska kategorier, fungerar det moderna förnuftet, i likhet med varje språkspel, enligt regler och med begrepp som är självrefererande och som gör världen begriplig på sätt som redan är antagna på förhand. Detta gör förnuftet huvudsakligen "meningsskapande" snarare än

---

47 Lyotard, *La condition postmoderne*, cit., s. 7.

48 William E. Connolly, *Political Theory and Modernity* (Ithaca: Cornell University Press, 1993), s. 10.

49 Beträffande dessa postmodernister så har grecisterna varit mest välvilligt inställda till Baudrillard och mest kritiska till Derrida..

återgivande. Följaktligen kan det inte finnas någon vidvinklad överblicksberättelse som strukturerar verklighetens mångfaldiga dimensioner och alltså ingen ensam, ickebelägen, objektiv kategori för att beskriva eller förklara dem. På den grunden drar postmodernisterna slutsatsen att det inte finns någon kognitivt gynnad och kanonisk kunskapsform — endast olika stilar, röster och register som återspeglar olika synvinklar, olika premisser och olika symboliseringssystem. De understryker att varje bild av verkligheten är förmedlad och återspeglar inte bara verkligheten i sig utan ett subjektivt och kontextbundet system av meningsskapande återgivningar.

Så snart man har godtagit att olika berättelser påför olika återgivningar på världen och att dessa återgivningar inte kan reduceras till varandra, tvingas modernitetens stora berättelse att ge plats för de olika småberättelser (*petits récits*) som står utanför den, för om det inte finns någon enda vidvinkelberättelse och därför inte någon enda, absolut sanning som förklarar historien och rättfärdigar det modernistiska projektet, är en mängd utvecklingar, var och en med sitt egenartade rättfärdigande och sin lokala inriktning, inte bara möjliga utan också livskraftiga och önskvärda. Postmodernister lovprisar alltså den påföljande auktoritetsdifferentieringen och de olikartade, från modernitetens likriktande abstraktioner frigjorda, möjligheterna — särskilt beträffande en pluralistisk skillnads- och identitetspolitik.[50] Följderna av denna "antifundamentism" är således inte bara kunskapsteoretiska. Eftersom "man inte kan gå utöver språket" (Richard Rorty) och vända sig till allmängiltiga, av tid och rum opåverkade sanningar, kan det inte finnas någon "sammanförande, essentialiserande logik", ingen allmänt vedertagen vision om det goda och alltså ingen stor, kollektiv agent (såsom modernitetens klasser, partier, nationer och stater) som är bärare av en frigörande politik. Varje slag av mänsklig handling, också

50   Gianni Vattimo, *The Transparent Society*, övers. av D. Webb (Baltimore: Johns Hopkins University Press, 1992), ss. 94–95.

(eller i synnerhet) de mest upphöjda, omintetgörs oundvikligen inför en mångformig verklighet, återgiven av en numera självmedveten massa av oförenliga, diskursiva traditioner. Detta leder postmodernisterna till en "radikal pluralism" som "dekonstruerar" modernistiska uppfattningar om sanning, värde och rättvisa i intresse av ett vidare område av lokaliserade återgivningar och bruk.[51]

Postmodernisterna motsätter sig modernitetens filosofiska utgångspunkter, särskilt "förnuftets överhöghet", men på ett sätt som gynnar den liberala politikens individualistiska tendenser. I mångt och mycket är de i själva verket filosofiskt raffinerade liberaler, dock liberaler vilkas huvudsakliga referensram inte längre är den etniskt homogena nationalstaten utan den globala marknadens regnbågsvärld. Som grecisterna påpekar är den postmoderna bilden av verkligheten som ett skiftande fält av diskursiva relationer mindre upptagen med att återlegitimera de förmoderna traditionernas småberättelser än med att ge särskilda förmåner till dessa traditioners antites: de anarkistiska spillrorna av en med den nya internationella ekonomins nomadiska logik sammankopplad, hypermodern värld. Även om postmodernisterna således kritiserar den stora berättelsens nedvärdering av traditionella samhällen, är de "minigrupper" och "stamidentiteter" (Michel Maffesoli) som man lovsjunger som alternativ till modern individualism och som yttringar av en ny, mångfasetterad gruppgemenskap typiskt nog sådana som rättar sig efter föränderliga marknaders impulser och säsongsmoden.[52]

Också spridningen av skiftande identiteter och den "heterotopiska" värld av obestämda signifikanter som medföljer metaberättelsens sammanbrott uppskattas i egenskap av en frigörelse från modernite-

---

51 Wolfgang Welsch, *Unsere postmoderne Moderne* (Weinheim: VCH, 1987), s. 4.

52 Michel Maffesoli, *Les temps de tribus: Le déclin de l'individualisme dans les sociétés de masses* (Paris: Klincksieck, 1988), s. 17; Tomislav Sunic, "The Drug Store Culture", i *The Scorpion 10* (hösten 1986). Jfr. Simon Critchley & Peter Dews, red., *Deconstructing Subjectivities* (Albany: SUNY Press, 1996).

tens sammanförande strukturer, i likhet med hur modernister tidigare försökte pracka på folk en atomiserande individualism som en frigörelse från traditionella gränssättande dogmer. Följaktligen har ett folks identitet och gemenskap, som utformats genom historien och berör ett avgränsbart subjekt (såsom en familj, en etnicitet eller en nation) inte mer berättigande än sådana som har satts ihop av en motkulturell rörelse eller en reklambyrå. Faktiskt brukar postmodernisterna behandla folkets identitet och gemenskap som om dessa hade ett mindre berättigande; ett folks historia utvecklar sig nämligen inom en bestämmande struktur som begränsar individualiseringens spännvidd. Av det skälet tas B- och D-grupper, rasminoriteter, transdårar, lesbiska motorcyklister, husockupanter och grungerockare med i uppräkningen, medan baskiska nationalister, schweiziska kommunarder och lombardiska regionalister, vilkas samhällen är uråldriga och generationsövergripande, i allmänhet misstänkliggörs som "slutna" eller förtryckande varianter av den stora berättelsen.[53]

När postmoderna liberaler hyllar de "föreställda" rasmässiga, sexuella och motkulturella "identifikationer" som metaberättelsens sammanbrott möjliggör vägrar de också att hypostasera de identifikationer som de för tillfället identifieras med. I William Connollys politiska teori kallas detta "att odla agnostisk respekt hos sammanvävda och tävlande grupper".[54] Sådan "respekt" får postmodernister att driva frågor om "minoriteter i politik, sexualitet och språk" och tillbakavisa "helheters tyranni" (Ihab Hassan). Paradoxalt nog kulminerar denna agnosticism i en universalism som är till och med mer omfattande än den modernistiska universalism den motsätter sig. För när beständiga identiteter avvisas och allt görs flytande blir den Andre en motsvarighet till densamme, ungefär på samma sätt som den moderna

53 "Sous le signe de la reconquête identitaire", i *Terre et peuple: La revue 4* (sommaren 2000).
54 Connolly, *Political Theory and Postmodernity*, cit., s. 197. Även Zygmunt Bauman, *Intimations of Postmodernity* (London: Routledge, 1992), s. 36.

individualismen blev en motpart till modernitetens sammanförande strukturer. En postmodern värld av absoluta olikheter är följaktligen en värld i vilken skillnader upphör att vara betydelsefulla, i och med att toleransen mot en mångfald av tribala normer generaliseras till en global princip om godtycklig nyckfullhet. Vattimo observerar att "det Kant med rätta ... betraktade som ett rop till det universella mänskliga samhället ... har för närvarande ... blivit ett opportunt hänskjutande till mångfalden".[55] Baudrillard gör en liknande iakttagelse och karakteriserar postmodern tribalism som en del av ett förlopp i vilket de befintliga makrostrukturerna förvandlas "till oräkneliga partiklar som inom sig [bär] alla de [befintliga] nätverkens och kretsarnas kännetecken — som alla bildar sina egna mininätverk och minikretsar, där var och en för sig, i sin egen lilla värld, upplivar den nu gagnlösa helhetstotalitarismen".[56]

När väl postmoderniteten bryter ned det universella till det speciella, det globala till det lokala, det objektiva till det subjektiva, kan inte narcissistiska identiteter och överkänsliga samhällen (stammar) annat än anta formatet av modernitetens monolitiska dito.[57] Detta gör det postmoderna tillståndet både likformigt och atomiserat, i det att det återspeglar en världsmarknad som placerar en rotlös individ inom en mångfald av inkommensurabla smågrupper, av vilka alla liknar varandra i bristen på stabilitet, sammanhållning och sociala band.[58] "Allting", följaktligen, "är nu likt allting", och "ingenting är likt ingenting".[59]

---

55 Vattimo, *The Transparent Society*, cit., s. 70; Charles Champetier, "Implosions tribales et stratégies fatales", i *Éléments 101* (maj 2001). Jfr. Julia Kristeva, *Strangers to Ourselves*, övers. av L. S. Roudiez (New York: Columbia University Press, 1991).

56 Jean Baudrillard, *The Illusion of the End*, övers. av C. Turner (Stanford: Stanford University Press, 1994), s. 107.

57 Alain de Benoist, "Minima moralia (2)", i *Krisis 8* (april 1991).

58 Malcolm Waters, *Globalization* (London: Routledge, 1995), s. 63.

59 Alain de Benoist & Tomislav Sunic, "Gemeinschaft and Gesellschaft: A Sociological View of the Decay of Modern Society", i *Mankind Quarterly 34* (1994).

I det att postmodernisterna angriper "den västerländska filosofins cogito" (det vill säga berättaren av modernitetens stora berättelse) "överträder" de, i den frihetsivrande 68-andan, det moderna paradigmets objektiviserande helheter, i hopp om att mångfaldiga antalet möjliga, för individen tillgängliga berättelser. I praktiken slutar det emellertid vanligtvis med att de upprepar modernitetens grundläggande idéer — de tillbakavisar det förflutna, avfärdar det etablerade kulturarvets betydelse och fostrar en individualism som skär sig med varje slag av traditionellt samhälle. Mer talande är att de ignorerar de nya "mekanismer för herravälde och beslut" som har vunnit en makt utan motstycke i det postmoderna samhället, i och med att uppsplittringen av samhällsordningen och identitetsdestabiliseringen utvidgar statsmaktens, medias och storföretagens inflytandesfär. För marxister av den gamla skolan, vilka nostalgiskt söker modernistisk visshet, vittnar denna ouppmärksamhet på det postmoderna tillståndets sammanförande natur främst om inblandning i den globala kapitalismens nya hegemoniska system.

Grecisterna försvarar en ontologi med rötterna i Europas kulturhistoriska särart mot en postmodernism som vill förminska kulturella anknytningar (identitet) till en för globalismens skiftande marknadsformer avpassad "ytlig utsmyckning", det vill säga mot en postmodernism som låter bli att dra sina antiliberala konsekvenser och omfamnar en fullständigt konsumtionsbaserad verklighets nymodigheter. Varande-i-världen, identitetens grundval, är varken godtycklig eller oändligt formbar. I grecisternas ögon är en individ som ständigt återuppfinner sig själv, där vederbörande cirkulerar bland postmodernitetens nomadiska stammar, en individ som har berövats varje meningsfull, ontologisk syftning. Identiteten som "substans" är kastad, rotfäst, odlad. Enligt Nietzsches och Heideggers filosofier, som postmodernisterna härleder sina mest grundläggande insikter från, kan man avvisa de särskilda historier och kulturer som präglar den mänskliga subjektiviteten (identiteten) endast på bekostnad av sin autencitet och till och med sin mänsklighet.[60] Identiteten är alltså oskiljaktig från sina bestämningar, oavsett om den gamla, objektiva säkerheten inte längre håller och varje befintlig gruppering medges vara en "social konstruktion". Världshistorien kan därför sakna en sammanhållande helhet och uppvisa en mångfald av inkommensurabla berättelser, som postmodernisterna med rätta hävdar, men att historien kan ta sig många olika uttryck är inte liktydigt med ett kaos i vilket allt vore möjligt.

I egenskap av ego, jag eller aktör är individen, enligt grecisterna, oskiljaktig från sitt samhälle och kulturarv, då (som efterföljande kapitel kommer att tydliggöra) varje individ är slutgiltig, historisk, särskild. Därmed är även varje slags identitet individen strävar efter att förverkliga (eller undfly) beroende av det sammanhang denne befinner sig. Återigen i Nietzsches och Heideggers efterföljd ser grecisterna identiteten och möjligheten till intersubjektiva relationer som sammanvävda delar av de traditionella småberättelser som den liberala moderniteten sökte tränga undan.[61] Samtidigt som de godtar att det inte finns några allmänbegrepp i den bemärkelse som moderniteten föreslog och att kunskap alltid är provisorisk, understryker de också

---

60 De specifika argument som Nietzsche och Heidegger anför för att underbygga dessa påståenden och de riktiga referenserna finns i kapitel fem.

61 Gianni Vattimo, *The End of Modernity: Nihilism and Hermeneutics in Postmodern Culture*, övers. av J. R. Synder (Baltimore: Johns Hopkins University Press, 1988), s. 3; Daniel R. Ahern, *Nietzsche as Cultural Physician* (University Park: Pennsylvania State University Press, 1995), s. 4. De postmodernister som vill rädda det politiska upplysningsprojektet men inte de fundamentistiska, filosofiska premisserna behandlar småberättelserna som sociala, inte individuella, berättelser. Se till exempel Richard Rorty, "Postmodern Bourgeois Culture", i *Journal of Philosophy 85* (oktober 1983). Sådana postmodernister (R. Rorty, J. Squires, W. E. Connolly o.a.) håller fast vid att subjektiviteten är inbäddad och alltså i behov av ett samhälle och solidaritet. Häri liknar de grecisterna, vilka också avvisar ett rent libidiskt eller anarktistiskt subjektivitetsbegrepp. I egenskap av liberaler gör de detta för att kunna omformulera upplysningsprojektet, i hopp om att i samma process rädda föreställningen om en friare, mer rationell värld grundad på självmedveten relativism som förenas med liberala värden och en Deweyansk pragmatism som föreges vara befriad från modernitetens "dåliga" metafysik. Se Richard Rorty, "Cosmopolitanism without Emancipation", i S. Lash and J. Friedman, red., *Modernity and Identity* (Oxford: Blackwell, 1992). Mot denna "svaga" eller "liberala" postmodernism, se Georges Charbonneau, "Les clowns du judéo-Catholicisme", i *Éléments 57–58* (våren 1986).

att inom en specifik kultur erbjuder de befintliga strukturerna något som skulle kunna benämnas "lokaliserade allmänbegrepp", som inramar sin särskilda diskurs' parametrar.[62] I denna bemärkelse utgör den europeiska kulturens "levande förflutna" inte bara den historiska grunden för Europas särskilda diskurs utan det enda fundamentet för Europas särskilda vilja till makt.

Även om grecisterna alltså medger att "sanningen" är en bestämd traditions tolkningsprodukt (det vill säga antifundamentistisk), anser de till skillnad från postmodernisterna att detta inte medför att "sanningen" är helt och hållet obunden, att varje "sanning" kan omfattas av vilket subjekt som helst eller att den empiriska verkligheten kan anpassas efter varje subjektivt syfte. Mot en borgerlig/akademisk postmodernitet med ett engagemang för en nihilistisk "rekonstruktion" av den moderna liberala politiken, ställer grecisterna att "sanning" är en funktion av kulturen och historien, "bemyndigad" av sammanhanget allena — ett sammanhang som dessutom aldrig är godtyckligt utan levt, känt och rotfast. Metaberättelsens sammanbrott gör kort sagt inte meningsfulla identitetsformer överflödiga men är betydelsefullt just på grund av att det återupplivar — och därmed återlegitimerar — de partikulära diskurser som den liberala moderniteten förkastade och som den liberala postmoderniteten har för vana att missförstå. Så snart föreställningen om en absolut, allmängiltig berättelse blottställs, blir världen faktiskt åter en plats för viljeakter, och det europeiska projektet återfår det berättigande som moderniteten sökte undertrycka. I motsats till postmodernisternas marknadsinspirerade kommunitarism menar grecisterna att några sanningar är överlägsna andra — om så bara för att de uttrycker sin egen lokala vilja till makt.

---

62 Postmodernister verkar misstänka att berättelser av varje slag innebär inskränkningar, såtillvida som berättelsen är det medel med vilket ett folk begripliggör, definierar och lever i sin värld — och alltså "begränsar" sig till vissa "grundande postulat". Se Arran Gare, "Narrative and Culture: The Role of Stories in Self-Creation", i *Telos 122* (vintern 2002).

Foucault har gjort gällande att en berättelseordning grundad på modernt förnuft (i form av den panoptiska maktmodellen) inte leder till frigörelse, som upplysningen utlovade, utan till en ordning i vilken nya former av kontroll och herravälde kan underkuva individen.[63] På samma sätt skulle man kunna hävda att den nuvarande borgerliga/ akademiska postmoderna återhämtningen befriar människan från modernitetens metaberättelses tvång bara för att avlegitimera hennes motstånd mot den globala marknaden. Mot en sådan postmodernism, som rättfärdigar utrotandet av den europeiska livsvärlden, ställer grecisterna okränkbarheten hos ontologiskt rotfasta identiteter; man hävdar att tävlande småberättelser inte behöver leda till delaktighet i globalismens hyperindividualistiska och i slutändan antieuropeiska sätt att konsumera och kontrollera. Grecisterna vidhåller att det fortfarande finns relevanta identiteter och livsdugliga berättelser, med rötterna i levande traditioner, som tilltalar nutidens egenarter och undflyr den postmoderna tribalismens nihilistiska följder. I stället för att godta att sammanbrottet i metaberättelsen rättfärdigar det globala kapitalets logik, avser de att skänka nytt liv till den europeiska identitetens historiska källor, fullt medvetna om att det inte finns några allmängiltiga grundvalar för en sådan identitet utan bara en subjektiv anslutning till en tradition vars levande nu är det enda man har möjlighet att känna till.

Därför måste inte nedbrytningen av det modernistiska paradigmet sluta med en tribaliserande atomisering som gör organiska band onödiga. Enligt grecisterna kan denna nedbrytning lika väl tjäna som ett alternativ till den nuvarande utvecklingen, i den mån det europeiska kulturarvets historiskt rotade sanningar erbjuder en potentiellt meningsfullare framtidsväg än modernitetens tomma, metafysiska postulat eller postmodernitetens valmöjligheter.[64] Identitärerna hävdar att

---

63 Michel Foucault, *Discipline and Punish: The Birth of the Prison*, övers. av A. Sheridan (New York: Vintage, 1979).

64 Robert de Herte, "Faut-il être 'postmodern'?" i *Éléments 60* (hösten 1986); Alain de Benoist, *Face à la mondialisation, i Les grandes peurs de l'an 2000: Actes du XXXe colloque*

det på grund av postmodernitetens antiliberala kärna bara är de berättelser som förutsätts av det kulturellt, historiskt och etniskt infödda kulturarvet som är livsdugliga för européer; därför är det bara dessa berättelser som kan uppbära livsdugliga samhällen och identiteter.[65] Till skillnad från den nya vänstern, vars uppror år 1968 skenbart vände sig emot den år 1945 grundade, amerocentriska ordningen, bekämpar inte den nya högern denna ordning för att i postmodernismens namn utvidga och radikalisera ordningens underliggande trossatser utan för att befria européerna från ifrågavarande ordnings vanställande konsekvenser.

GENOM TRE DECENNIER

De intellektuella vyer som postmoderniteten öppnar visade sig inte omedelbart för grecisterna, även om delar av det postmoderna tillståndet övade ett tydligt inflytande på Greces utformning. Det var först år 1979 som Lyotards *La condition postmoderne* kom ut och än senare som den postmoderna kritiken fick fäste. Dessutom skrev aldrig grecisterna helhjärtat under på postmodernismen, och några av dem förkastade den helt i den förmoderna traditionalismens namn. Postmodernismen kom därför att influera Greces antiliberalism, men postmodernister har tenderat att befinna sig i en annan mental värld. Här kan ett kort sammandrag av Greces allmänna utveckling — en utveckling som hela den nya högern idag är arvtagare till — bättre förklara varför det blev så.

Under de mer än tre och ett halvt decennier som nu utgör Greces historia har gruppen utarbetat sitt antiliberala projekt på ett antal olika filosofiska språk. Många av dessa har spretat åt sitt eget håll; några har öppnat upp vägar som fortfarande följs, medan andra har övergivits

du Grece (Paris: Grece, 1997).

65 Armin Mohler, "Was Ist Postmoderne?", i *Criticón 96* (juli–augusti 1986).

eller gradvis omprövats under årens lopp. Det är således viktigt att i beskrivningen av Greces allmänna kurs påvisa de bestående angelägenheterna. Enkelt uttryckt har dessa alltid innefattat ett försvar för Europas biokulturella identitet. Oavsett vilket filosofiskt språk Greces medlemmar har talat genom åren, oavsett vilka teoretiska hänvisningar de har gjort eller teman de har utforskat, har de agerat som lojala anhängare av den "europeiska idén", i försök att skydda det europeiska livet från de antiidentitära följderna av den liberala moderniteten. Ett sådant försvar har, som kommer att bli tydligt nedan, inte så mycket att göra med ideologi som sådan eller ens med en särskild filosofisk strömning utan återspeglar snarare en världsåskådning — och en vilja till makt — som motsätter sig liberalismens antieuropeiska impuls.

Greces första årtionden hade som man kunde förvänta något av en övergångskaraktär; man kastade av sig den gamla högerns föråldrade utstyrsel och experimenterade med en mängd olika strategier för att återuppliva den europeiska idén. Föreningens första utmaning av den liberala kulturen ägde till exempel rum inom vetenskapens värld och hade många karaktärsdrag, såsom en positivistisk tro på vetenskapligt förstånd, som man senare avvisade. Vetenskapen var emellertid en "naturlig" utgångspunkt för det antiliberala projektet. På 1800-talet hade den liberala modernitetens förkämpar ställt den nya vetenskapen mot sina konservativa fiender och hade sedan dess framställt sig själva som ledande i de mest avancerade vetenskapliga idéer. Tjugonde århundradets vetenskap hade emellertid visat sig vara mindre villig att underordna sig liberala anspråk.[66] Evolutionspsykologins, beteendegenetikens, molekylärbiologins, sociobiologins och etologins grundsatser tycktes alla motsäga de liberala föreställningarna om miljöns företräde, naturlig "godhet", den sociala världens individualistiska na-

---

66 Lesquen, *L'idéologie dominate est-elle compatible avec la science?*, cit.; Jacques Monod, *Le Hazard et la nécessité: Essai sur la philosophie naturelle de la biologie moderne* (Paris: Seuil, 1970).

tur, rasens irrelevans och människonaturens formbarhet och likhet.[67]
Givet liberalismens sårbarhet inom detta område var det här som grecisterna satte in sitt första kritikangrepp mot modernistiska värden;
de riktade in sig på det som den senaste vetenskapliga forskningen
uppenbarade om de sociala, hierarkiska, genetiska och följaktligen
antiliberala grunderna för det mänskliga livet.[68]

---

67 Robert de Herte, "Misère de l'humanisme", i *Éléments* 97 (januari 2000); Charles
    Champetier, "Voici l'ère néobiotique", i *Éléments* 97 (januari 2000). Eftersom flera av dessa
    nya vetenskaper bestrider liberala postulat har hela kunskapsfält ignorerats eller satts i
    karantän av den förhärskande ideologin. Det bör noteras att lysenkoism, censur och intellektuell skrämsel inte uteslutande var sovjetiska åkommor utan alltjämt utgör betydande
    inslag i det amerikanska och europeiska intellektuella livet. Se Morton Hunt, *The New
    Know-Nothings: The Political Foes of the Scientific Study of Human Nature* (New Brunswick:
    Transaction Publishers, 2000); Ulrica Segerstråle, *Defenders of the Truth: The Battle for
    Science in the Sociobiology Debate* (New York: Oxford University Press, 2000); Benoist, *Vu
    de Droite*, cit., ss. 140–46; Alain de Benoist, "Différent, mais inégaux", i *Éléments* 27 (vintern 1978); Odile de Madre, "Du progrès scientifique à la dictature idéologique", i *Réfléchir
    et agir 11* (våren 2002).

68 Greces vänsterkritiker framför anklagelsen att sådana argument går tillbaka på medlemmarnas tidigare koppling till den yttersta högern; de antyder praktiskt taget att biologi och
    livsvetenskaperna är i sig själva "fascistiska". Sedan det sena sjuttiotalet har Grece slutat att
    understryka livsvetenskapernas antiegalitära konsekvenser och tonar ner sin tidigare "biologiska realism". Likafullt anklagas man slentrianmässigt för rasism och fascism i misskrediterande syfte. Trots att den retoriska avsikten med sådana anklagelser är att tysta och
    skrämma måste de icke desto mindre bemötas, eftersom de stänger av det rationella tänkandet. Likt flertalet högeranhängare godtar grecister att människans arv (som potential,
    inte som aktualitet) är primärt för att mottagliggöra henne för "särskilda hållningar och
    beteenden". Se Alain de Benoist, "Culture", i *Nouvelle Ecole 27* (vintern 1974–75). De accepterar också förekomsten av etnorasliga identiteter och erkänner att det finns betydelsefulla
    rasskillnader. De avvisar således alla utjämnande föreställningar om den mänskliga naturen och alla försök att utradera sådana skillnader med hjälp av social ingenjörskonst. Ett
    erkännande av rasskillnader (vilka godtas överallt i den icke-vita världen) antas emellertid
    numera automatiskt vara rasistiskt — som om rasism vore en form av differentieringslära i
    stället för en ideologi om rasöverlägsenhet. Se Alain de Benoist, "Contre tous les racismes",
    i *Éléments* 8–9 (november 1974–februari 1975); Gilbert Destrées, "Différentialisme contre
    racisme: Des origines modernes du racisme", i *Éléments 77* (odat. [våren 1993]); jfr Frithjof
    Schuon, *Castes and Races*, övers. av M. Pallis och M. Matheson (Belfont UK: Perennial
    Books, 1982). I grund och botten härrör Greces erkännande av biologiska och rasmässiga
    skillnader från det antiliberala förkastandet av jämlikhetsideologin, oavsett om denna ideologi antar formen av rasmässig likhet, könsmässig likhet, klassmässig likhet, ståndslikhet
    eller något annat slags likhet som eftersträvar att utjämna och likrikta i världsförbättrande
    syfte. En antiegalitär betoning på skillnad har enligt grecisterna inget att göra med beskyllningar om "underlägsenhet". Detta är dock svårt för vänsteranhängare att godta, då
    föreställningar om kultur, identitet och egenart är främmande för jämlikhetsivrandet och
    universalismen hos ett modernistiskt projekt som nominellt försvarar alla rasers "jämlikhet" men ändå vägrar att erkänna de skillnader som utmärker dem. I detta sammanhang
    skriver Claude Lévi-Strauss: "Man kan inte samtidigt förlora sig själv i åtnjutandet av den
    andre, identifiera sig med honom och vidmakthålla sig själv som annorlunda. Fullständig,

Vid sidan av att uppbåda de senaste vetenskapliga rönen mot vän-
sterpåståenden riktade de tidiga grecisterna betydande uppmärksam-
het på Europas indoeuropeiska, klassiska och medeltida ursprung — i
syfte att fastställa inte bara Europas biologiska utan också dess sär-
skilda historiska identitet. Genom en popularisering av indoeuropeisk
förhistoria sökte grecisterna göra européer medvetna om sin kulturs
ursprungliga särdrag och hur dessa åtskiljer dem från andra folk. Med
liknande avsikter gav de sitt erkännande till grekerna och romarna,
vilka förverkligade de främsta indoeuropeiska karaktärsdragen och
upprättade grundvalarna för européernas civilisation. Grecisterna såg
(trots en motvilja mot kristendomens ickeeuropeiska rötter) på den
katolska medeltiden som väsentlig för införlivandet av norra och östra
Europas keltiska, germanska och slaviska folk i den civilisationsfälla
som hade upprättats av grekerna och romarna.[69] De hävdade att alla

---

integrerande kommunikation äventyrar ... både ens egen grundläggande okränkbarhet
och den andres." Citerat i Alain de Benoist, "What is Racism?", i *Telos 114* (vintern 1999).
I sin vägran att erkänna den andres andrehet reducerar vänstern helt enkelt olika folk till
deras gemensamma mänsklighet och behandlar deras säregna rasmässiga eller kulturella
identitet som inte bara oviktig utan osynlig. Men "genom att reducera det andra till det
samma ... är [vänsteranhängare] oförmögna att erkänna eller respektera andreheten för
vad den är". Se Benoist, "What is Racism?", cit. Den verkliga grunden för rasismen utgörs
enligt grecisterna inte av motståndet mot de liberala, jämlikhetsivrande krafterna, vilka
försöker "reducera allting till samma sak", utan av liberalismens universalistiska avvisande
av skillnader och egenart. De tror därför att rasismen kommer att avlägsnas först när den
andre är accepterad "genom ett dialogiskt perspektiv av ömsesidigt berikande" och inte
genom ett inkvisitoriskt förnekande av olikheter. Se Benoist & Champetier, "The French
New Right in the Year 2000", cit.; Georges A. Heuse, "Race, racismes, antiracisme", i
Nouvelle Ecole 29 (juni 1976).

69 Genomgående i denna studie följer jag grecisterna och antar att de "gemensamma band
och gemenskapskänslor" som är Europa sträcker sig längre tillbaka än till Ceasars keltisk-
romerska skapelse, till den indoeuropeiska invasionen. Se Jean-Claude Rivière, red.,
Georges Dumézil à la découverte des indo-européens (Paris: Copernic, 1979). Angående
indoeuropeiska grundtankars ståndaktighet i senare stadier av europeisk historia, se Joël
H. Griswald, *Archéologie de l'Europe médiévale* (Paris: Payot, 1981). Om de kulturella grun-
der som förenar de olika europeiska folken, se Bronislaw Geremek, *The Common Roots of
Europe*, övers. av J. Aleksandrowicz o.a. (Cambridge: Polity Press, 1996); Robert S. Lopez,
The Birth of Europe, övers. av J. M. Dent (New York: M. Evans, 1967); Wulf Köpke & Bernd
Schmelz, red., *Das Gemeinsame Haus Europa* (Munich: Deutscher Taschenbuch Verlag,
1999); Venner, *Histoire et tradition des européens*, cit. Det finns förstås en omfattande lit-
teratur som ser "Europa" som enbart en idé, en frukt av upplysningsmodernismen, och
inte som ett åtskilt, kulturellt och biokulturellt väsen med rötterna i urtiden. Till exem-
pel B. Nelson, D. Roberts & W. Veit, red., *The Idea of Europe: Problems of National and*

dessa historiska erfarenheter är beståndsdelar i den europeiska identiteten och behöver bejakas, om européerna någonsin ska återfå förtroendet för sitt civilisationsprojekt.

Om historia och livsvetenskaper dominerade Greces tidiga publicistiska gärning, var det filosofin som skulle spela den viktigaste rollen för att orientera gruppen mot den vidare kulturvärlden.[70] Som redan antytts tog sig föreningens första försök till en filosofisk definition positivistiska uttryck. Den unge Benoist, som var tjugofem år vid tiden för Greces grundande, hade i hög grad påverkats av den framstående historikern, klassicisten och vetenskapsfilosofen Louis Rougier, mest känd som den främste franske förespråkaren av "logisk positivism".[71] Som skolbildning sökte den logiska positivismen rena filosofin från sina kvardröjande metafysiska inslag och inrikta ämnet på vetenskapens och logikens kontrollerbara påståenden. I början av sjuttiotalet, när grecisterna försökte väcka intresse för denna skolbildning, hade den emellertid redan tagit ut sig som filosofisk kraft. Så snart man hade insett detta började Rougiers inflytande avta, medan i stället den italienske journalisten och välutbildade germanisten Giorgio Locchis inflytande tilltog. Från denna tid och framåt skulle Grece komma att orientera sig huvudsakligen mot kontinentala, särskilt tyska tänkare.[72] Detta skulle leda dem till Nietzsche och sedan till Heidegger,

---

Transnational Identity (New York: Berg, 1992). Samtidigt som Grece motsätter sig denna strömning och betonar de ursprungliga kulturella och historiska grunderna för den europeiska idén, medger de att det återstår att förverkliga den europeiska nationen.

70 År 1973 blev det möjligt att tala om Grecepublikationer i plural. *Éléments* startades det året som en lättfattlig kvartalstidskrift som komplement till den mer teoretiska *Nouvelle Ecole*. Några år senare, 1976, skapades ett förlag, Copernic (senare ersatt av Le Labyrinthe). Flera andra tidskrifter (*Recherches et etudes, Panorama des idées actuelles, Cartouches, Krisis*, flera interna bulletiner och flera nyhetsbrev riktade till lärare och militärer) följde under senare år, även om det bara var *Krisis* som skulle uppnå samma regelbundenhet som *Nouvelle Ecole* och *Éléments*. När Grece i slutet av sjuttiotalet upptäcktes av media hade föreningen blivit något av en förlagskraft.

71 Om Rougier's influence, se Pierre Vial, "Notre ami de Louis Rougier", i *Éléments* 44 (januari 1983).

72 Alain de Benoist, "Giorgio Locchi", i *Éléments* 76 (december 1992); Gennaro Malgieri, "Giorgio Locchi: Philosoph und Visionär", i *Elemente der Metapolitik zur europäischen Neugeburt* 6 (1998).

två tänkare som har spelat viktiga roller i projektet. Nietzscheism och heideggerism förblir bestående kännemärken för Greces filosofiska identitet, men under ytan återfinns även influenser från Julius Evola, Armin Mohler, Thierry Maulnier, Ernst Jünger, Raymond Abellio, Jules Monerot, Raymond Ruyer, Julien Freund med flera, vilkas idéer har upptagits genom åren men aldrig formulerats systematiskt. Som en följd av detta filosofiska *bricolage* kan inte Grece definieras i termer av en enda filosofi eller bestämd samling av idéer. Icke desto mindre hänger föreningens identitära världsåskådning helt klart ihop: förankringen i det europeiska kulturarvet påverkar nämligen de idéer man tar upp och hur de införlivas i det antiliberala projektet. Detta tydliggörs i kommande kapitel.

Under andra halvan av sjuttiotalet intog Konrad Lorenz' etologiska undersökningar en central plats i Greces kulturpolitik. I strid med behaviorister och andras betoning av miljöns betydelse och därmed förespeglingar om liberala reformer, underströk Lorenz' arbeten om djurs beteende det evolutionära arvets företräde.[73] Hans undersökningar bidrog med stöd av Irenaü Eibl-Eibesfeldts forskning och Robert Ardreys skrifter till att popularisera sådana antiliberala begrepp som territorium, hierarki, aggression och människans natur. Även om grecisterna under denna period gav spridning åt Lorenz' idéer, särskilt åt de antiegalitära följderna av dennes evolutionism, var de redan på väg bort från livsvetenskaperna till en mer kulturspecifik antiliberalism. Det var Lorenz' "debatt" med den framstående tyske, filosofiske antropologen Arnold Gehlen som röjde vägen för denna nyorientering. I detta meningsutbyte tvingades Lorenz att göra vissa eftergifter för Gehlens kulturförståelse och Gehlen att ge naturen en viktigare roll i upprättandet av en plattform för människans beteende.[74] Dock var det

---

73   Alain de Benoist, "Konrad Lorenz et l'ethologie moderne", i *Nouvelle Ecole 25-26* (vintern 1974-75).

74   "Entretien avec Konrad Lorenz", i *Nouvelle Ecole 25-26* (vintern 1974-75); Arnold Gehlen, "Philosophische Anthropologie und Verhaltensforschung" (1968), i *Gesamtausgabe*

den senares "kulturalism", ämnet för nästa kapitel, som mest påverkade Greces framväxande projekt.[75] Utöver denna kulturella vändning infördes under sjuttiotalet något som senare blivit ett kännemärke för den europeiska Nya högern. Trots en katolsk uppfostran betraktade den unge Benoist kristendomen som en främreorientalisk förvanskning av Europas inhemska anda. Under Rougiers inflytande var hans motstånd mot kristendomen huvudsakligen ateistiskt inspirerat,[76] men när Locchis Nietzscheism hade fått fäste präglades motståndet i växande grad av hedendom, som inte bara sågs som ett positivt alternativ till de abrahamitiska traditionerna utan som en den europeiska andan trognare kulturyttring. När så grecisterna började undersöka det förkristna kulturarvet uppkom en följd av större frågor, vilka reflekterade tillbaka på tidigare ställningstaganden och framåt på nya, bland annat de idéer som, under det tidiga åttiotalet, när de mönstrade ut varje hänsyftning till "biologisk realism", distanserade sig från Nietzsche, rättade sig efter Heidegger och genomskar den postmoderna debatten.

Vid tiden för de första tecknen på att Sovjetimperiet höll på att falla hade Grece upphört att framhäva sådana etologiska teman som antiegalitarism, som tycktes sanktionera de socialdarwinistiska utlöparna av "tredje ålderns kapitalism", och börjat med en systematisk kritik av moderna slag av alienation (individualism, ekonomism, teknologi) och en fokusering på *la cause du peuple* och försvaret av identitära skillnader (*la droit à la différrence*) — teman som hade introducerats tidigare men som fick större vikt under den senare hälften av åttiotalet, i det att amerikanism, kosmopolitism och global kapitalism antog allt hotfullare skepnader. I den mån som dessa teman

---

(Frankfurt/M: Klostermann, 1978), band 4.

75 Benoist, *Les idées à l'endroit*, cit., ss. 93–100.

76 Louis Rougier, *Le conflit du christianisme primitif et de la civilisation antique*, andra uppl. (Paris: Copernic, 1977); Louis Rougier, *Celese contre les Chrétiens* (Paris: Le Labyrinthe, 1997).

lade betoning på etnopluralism och kulturrelativism — och därmed på missgynnade minoriteter och självstyrelseprinciper — var de tack skyldiga vänstern och de antikoloniala rörelser som fortfarande övade inflytande på tredje världen. Med tiden kulminerade denna *stratégi de retorsion* i en högervariant av tredjevärldsvurmande som efterlyste ett förbund mellan Europa och tredje världen i ett tillbakavisande av kalla krigets blocksystem. När dessa större geopolitiska ställningstaganden blev aktuella påverkades på liknande sätt Greces uppfattning om en europeisk union; man rörde sig emot förespråkandet av ett federalt, demokratiskt imperium för att förena européerna på biokulturell snarare än uteslutande ekonomisk grund.

Även om kommunismens sammanbrott år 1991 bekräftade mycket i Greces föregående kurs, innebar det också många nya problem. På en nivå framdrev den växande utbredningen av Greces idéer och den politiska situationen en följd av splittringar inom organisationen, vilka gav upphov till olika nyahögerströmningar som distanserade sig från Benoists särskilda destillering av den antiliberala traditionen.[77] Samtidigt förde inte den ryska totalitarismens frånfälle med sig en ny öppenhet i europeiska angelägenheter utan en omedelbar avsmalning av tillåtliga friheter, i det att en annan "järnridå" — denna gång den politiska korrekthetens (*la pensée pour tous* och *la pensée unique*) — drogs ned på kontinenten. Som Alexandr Zinovjev beskriver det: "Kommunismen hade knappt hunnit falla förrän Västerlandet började anta somliga av sin misskrediterade föregångares karaktärsdrag."[78] Yttrandefriheten och friheten för en del historiska trosformer har sedan dess inskränkts och i flera fall kriminaliserats, med hänvisning

---

77 Eftersom detta verk huvudsakligen är inriktat på de intellektuella och programmässiga snarare än de organisatoriska yttringarna av Nya högern kommer Greces oliktänkande avläggare att helt enkelt behandlas som delar av en bredare nyahögerrörelse. Det räcker att säga att det skarpaste organisatoriska skiljaktigheterna har infunnit sig i den franskspråkiga världen, där Robert Steuckers' Synergon-rörelse och Pierre Vials Terre et Peuple-rörelse har blivit de två huvudsakliga rivalerna till Benoists Grece. I andra europeiska länder är de organisatoriska spänningslinjerna inte lika tydliga men likafullt närvarande.

78 Citerat i Eric Warner, *L'après-démocratie* (Lausanne: L'Age d'Homme, 2001), s. 11.

till vissa högtravande, dogmatiska påbud. Under hot från denna "nya inkvisition" måste nu Grece och andra nyahögerströmningar som utmanar gängse ordning även kämpa mot de starka krafter som vill sätta munkavle på dem.[79] Denna inskränkning av traditionella friheter har emellertid inte förminskat vare sig läsekretsen eller relevansen för nyahögerns idéer. Vid det tredje årtusendets gryning fortsätter den nya högerns försvar för det europeiska projektet att vara det mest relevanta alternativet till den förhärskande liberalismen.

DEN KONSERVATIVA REVOLUTIONEN

I den litteratur som handlar om Grece — en litteratur vars överflöd vittnar om föreningens betydelse — är den oundvikliga huvudfrågan: hur "ny" är den nya högern? Några kommentatorer hävdar att efterföljarna av Alain de Benoist bara stöpt om den yttersta högerns traditionella idéer och att det nya finns i formen, inte innehållet. Andra påstår att det finns radikalt nyskapande sidor av denna antiliberala strömning och att det vore ett misstag att bortse från dess bidrag till det samtida tänkandet. En tredje tendens, som återfinns inom många traditionella högergrupper och till och med hos några grecister, bestrider att den nya högern är höger i någon av termens historiska bemärkelser och anser att den bör betraktas som en tredje väg, vilken ligger utanför det vedertagna höger-vänster-spektrumet.

När man försöker karakterisera Grece och allmänt de olika inriktningar som i dag utgör den nya högern, är det viktigt att minnas att

---

79 David Barney o.a., *La Nouvelle Inquisition: Essai sur le terrorisme intellectuel et la police de la pensée* (Paris: Le Labyrinthe, 1993); Frank Adler, "Left Vigilance in France", i *Telos 98–99* (vintern 1993–våren 1994). I en av den moderna historiens stora omkastningar har så gott som varje europeiskt land som betraktades som tillhörande den tidigare "fria världen" sedermera antagit lagar som inskränker yttrandefriheten, under det att den postkommunistiska ryska duman vid tre olika tillfällen har motstått väldiga sionistiska och liberala påtryckningar och röstat ned liknande lagar, vilka syftar till att sätta munkavle på vem det än må vara som tar upp frågor som den etablerade ordningen anser vara sakrosankta. Det är nog ingen överdrift att påstå att Ryssland, före detta "ondskans imperium", i dag är det "friaste" landet i världen.

dessa grupperingar framför allt är tankeskolor, inte politiska partier. Deras anhängare bör alltså ses som den nya antiliberalismens Voltaire och Rousseau, inte som dess Robespierre och Saint-Just. I den egenskapen eftersträvar den nya högerns anhängare en revolutionär, kulturell syntes i idésfären, inte en omstörtning av den liberala ordningen på gatorna eller i parlamenten. Men inte ens som tankeskola står den nya högern för en specifik ideologi, bara för en viss antiliberal disposition som är engagerad för den europeiska kulturens och identitetens okränkbarhet. Det gör den till en mångfasetterad strömning som är svår att placera i ett fack.

En tongivande fransk kommentator har pekat på fem åtskilda strömningar som löper genom Grece.[80] En av dessa är kopplad till René Guénons och Julius Evolas antimoderna traditionalism, vilken har influerat mycket av den europeiska yttersta högern sedan sjuttiotalet. En andra strömning är kommunitaristisk eller *völkisch* och betonar "europeisk nationalism" och vikten av en kontinental identitet. En annan är nyhednisk och motsätter sig det judeokristna kulturarvet till förmån för ursprungliga europeiska värden. En fjärde är postmodern och lovordar den kulturpluralism som följer med sammanbrottet i modernitetens sammanförande strukturer och de möjligheter denna pluralism ger det europeiska projektet. En sista strömning är vetenskapsorienterad, inriktad mot livsvetenskaperna och deras genetiska, eugeniska och ideologiska följder. Även om dessa strömningar i skiftande utsträckning återspeglas i Greces publikationer så förblir det exakta förhållandet mellan dem oklart. Alain de Benoists väldiga samlade produktion, som ger uttryck för aspekter av var och en av dessa strömningar, utgör den enda axel som de alla tycks kretsa kring.[81]

---

80   Taguieff, *Sur le Nouvelle Droite*, cit., ss. 67–68.

81   Både kvantiteten (han skriver en bok och tjogtals artiklar på en period om några få år) och lärdomen (ingen större tänkare under efterkrigstiden har behandlat så många olika frågor med så mycket auktoritet) i hans litterära produktion har gjort Benoist till den ledande grecisten. Hans förhållande till Grece förblir emellertid kluvet. Han har hävdat sin självständighet i förhållande till den (till exempel genom att erhålla redaktionsmässigt

Återigen vittnar denna mångsidighet om den nya högerns filosofiska mångfald och dess förmåga till divergerande uttryck.[82] De flesta av Greces grundare, liksom de flesta efterföljande nyahögerriktningar, åtog sig ett kulturellt snarare än ett utpräglat politiskt projekt, på grund av främlingskap inför den efterkrigstida högern — särskilt inför dess amerikanism, kolonialism, ekonomiska liberalism, katolicism och missvisande förståelse av fascismen. De olika historiska manifestationerna av högern har följaktligen varit föremål för omfattande kritik. Benoist, till exempel, anger inte vänstern i sig som Europas fiende utan snarare den liberala, modernistiska ideologi som strävar efter att förgöra den europeiska kulturen (även om vänstern i hög grad likställs med denna ideologi). Vid flera tillfällen har han gjort gällande att han kan tänka sig situationer där han gör gemensam sak med vänstern i stället för högern: han poängterar sålunda att även om han står till höger så är han inte nödvändigtvis en del av högern.[83] I själva verket är han känd för att rösta på röda eller gröna närhelst dessa utgör en äkta opposition mot den liberala ordningen.[84] Inte oväntat har katolska traditionalister och Le Pen-anhängare emellanåt anklagat honom för att vara kryptovänster.[85]

Man kan alltså anföra starka argument för att Benoists Grece inte bör räknas som höger över huvud taget, men det råder ingen tvekan om att rådande politiska konsensus placerar den till höger.[86] Kanske

oberoende för Krisis), men samtidigt gör hans inblandning i nästan varje del av Greces verksamhet föreningen obegriplig utan honom. En del av denna oklarhet kommer sig av att han vägrar att ta på sig organisationens officiella ledarskap. Se Vial, *Une terre, un peuple*, cit., s. 66.

82 Utöver dessa fem strömningar bör en sjätte — den geopolitiska, särskilt den "kontinentala geopolitiska traditionen" — nämnas. Se kapitel åtta.

83 Benoist, *Vu de Droite*, cit., s. 15; Vial, *Une terre, un peuple*, cit. s. 63.

84 "Seeing from the 'New Right': Derek Turner Interviews Alain de Benoist", i *Right Now* (april 1997).

85 Till exempel Jean Madiran, "Nouvelle Droite et délit d'opinion", i *Itinéraires*, specialnummer (oktober 1979).

86 För mer om den tredje vägen, se Armaud Imatz, *Par delà Droite et Gauche: Permanence et évolution des idéas et des valeurs non conformistes* (Paris: Godefroy de Bouillon, 1995);

viktigare än var den ligger i det politiska spektrat är hur den förhåller sig till olika tongivande idéer—för den nya högern bör i första hand bedömas som tankeskola. Det är förstås diskutabelt om det verkligen finns idéer som i sig själva är höger respektive vänster. (I en mängd frågor—regionalism, ekologi, religion, statlig centralisering, nationalism, kolonialism, vetenskap, ras etcetera—har såväl högern som vänstern bytt sida under årens lopp.) Det förefaller emellertid finnas ett höger-respektive vänstersätt att återge idéer på.[87] Till skillnad från högern har vänstern alltid varit benägen att lägga beslag på och uppta tongivande idéer, vilket betyder att den intellektuella och kulturella utvecklingen oftast verkar till dess fördel. Den nya högern liknar vänstern i det att man för sitt identitära projekts räkning återvinner så mycket som möjligt från det samtida tänkandet; detta i ett självmedvetet brott med den traditionella högern och dess vägran att ta intelligentsian på allvar, det vill säga,man tillstår att en outforskad och intellektuellt avväpnad kultur är otillräcklig i en tidsålder som söker utrota det europeiska kulturarvet.

Trots detta kluvna förhållande till den historiska högern är anhängare av den nya högern ändå skyldiga arvet efter denna höger mycket. De har visserligen lånat från vänstern, särskilt från dess kritik av det liberala samhället, vilket är tydligt i allt de har tagit från Frankfurtskolans "förnuftets dialektik", Baudrillards och Dubords kritiska granskning av skådespelssamhället, Debrays gaullistiska nationalism, Tönnies försvar för samhället, Foucaults "maktmikrofysik", Dumonds undersökningar av traditionella samhällen etcetera. Men de djupaste rötterna till den nya högerns identitära världsåskådning är fastvuxna i arvet efter kontraupplysningen och den sanna högern. När Edmund Burke, Joseph de Maistre, Johann Gottfried Herder, Adam Müller med flera under perioden efter franska revolutionen utarbe-

---

även Jean Marc Vivenza, "Pour en finir avec la Troisième Voie!", på Voxnr (http://www. voxnr.com).

87 Benoist, *Les idées à l'endroit*, cit., s. 20.

tade det som skulle bli den konservativa eller högerinriktade kritiken av den liberala moderniteten tog de ställning för organiska samhällens traditioner, identiteter och hierarkiska principer.[88] Oavsett hur mycket den nya högern har uppdaterat och omprövat principerna så är dessa fortfarande väsentliga för den nya högerns projekt. Lika mycket står man i skuld till den andra stora uppblomstringen av högertänkande: det sena 1800-talets så kallade antipositivistiska uppror, vilket gav upphov till olika nationalpopulistiska, nationalsocialistiska och revolutionärt nationalistiska rörelser — eller det som Zeev Sternhell träffande kallar "den revolutionära högern".[89] Nya högern har tagit mycket från Barrès, Sorel, Le Bon, Pareto, Nietzsche och andra som avfärdar liberalismens mekanistiska världsåskådning till förmån för en vitalistisk, särskilt från deras kritik av massamhället, den parlamentariska demokratin och den maskingjorda civilisationens sjukdomar.

Charles Maurras Fransk aktion [Action Française], som växte fram ur upprorets antiborgerliga motstånd mot tredje franska republiken, jämförs ofta med Grece.[90] Den jämförelsen är inte orimlig, trots att de två riktningarna bara är avlägset besläktade. Maurras och hans anhängare var lärda, kompromisslösa antiliberaler som spelade en huvudroll i det franska kulturlivet under perioden mellan Dreyfus och Vichy. De var kritiker av den republikanska borgerligheten och dess jämlikhetsivrande och individualistiska trosföreställningar. I egenskap av det stred de mot arvet efter 1789, som tillskrevs upphöjandet av det politiska, och försvarade de organiska grunderna för det franska samhällslivet. Här

---

88   David Mata, "Trois auteurs pour être vaccinés", i *Éléments 65* (våren 1989).

89   För mer om det antipositivistiska upproret, se Zeev Sternhell, *La Droite révolutionnaire, 1885–1914: Les origines françaises du fascisme* (Paris: Seuil, 1978); H. Stuart Hughes, *Consciousness and Society: The Reorganization of European Social Though 1890–1930* (New York: Harper & Row, 1958); Jean-Pierre Blanchard, *Aux sources du national-populisme: Maurrice Barrès, Georges Sorel* (Paris: L'Æncre, 1998).

90   Till exempel René Rémond, *Les Droites en France* (Paris: Aubier Montaigne, 1982). Det paradoxala med Maurras' samröre med det antipositivistiska upproret var att han formellt (dvs. ytligt) betraktade sig själv som positivist. Se Michael Sutton, *Nationalism, Positivism and Catholicism: The Politics of Charles Maurras and French Catholics 1890–1914* (Cambridge: Cambridge University Press, 1982).

tenderar dock likheterna att ta slut. Nyahögeranhängarna skiljer sig från Maurras' anhängare i det att de är demokrater, inte monarkister, inte katoliker; europister, inte franska nationalister. De delar inte heller Maurras tyskfientlighet och "vita jakobinism".[91] Den strömning som har störst likhet med den nya högern — den konservativa revolutionen — är faktiskt inte fransk, utan tysk.[92] Denna tredjevägsrörelse, som måhända var den mest fruktsamma intellektuella rörelsen under 1900-talet, uppstod ur det Första världskrigets (1914–1918) hekatomb. Den undersökte på ett sätt som saknar motstycke de stora katastrofer som hade framkallats av upplysningens kollaps i Verdun, på marknaden och i den europeiska själen. Den konservativa revolutionen inbegrep personligheter som Arthur Moeller van den Bruck, Hans Freyer, Werner Sombert, Ernst Niekisch, Carl Schmitt, Ernst Jünger, Martin Heidegger och Oswald Spengler och uppkom i opposition mot den gamla parlamentariska högerns bankrutta konservatism (*Altkonservatismus*), i syfte att "avlägsna all nyligen uppkommen oreda och återupprätta ett normaltillstånd" (Evola). Deras nej till den liberala moderniteten gjorde dem till konservativa, men insikten att konventionella försök att återuppliva arvet från den gamla regimen hade misslyckats föranledde dem att söka efter en revolutionär väg ut ur krisen. Som Dostojevskij uttryckte det var rö-

---

91 Jean Desperts, "Notre Maurras", i *Éléments 73* (våren 1992).

92 Robert de Herte, "La révolution conservatrice", i *Éléments 20* (odat. [ca 1977]); Armin Mohler, *Die Konservative Revolution in Deutschland 1918–1932: Ein Handbuch*, femte uppl. (Graz: Leopold Stocker, 1999). Jfr. Marieluise Christadler, "Die Nouvelle Droite. Zwischen revolutionärer Rechten und Konservativer Revolution", i E. Hennig & R. Saage, red., *Konservatismus: Eine Gefahr für die Freiheit?* (Munich: R. Piper, 1983); även Denis Goedel, "Actualité de Moeller van dan Bruck: Un néo-conservateur de la République de Weimar vu par les Droite française d'aujourd'hui", i *Recherches germaniques 11* (1981). Se Jean-Louis Loubet Del Bayle, *Les non-conformistes des années 30* (Paris: Seuil, 1969); Nicolas Kessler, *Histoire politique de la Jeune Droite (1929–1942): Une révolution conservatrice à la française* (Paris: L'Harmattan, 2001). I USA har vissa republikaner använt termen "konservativ revolution" för att beskriva olika valmässiga framgångar — en användning som är fjärran från termens europeiska innebörd.

relsen "revolutionär utav konservatism".[93] Man ansåg att den traditio-
nella ordningen inte längre kunde återställas, bara återvinnas genom
en revolutionär omstörtning av den liberala regimen. Det borde inte
förvåna någon att den nya högern, i en tid då global kapitalism utgör
ett än större hot mot levande europeisk tradition, har hållit liv i denna
högerströmnings minne och projekt.[94]

***

Den konservativa revolutionen, som grecister och andra nyahögeri-
dentitärer sluter upp bakom, angrep inte bara de strukturer som kom-
prometterar och skadar den europeiska tillvaron, utan av varje åsikt
och inriktning som bidrar till modernitetens undergrävande av tradi-
tionalismen. Till skillnad från ekonomiska liberaler som betecknar sig
själva som "konservativa" och från traditionalister som jämrar sig över
sin tids moraliska förfall men avstår från samhällelig handling, angrep
de konservativa revolutionärerna såväl den liberala ordningens prin-
ciper som dess praktik. Den konservativa revolutionens antiliberalism
har kommit att genomsyra snart sagt varje meningsfullt alternativ till
den liberala moderniteten under 1900-talet. Att den nya högern har
återuppväckt deras arv i vår postmoderna värld gör den, kan man
säga, till den mest relevanta, politiska strömning som för närvarande
inverkar på Europas framtid.

Jag vill dock understryka att den nya högern vänder sig till fler
än kontinentaleuropéer. Det kommer att bli tydligt på följande sidor,
där idéerna överblickas och sammanställs, att den nya högerns projekt

---

93 Citerat i Fritz Stern, *The Politics of Cultural Despair: A Study in the Rise of the Germanic
    Ideology* (Berkeley: University of California Press, 1961), s. 209.
94 Tomislav Sunic, *Against Democracy and Equality: The European New Right* (New York:
    Peter Lang, 1990), s. x. [Detta är den första och enda engelskspråkiga monografin över
    Grece. Den är skriven av en i Kalifornien utbildad fil.dr som är en kroatisk kollega till
    Benoist. Jag blev intresserad av hans idéer i början av 1990-talet, när jag läste hans artiklar i
    Chronicles. Hans monografi är numera lätt föråldrad, men den spelade en viktig roll för att
    introducera Nya högern i den angloamerikanska världen. Min egen kännedom om Grece
    står till stor del i skuld till den.]

även berör de frågor som är mest akuta för Nya världens européer, vilka i de före detta vita hemländerna (det vill säga i Förenta staterna, Kanada, Australien, Argentina, Chile, Sydafrika och Nya Zeeland) även de är hotade av liberalismens antiidentitära angrepp på det biokulturella arvet.

Kapitel II

METAPOLITIK

År 1981 fick den franska högern en oväntad chock. För första gången i femte republikens historia tog den socialistiska vänstern, under ledning av François Mitterand och i koalition med kommunistpartiet, kontroll över den franska staten. Medan yrkespolitikerna i högerns mittfåra skärskådade röstresultaten för att finna en förklaring till vänsterns valseger, föredrog Benoist att söka efter mer djuplodande förklaringar.[1] Enligt hans sätt att se saken var Mitterands seger föga förvånande. Inte bara radio, TV och pressen utan också universiteten, skolorna, intelligentsian och byråkratin var alla genomsyrade av vänsterinriktade, liberala idéer. Varför, undrade han, skulle fransmännen stödja en politik grundad på självständighet, disciplin, patriotism, handlingskraft och traditionella värderingar, när dessa konservativa principer hade blivit föremål för allmänt åtlöje? Han menade att vänsterns valseger inte handlade så mycket om politik som om en kultur som hade förändrat fransmannens sätt att betrakta och förhålla sig till sin omvärld. Särskilt besvärande, ur nya högerns synvinkel, var att större delen av den par-

---

1   Alain de Benoist, *Orientations pour des années décisives* (Paris : Le Labyrinthe, 1982), ss. 5–10; Alain de Benoist, "Les causes culturelles du changement politique" (1981), i A. De Benoist, *La ligne de mire : Discours aux citoyens européens. I : 1972–1987* (Paris : Le Labyrinthe, 1995).

lamentariska högern omfattade vänsterns kulturella utgångspunkter.[2] Exempelvis hade högerns presidentkandidat under sjuttiotalet, Valéry Giscard d'Estaing, inte regerat Frankrike enligt general de Gaulles nationalistiska och traditionella principer utan enligt "orleanistiska marknadsprinciper"; han tillämpade en liberalism som underordnade staten ekonomin och nationen de multinationella bolagen.[3] Som andra högerpolitiker från "den korrupta, kosmopolitiska oligarkin" (Le Pen) utgick Giscard d'Estaing från att ekonomin är det primära medan kulturen utgör mer av en utsmyckning. Kulturen var enligt honom ett tecken på förfining som saknade större betydelse.[4]

Benoist vände däremot på förhållandet. Det är inte den politiska ekonomin som bestämmer ett samhälles ideologi (det vill säga det meningsbärande sätt som ett folk kulturellt förstår sig självt på). I stället är det ideologin som bestämmer politiken.[5] Som postmodernisterna skulle framhålla är inte kulturen makt i sig utan snarare maktens klädnad. Hur saker och ting uppfattas, symboliseras och värderas påverkar samhällets dagordning och hur makten utövas.[6] Benoist drog slut-

---

2   Denis Lacourne, "Modernists and Protectionists: The 1970s", i D. Lacourne, J. Rupnik och M.-F. Toinet, eds., *The Rise and Fall of Anti-Americanism: A Century of French Perception*, översatt av G. Turner (New York: St Martin's Press, 1990). Cf Raymond Aron, Mémoires (Paris:Presse Pocket, 1985), vol. 2, s. 979.

3   Pierre Vial, "L'Orléanisme n'est pas mort", i *Éléments 44* (januari 1983).

4   Denna generalisering gör inte längre rättvisa åt Giscard d'Estaing. Sedan han var president under 70-talet har han utvecklats till en av de mer långsiktiga och eftertänksamma politikerna i Frankrikes politikerklass. Idag motsätter han sig inte bara invandringen och globaliseringsprojektet, han stödjer även regional autonomi, ett federalt Europa, en allians med Ryssland, utestängandet av Turkiet från EU, och ett försvar av den franska och europeiska identiteten. Detta gör honom närstående den identitära politik som beskrivs i denna bok. Dessvärre är Giscard d'Estaing ett ovanligt fenomen bland europeiska politiker. Se Mikael Treguely, "Giscard d'Estaing: Un régionaliste européen", i *Synergies Européennes : Service documentation* (november 2002).

5   Ideologi används här i Duméziansk, snarare än marxistisk, bemärkelse för att beskriva kulturell syn på omvärlden. Se Georges Dumézil, *Mythe et épopée I: L'idéologi des trois fonctions* (Paris: Gallimard, 1968); Guillaume Faye, "Warum Wir Kämpfen", i *Elemente für die europäische Wiedergeburt 1* (juli 1986).

6   Michel Foucault, *Power/Knowledge: Selected Interviews and Other Writings*, red. Av C. Gordon (New York: Pantheon, 1980).

METAPOLITIK 69

satsen att om de antiliberala krafterna någonsin skulle kunna återta kontrollen över staten måste de först förändra kulturen.

STÄLLNINGSKRIGET

Underförstått i det traditionalistiska tänkandet finns ett erkännande av inte bara kulturarvets vikt, utan också av sambandet mellan kultur och makt. Utan detta är det svårt att förstå företeelser som kontraupplysningen, den tyska kulturkritiska skolan, vilken intellektuellt fingranskade kapitalismens symbolvärld, och den engelska 1800-talslitteraturens betoning av traditionen som grund för "det goda samhället".[7 8] Efterkrigstidens höger däremot hade helt och hållet tappat detta samband ur sikte. Den efterkrigstida högerns fixering vid antikommunism, dess ekonomiska liberalism och allians med amerikanerna fick den att överge kulturen till förmån för Hollywood, reklamindustrin och den kommersiella populärmusiken — den amerikanska kulturindustrins tre hörnpelare.[9]

Under 1900-talet är det den kommunistiske teoretikern Antonio Gramsci som mest övertygande har utvecklat synen på politiken som en sammanvävd del av kulturens invecklade nät.[10] Gramscis tankar om kulturen, vilka har präglat den nya högern (och även den nya vänstern, som till stor del har Gramscis insikter att tacka för sin nuvarande hegemoni), återfinns huvudsakligen i hans postumt utgivna Fängelseanteckningar, som författades på 1930-talet i Mussolinis fäng-

---

7   Exempelvis Joseph de Maistre, *Considerations sur la France* (Lyon: E. Vitte, 1924), ss. 203–220

8   Francis Mulhern, *Culture/Metaculture* (London: Routledge, 2000); Raymond Williams, *Culture and Society, 1780–1950* (New York : Harper and Row, 1966).

9   Jean Parvulesco, *Le soleil rouge de Raymond Abellio* (Paris : Guy Trédaniel, 1987), ss. 16–17; Cercle Heraclite, "La France de Mickey", i *Éléments 57–58* (våren 1986).

10 Den bästa engelskspråkiga biografin är Alastair Davidson, *Antonio Gramsci: Towards an Intellectual Biography* (London: Merlin, 1977).

elser.[11] Det var emellertid de "två röda åren" (*bienno rosso*) 1919–1920 som huvudsakligen formade hans uppfattning om kulturens betydelse.

Efter Första världskrigets slut, i en period av svåra kriser, skakades Italien av våldsamma arbetaroroligheter, konfiskering av bönders lantegendomar och många traditionella institutioners sammanbrott. Dessa oroligheter nådde sin kulmen i september 1920, då fackföreningsmän ockuperade Norditaliens metallindustri, den mest utvecklade sektorn inom näringslivet, och försökte återuppta produktionen under arbetarnas kontroll. Ett tag verkade det som om de hade för avsikt att följa ryssarnas exempel och genomföra en revolutionär övergång till ett sovjetliknande styre. Vad som skulle komma var dock något annat: strejkerna avtog snart, vänsterpartierna splittrades, och inom två år hade Mussolinis fasciströrelse tagit kontroll över staten.

I sina fängelsebetraktelser grubblade Gramsci gång på gång över frågan om varför de underordnade samhällsklasserna hade misslyckats med att hålla liv i den revolutionära utvecklingen i en tid då det rådde oreda i de dominerande institutionerna och den härskande klassen saknade nödvändiga maktmedel. Han drog slutsatsen att svaret fanns i ideologin. Till skillnad från sina marxistiska kolleger ansåg han statens auktoritet vila på mer än polismakt och rättsväsende. Den lärde, i historisk lingvistik utbildade Gramsci, hade insett att eftersom "den dominerande språkgemenskapen åtnjöt gott anseende i närliggande, underordnade samhällslager" påverkades de lägre samhällsklassernas språkbruk. Revolutionären Gramsci kom fram till en liknande slutsats om kulturens roll. Enligt hans mening vilade den politiska maktutövningen på samförstånd snarare än tvång. Det var inte för att flertalet fruktade statsmaktens förtryck som staten kunde regera, utan för att

---

11   Antonio Gramsci, *Selections from the Prison Notebooks*, redigerad och översatt av Q. Hoare och G.N. Smith (New York: International Publishers). En fullständig engelsk översättning av boken genomförs för närvarande av Columbia University Press, med de första volymerna redan i tryck. Se även Antonio Gramsci, *Selections from the Cultural Writings*, översatt av W. Boelhower (Cambridge: Harvard University Press, 1985).

man höll fast vid uppfattningar — en i samhället förhärskande ideologi — som sanktionerade statens funktioner och fick dessa att verka "naturliga". Detta fick Gramsci att göra åtskillnad mellan det politiska samhället och civilsamhället. Det politiska samhället representerades av staten och dess olika organ (polismakten, militären, byråkratin, rättsväsendet, etc.), civilsamhället av universiteten, media, kyrkan och de olika kulturella influenser som påverkade allmänheten. Han menade att en effektiv användning av statsmakten var beroende av att man lyckades upprätthålla ett jämviktstillstånd mellan den politiska och den civila sfären.

I och med att han underströk vikten av civilsamhället och kulturens förmåga att skapa samförstånd föregick Gramscis kätterska marxism den postmoderna omkastningen av bas-överbyggnadsmodellen.[12] Mer direkt innebar hans avvikelser från den renläriga marxismen en brytning med Marx vulgära materialism, som tog civilsamhället för ett sekundärt fenomen — en den ekonomiska "basens" "överbyggnad". För den "vetenskapliga socialismens" grundare var nämligen människan föga mer än en naturens dialektiska lagar underordnad, materiell substans. Detta gjorde kulturen och samhället till utflöden, återspeglingar eller återsken av sin ekonomiska bas. Om man skulle förändra denna bas, hävdade Marx, skulle överbyggnadssfärens civilsamhälle förändras på ett motsvarande vis. Hans ekonomiska och reduktionistiska samhällssyn innebar emellertid inte bara en missvisande beskrivning av de kulturella sedvänjornas väsen, vilket många neomarxister torde hålla med om: den prisgav dessutom det revolutionära förloppet, i synnerhet framväxten av en revolutionär klassmedvetenhet, åt de ekonomiska krafternas spel.

Det var mot den i Marx determinism underförstådda "fatalismen" som Lenin skulle ge sitt stora bidrag till det revolutionära tänkandet,

---

12 Richard Harland, *Superstructuralism: The Philosophy of Structuralism and Post-Structuralism* (London: Methuen, 1987), ss. 1–2.

eftersom han, i likhet med Gramsci, erkände idéernas makt i historien. I sin pamflett Vad bör göras? (1902) sökte han, genom att uppmana ett avantgardeparti att ingripa i det historiska förloppet, att inlemma människans vilja i historiematerialismen. Bolsjevikrevolutionen 1917 föreföll faktiskt som en storslagen bekräftelse av hans teori.[13] Gramsci beundrade Lenins "voluntaristiska" uppfattning av marxismen och anslöt sig utan att tveka till dennes kommunistiska international. Han insåg emellertid att den leninistiska revolutionsmodellen var anpassad efter ett politiskt system som skilde sig kraftigt från det europeiska. Till skillnad från hur det förhöll sig i de högutvecklade politiska samhällena i Väst- och Centraleuropa, hade den tsaristiska statsmakten i sig själv varit huvudkällan till Rysslands stabilitet.[14] När den ryska staten föll ihop under krigets påfrestningar stod följaktligen ingenting mellan denna stat och dem som sökte ta den i besittning. Den europeiska statens grundvalar däremot var främst kulturella och ideologiska; staten stöttades av ett sammansatt nätverk av medborgarinstitutioner och ett "sunt förnuft" som förstärkte den på ett sätt som saknade rysk motsvarighet. Så länge som institutioner, idéer med mera — kulturen i dess vidare bemärkelse — förblev borgerskapets skulle den europeiska härskarklassen fortsätta att "härska" över de underordnade klasserna, också i avsaknad av statliga tvångsmedel.[15] Eftersom Lenins voluntarism bortsåg från dessa hegemoniska stödfunktioner, ansåg Gramsci att Lenins revolutionära teori endast kunde tillämpas på Europa i begränsad utsträckning. Han trodde att revolutionärerna för att om-

---

13 Gramsci kallade bolsjevikernas maktövertagandet för en "revolution mot *Kapitalet*" — dvs. ett avvisande av Marx ekonomiska determinism. Se *History, Philosophy and Culture in the Young Gramsci*, red. av P. Cavalcanti och P. Piccone (Saint Louis: Telos Press, 1975), ss. 123–126.

14 Gramsci, *Selections from the Prison Notebooks*, op. cit., s. 238. Om hur Ryssland skilde sig, se Geoffrey Hosking, *Russia: People and Empire, 1552–1917* (Cambridge: Harvard University Press, 1997).

15 Alain de Benoist, "Culture", I *Nouvelle Ecole* 25–26 (vintern 1974–1975); Jean-Claude Valla, "Une communauté de travail et de pensée", i Pierre Vial, red., *Pour une renaissance culturelle: Le GRECE prend la parole* (Paris: Copernic, 1979).

störta Europas mer framskridna kapitalistiska ordning inte kunde nöja sig med att bekämpa det politiska systemet: de skulle bli tvungna att dessutom erövra civilsamhället. En socialistisk revolution i Europa skulle med andra ord inte, som Lenin hade tänkt sig, komma genom ett frontalangrepp på staten utan genom en kringgående rörelse. Arbetarnas kontrahegemoni skulle bit för bit införliva civilsamhället och underminera statens politiska samhälle.

I något som den italienske teoretikern beskrev som ett "ställningskrig" — ett krig i vilket man skulle strida huvudsakligen om idéer och trosföreställningar och de olika kulturella sedvänjor som dessa ger upphov till — skulle segern bero av att omdefiniera rådande värderingar, skapa alternativa institutioner och omstörta befolkningens anda. En politisk revolution skulle alltså förutsätta en andlig och kulturell omvälvning.[16] För att bedriva en revolutionär kulturkamp av detta slag (en kamp med grundregler som förutsätter att människan är en tänkande varelse som är förmögen att handla på grundval av sina tankar) behövdes en kader av intellektuella. Dem som Gramsci uppmanade att utveckla en kontrahegemonisk kultur var inte de "traditionella intellektuella" som hade förskansat sig på universiteten, på förlagen eller i pressen utan snarare "organiska intellektuella", det vill säga praktiska människor med erfarenhet och sakkunskap som var nödvändig i vardagen och för "överföringen av idéer" i civilsamhället. Med för partiets politiska verksamhet kompletterande kulturell krigföring skulle dessa organiska intellektuella skapa en ideologisk och institutionell grund för den nya ordningen. Gramsci förväntade sig att de traditionella intellektuella skulle ansluta sig till de framväxande styrkorna så snart den kontrahegemoniska rörelsen hade uppnått en kritisk massa i utmaningen av de rådande uppfattningarna och värderingarna. En den befintliga staten underminerande legitimitetskris skulle sedan bli följden. Nyckeln till seger i detta ställningskrig skulle således inte

---

16   Alain de Benoist, "Le combat continue", I *Éléments 40* (vintern 1981–1982).

utgöras av ett politiskt sammanbrott, vilket perioden 1919–1920 hade visat, utan snarare av bildandet av "ett intellektuellt/moraliskt block" inom civilsamhället.

I slutet av sextiotalet, när Greces unga grundare övergav den yttersta högerns utomparlamentariska värld till förmån för gramsciansk kulturstrategi — eller metapolitik — tillstod de att världen är ett "idéernas slagfält" och kulturen idéernas mest effektiva bärare.[17] Detta var sant redan under Gramscis tid, då det politiska systemet hade större auktoritet än nuförtiden. Idag är det än mer sant, hävdar de, då en avpolitiserad stat låter politiken tränga in i varje del av vardagslivet. Som en kritiker uttrycker det "är det inte längre gendarmerna som patrullerar Frankrike, utan kulturen".[18] I syfte att föra sin egen antiliberala version av Gramscis ställningskrig siktar Greces metapolitiska strategi in sig på tre långsiktiga mål. Med sina tryckalster, konferenser och olika offentliga evenemang eftersträvar grupperingen att knyta an till de idéer "som inspirerar och organiserar vårt tidevarv" (Madame de Staël); man införlivar det man kan från dessa idéer i sitt eget projekt. Dessutom söker Grece misskreditera den liberala ordningens underliggande lärosatser och bejaka traditionella europeiska idéer som ger stöd åt de identiteter och gemenskaper som grupperingen försvarar. Slutligen aspirerar man på kulturellt herravälde, om inte inom civilsamhället som helhet så åtminstone inom eliten. Från första början har alltså "högerns gramscianism" gett företräde åt kulturen, som sågs som en "infrastrukturell" grund för såväl civilsamhället som staten.

---

17   Tomislav Sunic, *Against Democracy and Equality: The European New Right* (New York: Peter Lang, 1990), s. 29.

18   Alain Pancard, *La crétinisation par la culture* (Paris: L'Age d'Homme, 1998), s. 63.

VÄRLDSÖPPENHET OCH VILJA TILL MAKT

"Vad är då kultur?" Det finns förstås inget enkelt och slutgiltigt svar på den frågan. Men i ett försök att finna åtminstone ett delsvar vände sig grecisterna till den filosofiska antropologin, en till Max Schelers postfenomenologiska verk knuten disciplin.[19] Scheler fann Edmund Husserls "idealistiska" undersökning av människans medvetande otillfredsställande och sökte förstå hur de intellektuella, institutionella och sociala sidorna av människans tillvaro förhöll sig till hennes biologiska väsens underliggande struktur. Dock är det Arnold Gehlen (1904–1976), en elev till Schelers kollega Helmuth Plessner och den filosofiska antropologins mest kände förespråkare, som har gjort starkast intryck på Greces kulturuppfattning.[20]

Scheler och Plessner bröt bägge med en rent metafysisk uppfattning av människan genom att framhålla hennes djurnatur. I deras fotspår pekar Gehlen ut människans kulturskapande förmåga som hennes viktigaste karaktärsdrag.[21] Han menar att denna förmåga utvecklades ur människans "brist på instinkter". Även om människor har vissa grundläggande drifter (som till exempel självbevarelsedrift, aggressivitet, revirtänkande och försvar av avkomman), är dessa fåtaliga, ospecifika och utan bestämmande inflytande. Om människan hade haft endast sina begränsade instinkter att förlita sig på, skulle hon inte ha blivit långlivad i naturen för 30 000 år sedan då hon levde under bar himmel. För att uppväga denna brist på instinkter blev hon tvungen att

---

19 H. O. Pappe, "On Philosophical Anthropology", i *Austrasian Journal of Philosophy* 39 (maj 1961); Otto F. Bollnow, "Die philosophische Anthropologie und ihre methodischen Prinzipen", i R. Rocek och O. Schatz, red., *Philosophische Anthropologie Heute* (Munich: Beck, 1972); Arnold Gehlen, "Philosophische Anthropologie" (1971), i *Gesamtausgabe* (Frankfurt/M: Klostermann, 1983), vol. 4.

20 Om Gehlen, se Christian Thies, *Gehlen zur Einführung* (Hamburg: Junius, 2000); Karlheinz Weissmann, *Arnold Gehlen: Vordenker eines neuen Realismus* (Bad Vilbel: Antois, 2000); Karlheinz Weissmann, "Arnold Gehlen: Von der Aktuatität eines zu Unrecht Vergessen", i *Criticón 153* (januari–mars 1997).

21 Giovanni Monartra, "L'anthropologie philosophique d'Arnold Gehlen", i *Nouvelle Ecole 45* (vintern 1988–89).

förlita sig på andra egenskaper. Den utvecklingsgång som hade försett henne med endast vaga instinkter hade även gjort henne anpassningsbar och besjälat henne med intelligens och självmedvetande. Dessa förtjänster kunde nyttjas till att hantera tillvarons naturliga svårigheter (svårigheter som djuren övervann med sin "instinktsprogrammering"); människan "lärde" sig därmed att klara av livsvillkoren i sin värld. Till skillnad från djurisk instinkt gjorde denna inlärning att hon blev "världsöppen" (Weltoffen), det vill säga, hennes gensvar på yttre stimuli var inte automatiskt, inte programmerat av tidigare reaktioner; det grundades på eftertanke och var således öppet för förändring och förbättring. Biologiska lagar kunde helt visst påverka henne, men endast begränsande, som ett "ramverk och fundament".²² När människan sålunda skulle förhålla sig till naturens utmaningar fanns inte så mycket att välja på: hon blev tvungen att behandla världen med försiktighet och framsynthet, bilda sig en uppfattning om vad som hade skett och vad som skulle ske och utveckla symbolsystem och institutioner för att förmedla detta vetande, samt socialt bevara lärdomar från hur tidigare utmaningar hade övervunnits.

Helheten av vanor, omdömen och tekniker som uppkom från människans världsöppna gensvar på sin omgivning utgör för Gehlen grunden för hennes kultur, såtillvida att denna helhet präglar, fostrar och formar varje efterföljande möte med världen. När så detta kulturkomplex blir till ett omedvetet ramverk för människans beteende förvärvar det egenskapen av en "andra natur" (zweite Natur) och fyller ungefär samma funktion för henne som instinkten gör för djuret. Denna andra natur, hennes kultur, är emellertid varken automatisk eller oföränderlig, människan har nämligen kvar förmågan att göra nya val och därmed anpassa sitt beteende.²³ Detta "dömer" henne till ett

---

22 Alain de Benoist, "Racism and Totalitarianism", i *National Democrat* 1 (vintern 1981–1982).
23 Giorgio Locchi, "Ethologie et sciences sociales", i *Nouvelle Ecole* 33 (sommaren 1979); Alain de Benoist, *Comment peut-on être païen* (Paris: Albin Michel, 1981), s. 67.

oupphörligt beslutsfattande och ständigt vardande. Medan människan är underställd en evig utvecklingsgång fortsätter dock hennes kultur att stå under inflytande av arvet från tidigare val.[24] Likt Herakleitos flod, vars vatten aldrig kan iträdas två gånger, förblir människans "kulturnatur" sig "lik", trots ständig förändring. Det vill säga, genom diverse återkopplingsprocesser, som är grundade på en ständigt bredare samlad erfarenhet, utvecklas denna kulturnatur enligt en "logik" — en livskraft — som är klart och tydligt dess egen, även om den aldrig under utvecklingens gång replikerar sig själv mekaniskt. På denna grundval karakteriserar Gehlen kulturen som en förening av beständighet och nyskapelse, vilket gör människan till både sin skapelse och sin skapare.[25]

Gehlen vidhåller att praktiskt taget varje medveten sfär av mänsklig verksamhet påverkas av kulturen. I hans antropologi är kulturen egentligen oskiljbar från människan. Utan kulturen och den roll denna spelar vid hennes sammanstötningar med världen vore människan enbart en odifferentierad, med nödvändighet oförverkligad aspekt av naturen, eftersom hon skulle vara oförmögen att överleva i den.[26] I strid med en lång tradition av rationalistiska tänkare (med Claude Lévi-Strauss antropologiska strukturalism som det främsta nyare exemplet) finns inga "naturliga människor". Frigjord från kulturen vore människan en kretin, ur stånd att ens tala.[27] I och med att hennes kultur är så oundviklig, anför Gehlen, beskrivs människan bäst som en

---

24 Alain de Benoist, *Vu de droite: Anthologie critique des idées contemporaines*, 5 :e utg. (Paris: Copernic, 1979), ss. 171–173; Alain de Benoist, *Les idées à l'endroit* (Paris: Hallier, 1979), ss. 95–97.

25 Arnold Gehlen, *Man: His Nature and Place in the World*, övers. av C. McMillan och K. Pillemer (New York: Columbia University Press, 1988), ss. 24–31. Efter sitt utbyte med Lorenz, tvingades Gehlen att modifiera sin beskrivning av människans instinktiva ickespecificitet (Mängelwesen). För en diskussion av dessa senare revisioner av hans teori, se Thies, *Gehlen zur Einführung*, op. cit., ss. 35–104.

26 Entretien avec Konrad Lorenz", i Nouvelle Ecole 25–26 (vintern 1974–1975); Thies, *Gehlen zur Einführung*, op. cit., s. 32.

27 Benoist, *Les idées à l'endroit*, op. cit., s. 41.

biokulturell varelse: även om kulturen och naturen är två skilda ting, bildar de i henne en odelbar enhet.[28] Eftersom olika människosläkten, i olika tider och miljöer, reagerar olikartat på sin världs oändliga valmöjligheter, växer deras kulturer på olika sätt. Som tydligt framgår av allt som skiljer en kalifornier från en man från Connemara eller en kines från en kamerunare svarar dessa olikheter för människokulturernas stora mångfald av olikartade värderingar, symbolsystem och sätt att förstå och förhålla sig till världen.[29] I egenskap av en organisk enhet med en utformning som överensstämmer med dess särskilda livskraft, är därmed en kultur möjlig att begripa endast på kulturens egna villkor. Kulturens väsen ligger nämligen inte i rationella eller objektiva kriterier utan i dess särskilda, sammanhängande mönster och kategorier av betingade beteenden och föreställningar. Följaktligen finns ingen enda Kultur, bara olika kulturer, som var och en är speciell för det folk som alstrar den. En vädjan till det allmängiltiga eller generiska, till det som inte är specifikt för en särskild kultur, kan därmed endast vara en vädjan till kulturens egen negation. Alltså kan det inte finnas någon världskultur, något enhetligt planetariskt medvetande eller ett för alla människor gemensamt tillstånd eller levnadssätt. Arvet efter de val som erfordrats för att skapa en säregen kultur är nämligen distinkt för varje organisk gruppering och rotat i grupperingens egna cykler av livskraft och tillväxt.[30]

---

28 Benoist, *Les idées à l'endroit*, op. cit., s. 217. Det är denna betoning på kopplingen mellan kultur och natur som skiljer Gehlens antropologi från den boasianska skolans "kulturdeterminism", vilken bortser från människans djuriska natur, hypotiserar kring en idealistisk uppfattning av kulturen och vilar på en stor mängd bedräglig och falsk forskning. Typiskt nog är Franz Boas berömd inom den amerikanska universitetsvärlden, samtidigt som hans kulturalism är minst lika vulgär som den biologiska determinism han sökte motbevisa. Mycket samtida forskning har faktiskt talat emot Boas. För exempel på detta, se Stephen Horigan, Nature and Culture in Western Discourse (London: Routledge, 1988).

29 Claude Lévi-Strauss, *Race et culture* (Paris: Denoël, 1987), ss. 22–23; Benoist, *Les idées à l'endroit*, op. cit., s. 216.

30 Alain de Benoist och Charles Champetier, "The French New Right in the Year 2000", i *Telos* 115 (våren 1999); Alain de Benoist, *Dernière année: Notes pour conclure le siècle* (Lausanne: L'Age d'Homme, 2001), s. 88; Alain de Benoist, "Pour une déclaration du droit

Eftersom människan upptas som "medlem i mänskligheten via sin särskilda kulturtillhörighet" återfinns de allmänbegrepp som människan delar med folk från andra kulturer uteslutande i hennes djurnatur (men också dessa gemensamma nämnare påverkas av olikartade utvecklingshistorier).[31] Mångfalden av människokulturer måste föra med sig åtskilda eller rent av ojämförbara kulturperspektiv, i det att olika folk definierar sina intressen, ordnar sina intryck och reglerar sitt beteende på olika sätt.[32] Likaledes gäller att det som en viss kultur godtar som "objektivt" till syvende och sist härrör från kulturens partikularistiska värderingar och livskraft. Detta är inte riktigt detsamma som subjektivism — såvida det inte handlar om en kultur i förfall, vilken inte längre levs och vilken är alltför självmedveten om sina konventioner — men det är belägg för kulturens relativistiska karaktär.[33]

Eftersom varje människa föds in i ett samhälle, som hon inte vore människa utan, tvingas till och med en individ som vill individualisera sig själv i en främmande kultur att hålla sig inom ramar som är förutbestämda av vederbörandes ursprungliga kulturarv. Enligt Gehlen kan människan aldrig bli mer än en individuellt präglad yttring av sin fosterkultur. Det är nämligen genom en sådan individualisering som hon får klart för sig vem hon är och förvärvar sin särskilda mänsklighet.[34] Varje människa må följaktligen ha förstånd och kulturskapande förmåga, men förnuftet kommer aldrig — i slutänden — att kunna nå utöver kulturens särskilda subjektivitet, inte ens när det använder sig

des peuples", i *La cause des peuples: Actes du XVe collogue national du GRECE* (Paris: Le Labyrinthe, 1982).

31 Se John R. Baker, *Race* (Oxford: Oxford University Press, 1974), ss. 468–529.

32 Friedrich Nietzsche: "No people could live without evaluating; but if it wishes to maintain itself it must not evaluate as its neighbor evaluates. Much that seems good to one people seems shame and disgrace to another ... much that is called evil in one place was in another decked with purple honors." Se *Thus Spoke Zarathustra*, övers. av R. J. Hollingdale (London: Penguin, 1968), "Of the Thousand and One Gods."

33 Benoist, *Les idées à l'endroit*, op. cit., ss. 42 och 101; Alain de Benoist, "L'ordre", i *Études et recherches 4–5* (januari 1977).

34 Henri Gobard, *La guerre culturelle: Logique du désastre* (Paris: Copernic, 1979), s. 13.

av objektiva och instrumentella måttstockar, då förnuftet präglas av
vad som anses särskilt angeläget inom kulturen. Ett verkligt neutralt
förnuft utan kulturella "fördomar" (som den liberala moderniteten
postulerar) skulle förutsätta en kulturlös värld — det vill säga en värld
utan riktiga människor.

Det finns alltså ingen enda definierbar verklighet i Gehlens antro-
pologi, liksom det inte finns någon enda, för alla människor gemensam
kultur. Människan känner endast en verklighet, och den verkligheten
är präglad av de till sitt väsen subjektiva och utvecklande, bildliga ut-
tryckssätt som hennes kulturarv tillhandahåller för att begripa den.[35]
"Människan är alltings mått", som Protagoras sade för 2 500 år sedan,
och det finns med nödvändighet ett överflöd av olika mått i världen,
givet världens olika kulturer. Omvänt är en individ aldrig särskiljbar
från sin kultur: aldrig oberoende av sina "mått". Individen må vara fri
att uttrycka sin kultur på sitt eget sätt, och en kultur kan medge en
oändlig mängd individuella variationer och till och med betydande
trots; men ingen kultur skulle någonsin kunna vara enbart summan
av sina delar, och det skulle inte kunna finnas någon individ som
vore oberoende av den kultur som omger honom.[36] Kulturen ensam
genomsyrar individerna med deras särskilda medvetande — och med
medvetenhet om sin egenart. Den är dessutom mer än ett andligt el-
ler mentalt tillstånd, kulturens överindividuella helhet antar nämligen
oundvikligen en samhällelig, institutionell och demografisk form. Det
är alltid ett specifikt folk, inte en abstraktion benämnd "mänsklighe-
ten", som skapar en kultur och utgör dess kontext.[37] Kanske kan män-
niskans djurnatur och hennes kulturskapande förmåga vara allmän,
men hennes andra natur är det inte. Så snart kulturen har "skalats bort"

35   Alain de Benoist, "Minima moralia (2)", i *Krisis 8* (april 1991).

36   Alain de Benoist, "Fondements nominalistes d'une attitude devant la vie", i *Nouvelle Ecole*
     33 (sommaren 1979).

37   Cf. Irenäus Eibl-Eibesfeldt, *Der Mensch — das riskierte Wesen. Zur Naturgeschichte
     menschlicher Unvernunft* (Munich: Piper, 1988).

är den enda "natur" som återstår djurisk eller fysiologisk. Ontologiskt innebär detta att objektiva abstraktioner inte är primära, utan det primära är i historien om ett folks särskilda framväxt inbäddade, hermeneutiska processer (kulturspecifika självförståelser).

På samma sätt är olika kulturer, likt de folk som ger dem liv, aldrig godtyckliga utan förankrade i organiskt utvecklade levnadssätt som det resonerande förståndet kanske kan tolka i rationella termer men inte kan rättfärdiga eller förklara. Det är alltid kulturen som lägger grunden — den "objektiva" — på vilken individer kan kommunicera, avgöra sakers betydelse och nå samförstånd. Utan den skulle de vara oförmögna att komma fram till gemensamma sanningsnormer och värderingar — och alltså att leva tillsammans. Utöver att lägga grunden till ett folks tillvaro, omfattar kulturen vadhelst folket därefter företar sig, eftersom den vägleder folket och gör dess värld meningsfull.[38]

Om en kultur är sund och självsäker bejakar den människans världsöppna förmåga och låter henne skapa sig själv enligt dem av kulturens normer och kategorier som bäst tjänar hennes överlevnad. En autentisk eller "naturlig" kultursocialisation har emellertid blivit allt svårare i modern tid. Giorgio Locchi (som spelade en avgörande roll för att göra Gehlens antropologi till en del av kärnan i Greces kulturpolitik) hävdar att traditionella organiska kulturmodeller i dag hotas av en funktionalistisk modell som äventyrar den vitalistiska grunden för kultursocialisationen.[39]

Modernitetens egen funktionalistiska modell är skapad av socioekonomiska omständigheter som påverkar både tillvarons mikro- och makronivå och socialiserar individen enligt systemkrav, vilka underordnar lokala gemenskaper och individuella subjektiviteter storskaliga

38 Stefano Paltrinieri, "La théorie sociale d'Arnold Gehlen", i *Nouvelle Ecole* 46 (hösten 1990); Arnold Gehlen, *Man in the Age of Technology*, övers. av P. Lipscomb (New York: Columbia University Press, 1980).

39 Locchi, "Ethologie et sciences sociales", op. cit.; Alain de Benoist, "'Communauté' et 'société'", i *Éléments* 23 (september 1977).

sociala och institutionella behov. Samtidigt inriktar sig denna modell på människans sinnliga och egennyttiga natur och lämnar endast plats för en internalisering av modellens allomfattande ideal, vilka upplevs antingen som yttre krav eller som djuriska drifter. Dessutom vänder sig en sådan kultur till enbart människors funktionella bestämning och generiska egoism och avskärmar dem från egenartade, ur tidigare meningsformer framvuxna levnadssätt och beteenden. Den funktionalistiska kulturens "av andra vägledda" människa dras in i de makrostrukturer som dominerar vardagslivet, och hon är oförmögen att uppleva livet enligt krav som grundar sig på en levd "syftesgemenskap"; som helt och hållet integrerad har hon inget annat val än att för sin vägledning förlita sig på yttre retningar. Hennes liv levs enligt mekaniska strukturer som hon helt saknar kontroll över och som binder henne till förutbestämda beteendemönster. Nietzsche (som har haft stort inflytande på Gehlen) benämner detta slags kultursocialisation "subjektiv kultur för utåtvända barbarer" — då den gör människans inre jag beroende av yttre krafter för vägledning, blottat på utveckling och därmed mottagligt för subjektivismens ytterlighetsformer.⁴⁰

Det andra slaget av kultur däremot (som framträder organiskt från historiskt bildade och traditionsgrundade samhällen) främjar en "från sitt inre vägledd" individ; en sådan individ har en internaliserad referensram vilken är samstämmig med individens andra natur och anpassad efter umgängesformer som förenar individ och samhälle i en ömsesidig syntes. Organisk kultur upplevs som ett arv från "stora förfäder"; den levs som ett projekt, vars rytmer svarar mot individens bestämda livskraft, eftersom kraften uttrycks på ett sätt som är karakteristiskt för den miljö där hon vuxit upp. Individen är inte en kulturkonsument utan en kulturutövare; individens beteende bestäms nämligen inte av kulturen utan inspireras av den. Detta ger den orga-

---

40 Friedrich Nietzsche, *Untimely Meditations*, övers. av R. J. Hollingdale (Cambridge: Cambridge University Press, 1983), s. 79; Guillaume Faye, "Le culture-gadget", i *Éléments 46* (sommaren 1983).

niska kulturens människa, som tar sig an sin värld som ett pågående projekt, frihet och självförtroende nog att förverkliga sitt kulturideal, när hon ställs inför sina särskilda prövningar. I enlighet med detta växer organisk kultur inifrån och ut och blir till en personlig yttring av ett gemensamt levnadssätt, istället för en anonymt "konsumerad" vara som marknadsförs till allmänna individer i anonyma och likgiltiga sociala system.[41]

Under de senaste två århundradena har liberala samhällen sökt påtvinga sin funktionalistiska modell på hela världen. Européerna har dock genomlevt större delen av sin historia enligt den organiska modellen. Anledningen till att man har sökt efterlikna hjälten, geniet och den store konstnären, som alla har spelat förebildliga roller i den europeiska civilisationens epos, är inte att dessa föredömen gjorde uppror mot den rådande kulturen utan att de framgångsrikt omstöpte och göt nytt liv i den. I själva verket ingick ett anlag för förnyelse i kulturen, då kulturen levdes som ett pågående gensvar på en utvecklande värld.

I skarp kontrast är det senmoderna samhället, vilket är underkastat liberalismens marknadsdrivna, funktionalistiska kultur, så gott som oförmöget att omformulera sin kulturidentitet eller förändra sina relationer till den vidare världen; numera är nämligen den individuella anpassningen inordnad i en masstillverkad modell som tar hänsyn till systemets krav men inte till lokala, personliga eller vitalistiska förutsättningar. När så denna modell havererar påverkas även den kulturella orienteringen hos dem som omfattas av den; modellens motgångar får marken att gunga under fötterna på individen, som kastas ned i ett obeslutsamt tillstånd. Individen vacklar från fastslagna beteendemönster och rör sig mot större subjektivitet. Till skillnad från den organiska kulturens hjälte — som utmanar sin samtids sönderfall i en konservativ revolutions namn, en revolution som återgår till de ursprungliga principerna och tillåter det kulturella idealet att åter

---

41 Cf. Ferg, "Identité européenne et multiculture", i *Devenir 13* (sommaren 2000).

hävda sig på en högre nivå — tenderar den funktionella kulturens utifrån styrda människa att sjunka djupare och djupare ner i ett tillstånd av formlöshet, planlöshet och handlingsförlamning, sårbar som hon är inför de yttre influenser som lämnar hennes inre jag okultiverat, och underkastar hennes sociala person kriterier främmande för hennes upplevda behov. [42] Den funktionalistiska kulturens instrumentella förnuftighet kan förvisso undergräva organiska kulturer, men dess allmänna påbud lyckas inte alstra beteenden och trosföreställningar som är förenliga med människans andra natur, anför Locchi, med utgångspunkt i Gehlens filosofiska antropologi.

Det är i detta sammanhang som den postmoderna kritiken måste placeras. De modernistiska anspråken på allmängiltighet rättfärdigar att hela världen påtvingas en funktionalistisk kulturmodell anpassad efter ansiktslösa individer i en opersonlig samhällsstruktur. Postmodernisterna motsätter sig dessa anspråk och belyser de sjukdomstillstånd som följer av att modellen undertrycker det levda och det specifika. De tar alltså ställning mot modernitetens likriktande kultursocialisationsmodell. Postmodernisterna förespråkar en ny kulturpluralism men avfärdar, nedvärderar eller förbiser samtidigt betydelsen av tidigare organiska kulturer; ofta faller de in i ren relativism och misstar människans andra natur för en konstruktion som skulle kunna bli föremål för ändlös — och godtycklig — omgestaltning. I linje med detta behandlar de kulturella särdrag som om dessa vore besläktade med varuutbudet på en marknad och förordar ett så brett utbud av kulturer som möjligt. Detta får dem att förespråka en efter globala marknader och smågrupper avpassad, friflytande subjektivitet, som dock är motståndskraftig mot särpräglade, organiska grupperingar, vilka betraktas som "sammanförande" i samma bemärkelse som den stora berättelsen. [43]

---

42 Locchi, "Ethologie et sciences sociales", op. cit.

43 Fredric Jameson, "Postmodernism, or the Cultural Logic of Late Capitalism" (1991), i Thomas Docherty, red., *Postmodernism: A Reader* (New York: Columbia University Press, 1993).

Under det att grecisterna lierar sig med postmodernisterna när de motarbetar modernitetens funktionella kulturs instrumentella påbud, distanserar de sig också från dem genom att framhålla att organiska kulturer är en nödvändighet, inte en valmöjlighet. De hävdar att individen utan en sådan kultur är oförmögen att hantera det nutida samhällets anonyma krafter, vilket oundvikligen leder till dysfunktionella beteenden, förfall och utanförskap. För att känna sig hemma i världen och i samklang med sin egen livskraft behöver ett folk förvisso vara fritt från fjärmande, funktionalistiska tvång, som postmodernisterna vidhåller, men folket behöver dessutom en känsla av samhörighet som förankrar det i en meningsfull verklighet. Samhörigheten åtföljer emellertid endast det särskilda och rotfasta — och det särskilda och rotfasta kan man varken utmönstra, dekonstruera eller återuppta valda delar av, som postmodernister föreskriver, utan risk för mer omfattande avkulturalisering.[44]

Detta ska inte uppfattas som att den nya högerns anhängare skulle förorda en bokstavlig återgång till förmoderna kulturformer,

---

44 Greces försvar av partikularistisk kultur — ett försvar som inte gör någon skillnad i värde mellan olika kulturer, utan helt enkelt försvarar deras särprägel mot den liberala modernitetens homogeniserande tendenser — betraktas av vänstern som en sofistikerad ompaketering av traditionell rasism (eftersom kulturen påstås ersätta rasen som kriterium för exkludering). Se Pierre-André Taguieff, "Le néo-racisme différentialiste. Sur l'ambiguité d'une evidence commune et ses effets pervers", i *Langage et société 34* (december 1985). För en kritik av hans sammanblandning av kulturalism och rasism, se Raymond Ruyer, *Les cents prochains siècles: Le destin historique de l'homme selon la Nouvelle Gnose américaine* (Paris: Fayard, 1977), ss. 49–61. Faktum är att det ligger i varje autentisk kulturs natur att sätta dess egna imperativ i främsta rummet. I den mån den förblir autentisk, saknar varje kultur valmöjligheten att "förkasta" andra kulturer (vilka "objektivt sett" kan vara "lika bra") eftersom dessa är irrelevanta för dess egna intressen. Det är precis denna strävan mot en självförsörjande enhet som gör kulturen naturligt "exklusiv" och dess medlemmar delar av en levande helhet, särskild från andra. Se Benoist, "Culture", *op. cit.*; Richard M. Weaver, *Vision of Order: The Cultural Crisis of Our Time* (Bryn Mawr: Intercollegiate Studies, 1995), ss. 3–21; Claude Lévy-Strauss, *Le regard eloigné* (Paris: Plon, 1983), ss. 24–30. Slutligen bör inte den den nya högerns identitarism förväxlas med vänsterns "identitetspolitik", som är en radikal form av liberal pluralism vilken söker bekräfta den postmoderna fragmenteringen av identiteter (vanligtvis åsyftandes sexuella och rasliga minoriteter). För mer om vänsterns identitetspolitik, se Jonathan Rutherford, red., *Identity: Community, Culture, Difference* (London: Lawrence and Wishart, 1990). "Identitarism" används här för att hänvisa till de tendenser som försvarar traditionalistiska och antiliberala — dvs. organiska — uppfattningar om identitet.

vilka har holistiska och jämförelsevis enkla naturalistiska modeller. Sammansatta samhällen skulle inte kunna fungera så. Likafullt behöver inte de traditionella organiska kulturer[45] som dagens samhällen har växt fram ur förkastas helt och hållet; även då ett folk utvecklas och får behov av vissa funktionella former, bibehåller det sitt behov av kontinuitet, jämvikt och livskraft, ett behov som endast kan tillgodoses på ett meningsfullt sätt om folket är rotat i en ursprunglig kulturidentitets naturliga jord. Den nya högerns anhängare länkar samman livskraften med fosterkulturen och eftersträvar därmed att gjuta nytt liv i allt som genom tidsåldrarna har givit liv och form åt den europeiska idén; de söker även anpassa Europas organiska kultur till dagens invecklade samhällssystem, fullt medvetna om att den fortgående anpassningen bringar såväl ny mening som nytt djup åt kulturen i sin helhet.[46]

DEN IDENTITÄRA UTMANINGEN AV DEN LIBERALA MODERNITETEN

Det är mer än politisk makt som står på spel i den nya högerns metapolitik. Om den kulturförståelse som har beskrivits ovan är korrekt, skulle förlusten av Europas traditionella, organiska kultur också innebära att själva Europa gick förlorat. I själva verket tycks den liberala ideologins nuvarande globaliseringsrörelse sikta mot just detta slags tillintetgörande avkulturalisering; ett internationellt system av initialförkortningar (FN, USA, WTO, GATT, NAFTA, IMF, APEC, etc.) tvingar flödet av pengar, varor och tjänster till marknader som främjar införlivandet av lokala kulturer i en enda global (i praktiken

---

45 Denna referens till "traditionell kultur" — likt alla följande referenser till "traditionellt samhälle", "traditionell gemenskap", "traditionella idéer" etc. — åsyftar inte de primitiva stamsamhällen antropologerna studerar, utan snarare de förmoderna samhällsformer som utmärkte Europa fram till 1600-talet — dvs. de grekiska, romerska, germanska och medeltida formerna av den europeiska civilisationens arv.

46 Cf. Nietzsche, Untimely Meditations, op. cit., s. 83.

amerikaniserad) "kultur" som driver funktionalismen till vägs än-
de.[47] Alltsammans omvandlas alltså till vad vissa identitärer kallar en
ZOA: en "zone d'occupation américaine", det vill säga en "amerikansk
ockupationszon" där allt är underkastat de kulturella diktaten från
Washingtons "kosmokapitalism".

Den nya högern motsätter sig detta förlopps kulturellt "normali-
serande" krafter och förkastar därmed huvudinslagen i dagens väster-
ländska livsföring. Man kan dock fråga sig vad det finns kvar att förnya
i det kulturarv som den nya högern försvarar. Och, viktigare, om det
ens är möjligt att välja och vraka bland de befintliga arven och be-
teckna några som äkta och andra som förvanskande. När dessa frågor
ställs är det värt att understryka att den nya högern inte ratar moderna
bedrifter i sig. I likhet med Gehlen motsätter man sig bara de sidor av
moderniteten (eller snarare bara en viss liberal modernitet) som söker
utrota Europas biokulturella identitet för att genomdriva sitt globalise-
ringsprojekt. I samma anda påstår den nya högern att "moderniteten"
inte alls är "modern" utan djupt rotad i den europeiska själen, i det att
den försöker övervinna ett underlägset eller besudlat förflutet.[48] Den
kanske viktigaste identitäre teoretikern, Guillaume Faye, anmärker föl-
jande: "Den gamla europeiska traditionen har alltid varit modernistisk
... Vi gör inte ett enfaldigt uppror mot det samtida Europa utan förblir
trofasta mot det som alltid har utgjort en del av Europa."[49] I denna
bemärkelse vore den nya högern beredd att liera sig med en Europas
oförskräckta anda trogen "modernitet" — det vill säga med en moder-

---

47 Det får medges att det existerar "flera globaliseringar", med vissa folkslag som adminis-
    trerar och andra som anpassar den amerikanska världsordningens globala krafter. Denna
    "mångfald" gör dock ingen större skillnad för att minska omfattningen av den globala
    mångfaldens normaliserande effekter. Cf. Peter L. Berger, "The Cultural Dynamics of
    Globalization", i P.L. Berger och S.P. Huntington, red., *Many Globalizations: Cultural
    Diversity in the Contemporary World* (Oxford: Oxford University Press, 2002).

48 Pierre Krebs, *Im Kampf um das Wesen* (Horn: Weecke Verlag, 1997), s. 56.

49 Faye, *Nouvelle discours à la nation européenne, op. cit.*, s. 59. Cf. Mohler, "Was ist
    Postmoderne?", *op. cit.* En annan identitär beskriver den samtida västvärlden som
    gegenwartig — dvs. "samtidistisk", snarare än modernistisk. Se Krebs, *Im Kampf um das
    Wesen, op. cit.*, s. 56.

nitet som eftersträvade att frigöra européerna från sin kulturs dödvikt.
Samtidigt förkastar de allt som inte söker odla Europas expansiva anda
utan dess motsats — och i synnerhet den funktionalistiska och folkfi-
entliga kultur som omhuldas i liberala marknadssamhällen.[50]

50   Pierre Krebs, *Die europäische Wiedergeburt* (Türbingen: Grabert, 1982), ss. 62–71.

Kapitel III

LIBERALISMENS MÄNGDVÄLDE

Inget definierar den nya högerns projekt mer än motståndet mot den pågående, kulturella subversionen. Att liberalismen ses som den viktigaste orsaken till denna subversion, gör projektet till ett huvudsakligen antiliberalt sådant. Men vad menar man med liberalism? Även om liberalismen saknar en sammanhängande doktrin och tydlig härstamning, betraktas den av den nya högern som en modernistisk ideologi, fientlig mot allt som inte kan räknas, beräknas eller köpas.[1] Liberalismen växte fram tillsammans med marknadskrafterna och utvecklades i opposition mot den gamla regimens markägande och fortfarande delvis feodala intressen. Kraven på frihet — först samvetsfrihet, sedan förenings- och yttrandefrihet och sist men inte minst ekonomisk frihet och äganderätt — återspeglade politiska angelägenheter för dem som eftersträvade att lösgöra ekonomin från kyrkans, statens och det allmännas myndighet. I den egenskapen uttryckte liberalis-

---

1   Alain de Benoist, *Orientation pour des années décisives* (Paris: Le Labyrinthe, 1982), ss. 42–43. Även om grecisterna skiljer mellan olika liberala skolbildningar, har de för enkelhets skull sammanflätats.

men den "uppstigande borgarklassens" världsåskådning, i det att den
strävade efter att omgestalta staten och samhället i samklang med sin
kontraktsteori om politik, marknadsmodeller och sociala regleringar
och en individualistisk antropologi.[2]

DEN POLITISKA RATIONALISMENS KVANTITATIVA KARAKTÄR

På samma sätt som den liberala modernitetens historia i stora stycken
är historien om världens fortlöpande rationalisering, är kärnan i det li-
berala tänkandet en tro på förnuftets överlägsenhet.[3] Källan till denna
rationalism spåras ofta tillbaka till antiken eller till det senmedeltida
tillägnandet av aristotelisk logik. Rationalismens rotstam ligger emel-
lertid i René Descartes' (1596–1650) verk, som står på den moderna
filosofins baslinje. I likhet med den nya vetenskapen på 1600-talet,
med dess bild av skapelsen som ett urverk, satte Descartes' filosofi det
resonerande förnuftet i centrum och bemödade sig att förstå naturens
mekaniska, lagliknande egenskaper. Eftersom han behövde en viss-
hetsprincip att bygga sin rationalistiska modell av den fysiska världen
på — en princip som kunde uttryckas i en "allmängiltig och bevisbar
form" — var han tvungen att röja undan det befintliga kulturarvets
"falska" förgivettaganden; endast så kunde han lägga grunden till de
tydliga, självklara satser som hans egen filosofi skulle understödjas av.

I och med grundandet av det som var ämnat att bli en obestridlig
kunskapsteori införde Descartes en sats som nuförtiden är synnerli-
gen omstridd: satsen att världen är en tvåfald, bestående av materiella

2   Alain de Benoist, "Le libéralisme contre les identités collectives", i B. Guillemaind & A.
Guyot-Jeannin, *Aux sources de l'erreur libérale: Pour sortir de l'étatisme et du libéralisme*
(Lausanne: L'Age d'Homme, 1999); Thierry Maulnier, Au-delà du nationalisme, förord av
P. Sérant (Paris: Les Grands Classiques de l'Homme de Droite, 1993), ss. 127–41.

3   John A. Hall, *Liberalism: Politics, Ideology and the Market* (Chapel Hill: University of
North Carolina Press, 1987), ss. 9–32.

och medvetna substanser.[4] Enligt detta tudelade schema är materien (*res extensa*) en "utsträckt, delbar, rumslig" substans, åtskild från och obesläktad med förståndet, som är en "outsträckt, odelbar och ickerumslig" medveten substans (*res cogitans*). Människolivet är därmed förknippat med individens rationella förmågor och den objektiva världen (eller yttervärlden) med ett fält av obesläktade materiella föremål. I stället för att föreställa sig verkligheten som en helhet av sammanflätade materiella och mentala dimensioner, riktade Descartes bort filosofin från "hela människovarelsens organiska verksamhet" och mot de kunskapsteoretiska spörsmålen om relationerna mellan subjekt och objekt (det vill säga mellan medvetande och materia). Ur dessa idébildningar skulle det så småningom uppstå subjektivistiska och objektivistiska, idealistiska och materialistiska världsåskådningar, vilka var och en har satt sin prägel på liberalismens utveckling. Det var emellertid Descartes' uppmärksammande av materien, som en homogen, allestädes närvarande och kvantifierbar substans, som påverkade det liberala tänkandets rationalistiska grunder mest.

I detta sökande efter sanningen — det vill säga kunskapsteoretisk sanning — koncentrerade sig Descartes på längd, höjd, bredd och hastighet hos fysiska föremål, då enbart dessa gjorde det möjligt för honom att kvantifiera "världens empiriska enhet" och översätta naturen till omfång vilkas mått lånade sig till noggranna och utsägbara beräkningar. Med denna betoning av materiens mängdorienterade — kvantitativa — egenskaper hoppades han på att undvika det övermått av kvalitativa bestämningar som tidigare hade krånglat till den vetenskapliga abstraktionen och komma fram till "perfekta, tidlösa sanningar". Hans makalösa framgång i att reducera sammansatta naturfenomen till enkla, matematiska beskrivningar kom förstås att bidra starkt till den moderna vetenskapens utveckling, men framgången var dyrköpt.

4   Anthony Kenny, *The Metaphysics of Mind* (Oxford: Oxford University Press, 1992). Vissa nykartesianer har icke desto mindre försökt blåsa nytt liv i Descartes system. Till exempel, Paul M. Churchland, *Matter and Consciousness* (Cambridge: MIT Press, 1984).

Utöver att reducera verkligheten till simpel utsträckning av materia, "förstådd" i abstrakta, matematiska termer, som inte gjorde mycket för att höja människans kunskap om sin värld och som i vissa fall ytterligare frånskilde henne från den, hade den kvantitativa reduktionismen till följd att det europeiska livets kvalitativa inslag—allt det som är förbundet med kultur och kulturarv—förvisades till en sekundär ställning.

Mot denna avkulturaliserande rationalism åberopar den nya högerns anhängare René Guénon, vars "traditionsfilosofi" haft stort inflytande på dem. Guénon hävdar att materiella storheter utgör den mest förgängliga och oviktiga sidan av verkligheten—och att de inte ens är rent kvantitativa.[5] Som Descartes själv medgav har varje kvantitativ substans textur, lukt, smak, färg och andra kvalitativa egenskaper, vilka är meningslösa för det helt kvantitativt orienterade förståndet. På samma sätt skulle den "objektiva världen", om den endast bestod av materiell utsträckning, inte vara en odifferentierad homogenitet utan omätbar, för mätning är en funktion av ordning och ordning en egenskap hos kvalitet. Att föreställa sig en kvantitet utan de kvalitativa egenskaperna menar han vore som att föreställa sig substans utan att definiera dess väsen.[6] Utifrån denna guénonska synvinkel tömmer kvantifieringen världen på inte bara det som gör världen meningsfull för människan utan på det som gör den mänsklig—i det att kvantifieringen förminskar världens oförlikneliga uttryckssätt till abstrakta beräkningar, likgiltiga inför allt i verkligheten som är särskilt. När

---

5 Det viktigaste verk som kritiserar modernitetens fokus på kvantitet är René Guénon, *The Reign of Quantity and the Signs of the Times*, övers. av Lors Northbourne (Ghent NY: Sophia Perennis et Universalis, 1995). Om Guénon, se Paul Sérant, *René Guénon* (Paris: Le Courrier du Livre, 1977); mer allmänt, se Kenneth Oldmeadow, *Traditionalism: Religion in the Light of the Perennial Philosophy* (Columbo: Sri Lanka Institute of Traditional Studies, 2000); Raido, *Die Welt der Tradition*, övers. av M. Schwartz (Dresden: Verlag Zeitenwende, 1998). Också Robert de Herte, "Le règne de la quantité", i *Éléments* 28–29 (mars 1979); Arnaud Guyot-Jeannin, "Traditionalisme intégral et révolutionnaire en France", i *Éléments* 74 (våren 1992).

6 Louis de Bonald, *Pensée*, red. av M. Toda (Paris: Perrin et Perrin, 1998), s. 24.

cartesianismen förnekar alla sanningar utöver en matematiserad ma-
terialitets har den dessutom en benägenhet att röra ihop information
om tingens lägsta ordning — om empiriska "fakta" eller enskildheter
som är avskilda från sitt levande band till den större världen — med
kunskap om världen, som om denna urlakade information förmedla-
de något meningsfullt om tillvarons enhet ... eller ens om en empiriskt
given verklighet.[7]

Vid sidan av att "föra ned allt till en uteslutande kvantitativ synvin-
kel" och "sätta upp ett oföränderligt kriterium för sanning och visshet
grundat på den själlösa talvärlden", överförenklade cartesianismen
subjektet (medvetandet), som hädanefter var skilt från materievärlden
och införlivat med det rena förståndet. I och med att medvetandet på
detta vis sattes upp mot materien förvandlades den tänkande sub-
stansen till en likformig, eterisk substans som är obesläktad med den
värld den återspeglar och med varje slags tanke som inte är rationell.
Medvetandets huvuduppgift blir att med hjälp av det vetenskapliga
"metodiska tvivlet", som skulle frigöra medvetandet från "fördomar
och okunnighet" (det vill säga frigöra det från kulturella influenser),
"spegla" (Rorty) den helt och hållet olikartade materiesubstansen, un-
der antagandet att sanningen rätt och slätt är en riktig representation
av medvetandets betraktelser.[8] Allting, följaktligen, som misslyckas
att rätta sig efter kriterierna för denna korrespondensteori om san-
ningen — sommarens fågelsång som förtrollar människans värld eller
de värden och ting som människan kämpar och dör för — skulle för-
skjutas till "det oförnuftigas förmenta sumpmarker" (Heidegger).

Utöver att lösgöra medvetandet från den materia den sades re-
flektera, lösgjorde cartesianismen förnuftet från tiden, platsen och
omständigheterna för sin tankeverksamhet. Realiteter i tid och rum

---

7   René Guénon, *The Crisis of the Modern World*, övers. av A. Osborne (Ghent NY: Sophia
    Perennis et Universalis, 1996), s. 27.

8   Jfr. Arnold Gehlen, "Die Bedeutung Descartes für eine Geschichte der Bewusssein" (1937),
    i *Gesamtausgabe* (Frankfurt/M: Klostermann, 1980), band 2.

(historiens och kulturens domäner) gjordes därmed irrelevanta för förnuftets övningar, fritt som detta föregavs vara från dessa kvalificerande influenser som skulle kunna prisge det åt ickerationell begrundan. Detta begränsade i sin tur förnuftet till det teoretiska, i det att de tidlösa, mekaniska egenskaperna hos den materiella världen togs som de enda legitima angelägenheterna för människans tänkande. I stället för att se medvetandet som beroende av en höggradigt egenartad och inte alltid rationell botten av bestämningar (såsom Humes "förnuftet som slav under lidelsen"), avförde Descartes "okroppsliga medvetande" de band som förenar den inre med den yttre människan, den ena ett subjekt, den andra ett objekt. Deras oengagerade förhållande blev till en ren, från kroppen befriad subjektivitet.[9] I den mån han ens kändes vid de större, samhälleliga och kulturella realiteter som lokaliserar subjektet, behandlade han dem som föremål för en deterministisk och instrumentell logik, skilda från medvetandets engagemang i världen och från de djupare källorna till mänskligt handlande.[10]

Hermeneutiska begrepp om olika meningar, traditionalistiska begrepp om översinnlighet och om livets och personlighetens högre värden såväl som biologins och kulturens praktiska påbud, av vilka ingen av dem innefattar kvantifiering, uteslöts på liknande sätt från förnuftsmässiga hänsynstaganden. Framför allt hade inte cartesianismen någon plats för historien, vilkens tätt belamrade särskildheter och uppmärksamhet på "lokala, tillfälliga, praktiska" angelägenheter inte uppkom genom blodfattigt, kunskapsteoretiskt huvudbry utan genom människans kulturellt präglade inblandning i sin särskilda livsvärld. Descartes' filosofi behandlade i stället tid som en annan mängdform

---

9   Jfr. Roberto Fondi, *La Révolution organiciste*, övers. av P. Baillet (Paris: Le Labyrinthe, 1986).

10 Det är ingen slump att alla senare liberala reduceringar har följt på samma grund, sedan förnuftets kvantitativa representationer hade tagits som den enda förklaringskälla till världsliga fenomen kom nämligen mänskliga ansträngningar därefter att ses i termer av några få enkla principer (såsom egenintresse, klasskamp, lustprincipen, etc.) vilka rensade bort de flesta mänskliga erfarenhetssfärer från förnuftig behandling. Se Guillaume Faye, "Warum Wir Kämpfen", i *Elemente für die europäische Wiedergeburt 1* (juli 1986).

som skulle omtolkas geometriskt till en linje av på varandra följande ögonblick. Som tydliggörs nedan (kapitel fem) förvränger detta, i och med att tiden antas skrida framåt, människans tidsuppfattning och har många skadliga följder för den europeiska kulturen. Genom att fästa fokus på världens rent kvantitativa sidor, snarare än på dess mer invecklade och definierande, kvalitativa egenskaper, antog cartesianismen att förnuftets beräknande förmågor var allt som behövdes för att nå betydande insikter om världens beskaffenhet och livets mening.[11]

Förutsägbart nog fångade Descartes filosofi den tidigmoderna köpmannaklassens fantasi. För att tala med Guido de Ruggiero är borgarklassen "cartesisk i sin kult av det sunda förnuftet, som helt sonika är *la raison* med en smärre modifiering".[12] Ande, själ och subjektiva bestämmelser, kvaliteter som ogärna låter sig kvantifieras och som är förknippade med aristokratins höviska anda, har alltid varit ovidkommande för handeln. Liksom Descartes' matematiska förnuftsbegrepp ignorerar unika mönster i människans medvetande och från högre metafysiska principer, ignorerar köpmannens "räknemani" (Nietzsche) allt som inte kan reduceras till en penningberäkning, i det att man ger företräde åt kvantitativa faktorer som är skilda från sitt kvalificerande sammanhang. I själva verket är "förnuft" för köpmannen föga mer än möjlighet till beräkning.[13] På liknande sätt närmar sig inte köpmannen världens konkreta egenskaper i syfte att förstå det

---

11 Guénon, *The Reign of Quantity*, ss. 30–32.

12 Guido de Ruggiero, *The History of European Liberalism*, övers. av R. G. Collingwood (Gloucester: Peter Smith, 1981), s. 21. Michael Oakeshott kallar denna substitution av metod för substans en förväxling mellan "teknisk kunskap" och "praktisk kunskap". För en kritik av liberal rationalism som överlappar Greces (låt vara en som i viss mån lider av ett abstrakt framställningssätt), se Oakeshott, "Rationalism in Politics" (1947), i *Rationalism in Politics and Other Essays* (Indianapolis: Liberty Fund, 1991). Den andra avläggaren till upplysningsliberalismen, marxismen, är på liknande sätt cartesisk. Marx' arbetsvärdelära, grundpelaren för hans teoretiska byggnad, är till exempel grundad på ett rent kvantitativt och rationalistiskt arbetsbegrepp, som är främmande för hantverkarmässiga och traditionella föreställningar. Se Alain de Benoist, "Marx et le travail", i *Krisis 18* (november 1995).

13 Ludwig von Mises, *Liberalism in the Classical Tradition*, övers. av R. Raico (San Francisco: Cobden Press, 1985), s. 75.

mänskliga projektets kraft utan för att nå ett så stort antal som möjligt av sina ekonomiska målsättningar. I samma anda har han för vana att förvandla världen till ett föremål underkastat hans instrumentella rationalitet och förkasta alla de "subjektiva" kvaliteter som kan stå i vägen för hans eget företag. Föga förvånande kom intressegemenskapen mellan den uppstigande borgarklassens förkärlek för beräkning och den cartesiska rationalismens kvantitativt orienterade drivkraft att få en betydande inverkan på det modernistiska projektet då den lät ett ur sammanhanget utbrutet förnuft, inriktat mot tillvarons lägsta, materiella nivåer, spela en omvälvande roll i undanröjandet av traditionella förbehåll.[14] I den egenskapen riktade den in det europeiska sinnet mot tekniska rutiner som gynnade bruk av materia snarare än odling av högre livsformer. Rationalismens triumf medförde alltså inte endast att kvantiteten besegrade kvaliteten i vetenskapens rike utan att förnuftet och penningen segrade över kulturen och traditionen. Som en av Europas största förkämpar beskriver det: cartesianismen bidrog till att få till stånd en tid i vilken "metafysiken skulle bli en fråga om att väga och mäta; regerande skulle bli en fråga om att räkna näsor; ekonomin skulle bli helt reducerad till att tjäna pengar; [och] samhällsstrukturen skulle bli en återspegling av [penningmässiga imperativ]."[15]

Medan borgerligheten tillägnade sig den cartesiska rationalismen, och så kom att legitimera det liberala angreppet på kulturen och traditionen, influerade ett annat av cartesianismens sidoskott hur de rationaliserande reformerna kom att förverkligas. Eftersom Descartes helt enkelt förutsatte att förnuftets återgivningar är tillförlitliga — återgivningar vilkas riktighet är avgörande för hans projekt — erbjöd

---

14 Samuel Coleridge: "[Klassen av butiksinnehavare] har i alla länder och i alla tider varit, är nu och kommer alltid att förbli den minst patriotiska och konservativa." Utdrag från "Table Talk" (1832) i R. J. White, red., *The Conservative Tradition* (New York: New York University Press, 1950), s. 156. Även Alain de Benoist, "Le bourgeois figure et domination", i *Éléments 72* (vintern 1991).

15 Francis Parker Yockey, *The Proclamation of London 1949* (London: The Rising Press, 2001), s. 5.

han en filosofiskt otillfredsställande beskrivning av hur medvetandet uppfattar materia. Som en reaktion på detta grep sig John Locke och de brittiska empiristerna an det alternativ som är underförstått i Descartes allmänbild av medvetandet och materien och betonade den sensualistiska snarare än den mentala kunskapsgrunden.

Hädanefter upphörde allt som inte kunde ses, höras, beröras, luktas eller erfaras att räknas, empirikerna trodde nämligen att endast sinnena är förmögna att upprätta giltiga överensstämmelser mellan medvetandets subjektiva reflektioner och den objektiva verklighet dessa söker återspegla. Descartes' "klara och tydliga" idéer tvingades alltså att ge vika för Lockes föreställning att idéer härrör från sinnesintryck — det vill säga att mentala fenomen inte är mentala till sitt ursprung — och att sinnena snarare än medvetandet är primära i uppfattningen av och således kännedomen om den objektiva världen. Locke "försinnligade" följaktligen "alla förståelsebegrepp" (Kant), lite på samma sätt som Descartes tidigare hade gjort sig en föreställning om förnimmelser.[16] Likaledes såg han den empiriska verkligheten (Descartes' värld av utsträckta substanser) som ett rike av död materia, med "fakta" prydligt åtskilda från varandra. Detta gjorde sinnesintrycken primära då enbart dessa behandlades som en tillförlitlig källa till upplysningar om verkliga förhållanden. De togs också som den huvudsakliga, avgörande faktorn för människans natur, vilken betraktades som oskrivna blad (*tabula rasa*), samtliga lika öppna för nedtecknandet av valfri personlighet.

Utifrån ovanstående bör det vara tydligt att empirismen snarare utgjorde en variant av rationalismen än ett brott med den. Båda filosofierna antog världen vara dualistisk, med medvetandet placerat i individens sinne, och med konkreta, rumsliga och kvantifierbara föremål — "den yttre verkligheten" — belägna i ett tredimensionellt rum utanför sinnet. Empirismen skilde sig från rationalismen främst

---

16 Richard Rorty, *Philosophy and the Mirror of Nature* (Princeton: Princeton University Press, 1979), s. 148

genom att den, för att förklara den yttre verkligheten, vände medvetandet mot sinnena snarare än mot sig självt. Analogt trodde Locke att förnuftet ordnar och begrundar de erfarenheter som i egenskap av förnimmelser tränger in i sinnet. Liksom Descartes avvisade "sanningar" som inte är logiskt härledda från tydliga, självklara satser, bannlyste Locke varje antagande som inte kunde styrkas empiriskt. Han tänkte sig, att så snart giltigheten hos en individs sinnesintryck har bedömts av medvetandet, gör förnuftet om dessa intryck till enkla idéer, som om idéer härrörde från bitar av sinnesdata. Denna "dataprocessmodell av medvetandet" (Theodore Roszak) följde på liknande sätt Descartes i godtagandet av att naturvärlden är förnuftigt ordnad, att sinnena är ett slags speglar som reflekterar den utanförliggande, objektiva verkligheten och att naturens lagliknande egenskaper är fattbara och således tillgängliga för förnuftet. Slutligen följde empiristerna rationalisterna i behandlingen av sanningen som ett objekt, snarare än som ett för sitt tolkningstillfälle unikt "tillfälligt fenomen", och i föreställningen att alla människor resonerar och uppfattar på sätt som "överallt och alltid är likadana".

När cartesianismen och dess lockeanska variant nådde 1700-talet var det framväxande liberala samförståndet redo att förankra projektet i den empirisk-rationalistiska övertygelsen att naturen är en mängd mekaniska föremål som styrs av lagar som är åtkomliga för förnuftet, att individen är ett av miljön utformat subjekt som är förmöget att utröna sanningen om dessa lagar och att kunskap som härrör från evidens, experiment och analys är ett universalmedel mot alla det traditionella samhällets orättvisa seder. På den grunden slöt sig upplysningens liberala teoretiker till att människan inte längre behövde traditionella eller religiösa riktlinjer att ordna sitt liv efter: med avlägsnandet av villfarelser och okunnighet skulle nämligen den vetenskapliga kunskapen på egen hand vara tillräcklig. De vände sig alltså till förnuftet för att omdana människans sociala värld så att hon skulle bli sin egen tillvaros "lagstiftare". Allt som behövdes för att återuppbygga det mänskliga samhället på en rättvis och förnuftig grund, avveckla traditionella auktoriteter och främja förnuftiga, egennyttiga beteenden var religiös tolerans, konstitutionellt styrelseskick och öppna marknader.

I Immanuel Kants filosofiska bygge, som är upplysningstänkandets apoteos, sökte en mängd av på fenomenvärlden tillämpliga "syntetiska *a priori*"-omdömen att förena cartesisk rationalism med lockeansk empirism (matematiskt resonerande och sinneserfarenhet) i en högre, filosofisk syntes. För Kant var det inte den objektiva (eller "noumenala") verkligheten, som Locke ansåg, utan sinnets natur som innehade nyckeln till världens ordning. Tid, rum och kausalitet hävdade han vara mentala kategorier, uttryck för människans sätt att begripliggöra tingen (som de framträder för henne) och inte nödvändigtvis egenskaper hos den objektiva världen (vilken ytterst är ovetbar). Ur hans "transcendentala idealisms" perspektiv är det sinnet som betingar människans förhållande till sin omgivning och överskrider erfarenhetens gränser och därmed de "främmande inflytanden" som skulle kunna hindra henne, som fri moralisk varelse, från att följa sitt samvete. Men om världsordningens fenomenologiska natur härrör från sinnet, är sinnet (med all respekt för Descartes) icke desto mindre tvunget att iaktta denna ordnings empiriska beskaffenhet, sinnet ensamt, i sin analytiska egenskap, kan nämligen inte veta något om ordningens särskilda egenskaper i tid och rum. Med denna åtskillnad mellan världen *für sich* och världen *in sich* gjorde Kant människan till en självständig moralisk agent, förmögen att "lagstifta åt sig själv" (att göra rationella moraliska val utan yttre påverkan) men också tvingad att erkänna fenomenvärldens kausala begränsningar. Den kantianska människan uppfattas därmed reglera sig själv enligt förnuftets "allmängiltiga normer". Samt att i enlighet med dessa normer leva i harmoni med andra självständiga varelser, vilkas okränkbarhet förutsätter ett tillstånd av oinskränkt frihet.

Eftersom den kantianska människan är en "förnuftig agent som är förmögen till förståndiga val" behandlades identiteter som har utformats av historien, traditionen och rasen — inklusive kollektivt och känslomässigt engagemang av ett förrationellt slag — som möjliga hot mot hennes förnuft och självständighet.[17] I själva verket var "upplysningen" för Kant just det skede i den mänskliga utvecklingen då det moraliska subjektet började leva i samklang med förnuftet i stället för med sitt kulturarvs "okunnighet och vidskepelse". Förlusten av dessa översinnliga referensramar, som hade tagit form i traditionen och prövats av historien, sågs inte som början för den moderna nihilismen utan som att mänskligheten mognade, i det att moralen och beteendet lösgjordes från metafysiska sagor och återuppbyggdes på sekulära, förnuftiga principer. Kort sagt hoppades Kant på att kunna göra det upplysta subjektet till den ledande aktören i det liberala projektet och en "förnuftig organisation av vardagslivet" (Jürgen Habermas) till projektets yttersta mål.[18] "Personlig självständighet och samhällelig rationalitet", med förnuftets förmåga att lagstifta åt sig självt som filosofisk utgångspunkt, skulle följaktligen influera alla påföljande yttringar av den liberala ideologin, vilket kom att ge upphov till en rad satser med världsomdanande efterverkningar.

Främst av dessa satser är den om individualismen. I upplysningens människolära görs individen till den viktigaste beståndsdelen i den sociala världen, till ett "självändamål" (Kant). I likhet med det cartesiska medvetandet, vars förbehållslösa anspråk saknar ovisshet, genomsyras den liberala individen av naturens tidlösa egenskaper då individens numeriska, rationella väsen antas finnas till före varje insättning i ett sammanhang och före varje ontologisk bestämning. De praktiska, tidsberoende och inte nödvändigtvis förnuftiga kraven från samhället, vilkas omständliga påbud kan öva inflytande på det sammanhang som

---

17   Pierre Chassard, "De quelques morales négatives", i Krisis 8 (april 1991).
18   Alain de Benoist, "Minima moralia", i Krisis 7 (februari 1991).

påverkar individens utveckling, anses på samma sätt vara ovidkommande för individens väsen. Upplysningsliberalismen gjorde sin ograverade individ till samhällets grundläggande beståndsdel, inte helt olikt hur den tidigmoderna vetenskapen antog enhetlig materia vara den utsträckta världens enda substans. Individens "jag" var följaktligen fristående från individens "vi" — och alltså från folket, kulturen, historien, till och med från den biologiska stam individen "råkade" komma från.[19] Som Guénon anmärker, "mängd kan bara åtskilja" då den är "en uppdelningsprincip".[20] I kontrast till de antika och medeltida föreställningarna om människans inneboende sällskaplighet blev den liberala individen en värld för sig själv som levde med sina medmänniskor endast av bekvämlighet. Föreställningen att individen kunde vara en del av en större gemenskap eller naturlig ordning — det vill säga en del av "den förorenade samhällsströmmen i historiens enkelriktade, historiska flöde" — avfördes till förmån för det dittills okända synsättet att individen själv utgör en fullständig helhet (trots avsaknad av inneboende egenskaper och utmärkande drag). Faktiskt ansågs allt som är bra i människans värld komma från den i individen förborgade rationaliteten.[21] Givet att kulturella, historiska och biologiska kvaliteter alltså är "subjektiva" former, som är underordnade individens förnuftiga "väsen", avfärdar liberalen varje inflytande som dessa kvaliteter tidigare kan ha utövat. Tidsmässigt förvisar detta avfärdande av överindividuella betydelsebärare människan till det "eviga nuet": existentiellt, till sina grundläggande begär.

Eftersom liberalismens kvantitativa blick fokuserar på det omedelbara och förenklade, med allt utjämnat ned till val mellan hunger och avsmak, lånar den sig till myten om *homo oeconomicus* — eller, rättare sagt, den utgjorde premissen för denna myts historiska upp-

---

19   Alain de Benoist, "Comment le lien social a été rompu", i *Éléments 84* (februari 1996).

20   Guénon, *The Reign of Quantity*, s. 62.

21   Louis Rougier, *Du paradis à l'Utopie* (Paris: Copernic, 1979), ss. 194–95.

komst. Denna myt har sedan dess bildat paradigm för liberalismens kvantitativa modell för individualisering. I den historia den berättar utgör Guizots *enrichissez-vous* individens huvudsakliga, existentiella angelägenhet, den konkurrenspräglade marknaden individens naturliga nisch och affärsmässiga transaktioner substansen i individens frihet. Allt som räknas för mytens kapitalistiska huvudperson är alltså produktionskrafterna, lagarna om tillgång och efterfrågan, prismekanismer, marknadsjämvikt och andra "vetenskapliga" principer som styr den sfär som är förbunden med ekonomin.²² Detta gör den ekonomiska människan till en kalkylerande "ekonomisk varelse" som drivs av egenintresse och hennes samhälle till den aritmetiska summan av alla sådana varelser.²³ Den konkurrensinriktade strävan efter individuellt egenintresse ses dessutom som ledande inte till kaos (som man skulle kunna befara) utan till social rörlighet och "den största lyckan för det största antalet". "Historiens oanvändbara kuriositeter och den medeltida, tyngande tradition" som hade reglerat varje tidigare civilisation ingår inte i mytens berättelse.²⁴

I och med att den gör den ekonomiska människan till en självständig varelse som är inriktad på att maximera sina valmöjligheter, motsätter sig liberalismen allt som hämmar hennes självtillräcklighet, inklusive de vanliga övertygelser och identiteter som bidrar till att göra ett folk till en levande enhet.²⁵ Den tenderar till följd av detta att förknippa individualitet med upplösningen av traditionella gemensamhetsband och att utan åtskillnad mellan olika platser, folk

22 För en kritik av de dominerande ekonomistiska illusionerna, se Michel Henoschberg, *Nous, nous sentions comme une sale espèce* (Paris: Denoël, 1999).

23 Alain de Benoist, *Les idées à l'endroit* (Paris: Hallier, 1979), s. 85.

24 Albert Hirschman, *The Passions and the Interests: Political Arguments for Capitalism before Its Triumph* (Princeton: Princeton University Press, 1977).

25 Raymond Ruyer, *Les cent prochains siècles: Le destin historique de l'homme selon la Nouvelle Gnose américaine* (Paris: Fayard, 1977), s. 278. Jfr. Friedrich A. Hayek, *The Constitution of Liberty* (Chicago: University of Chicago Press, 1960), ss. 11–12.

och tidsepoker skatta monadisk individualism högt.[26] Detta föranleder den att definiera frihet som individens rätt att "moraliskt välja" sina egna ändamål — hur oförenliga de än må vara med dess kollektiva vidfästning.[27] Man skulle till och med kunna göra gällande att den liberala ideologin är utformad i motsättning till idén om gemenskap; ideologins underliggande förutsättning är att egennyttiga individer saknar förpliktelser utöver dem de avtalar på marknaden.[28] Kant hävdade till exempel att i avsaknad av friheten att utan hänsyn till den verkliga världens tillstånd göra förnuftiga val mellan rätt och fel, skulle individen vara varken självständig eller moralisk. Rätten att göra sådana val — som inbegriper "principen om obegränsad självreglering, krav på äkta jagerfarenhet och subjektivismen hos en hyperstimulerad känslighet" (Habermas) — har faktiskt företräde i liberalismen framför varje grupprelaterad, kulturell eller politisk förpliktelse.[29]

Den nya högern ratar såväl principen som syftet med den liberala individualismen och anför att individen aldrig är tillräcklig i sig själv utan snarare en del av ett större sammanhang. Det hela, som Aristoteles säger om det mänskliga samhället, föregår med nödvän-

---

26 Max Scheler, *On Feeling, Knowing, and Valuing*, red. H. J. Bershady (Chicago: University of Chicago Press, 1992), s. 70. Jfr. Fredinand Tönnies, *Community and Society*, övers. av C. P. Loomis (New York: Harper Torchbook, 1963).

27 Deklarationen om de mänskliga rättigheterna (1791), artikel IV, slår fast: "Frihet består i att kunna göra allt som inte skadar andra. För varje människas naturliga rättigheter finns därför inga andra gränser än de som är nödvändiga för att tillförsäkra samhällets övriga medborgare samma rättigheter." Se Ruggiero, *History of European Liberalism*, ss. 67–68. Senare liberaler, såsom T.H. Green och L.T. Hobhouse, erkänner att dessa rättigheter enbart utgjorde formaliteter, så länge det inte fanns ett utbildningssystem eller sociala stöd för att förbereda individen att tillämpa dem. I deras olika sociala ingenjörskonstsplaner medger vänsterliberaler i dag helt och fullt vikten av sociala förhållanden för individualiseringen. Men i likhet med sina föregångare har dessa socialliberaler fortfarande individualiseringen som ideal, även om de ser den ingripande statens byråkratiska organ som avgörande för förverkligandet. På samma sätt fortsätter de att tänka sig att den huvudsakliga drivkraften för den personliga utvecklingen kommer från individens inre och inte från samhället och kulturen.

28 Charles Champetier, "La Droite et la communauté", i A. Guyot-Jeannin, red., *Aux sources de la Droite: Pour en finir avec les clichés* (Lausanne: L'Age d'Homme, 2000).

29 Alain de Benoist, "Le temps des hypocrites" (1992), i *L'écume et les galets. 1991–1999: Dix ans d'actualité vue d'ailleurs* (Paris: Le Labyrinthe, 2000).

dighet sina delar.[30] Den liberala individualismen erkänner inte individen som bärare av sådana bredare kopplingar och brukar avfärda de traditionella värden som är förknippade med familj, etnicitet och nation och alltså de identiteter som skapar social sammanhållning och förmågan att skriva historia.[31] I den angloamerikanska världens "öppna samhällen", till exempel, där "ägarindividualism" har fått prioritet över alla andra värden, finns inte längre någon term för att beteckna de besläktade individer med gemensamt blod, kultur och öde, som förmedlades av det arkaiska "folk". Det moderna engelska ordet "people" har i stället kommit att betyda en obestämbar ansamling av inte nödvändigtvis besläktade individer (motsvarigheten till det franska *gens*, det italienska *persone* och det tyska *Leute*). Föreställningen om en organisk kropp som är skapad av historien och sammanlänkad av vissa metafysiska samband, en föreställning som dröjer sig kvar i termerna *peuple, populo* och *Volk* [och i det svenska ordet *folk*, ö.a.], är i dag knappt ens uttryckbar på handelns och affärernas språk.[32] Eftersom bara det väljande jaget räknas i den liberala, individualistiska kalkylen, vilket förnuftigt jagar efter sina intressen, oberoende av vidare hänsyn, har "folket" omvandlats till den kvantitativa summan av de individer som utgör "samhället". Det följer att liberalismen blir folkets död, då mänskligt samarbete och mänsklig solidaritet i den liberala materialistiska världen inte längre grundas på arv och släktskap utan på anonyma, ekonomiska varuutbyten och egennyttiga beteenden.

---

30   Citerat i Benoist, "La liberté, la politique et la démocratie", i *Éléments 107* (december 2002).

31   Benoist, "Comment le lien social a été rompu"; Alain de Benoist, "Une philosophie impossible et inutile", i *Éléments 107* (december 2002). Denna betoning av individualismens sociala beståndsdelar medför inte på något vis en fientlighet mot personalism eller en förkärlek för ansiktslös kollektivism. Som den konservative revolutionären Hans Freyer formulerar det: "In Wir wird die individuelle Verschiedenheit des einzelnen nicht ausgelöscht, sondern diese gehen mit ihrer Totalität, und das heisst mit ihren Unterschieden, in die Synthese des Wir ein." Se *Soziologie als Wirklichkeitswissenschaft* (Leipzip, 1930), s. 246.

32   Alain de Benoist, *Démocratie: Le problème* (Paris: Le Labyrinthe, 1985), s. 30. [Det första kapitlet av detta verk har översatts till engelska i *Telos 95* (våren 1993)].

Den nya högern hävdar att liberalismen, genom att ställa sin abstrakta individ mot hävdvunna samhällen, inte bara gör medmänniskor till rovdjur, den skapar också ett samhällstillstånd som saknar mening och syfte. Mening och syfte är per definition kollektiva och kontextberoende, eftersom man enligt Wittgenstein "inte kan spela ett språkspel med sig själv".[33] En riktig individ är alltid och överallt inbäddad i en specifik kultur och ett specifikt samhälle, där de betydelsebärare som definierar, motiverar och ger individen en plats finns. Ett samhälle som underlåter att bekräfta sin kollektiva särskildhet och genomsyra sina medlemmar med sin särskilda kulturella betydelse kommer att lämna individen utan känsla av syfte och identitet — och utan ens en meningsfull känsla av individualitet. Liksom postmodernisterna ser människan som en sida av de teckensystem och maktnätverk som lokaliserar henne, anses hon av den nya högerns anhängare vara en produkt av vidare bestämningar, tvivelsutan förankrad i ett gruppsammanhang men också oskiljbar från det.[34] En individs liv är alltså för dem med nödvändighet ett samhälleligt liv — och ett liv som omfattar inte endast nuvarande utan också förgångna och framtida släktled — då de anser att allting "utgörs av sina relationer till allt annat". Detta gör jaget till något större än individen är "i sig själv".

Ett mänskligt samhälle är aldrig enbart en anhopning av abstrakta, utbytbara och obesläktade enheter av rationella varelser, med egenskaper som kan förstås på liknande sätt som man förstår egenskaperna hos fysikens själlösa, materiella föremål. Snarare är det en organisk hierarki som är sammanbunden av tiden, platsen och ett gemensamt

---

33 Alain de Benoist, "Communautariens vs. Libéraux", i *Krisis 16* (juni 1994); Alain de Benoist, "Carnets VI", i *Études et recherches pour la culture européenne 5* (hösten 1987); Jean Varenne, "Pourquoi la cause des peuples?", i *La cause des peuples: Actes du XVe colloque du GRECE* (Paris: Le Labyrinthe, 1982). Jfr. Hermann Keyserling, *Europe*, övers. av M. Samuel (New York: Harcourt, Brace and Co., 1928), s. 392; Régis Debray, *Critique de la raison politique* (Paris: Gallimard, 1981), s. 48. Wittgenstein citerad i Gianni Vattimo, *The Transparent Society*, övers. av D. Webb (Baltimore: Johns Hopkins University Press, 1992), s. 18.

34 Pierre Le Vigan, "Clairière et sentiers de bûcherons", i *Éléments 74* (våren 1992).

syfte. Man skulle beröva människan på inte bara det som gör hennes liv möjligt utan också på de egenskaper som gör henne till den hon är, om man skulle se henne avskild från denna organiska hierarki eller reducera henne till de djuriska begären.

När liberalismen lösgör människan från den ändlösa kedjan av släktled kommer den alltså oundvikligen att i slutändan ge företräde åt det elementära och det underindividuella i människan då den undanröjer allt hos henne som är mänskligt. Detta reducerar i sin tur kulturegenarten och den samhälleliga kopplingen till föga mer än "livsstilsval".[35] Men när man på detta vis förkastar sådana kvalitativa kopplingar, kastar man ut även människan. Detta medför förstås inte att den nya högern skriver under på det marxistiska eller socialistiska synsätt som gör kulturen och samhället till fetischistiska abstraktioner, vilka rättfärdigar allsköns kollektivistiska påbud och centraliserad makt som kan hota en persons eller ett folks särskilda individualitet. Mot såväl liberalernas atomiserande individualism som marxisternas själlösa kollektivism, vilka båda vilar på en rent kvantitativ förståelse av den sociala världen, ställer man de biokulturella egenskaper som skiljer olika livsformer från varandra, i det att ett folk strävar efter det som är inneboende i dess väsen.

När liberalismen nedvärderar gemenskapsprincipen, nedvärderar den även sann individualitet. För på samma sätt som kvantitet höjer sig över kvalitet i naturvetenskapen, avfärdar liberalismens antitraditionella rationalism de egenskaper som åtskiljer en människa från en annan. Så snart den sociala världen blir en samling monadiska individer, får nämligen inneboende skillnader och överindividuella benämningar en sekundär betydelse. Det som räknas för liberalismen är den grundläggande zoologiska enhet som — idealt — är en i sig själv komplett, förnuftig varelse. De kvalitativa kännemärkena för stånd, karaktär och god uppfostran (för att inte nämna ras, kultur och historia), vilka varit förhärskande i alla tidigare civilisationer, förbigås

---

35   Alain de Benoist, "L'ennemi principal" (Part II), i Éléments 41 (mars–april 1982).

därigenom, då individen — varje individ — betraktas som en "instans av mänsklighet" och i sig själv värd aktning. Från detta "naturalistiska" begrepp om individen, vilket förnekar allt i människan som går bortom hennes zoologiska väsen, framträder en annan av liberalismens definierande doktriner — den om alla människors jämlikhet och åsikten att alla individer, utan hänsyn till nedärvda eller förvärvade förtjänster, har samma rättigheter och förtjänar jämlik behandling.[36]

Fastän de inte visste något om livets genetiska egenskaper, trodde egentligen inte tidiga liberaler att människan är jämlik med avseende på medfödda förmågor. Mot det traditionella samhällets hierarkiska ordning anförde de att människans gemensamma "mänsklighet" medför att alla borde behandlas "rättvist". I denna bemärkelse innebar den inledande liberala föreställningen om jämlikhet ett politiskt tillstånd i vilket regeringsmakten tänktes som ett slags socialt samtycke, med alla lika i lagens ögon och med plikter underordnade rättigheter. Redan från första stund kritiserades emellertid denna förståelse av jämlikheten för att vara för formell. Mer radikala (och förbittrade) liberaler har senare betonat de rent kvantitativa dimensionerna av miljöpåverkan och eftersträvat "jämlika möjligheter" för att jämna ut den så kallade spelplanen och, när detta misslyckas att åstadkomma jämlikhet (och misslyckas måste det), "utfallsjämlikhet".[37] Underförstått i detta utvidgande begrepp ligger tron att människan inte bara är moraliskt jämlik (dvs. "god till sin natur") utan även har potentiellt jämlika allmänna förmågor, med samma anpassningsbara konstitution. Som John Dewey formulerar det: "Givet ett socialt medium i vars institutioner mänsklighetens tillgängliga kunskap, idéer och konst vore levandegjorda, och den medelmåt-

---

36 Jean Cau, *Discours de la décadence* (Paris: Copernic, 1978), s. 47; Arnold Gehlen, "Gleichheit" (1964), i *Gesamtausgabe* (Frankfurt/M: Klostermann, 1978), band 7. Jfr. John Locke, Of Civil Government (London: Everyman, 1943), s. 117.

37 Tomislav Sunic, *Against Democracy and Equality: The European New Right* (New York: Peter Lang, 1990), s. 97. Jfr. J. Roland Pennock & J. W. Chapman, red. *Equality* (New York: Atherton Press, 1967); Amy Gutman, *Liberal Equality* (Cambridge: Cambridge University Press, 1980); Alex Callinicos, *Equality* (Cambridge: Polity, 2000).

tige individen steg till oanade höjder av social och politisk intelligens."[38]
För detta slags aritmetisk jämlikhetssträvan är "människans natur" i all
väsentlighet enhetlig till sin potential och oändligt förbättringsbar, och
individuella skillnader anses huvudsakligen härröra från miljöfaktorer.
Då sådana faktorer ses som huvudkälla till mänskliga skillnader
(eftersom liberalismen förutsätter att man med rätt vägledning kan
förvandla *Eliza Doolittle* till *My Fair Lady*)[39], ses underlägsna och
överlägsna individer som om de vore offer respektive privilegierade.
Med udden riktad mot en traditionalism som godtar skillnader som
inneboende i tingens väsen och människosjälen som oreducerbar till
materialistiska kriterier, hävdar den liberala egalitarismen att olikheter
i sig själva är orättvisa och härrör från sociala faktorer, beroende på
yttre omständigheter — och alltså möjliga att förändra.[40] (Detta är i
förbigående sagt ett tyst medgivande av att högkultur är omöjlig, då
det förnekar människans inneboende benägenhet att sträva bortom
sig själv).[41] De jämlikhetsivrande förespråkarna av broderskapslibe-
ralism strävar följaktligen efter "att göra jämlikt det som är ojämlikt"
(Nietzsche). Detta skapar förstås orättvisor av ett än mer oförnuftigt
slag, i det att de inneboende skillnaderna mellan individer, kulturer
och raser ignoreras eller undertrycks för en inbillad norms skull.[42] De
blodigaste uttrycken för dessa orättvisor är de liberala och marxistiska
revolutionerna under de senaste två seklerna, men skadeverkningarna

---

38 John Dewey, *Liberalism and Social Action* (New York: G.P. Putnam's Sons, 1980), s. 69.

39 *My Fair Lady* är en amerikansk musikal från 1956 av Frederick Loewe och Alan Jay Lerner,
     baserad på Bernard Shaws pjäs *Pygmalion*. Handlingen kretsar liksom i pjäsen runt den
     excentriske fonetikprofessorn Henry Higgins, som slår vad om att han kan förvandla den
     smutsiga blomsterflickan Eliza Doolittle till en fin dam, genom att ersätta hennes extrema
     Cockneydialekt, med en aristokratisk. [-Red]

40 Jfr. Norberto Bobbio, *Left and Right: The Significance of a Political Distinction*, övers. av A.
     Cameron (Chicago: University of Chicago Press, 1996), s. 67.

41 Arnold Gehlen, *Man: His Nature and Place in the World*, övers. av C. McMillan & K.
     Pillemer (New York: Columbia University Press, 1988), s. 63.

42 Jfr. Julius Evola & René Guénon, *Hiérarchie et démocratie* (Paris: Eds. de l'Homme Libre,
     1999), s. 24; Jared Taylor, "Twelve Years of American Renaissance", i *American Renaissance*
     XIII:11 (november 2002).

har inte skonat någon sfär av den moderna erfarenheten. Till exempel: om en individs värde vore oberoende av börd, prestationer och karaktär, som jämlikhetsivrare påstår, och om den överlägsne och den underlägsne hade miljöpåverkan att tacka för allt, då skulle sådana egenskaper vara ovidkommande i fall där en individ (eller ett folk eller en ras), mängd som vederbörande vore, hamnade i konflikt med en annan. När en Goethes eller Gobineaus röst jämställs med en förortsgangsters kommer således det "oordnade pöbelväldet" att dränka den överlägsna människans inflytande.⁴³ Varje åtskillnad skulle kränka jämlikhetsprincipen, vilken förnekar idéer om kvalitet, hierarki och medfödda mänskliga skillnader. Liberala jämlikhetsivrare nöjer sig dock inte med att strunta i naturliga hierarkier, utan man vill upphäva dem. Moder Teresa och Jeffrey Dahmer, helgonet och seriemördaren, antar för dem en viss likvärdighet, i det att varje människa, hur föraktlig hon än må vara, anses vara lika medfött god som någon annan — förtjänster och färdigheter är helt enkelt yttringar av ojämlika möjligheter. I enlighet med detta behandlas rånaren och våldtäktsmannen, i egenskap av offer för osund samhällspåverkan, som de verkliga offren, inte den rånade eller den våldtagna. På samma sätt godkänner utbildningssystemet alla; ämbetsexamina anpassas för att säkerställa att "missgynnade minoriteter" inte utesluts; den starka, den ädla och den vackra tuktas för sitt "försprång". Och även om jämlikhetsivrandets utjämnande drivkraft undviker den i det liberala samhället dominerande ekonomiska sfären (som uppfattas som en pre-politisk eller privat sfär vilken är immun mot jämlikhetsprinciper och sålunda tolererar den mest hänsynslösa socialdarwinism) så gör dess ideologiska genomträngningsförmåga likafullt mer än att bara lura väljare eller rättfärdiga nya klassens "planering": den legitimerar

---

43 Jfr. Richard J. Herrnstein & Charles Murray, *The Bell Curve: Intelligence and Class Structure in American Life* (New York: The Free Press, 1994); Arthur R. Jensen, *The g Factor* (New York: Praeger, 1998).

en samhällsordning som är helt och hållet grundad på kvantitativa, ekonomiska kriterier.

I strävan att jämna ut de villkor som övar inflytande på individen skyndar liberalerna på en världsomspännande utvidgning av sina jämlikhetsprojekt, i hopp om att kunna införa sitt likformiga mänsklighetsmönster över hela planeten. Denna universalistiska drivkraft stammar från samma samling av rationalistiska idéer som individualismen och egalitarismen. Som *Telos*' redaktör Paul Piccone beskriver det härrör "universalismen" från en "identitetslogik" enligt vilken "abstrakta begrepp omdefinierar det konkret särskilda i sin egen avbild och avlegitimerar allt som utelämnas".[44] Till skillnad från det synsätt som ser världens mångskiftande yttringar nå sammanhållning genom att en särskild kulturstil införs, antar universalismen att det särskilda är en ofullkomlig variant av det allmänna, att bakom världens oräkneliga tillfälligheter och olikheter finns en ohistorisk, överkulturell essens som sammanlänkar dem alla och att det allmänna med nödvändighet är överlägset det särskilda. I denna anda hävdar de liberala universalisterna att ickevästliga folk som ännu inte har slagit in på den liberala moderniseringskursen "bara är tillfälligt förhindrade (av illvilliga ledare eller av svåra kriser eller av sitt eget barbari och oförstånd) att sträva efter västerländsk, pluralistisk demokrati och anta det västerländska levnadssättet".[45] Det vill säga: de antar att det liberala samhället förkroppsligar det allmängiltiga idealet och att det är de ickeliberala samhällenas öde att anta samma, förment förnuftiga former. De vägrar sålunda att godta att världen är sammansatt av en samling av olikartade, biokulturella egenarter, var och en med sitt eget existensberättigande, och verkar i stället för en standardiserad likformighet som söker avskaffa nationella, etniska och historiska skillnader

44 Paul Piccone, "Confronting the French New Right: Old Prejudices or a New Political Paradigm?", i *Telos 98–99* (vintern 1993–våren 1994).

45 "Thème central: L'idée nominaliste", i *Nouvelle Ecole 33* (sommaren 1979); Alexander Solzjenitsyn, "A World Split Apart", Harvardföredrag den 8 juni 1978.

för en gränslös, färgblind ordnings skull, vilken är underkastad en
enda lag, en enda marknad och en enda humanitär troslära.

I likhet med rationalismen korrumperar universalismens kun-
skapsteori föreställningar om objektivitet, och vägrar att godta reali-
teter som avviker från den liberala berättelsens partikularistiska pre-
misser.[46] Vadhelst som avskiljer världens oräkneliga, subjektiva former
från universalismens föreställning om det allmänna, som avskiljer
den verkliga personen från universalismens idealiserade föreställning
om mänskligheten (till exempel traditionella kollektiva institutioner
eller hundratusentals år av evolution) behandlas som en villfarelse.
Mänskligheten som sådan översätts till "människan i allmänhet" — un-
der antagandet att människan är en kvantitativ enhet, fullt jämförlig
med varje annan sådan enhet.[47] Egenartade identiteter som åtskiljer
individen från mänskligheten, delen från helheten, avfärdas som över-
gående, på väg att ge företräde åt "det som tillhör alla", då människan
överallt, hur egoistisk eller obesläktad hon än må vara, utvecklas till ett
enda broderskap som bekräftar sin gemensamma mänsklighet — eller
till vad skolastikerna skulle ha kallat "materia utan form".

Genom att den nya högerns anhängare vägrar att godta libera-
lernas chimäriska universalism och anför att det inte finns något
inneboende väsen i tingens ordning som skulle kunna användas för
att inrätta världens folk enligt en gemensam uppsättning variabler,
vilka mänskligheten som helhet vore ödesbestämd att rätta sig efter.
I postmodernisternas efterföljd anser de sådana väsen vara härledda
från partikularistiska postulat som sammanblandar en högst abstrakt
generalisering med en objektiv verklighet.[48] I likhet med det generiska

---

46 Robert de Herte, "Un instrument de domination", i *Éléments 107* (december 2002).

47 Orimligheten i det sättet att tänka har kanske påvisats mest förgörande i Arthur Keith, *A
    New Theory of Evolution* (London: C. A. Watts, 1947), ett verk som har gjort att denne store
    tänkare har negligerats av eftervärlden.

48 Alain de Benoist, "Fondements nominalistes d'une attitude devant la vie", i *Nouvelle Ecole*
    (sommaren 1979).

mänsklighetsbegreppet saknar liberalismens universalistiska mänsklighetsbegrepp substans och innebär föga mer än en solipsistisk projektion av egna, historiskt lokaliserade trosföreställningar.[49] Och eftersom denna projektion inlemmar människor i en enda, av ett standardiserat levnadssätt präglad mentalitet, avvisar liberalismen alla former som avviker från dess mönster. Rasmässiga, kulturella och historiska olikheter avfärdas, och allt som är gemensamt hos de olika människostammarna — det vill säga deras djuriska natur och de fysiska, sinnliga och bekvämlighetsälskande begär som utgör denna natur — ges företrädesrätt. Liberalernas upphöjda ideal kommer oundvikligen att i slutändan avfärda organisk samhörighet och kulturskillnader till förmån för människans minst mänskliga sidor.[50]

Universalismen antar, i likhet med jämlikheten och individualismen, sin mest konsekventa form på marknaden. Liberalerna menar att egennyttiga individer, genom principen om tillgång och efterfrågan och prismekanismer som bortser från kvalitativa benämningar, är förmögna att anlita varandra på lika villkor när de letar efter fördelar på marknadens "utjämnade spelplan". Ju mer av dessa individers egenintresse som på detta sätt löper samman, desto mer sägs de bidra till den samlade förbättringen av samhället; marknaden harmoniserar nämligen en helhet av konkurrerande viljor och upprättar ett intressenas jämviktsläge.[51] I och med att liberalismen gör marknaden till den huvudsakliga arenan för mänskligt umgänge orienterar den sig emellertid återigen mot det minst upphöjda i den mänskliga tillvaron, då den tvingar "varandet" att underordna sig "innehavandet" och förväxlar livet med konsumtion och produktion. Marknadens tvångsmässiga strävan efter vinstmaximering, effektivisering, rationalisering och

---

49 Pierre Krebs, *Die europäische Wiedergeburt* (Tübingen: Grabert, 1982), ss. 28–29.

50 Benoist, "L'ennemi principal" (Part II); Pierre Le Vigan, "Après le progrès, l'aventure continue", i *Cartouche: L'actualité des idées 3* (augusti 1997)

51 Benoist, "Le libéralisme contre les identités collectives". Jfr. E. G. West, *Adam Smith: The Man and His World* (Indianapolis: Liberty Fund, 1976), s. 14.

främjande av handel gör den likgiltig eller rent av fientlig till de kvalitativa referenser som framkallar en känsla av mening; eftersom vinst, effektivitet och rationalisering, marknadens huvudsakliga intressen, sällan är förenliga med social samhörighet, normativa ordningar eller estetiska principer, vilka bjuder motstånd mot en oreglerad kvantifiering. I linje med detta tenderar liberalismen att avfärda allt som ger livet mening. Till exempel kommer nationens hushåll i frihandelns namn exponeras för världsmarknaden "där den starke alltid lyckas svälja den svage", vilket gynnar multinationella bolags ökande dominans. På samma sätt gör liberalismens ekonomiska logik nationens industriella bas beroende av utländska, globala krafter, eftersom den hörsammar finansvärldens krav, som struntar i gränser och medför att arbeten förs ut, billig arbetskraft förs in och investeringar avleds till utlandet. Marknaden är den mest framstående kvantitativt orienterade institutionen och har i själva verket inget hemland, bara de stora internationella börserna, i synnerhet i New York, där marknadens penningmässiga diktat uppmuntras att trycka ner varje kvalitativt hänsynstagande som hindrar kapitaltillväxten. Den främjar därmed upplösningen av folk och de egenartade kvaliteter som gör dem till det de är—allt för det mest förnedrande kvantitativa kriteriets skull: pengar.[52]

Till skillnad från den yttersta vänsterns antikapitalister motsätter sig inte den nya högern fri företagsamhet i sig, endast den kannibaliska kapitalism som står utom ansvar inför allt bortom den egna resultaträkningen.[53] Som Benoist skriver, "jag skulle vilja se ett samhälle med en marknad, inte ett marknadssamhälle."[54] Mot såväl den

---

52 Till exempel George Soros, *The Crisis of Global Capitalism: Open Society Endangered* (New York: Public Affairs, 1998).

53 Guillaume Faye, *Contre l'economisme. Principes d'économie politique* (Paris: Le labyrinthe, 1983), s. 61. Även Arnaud Guyot-Jeannin, "Le Droite et l'argent", i *Aux sources de la Droite*.

54 Alain de Benoist, *Horizon 2000: Trois entretiens* (Paris: Grece-skrift, 1996). I detta sammanhang kan det vara värt att notera att den nya högerns anhängare i Nationella fronten bidrog till att ersätta Frontens tidigare fackföreningsnegativa politik med en politik som

liberala *laissez-faire*-religionen som vänsterns statiska koncept, ställer den nya högerns anhängare ett organiskt ekonomiskt system, i vilket marknaden anpassas till det allmännas bästa. Därför förordar de en "återkontextualisering" av ekonomin i "livet, samhället, politiken och etiken", för att göra den till ett medel snarare än ett mål. Långsiktig utveckling, innovation och risktagande företag (som anonyma styrelser och institutionella investerare med kortsiktiga vinstintressen rynkar på näsan åt) skulle, hävdar de, faktiskt gynnas av en marknad som är underordnad överekonomiska hänsyn, vilket demonstreras av historiska motståndare till den liberala kapitalismen, såsom Bismarcks Tyskland och Francos Spanien, liksom av de nuvarande östasiatiska "tigrarna". De tillägger att ekonomisk frihet och sund företagsamhet inte kan vidmakthållas i längden i atomiserade, opersonliga, likgiltiga och efter ekonomiska intressen helt anpassade samhällen, då sådana samhällen är benägna till social oro, osäkerhet och förlust av en allmänt godtagen tro.[55]

Den nya högern avvisar liberalismens marknadsdogmer, vars huvudsakliga omsorg rör finansspekulation, men förordar för den skull inte en sovjetliknande kommandoekonomi (vars drivkraft händelsevis inte var sociokulturell utan ekonomisk). Guillaume Faye hävdar att medel- och långsiktiga ekonomiska mål med rätta är statens angelägenheter, eftersom de påverkar hela samhället, men att verkställandet av nationalekonomiska strategier icke desto mindre bör ligga i händerna på entreprenörer som står fria från byråkratisk detaljstyrning. Till skillnad från det nuvarande europeiska läget, i vilket ekonomin är underställd både den globala marknadens rovgiriga *laissez-faire*-krafter och höggradigt reglerande, orimligt beskattande, inhemska

---

stödjer arbetarstrider, särskilt när de riktas mot finanskapitalets globaliseringskrafter. Se Jacques Breitstein, "Offensive social du Front national", i *Le Monde Diplomatique* (mars 1997).

55 Othmar Spann, *The History of Economics*, övers. av E. & C. Paul (New York: Norton, 1930), s. 190.

byråkratier, föreslår identitärerna en "liberalt" fungerande marknad som är ohämmad av onödig statlig kontroll, uppmuntrar självständiga initiativ och är skyddad mot utländska intressen, samtidigt som den är underordnad nationens intresse.[56] Likaledes betonar den nya högern att det "goda samhället" inte nödvändigtvis är det förmögna samhället, förmågan att frambringa existensmedel är nämligen inte samma sak som att frambringa existentiell "mening".[57] Marknader kan måhända vara idealiska för att underlätta vissa former av varuutbyten, men i de högre sfärerna är de betydelselösa. En landskapsbild som säljs i ett snabbköp, till exempel, kan kanske vara "mer ekonomiskt effektivt" — billigare att tillverka, lättare att sprida, till och med mer estetiskt tilltalande för den breda massan — än en målning av John Constable eller Claude Lorrain, men till vilken nytta om man älskar riktiga målningar? Det kan på samma sätt verka ekonomiskt vettigt ur en bankirs eller direktörs synvinkel att skära ned arbetsstyrkor, avleda investeringar utomlands, avlägsna nationstullar och öppna upp gränser; men det sker ofrånkomligen på bekostnad av ett välmående samhälle med varaktigt skatteunderlag, rättvist betalda arbetare och stabil levnadsstandard som tryggar familjelivet. Framför allt är marknadens kvantitativa prioriteringar, med tonvikt på vinster som har intjänats genom börshandel snarare än på nationens produktiva behov, inte ens "ekonomiskt" livskraftiga. Som Friedrich List, Karl Bücher, Othmar Spann och andra centraleuropeiska ekonomer har visat är drivkraften för börsfokuserade libe-

---

56   Faye, *Contre l'economisme*, ss. 23–24; Guillaume Faye, "La France s'appaurit: Pourquoi?", i *J'ai Tout Compris 12* (augusti 2001)

57   Benoist, *Horizon 2000*, ss. 5–14. Mot Smiths och Ricardos nyklassiska skolbildningar, vilka fortsätter att prägla liberalt ekonomiskt tänkande, ansluter sig grecister och den nya högerns anhängare till lärorna formulerade av sådana frihandelsmotståndarteoretiker som Friedrich List och Othmar Spann, vilkas inflytande fortfarande är tydligt i dagens Centraleuropa. Se Michel Sallon, "Friedrich List et son 'Système Nationale d'Economie Politique'" och Alain de Benoist, "Sur List", i *Nouvelle Ecole 45* (vintern 1988–89). Utav samtida ekonomer har François Perroux och Maurice Allais haft mest inflytande på den franska nya högern.

rala ekonomier hunger efter profit och privat tillfredsställelse, inte att skapa välstånd. "Förmågan att skapa förmögenhet är viktigare än förmögenheten i sig själv ... [så] välstånd inte är en fråga om rikedomar eller börser ... utan om hur väl produktionskrafterna är utvecklade."[58] Marknader skulle därför kunna alstra aldrig så stora vinster för multinationella bolag, men ur en samhälls- eller nationssynvinkel har detta ingen relevans för infrastrukturutveckling, industriell innovation, utbildning av yrkesskicklig arbetskraft eller ens effektiva distributionssystem. Endast om individuella investerares och internationella finansiärers men inte nationens skapande krafters välbefinnande tas som "slutligt resultat", är marknaden den mest ändamålsenliga anordningen — då dess huvudsakliga angelägenhet aldrig är ekonomin, bara egennyttan hos dem som eftersträvar att maximera sin avkastning.

Historiskt uppkom den liberala marknaden, den privata sfär som utmärks av individuell konkurrens, tillsammans med nationalstaten. Utan nationalstaten — och den roll denna spelade i avlägsnandet av partikularistiska handelshinder, i individens frigörelse från traditionella släkt- och gruppförpliktelser, i upprättandet av ett gemensamt system av lagar och regler och i förtingligandet av arbetet — skulle marknadens uppgång ha varit otänkbar.[59] Så snart den tidigmoderna nationalstaten hade givit marknaden en nyckelroll i civilsamhället började emellertid marknaden söka göra om staten till sin egen avbild. Följden blev de stora liberala revolutionerna under sent 1700-tal och tidigt 1800-tal.[60] De politiska filosofer som beredde den begreppsmäs-

---

58 Citerad i Thierry Mudry, "Friedrich List: Une alternative au liberalisme", i *Orientation 5* (1988). Jfr. John Chamberlain, *The Roots of Capitalism* (Indianapolis: Liberty Press, 1976), s. 24.

59 Karl Polanyi, *The Great Transformation: The Political and Economic Origins of Our Time* (Boston: Beacon Press, 1957).

60 Thomas Molnar, "Das Palast, der Tempel und die Zivilgesellschaft: Eine historische Kritik des Liberalismus", i *Criticón 135* (januari 1993); Thomas Molnar, *L'hégémonie libérale* (Lausanne: L'Age d'Homme, 1992). Jfr. R. R. Palmer, *The Age of the Democratic Revolution: A Political History of Europe and America, 1760–1800* (Princeton: Princeton University Press, 1959 och 1964), 2 band. Det romerska imperiebegreppet förhärskade det eftermedeltida europeiska statssystemet och eftersträvade att återställa den under medeltiden för-

siga marken för dessa modernistiska omvälvningar förde fram idén att staten skulle vara underordnad samhället och garantera de förhållanden under vilka en fri marknad kunde fungera; för dem var staten i allt väsentligt en överbyggnad i vilken civilsamhället kom till uttryck, medan civilsamhället i sin tur var en sammansättning av till sitt väsen pre-sociala och pre-politiska individer. Enligt detta synsätt var statens huvudsakliga syfte att avlägsna "hinder för självförverkligande" och marknadens fria funktion. Eftersom liberalerna ansåg individen vara en självständig varelse och att staten saknade mandat att pålägga värden och normer som låg utanpå den privata sfären, förordade de dessutom statlig neutralitet "gentemot olika föreställningar om det goda livet" (Charles Taylor); på så sätt avsvor man sig varje egenartad identitetsprincip eller kultur som kunde framkalla att staten ingrep i ekonomin eller satte sig över den rent kvantitativa vision man hade beträffande marknadens verksamhet. Idén att staten överskrider och representerar andra sammanslutningar, inte "som en helhet utan som målet och syftet för helheten" (Adam Müller), var dem således främmande. I strid med den traditionella, organiska föreställningen om staten — som en bestämmande kraft som har rötterna i kulturens normativa ordning och står över tävlande sociala intressen — sökte liberalerna avpolitisera den och begränsa dess befogenheter; staten ansågs nämligen endast tilltala den abstrakta individen, inte den i en större gemenskap inbäddade samhällsmedlemmen.[61] Typiskt nog föreställde sig Locke, den viktigaste av de tidiga "frihets"-ideologerna, staten som en sammanslutning av markägare med syftet att försvara egendomsrätterna — ett slags aktiebolag med begränsad ansvarighet grundat på en kontraktsliknande överenskommelse.

---

svagade enheten av *res publica*. Som Machiavelli utvecklade teoretiskt representerar staten folket eller nationen, och som samhällets härskare övergår den individen. Det är den föreställningen som 1700-talsliberalerna attackerade. Se Alain de Benoist & Guillaume Faye, "Contre l'Etat-Providence", i *Éléments 44* (januari 1983).

61 Benoist, *Orientation pour des années décisive*, ss. 42–46; Guillaume Faye & Robert Steuckers, "La leçon de Carl Schmitt", i *Éléments 39* (sommaren 1981).

Eftersom liberalismen föreställer sig staten som ett huvudsakligen administrativt system, underordnat ekonomin, i vilket individens "rättigheter" äger företräde framför alla gemensamma uppfattningar om det allmännas "bästa" och i vilket rutinmässiga förfaranden ersätter etablerade normer, undviker liberalismen det politiska. Normerande "beslut", som inbegriper makt-, tvångs- och våldsutövning för ett folks skull, är, resonerar Carl Schmitt, den ofrånkomliga grunden för varje organisk politisk enhet.[62] Enligt Schmitts åsikt (som också är den nya högerns) är staten till sin natur subjektiv, bunden till vissa föreställningar om det goda, vilka, som Charles Maurras en gång anmärkte, är grundade i "tingens ordning" snarare än i materiella ting.[63] Detta medför att staten inte är en naturlig avläggare till familjen och civilsamhället, som liberaler (och marxister) menar, utan snarare en utvidgning av de forntida *Männerbünde* (krigarföljen), vilkas värden om ära, mod och lojalitet skapade en ordning som stod över klanbaserade och personliga intressen. Faktum är att fram till skedet för den borgerliga revolutionen var den europeiska staten förbunden med en styrande minoritet som bestod av dynastiska och adliga element, vilka var ålagda att försvara de gemensamma och översinnliga principer som gjorde en stat till en stat. Det politiska systemet ansågs därmed vara varken en byråkratisk regulator av marknadsrelationer eller en medlare mellan personliga "intressen" utan en "ordning" med förankring i historien och kulturen.

Genom att ta sin tillflykt till förnuftet och vägra att handla som en självständig myndighet, vilken i namn av en ödesgemenskap hävdar sin överhöghet över konkurrerande intressen, uttalade sig den liberala staten till en början för en minimalistisk form ("nattväktarstaten"), vars roll begränsades till att försvara "livet, hälsan, friheten och egendomen

62   Robert de Herte, "La politique retrouvée", i *Éléments 105* (juni 2002); Julien Freund, "Que veut dire: prendere une décision?" i *Nouvelle Ecole 41* (hösten 1984).

63   Citerad i Yvan Blot, "L'identité française et son héritage antique", i J. Robichez, red., *Les origines de la France* (Saint-Cloud: Eds. Nationales, odat.).

från våldsamma överfall". I den ställningen hade den att inkräkta i det civila livet enbart för att arbeta fram de nödvändiga kompromisser som behövdes för att vidmakthålla den sociala harmonin och ekonomiska utbyten.[64] Hela idén om det politiska var följaktligen grundad på en ekonomisk modell, i det att man närmade sig politiska frågor i förhandlingsbara termer — inte helt olikt hur marknader tillåter att man köpslår om handelsvaror. Det "öppna samhälle" som stöttar upp denna till den ekonomiska människan ägnade stat var i själva verket "oförenlig med varje idé om ett allomfattande statssyfte" — såtillvida som en sådan idé kunde göra intrång på individens självbestämmanderätt, klavbinda marknaden eller komma i vägen för statens förmåga att döma i samhällskonflikter. I sitt avvisande av "syfte" kom emellertid liberalernas påstått neutrala stat att i slutändan lämna samhället som helhet försvarslöst inför dem som hade tillräckliga ekonomiska medel för att öva inflytande på staten; detta gjorde i sin tur medborgarna likgiltiga till den offentliga sfären och till alla de kollektiva krafter som uppfyller den "privata medborgaren" med en känsla av ömsesidig omtanke. Det verkar således knappast vara en tillfällighet att de friheter som de tidiga liberalerna förfäktade kom att utvidgas sida vid sida med tillväxten av social normlöshet, förlusten av existentiell mening och det ekonomiska överväldet över staten.

Den nya högerns schmittska statsbegrepp ser däremot politiken som konsten att fatta beslut; en konst som inbegriper myndighetsutövning och försvar av självständigheten på grundval av en normerande, bestämd kallelse som uppkommer ur en särskild form av gruppliv och gruppidentitet.[65] Till skillnad från den liberala staten, som uppfattas som ett förnuftigt instrument av administrativa kugghjul som fungerar enligt rent mekaniska principer, ger den nya högerns statsbegrepp form och innehåll åt ett folks öde genom att ge näring till dess vita-

---

64 Benoist & Faye, "Contre l'Etat-Providence"

65 John Chamberlain, *The Roots of Capitalism* (Indianapolis: Liberty Press, 1976), s. 67.

listiska krav.[66] Som Benoist formulerar det, "ett folk förvaltas inte, det regeras".[67] Åtskillnaden mellan förnuftigt förvaltande och meningsfullt regerande är emellertid främmande för praktiskt taget varje form av liberalism. Till och med under det sena 1800-talet, när de "nya liberalerna" i England och "de progressiva" i USA började göra om staten till ett instrument för samhällsplanering och "social rättvisa", behöll de en opolitisk uppfattning om "det politiska".[68] Typiskt nog fortsätter liberaler av alla varianter att föreställa sig samhället som en mångfald av intressen vilkas rivalitet ska avdömas opartiskt genom skiljedom och att behandla individuellt självförverkligande, snarare än statens välfärd, som det yttersta politiska målet. För dem är "politikens väsen dialog, kompromiss och medling", inte ett av historien bildat folks fortsatta bestånd, trygghet och öde. Oavsett om det gäller Lockes minimalistiska stat eller staten hos 1900-talets interventionistiska nya klass, avsvär sig den liberala staten ett nationellt projekt och definierar sig själv som ett neutralt instrument för de intressen och individer den tjänar.[69]

I postmoderniteten blir urholkningen av det politiska särskilt tydlig. Den moderna ordningen avskilde det offentliga livet från privatlivet och erkänner formellt det "offentligas" företräde, men metaberät-

---

66 Schmitt, *The Concept of the Political*, s. 37; Alain de Benoist and Charles Champetier, "The French New Right in the Year 2000", i *Telos 115* (våren 1999); Benoist, *Les idées à l'endroit*, s. 68.

67 Fabrice Laroche, "Une nouvelle résistance", i *Éléments 16* (juni 1976).

68 "Klassiska liberaler" såväl som samtida libertarianer anför att denna "statiska" liberalism är liberal endast till namnet och representerar ett slags socialism som i varje avseende är motsatsen till allt som liberalismen ursprungligen var förenad med, särskilt gäller det attackerna mot privat egendom. Se Von Mises, *Liberalism in the Classical Tradition*. Den nya högern ser däremot inte socialistisk statism som en motsats utan som ett sidoskott till upplysningsliberalismen. Den "klassiska liberalismen" från 1800-talet skiljer sig alltså från 1900-talets "socialliberalism", men den nya högern ser endast ett skifte mot byråkratiska ingripanden i dessa skillnader, inte ett brott med liberalismens underliggande inriktning mot civilsamhället eller med dess ekonomiska, individualistiska och traditionsfientliga vågstycken. För i båda fallen förblir individen och framhållandet av dennes rationellt motiverade relationer i marknaden centrala, där den klassiska liberalen betonar marknadsmekanismernas självtillräcklighet och socialliberalen behovet av statliga stöd.

69 West, *Adam Smith*, s. 13

telsens sammanbrott främjar en "offentlig individualism" som negerar varje form av det politiska. I avsaknad av organiska referensramar och helt vägledda av yttre influenser, vänder sig postmodernisterna mot allmänhetens erkännande för att validera sina tribalistiska identiteter. Detta förutsätter emellertid att det privata jaget behandlas som en offentlig entitet.[70] Det påbjuder också en "personlig politik" som förlitar sig på de mest långtgående individualistiska friheter. I denna anda urvattnar den postmodernistiska politiken kollektiva föreställningar om territorium, självständighet, det offentliga livet och praktiskt taget allt annat som traditionellt utgör "statens språk". På samma gång postulerar den en "virtuell" stat som är utspridd i ett informellt maktnätverk som fungerar mer som en marknad än som den historiska nationalstatens institutioner.[71] Faktum är att postmodernisterna ser nationalstaten som en föråldrad produkt av moderniteten (en "inbillad gemenskap") och förordar i stället en gränslös värld som är underställd internationell lagstiftning.

Mot politikens urholkning anför den nya högern att det politiska inte bara förutsätter social sammanhållning och samarbete utan även ett erkännande av nämnda sammanhållning och samarbete. Historiskt uppstod det politiska i motsättning till det privata, som utesluter, individualiserar och åtskiljer. Som påpekas av före detta redaktören för *Éléments*, Charles Champetier, betyder roten till "privat", *privare*, att åtskilja, medan "publikt", härlett från *populus*, betecknar "folk" och alltså det som sammanbinder en samling besläktade individer till en överpersonlig anknytning: nationen. Det allmänna ["the public", ö.a.] refererar med andra ord till de gemensamma intressen som höjer sig över de privata och länkar samman medlemmarna till en nationell ge-

---

70 Jonah Goldstein & Jeremy Rayner, "The Politics of Identity in Late Modern Society", i *Theory and Society* 23 (1994); Alain de Benoist, "Un mot en quatre lettres", i *Éléments 95* (juni 1999).

71 Peter van Ham, *European Integration and the Postmodern Condition* (London: Routledge, 2001), ss. 155–71.

menskap. Närhelst privatlivets angelägenheter tränger undan det politiskas angelägenheter vänder sig alltså staten bort från det kollektiva till det individuella; det offentliga förs in i det privata, och individuella intressen förväxlas med nationens. *Det politiska* kan kort sagt inte finnas utan *det allmänna* och inget *det allmänna* utan ett *folk.*[72]

Den tribalistiska logiken hos postmodernitetens egenskapade mikrogrupper verkar emellertid utesluta till och med möjligheten att definiera, och därmed möjligheten att försvara, det som förenar en mängd besläktade individer till en större gemensam identitet. Det är därmed föga förvånande att postmoderna teoretiker, i sin strävan att förverkliga sitt "globala, kosmopolitiska, demokratiska, jämlikhetsivrande, klasslösa, kastlösa samhälle" (Rorty), ger företräde åt sådana sedvanliga liberala angelägenheter som tillgång till institutioner, inkludering och representation och kanoniserar proceduraspekterna av en mot privata identiteter riktad, rättighetsgrundad politik. På samma sätt bibehålls den liberala modernistiska föreställningen, om staten som ett tillbehör till marknaden och politiken som ett formellt individualiseringsinstrument, alltmedan den oersättliga länken mellan folket och det politiska görs till en begreppsmässig orimlighet.[73]

Postmodernister skiljer sig i själva verket föga från modernisterna i sitt motstånd mot varje föreställning om "folket" — och följaktligen det politiska. Fast om samhället bara är en godtycklig anhopning av individer (det vill säga om det privata utesluter det offentliga) så blir det "samhällskontrakt" som sammanlänkar dessa individer såsom individer den yttersta politiska referensramen, snarare än individernas organiska enhet som nation.[74] Men så snart en stat på detta sätt

---

72   Charles Champetier, "La res publica", i *Éléments 73* (vintern–våren 1992).

73   Se Zygmunt Bauman, *Intimations of Postmodernity* (London: Routledge, 1992), ss. 199–203; Judith Squires, "In Different Voices: Deliberative Democracy and Aestheticist Politics", och Diana Coole, "Master Narratives and Feminist Subversions", i J. Good och I. Velody, red., *The Politics of Postmodernity* (Cambridge: Cambridge University Press, 1998).

74   Guénon, *The Reign of Quantity*, s. 3.

upphör att företräda ett folks "bestämmande projekt", upphör den i allt väsentligt att vara en stat. Den nya högern vidhåller nämligen att endast ett politiskt organ som överstiger civilsamhällets privata angelägenheter och företräder ett kollektivt eller offentligt syfte förtjänar benämningen "stat".[75] I och med att man inte ser hur metaberättelsens sammanbrott rättfärdigar en tribalisering av samhällskroppen utan snarare ser denna kollaps som en möjlighet att blåsa nytt liv i det europeiska projektet, förordar den nya högern ett återupplivande av det politiska och av en stark stat, då endast staten äger kraft att fullfölja Europas historiska öde.[76]

Liberalismen vädjar till de högsta förnuftiga principer när den framhäver den i en marknad placerade och från vidare bindningar avskilda individen; men som vi har sett kommer den ofrånkomligen att till sist lyfta fram det mest tarvliga hos människan — "dra mänskligheten mot det avgrundshål där den rena mängden råder."[77] Att liberalismens mängdvälde har kulminerat i en aveuropeiserande *Gleichschaltung* borde inte komma som en överraskning, eftersom liberalismens drivkraft (i antingen modern eller postmodern form) är att dra ned de kulturella kvaliteter som utgör grunden för människotillvaron.[78] Den tyske identitären Pierre Krebs anmärker att de grekiska

---

75 Alain de Benoist & Guillaume Faye, "Pour un Etat souverain", i *Éléments 44* (januari 1983). Det kan tilläggas att detta inte har något att göra med totalitarismen, vilken tänker sig staten som inte bara en representation av ett folks kollektiva egenintresse utan som en kraft som underordnar varje samhällsverksamhet sina systembehov.

76 Om Greces specifika tillägnelse av Schmitt, se Alain de Benoist, *Vu de Droite: Anthologie critique des idées contemporaines*, 5:e uppl. (Paris: Copernic, 1979), ss. 216–19; Alain de Benoist, "Préface", i Carl Schmitt, *Du politique* (Puiseaux: Pardès, 1990); Julien Freund, "Les lignes de force de la pensée politique de Carl Schmitt", i *Nouvelle Ecole 44* (våren 1987).

77 Guénon, *The Reign of Quantity*, s. 77.

78 För en antiliberal som James Burnham, vilkens *Suicide of the West: An Essay on the Meaning and Destiny of Liberalism* (Washington: Regnery, 1964) representerar den kanske viktigaste kritiken av liberalismen som har gjorts av en amerikan (åtminstone efter Yockeys *Imperium*), var liberalismens aveuropeiserande framstöt ett tecken på att den väsentligen var en "ideologi för Västerlandets självmord". I vissa abstraktioners namn — jämlikhet, mänskligheten, fri företagsamhet etc. — inte bara vägrade liberaler att försvara sin civilisations distinkta kvaliteter, utan de rättfärdigade ävenledes en politik som "korrumperade

gudarnas, de germanska mysteriernas, den romerska rättens och den keltiska metafysikens Europa, har översvämmats av handlarnas och direktörernas "Zombieuropa", som har höjt marknadens kvantitativa principer över varje översinnligt uttryck för den europeiska själen.[79]

NUTIDA ÅTGÄRDER

Rötterna till den liberala moderniteten sträcker sig bortom reformationen, men det var inte förrän 1789 som den började omforma offentliga institutioner, och först under andra halvan av 1900-talet utrotades de mer seglivade resterna av den förmoderna livsföringen. Så sent som 1968 var delar av familje-, samhälls- och religionslivet fortfarande rotade i traditionella levnadssätt. De sista tre årtiondena har emellertid inneburit en omfattande nyordning av den europeiska tillvaron. Under denna period, som omspänner den nya högerns livslängd, har den europeiska identiteten förändrats mer än under någon jämförbar period under det senaste halva årtusendet. Förändringarnas verkan har varit särskilt märkbar beträffande kön, ras och rättskipning.

Ett av de mest iögonfallande uttrycken för den samtida liberalismen, tillämpningen av individualistiska, jämlikhetsivrande och uni-

---

viljan och förvirrade handlingen" i kampen mot världskommunismen. Den nya högerns anhängare skulle inte gå i clinch med Burnhams kritiks deskriptiva beskaffenhet, men de skulle anföra att han sammanblandar symtomen på civilisatorisk tillbakagång med orsaken till densamma. I stället för att erkänna liberalismens kvantitativa orientering, vilken avfärdar civilisationens kulturella innehåll till förmån för en generisk kultur, missuppfattar Burnham det liberala projektets art och ser det som helt sonika en naiv idealism snarare än en kulturfientlig universalism. Det sanna "självmordet för Västerlandet" bestod inte i liberalismens svaghet för marxismen utan i likgiltigheten för det egna civilisatoriska kulturarvet. Detta förklaras till stor del av att Burnham var en modernist som drevs mot antiliberalismen av sin antikommunism. Detta förklarar i sin tur många av hans felaktiga karakteriseringar av "världskampen" och den överdrivna arten av hans antikommunism. Om Burnham, se David Kelly, *James Burnham and the Struggle for the World: A Life* (Wilmington DE: ISI Books, 2002). För en förbättring av Kellys neokonervativa tolkning av Burnham, se Samuel Francis, "Burnham Agonistes", i *Chronicles* (juli 2002); även Samuel Francis, *Power and History: The Political Thought of James Burnham* (Lanham MD: University Press of America, 1984).

79 Pierre Krebs, *Das Thule-Seminar: Geistesgegenwart der Zukunft in der Morgenröte des Ethnos* (Horn: Burkhart Weecke, 1994), s. 24.

versalistiska principer på frågan om könen, står för ett angrepp utan motstycke på traditionen, särskilt på de traditionella könsrollerna och de myter, värderingar och symboler som understödjer dem. I bräschen för detta angrepp vidhåller liberalismens feministiska avantgarde att det inte finns någon betydelsefull skillnad mellan män och kvinnor — "man föds inte som utan snarare blir kvinna" — och att de befintliga könsrollerna är allt annat än naturliga: de är orättvisa konstruktioner av ett "patriarkat" som underkuvar kvinnor. I jämställdhetens namn genomför feminister ett korståg för att homogenisera könsidentiteter på grundval av en kvantitativ modell av mänskligheten som är mer kategorisk, och därmed mer absurd, än varje föregående liberalism. I denna anda avvisar man sedvanliga "genusrelationer" och hävdar att maskulina och feminina kvaliteter är betydelselösa.[80] Detta får dem att utmana de rådande könsrollerna, förneka kvinnlighet och plädera för den "i det mänskliga psyket inneboende bisexualiteten". Den kanske mest inflytelserika av 1900-talets feminister, Simone de Beauvoir, definierade feministrörelsen som en rörelse för att likställa manliga och kvinnliga roller, göra dem utbytbara, så att varje "förnuftig varelse" fick möjlighet att "välja" sin könsidentitet.[81] Besläktat med detta är att Beauvoirs ideal innefattade bisexualitet, gruppäktenskap och en ny era av lösaktighet. För sådana feminister är könens biolo-

80 I stället för "kön" föredrar feminister termen "genus". De anför att den förra termen betecknar den biologiska skillnaden mellan män och kvinnor och den senare den "artificiella" eller socialt konstruerade uppdelningen i maskulina och feminina roller. Denna terminologiska åtskillnad implicerar att sociala konstruktioner är godtyckliga och biologiska skillnader utgör en förevändning, inte själva grunden, för den sociala uppdelningen. Att godta begreppet "genus" är alltså liktydigt med att acceptera det liberala påståendet att "genusskillnader" enbart är sociala. I den egenskapen är den varken en neutral eller vetenskaplig term. Även om den nya högern medger att sociala roller är konstruerade och skiljer sig åt mellan olika samhällen betonar de icke desto mindre att dessa roller är direkt eller indirekt relaterade till biologiska skillnader, vilka, i strid med feministiska påståenden, vare sig är godtyckliga eller obetydliga.

81 Simone de Beauvoir, *The Second Sex*, övers. av H. M. Parshley (New York: Vintage, 1952). Om den abnorma arten av feministisk androgynitet, se Guillaume Faye, *Sex et idéologie* (Paris: Le Labyrinthe, 1984); Philippe Baillet, "Evola, la sexualité et le 'retour à la culture'", i *Études et recherches pour la culture européenne 5* (hösten 1987); och Julius Evola, *Eros and the Metaphysics of Love* (Rochester VT: Inner Traditions International, 1983).

giska grund meningslös, baserad på "smärre" anatomiska skillnader
utan vidare psykologisk eller existentiell betydelse.[82]

I och med att de flesta feminister avfärdar kulturellt kodade fö-
reställningar om kvinnlighet godtar de oavsiktligt en manlig modell
för mänskligt beteende och ser i praktiken kvinnor som fallna män.[83]
Det finns emellertid en feministisk skola ("den andra vågen") som
sätter motsatt kurs och lovprisar allt kvinnligt, söker feminisera män
och förordar uttrycksfulla och moderliga uppfattningar om det po-
litiska. Denna skola lär att man ska motverka könsskillnader men
med motsatt infallsvinkel. Slutligen finns en uttryckligen homosexuell
feministisk skolbildning som eftersträvar den yttersta "frigörelsen" av
kvinnan. I enlighet med det liberala ursprunget godtar ingen större
feministisk skola könsmässig polaritet eller det obestridliga faktumet
att "mänskligheten" har två sidor.[84]

Det är i motsättning mot alla dessa skolbildningar som den nya
högern bejakar både den biologiska och den kulturella betydelsen av
könsskillnader och anför att de inte bara är ofrånkomliga utan nöd-
vändiga aspekter av människans betingelser. Enligt detta synsätt skiljer
sig kvinnor från män "beträffande sinne och funktion såsom yin skil-
jer sig från yang". Det kan tilläggas att fasthållandet vid mänsklighe-
tens bipolaritet inte innefattar någon förebråelse om underlägsenhet,
precis som det synsätt som beskriver de två elektriska polerna som
positiv respektive negativ inte inbegriper någon värdering. Den ena
motsatsen återspeglar och kompletterar den andra. Ett förtryck eller

---

82 "Itinéraire", i *Nouvelle Ecole 11* (januari 1970); Benoist,*Vu de Droite*, ss. 343–44; Yves
    Christen and Charles Champetier, "Biologie du beau sexe", i *Éléments 93* (oktober 1998);
    Yves Christen, *L'égalité des sexes* (Monaco: Rocher, 1987). Jfr. James Dabbs, *Heroes, Rogues,
    and Lovers: Testosterone and Behavior* (New York: McGraw-Hill, 2000).

83 Jfr. Julius Evola, "Feminismus und heroische Tradition", i *Der Ring* (6 juni 1933).

84 Benoist,*Vu de Droite*, s. 364; Robert de Herte, "La preuve par deux", i *Éléments 93* (oktober
    1998). Jfr. Armaud Guyot-Jeannin, *Aux sources de l'éternal féminin: Pour en terminer avec
    tous les conformismes* (Lausanne: L'Age d'Homme, 2001); Luce Irigaray, *Je, tu, nous: Pour
    une culture de la différence* (Paris: Grasset, 1990); Genevière Fraisse, *La différence des sexes*
    (Paris: PUF, 1996).

en förvridning av den ena medför därför ett förtryck eller en förvridning av den andra. Mot den liberala feminismens antitraditionella, antibiologiska impuls förordar grecisterna en "särartsfeminism" som erkänner och giltigförklarar såväl den medfödda som den kulturellt kodade arten av könspolariteten.[85] Till stöd för denna åsikt hänvisar de till den store biologen Alexis Carrel, som definierade det goda som det som bäst stämmer överens med ens natur — i den mån som det goda förhöjer livet, förökar arten och lyfter upp människoanden.[86] Naturen skapade två åtskilda kön och späckade dem med skillnader som har tjänat den mänskliga arten sedan tidernas begynnelse. Att förneka eller vända upp och ner på dessa skillnader kan aldrig ge upphov till frigörelse, bara till "ondska" i Carrelsk bemärkelse. Först när kvinnor tar sin natur i besittning i stället för att fly från den, resonerar grecisterna, kommer det fulla förverkligandet av deras identitet — och frihet — att vara möjlig.

Som ättlingar till det enda folk som aldrig har förslavat sina kvinnor motsätter sig den nya högerns anhängare allt vad kvinnofientlighet heter. Samtidigt tillbakavisar de dock feministernas förklaring till förekomsten av sådan fientlighet. Särskilt invänder de mot feministernas analys av nuvarande läge. Beträffande västeuropeiska och särskilt amerikanska kvinnor, vilka för närvarande är "gynnade" av särskilda lagar och anställningspreferenser, vore det inte bara överdrivet att tala om förtryck, utan det vore att bortse från de tendenser till kvinnostyre som finns i det nuvarande globala systemet.[87] Vadhelst som förtrycker kvinnor i dag har föga med en påstådd "fallokrati" att göra, hävdar de, eftersom den befintliga ordningen ger kvinnor befogenheter som män förnekas.[88] De med det postmoderna samhället förknippade nya

---

85   Benoist, *Vu de Droite*, s. 346.

86   Citerat i "Itinéraire", i *Nouvelle Ecole 11* (januari 1970), s. 10.

87   Laurence Terry, "Libérez les hommes!", i *Éléments 20* (februari 1977).

88   Gobard, *La guerre culturelle*, ss. 48–63; Charles Champetier, "La nouvelle cause des femmes", i *Éléments 93* (oktober 1998).

128 DEN NYA HÖGERN

klassens krafter, stödjer både feministiskt jämlikhetsivrande och ho-
mosexuella, förvekligande beteenden — då dessa traditionsfientliga
företeelser villigt lånar sig till en på pengar och byråkratiska påbud
grundad, rent kvantitativ ordning.

Att den nya högerns anhängare gör feminismen till föremål för
antiliberal kritik betyder inte att de cementerar de befintliga könsrol-
lerna. De godtar helt och fullt att dessa kan förändras med tiden och
skilja sig från en kultur till en annan. De anför dock att det i sig är
sunt med könsroller som kompletterar de medfödda, biologiska skill-
naderna mellan man och kvinna. Faktiskt har sådana bestämda skill-
nader alltid funnits, eftersom de uttrycker naturliga skillnader. Med
Benoists formulering är könsroller "kulturella särdrag som fästs på ett
naturligt särdrag".[89] Att män är aggressiva, tävlingsinriktade, benägna
till abstraktion och företagsamhet, och att kvinnor är vårdande, för-
föriska, tålmodiga och mottagliga för intryck, är inte, vidhåller han,
en följd av förtryckande, patriarkala påbud eller missuppfattade so-
cialiseringsprocesser utan av en evolutionsprocess som balanserar och
kompletterar könsskillnaderna; utan det feminina skulle ett maskulint
samhälle bli ensidigt och dysfunktionellt, och vice versa. Den femi-
nistiska förståelsen av könsrelationer tycks emellertid vara oförmögen
att begripa att mansövertag inte är ett slags förtryck utan en yttring
av naturen. Dominique Venner påpekar att Mars och Venus alltid har
spelat rivaliserande men kompletterande roller i europeisk historia.[90]
Föreställningen att den ena försöker utesluta eller förtrycka den andra
vittnar bara om det liberala tänkandets endimensionalitet.

Vid sidan av att sätta sig emot feminister, som förnekar den biolo-
giska grunden för könsrollerna eller behandlar dessa som nedvärde-
rande, motsätter sig den nya högern även dem som tror att könsroller

---

89 Robert de Herte, "Masculine/Feminine", i *Éléments 14–15* (mars 1976).
90 Dominique Venner, *Histoire et tradition des européens: 30,000 ans d'identité* (Paris: Rocher, 2002), ss. 186–88.

eller patriarkala familjeroller är medfödda och oföränderliga.[91] Till exempel reagerar ofta konservativa på feminismens kontraktsmässiga och antinaturalistiska syn på familjen genom att höja traditionella (men egentligen 1900-talets borgerlighets) familjeroller till skyarna, omedvetna om att flera modeller med olika könsroller uppträder i de historiska källorna.

Benoist å sin sida anför att familjen, oavsett hur mycket den tjänar de biologiska och sociala behoven av mänsklig reproduktion, utvecklas tillsammans med samhället och därmed återspeglar den allmänna samhällsordningens sundhet eller oordning. Han tillstår att familjen är i ett trassligt tillstånd och att detta är kopplat till att det nutida samhället är så hemsökt av kriser. Familjen tjänar inte likt förr som ekonomiskt hushåll, utbildare, barnuppfostrare eller i vissa fall vårdgivare utan huvudsakligen som "en tillflykt i en hjärtlös värld", med hänsyftning på de känslo- och trygghetsbehov som försummas i ett atomiserat samhällssystem. Som han ser det ligger den framtida familjens väl varken i att lovprisa hopplöst förlorade former eller i att tillåta att nya klassens socialingenjörer stöper om den. Snarare måste själva samhället vitaliseras så att familjen återigen får en meningsfull funktion. Faktum är att Europa behöver just en sådan vitalisering, familjen förblir nämligen det väsentliga mellanledet mellan individen och den vidare samhällsordningen. Utan den kan det inte finnas någon meningsfull överföring från ett släktled till nästa, ingen härkomst, ingen grund för auktoritet och inget privilegierat rum i vilket individen föds upp och fostras. Framför allt kan det inte finnas någon reproduktion av folket. Varken könsrollerna eller familjen kan avfärdas: de har funnits i en eller annan form genom alla tider och fortsätter att utvecklas. Den brännande frågan i dag är hur dess framtid ska se ut.[92]

---

91 Alain de Benoist, *Famille et société: Origines — Histoire — Actualité* (Paris: Le Labyrinthe, 1996), s. 11.

92 Roberte de Herte, "Réconcilier famille et société", i *Éléments 83* (oktober 1983); Benoist, *Famille et société*, ss. 18–22.

Om den grundläggande skiljelinjen *inom* ett folk är den mellan man och kvinna, är den grundläggande skiljelinjen *mellan* olika folk biokulturell. Med mångkulturalism och mänskliga rättigheter i amerikansk stil söker nu liberalismen att göra samma sak med den biokulturella identiteten som feminismen har gjort med könsrelationerna: att avlägsna mänskliga skillnader till förmån för en formlös och standardiserad kvantitet kallad "mänskligheten". Liberala förespråkare av mångkulturalism påstår att folk med olika rötter "utan fördomar eller falska föreställningar kan och bör se förbi rasmässiga, språkliga, könsmässiga och religiösa gränslinjer och lära sig att tänka mot bakgrund av ett blandsamhälle." När mångkulturalisterna propagerar för kulturellt och rasmässigt blandande samhällen, som är inkluderande utan att vara assimilerande, tycks de skenbart lovsjunga världens mångfald. Men utöver att ge utlopp för ett "uttryckligt hat mot allt europeiskt, kristet och vitt" (Thomas Fleming) motsätter sig deras cyniska åberopande av tolerans och pluralism den europeiska rasens överlevnad. I toleransens och jämlikhetens namn insisterar mångkulturalisterna på "närvaron av andra kulturer, blandningen av befolkningar och skapandet av smältdeglar" (Jaques Robichez) och söker på så vis förstöra världsdelens rasmässiga, kulturella och etniska fundament. De försöker i allt väsentligt att införa ett system i vilket européerna ska omformas till en likgiltig, mångetnisk massa, i vilken man saknar rötter och kollektivt minne och är programmerade till att vara konsumenter i ett jättelikt köpcentrum.

Denna folkmördande troslära representerar måhända den mest fördärvliga av liberalismens alla antieuropeiska gestalter, då den legitimerar förgörelsen av den europeiska etniciteten. De etnocidala följderna av denna dogm är inte bara ideologiska. Under de senaste fyra decennierna, sedan 1962, när Afrika trängde igenom Europas södra gräns, har världsdelen i allmänhet och Frankrike i synnerhet översvämmats av på varandra följande vågor av invandrare från tredje världen.[93] Dessa översvämningar, som inbegriper massor, inte individer, är så omfattande att många demografer talar om en "kolonisering".[94] Om den inte hejdas snart kommer ickeeuropéer att utgöra en majoritet av världsdelens befolkning. Franska städer skulle vid det laget likna Nordafrikas basarer, och samhällslivet skulle likna det ockuperade Västbankens; den vita befolkning som har befolkat Eurasiens västra ytterdelar under de senaste 30 000 åren skulle vara i minoritet; de som under seklernas lopp har misslyckats gång efter annan att erövra Europa kommer till sist lägga beslag på denna lemlästade kontinents öde, utan att behöva avlossa ett enda skott.[95]

Utöver att främja aveuropeiseringen och premiera ickevita grupper för särskilda förmåner demoniserar mångkulturalisterna dem som gör motstånd mot detta etnocidala förfarande. Som *The Sunday Times* beskrev det efter "11 september" har de som tvivlar på om ett mångkulturellt samhälle är önskvärt "varit skrämda till tystnad i åratal, antingen av liberal skuld eller av rädsla för översittarna i rasrelationsindustrin".[96] Mångkulturalisterna har, utöver att förhindra offentlig debatt om sin politik och uppbåda ett slags rasism riktad mot vita, utövat påtryckningar på Europas regeringar att driva igenom ett uppbåd av lagar för

---

93   Jean Marie Le Pen: "L'Algéria française aurait été le fer de lance de cette Europe en Afrique. Notre défaite a … laissé les portes ouvertes aux 'Barbares' qui affluent chez nous." Citerat i Gregory Pons, *Les rats noirs* (Paris: Jean-Claude Simoën, 1977), s. 50.

94   Alain Griotteray, *Immigration: Le choc* (Paris: Plon, 1984); Valéry Giscard d'Estaing, "Immigration ou invasion?", i *Le Figaro-Magazine* (21 augusti 1991); Michel Massenet, *Sauvage immigration* (Paris: Rocher, 1994). En fransk identitär anmärker att det inte längre är nödvändigt att köpa en flygbiljett för att råka på exotiska civilisationer: det räcker med ett besök på någon av Paris' åttio tunnelbanestationer. Se Jean-Claude Rolinat, "En France comme ailleurs", i *Terre et peuple: La revue 7/8* (sommaren 2001).

95   Jfr. Theodore Dalrymple, "The Barbarians at the Gates of Paris", i *City Journal 12* (hösten 2002). Det finns ingen officiell siffra på antalet ickeeuropéer i Frankrike. Det nämnda antalet är en uppskattning från en av Frankrikes ledande demografer. Se "L'avenir démographique: Entretien avec Jacques Dupâquier", i *Krisis 20–21* (november 1997). En annan akademiker (J.-P. Gourévitch) hävdar att antalet är närmare 9 miljoner. Vissa anger ett så stort antal som 14 miljoner, medan media brukar uppge fyra, fem eller sex miljoner. I Europa som helhet finns uppskattningsvis 26 miljoner. Desto mer alarmerande än dessa siffror är att en tredjedel av befolkningen under 30 års ålder är av ickeeuropeisk härkomst och har födelsetal som är fyra till fem gånger högre än det europeiska.

96   *The Sunday Times*, 10 February 2002, omtryckt i *World Press Review* (april 2002).

att bestraffa den som kritiserar invandringen, motsätter sig införseln av fientliga folkslag eller ifrågasätter de rasblandningsidéer som underbygger deras liberala ideologi.[97] Ett sensationellt stort antal systemkritiker står nu inför dryga böter eller fängelsestraff för att ha försvarat sin europeiska identitet.

Den ickevita folkvandring som mångkulturalisterna kräver skapar konfliktfyllda och ohållbara sociala förhållanden. Frankrike och Europa som helhet saknar den väldiga polisapparat och de geografiska vidder som har gjort de etnisk-rasliga spänningarna i USA "hanterbara". Typiskt har européerna i stadsdelar som har gått förlorade till muslimsk invandring inte bara fått erfara eskalerande nivåer av våld och otrygghet, utan de har bokstavligen förlorat kontrollen över lagar och institutioner. För närvarande finns 1400 laglösa områden i Frankrike (inklusive elva städer), och i närmare hundra av dessa har republikens rättsväsende trängts undan av *sharia* (islamisk lag).[98] Till skillnad från 1800- och 1900-talens italienska stadsdelar och tyska städer i det urbana Amerika har dessa områden ingen avsikt att assimileras i *dar-al-harb* (den ogudaktiga ickeislamiska världen, som muslimer betraktar som "krigets värld") och understryker titt som tätt, på små och allt oftare inte så små sätt, sin självständighet.[99]

Som André Gandillon skriver i sin utmärkta bok om *lutte des peuples*, "invandrare som vägrar att assimileras antar en erövrares

---

97   Laurent Gouteron, "Le désordre juridique, miroir du désordre politique et morale", i *Relève politique 2* (våren 2002).

98   Jeremy Rennher, "L'Occident ligoté par l'imposture antiraciste", i *Écrits de Paris 640* (februari 2002). Även den politiskt korrekte redaktören för *Violences en France* (Paris: Seuil, 1999), Michel Wieviorka, medger att explosionen av våld och brottslighet sedan 1990 är en utväxt av den islamiska makten. Eftersom den franska regeringen har mörklagt de flesta uppgifterna om invandrarbrott och rasmässig terror är det lilla som är känt sådant som har har läckts i smyg av frustrerade tjänstemän. Den publikation som har bäst tillgång till dessa läckor är den månatliga *J'ai tout compris! Lettre de désintoxication*, red. av Guillaume Faye.

99   Jean-Raphaël de Sourel, *La fin de l'Europe et sa civilisation humaniste* (Paris: Eds. des Ecrivains, 1999), ss. 161–68.

hållning".[100] Knappt en vecka går utan en nyhetsartikel om upplopp eller blodiga sammandrabbningar mellan polis och muslimska gäng. Sedan 1990 har Frankrikes storstadsvåld ökat med fem procent per år — sedan år 2000 med tio procent. Sönderfallet, våldet och upplösningen som förknippas med Amerikas stadskärnor blir en allt vanligare europeisk verklighet.[101] Andra europeiska länder med stora invandrarkolonier, särskilt Storbritannien, Belgien, Italien och Tyskland, upplever jämförliga svårigheter när deras befolkningar polariseras längs likartade etnorasliga linjer. Laglösheten och uppsplittringen av samhället är nu så långt gångna att tal om en "återgång till medeltiden" (det vill säga ett sammanbrott av den allmänna ordningen) hörs allt oftare.[102]

I ljuset av detta överväldigande hot mot den europeiska rasens fortbestånd förtrycker medierna, den akademiska världen och de etablerade "antirasistiska" föreningarna (mestadels dominerade av sionister) vemhelst som kritiserar denna utveckling, alltmedan termen "mångkulturalism" görs till sinnebild för det rörliga, postmoderna samhälle av valfria värderingar och fashionabla identiteter som globaliseringen för med sig.[103] Uppmuntrade av dessa uppvisningar i självskadebeteende överväger nu de mer militanta medlemmarna av Frankrikes muslimska gemenskap öppet *jihad* emot den "vita osten", och använder krigets och folkmordets språk för att formulera sina mål.[104] Myndigheterna fortsätter dock att skilja mellan våldsamma fundamentalister (som är kanske 40 000 till antalet) och det "fredsäls-

100 André Gandillon, *Les fondements du XXIe siècle* (Paris: Roudil, 1992), band 1, s. 367.

101 *Le Figaro*, 18 juni 2001; Xavier Raufer, *L'explosion criminelle* (Paris: Valmonde, 2001).

102 Lucien Robin, "La securité, un droit pour tous", i *Écrits de Paris 639* (januari 2002); "L'implosion de l'état républicain français", i *J'ai tout compris! 16* (december 2001).

103 Robert Dun, "Réflexions d'un homme d'extrême-droite" (1993), i *Une vie de combat: Cartouches intellectuelles* (Saint-Etienne: Crève-Tabous, 2000).

104 Se bl.a. *Le Monde*, 7 januari 1990 och 30 januari 1990; *Matin de Paris*, 9 november 1986; *Le Figaro*, 12 oktober 2000; *InfoMatin*, 18 december 1995. Jfr. Hans-Peter Raddatz, *Von Gott zu Allah? Christentum und Islam in der liberalen Fortschrittsgesellschaft* (Munich: Herbig, 2001); Christian Jelen, *La guerre des rues: Les violence et "les jeunes"* (Paris: Plon, 2000).

kande" islamiska samfundet, oförmögna eller ovilliga att medge islams inneboende fientlighet mot det västerländska, sekulära samhället.[105] I strid med dessa officiella bedyranden tyder dock islams historia och läror på att teokrati, våld, erövring och illa dolt hat mot de europeiska folkens toleranta och inneboende polyteistiska natur är framträdande—inte tillfälliga eller avvikande—muslimska karaktärsdrag, något som en omfattande och växande identitär litteratur dokumenterar. Mellan ortodox och fundamentalistisk islam finns bara, skulle man kunna säga, en temperamentsskillnad. Och till och med denna har komprometterats av fundamentalistiska angrepp som underblåser religiösa fientligheter.

I många identitärers ögon företräder islam inget mindre än en totalitär troslära, till och med värre än kommunismen, då den reglerar hela muslimens liv—allt ifrån hur han torkar sig där bak, till hur han för krig mot otrogna.[106] Sedan *hijra* har islam eftersträvat att med en uttalad vålds- och erövringspolitik påföra sina oböjliga lagar, inte bara på sina efterföljare utan även på ickemuslimer. Åratal innan "11 september"-attackerna på USA hade islam redan börjat sin tredje storoffensiv mot *dar-al-harb*, med siktet inställt på Europa som ett framtida muslimskt hemland.[107] I samma stund som islamister riktar blickarna mot kontinenten är mångkulturalisterna upptagna med att bereda vägen—i sin "brottsliga utrotningspolitiks" anda (Robert Steuckers)—genom att racka ned på den europeiska kulturens integritet, väl medvetna om att ett folk besegras bäst genom demoralisering.

105　"Les décombes", i *Réfléchir et agir* 10 (vintern 2001). För Samuel P. Huntington är det just denna ovilja att erkänna kulturella, religiösa och civilisationsmässiga orsaker till tvister som utgör "det underliggande problemet för Västerlandet". Se *The Clash of Civilizations and the Remaking of World Order* (New York: Simon and Schuster, 1996), s. 217.

106　Till exempel Guillaume Faye, *Avant-Guerre: Chronique d'un cataclysme annoncé* (Paris: L'Æncre, 2002), ss. 15–18.

107　Den första arabiska vågen, under 700-talet, förde muslimerna till Poitiers, och den andra, turkiska vågen under 1200- till 1600-talet medförde förstörelsen av det kristna Bysans, ockupationen av Balkan och stormningen av Wien. Den tredje vågen, i form av den nuvarande koloniseringen, är mer förstulen till sin art men potentiellt till och med mer katastrofal.

Det borde därmed inte komma som en överraskning att ett växande antal anhängare av den den nya högern anser att tillväxten av europeisk islam utgör den första salvan i något som troligen kommer att bli en större militär konflikt om världsdelens framtid.[108] Som Gehlen och andra har visat är tillförsel av "skillnader" en källa till välstånd för ett samhälle endast om samhället har en fast kulturell kärna som kan assimilera skillnaderna. Att förstöra denna kärna genom att införa en mängd olika kulturella modeller, var och en med olika värderingsordning, leder oundvikligen till en upplösning av etablerade normer och värderingar.[109] Mångkulturalismen är dock inte bara kulturfientlig: den är även antidemokratisk, för den omstrukturerar politiska, sociala och kulturella sfärer så att den etniska sammanhållningen, och därmed folkmakten, upplöses, på ungefär samma sätt som Osmanska rikets milletsystem gjorde.[110] Denna antidemokratiska verkan har varit särskilt kännbar för arbetarklassen, i vilken "kulturell mångfald" förstör de gemensamma minnen, grannskapsgemenskaper och andra enande faktorer som en gång möjliggjorde en stridbarhet bland europeiska arbetare.[111] Dock har alla skikt av den europeiska befolkningen drabbats av den förhärskande etnokulturella modellens sammanbrott, då varje europeisk försvarare av uttryckliga

108 Arnaud Menu, "L'islam et l'Europe: Deux visions du monde inconciliables", i *Terre et peuple: La revue 10* (vintern 2001). Identitärer framkallar i växande grad behovet av en ny reconquista. Detta är särskilt tydligt i Philippe Randas roman *Poitiers demain* (Paris: Denoël, 2000) och albumet Reconquista med gruppen Fraction på Heretik Records.

109 Guillaume Faye, "La société multiraciale en question", i *Éléments 48–49* (vintern 1983–84). Jfr. John Gray, *Enlightenment's Wake: Politics and Culture at the Close of the Modern Age* (London: Routledge, 1995), ss. 23–24.

110 Om milletsystemet, se Sarkis Atamian, *The Armenian Community: The Historical Development of a Social and Ideological Conflict* (New York: Philosophical Library, 1955); H. A. R. Gibb & H. Bowen, *Islamic Society and the West* (London, 1957), särskilt band I. Jfr. Tatu Vanhaven, *Ethnic Conflicts Explained by Ethnic Nepotism* (Stanford CT: JAI Press, 1999).

111 Patrice Gros-Suaudeau, "Le règne du nouvel Ordre Mondial", i *Écrits de Paris 615* (november 1999).

gruppintressen nu löper risk att stämplas som rasist.[112] Slutligen, genom rättfärdigandet av det europeiska samhällets religiösa, kulturella och rasmässiga uppsplittring stärker mångkulturalismen de härskande liberala eliternas makt; detta genom att kanalisera stigande nivåer av våld och otrygghet till religiösa och kulturella konflikter som lämnar systemet som ansvarar för dessa problem helskinnat.[113]

Mot liberalismens homogena värld av brutna kulturer och folk ställer den den nya högerns anhängare en heterogen värld av homogena folk, vart och ett med rötterna i sin egen kultur och mylla.[114] De hävdar att varje folk äger *rätten till skillnad*: det vill säga rätten att fullfölja sitt eget öde i samklang med sin egen identitets organiska principer. De ser dessutom inget övertygande skäl till att européer skulle känna sig förpliktade att överge sitt tusenåriga kulturarv till förmån för dubiösa, kosmopolitiska trender.

Nyligen har emellertid Greces motstånd mot mångkulturalismen genomgått en betydande förändring. Fram till 1998 motsatte den sig konsekvent mångkulturalismens försök att erkänna invandrarsamhällen som rättsligt åtskilda enheter; man hävdade att dessa ansträngningar hotade den franska identitetens integritet.[115] Sedan lade man ganska oväntat om kursen och tog en "kommunitär" ställning för offentligt erkännande av ickefranska samhällen — så att invandrare skulle kunna "hålla sin kollektiva, kulturella tillvaros strukturer vid liv".[116] För vissa utgjorde denna kursändring inget mindre än ett identitärt förräderi,

---

112 Den som är benägen att tro att detta helt enkelt är ett olyckligt sidoskott på en allmänt sett välmenande politik, och inte en avsiktligt följd, rekommenderas Eric Werner, *L'avant-guerre civil* (Lausanne: L'Age d'Homme, 1998); eller E. Michael Jones, *The Slaughter of Cities: Urban Renewal and Ethnic Cleansing* (South Bend IN: St. Augustine Press, 2002).

113 Jfr. Samuel Francis, "Nations within Nations", i *Chronicles* (januari 1999).

114 Krebs, *Das Thule-Seminar*, ss. 47–52.

115 Guillaume Faye, "La société multiraciale en question", i *Éléments 48–49* (vintern 1984–85).

116 Champetier, "Multiculturalisme: La force du différence"; Benoist & Champetier, "The French New Right in the Year 2000".

för andra ett erkännande av att Europas fiende inte är invandraren som sådan utan det system som är ansvarigt för invandringen.

Enligt den nya högerns kritiker belyser denna kommunitära svängning en allvarlig brist i Greces metapolitiska projekt. Till skillnad från Gramscis kulturkampsbegrepp, som kompletterade men inte ersatte politiken, har Greces metapolitik alltid varit mer intellektuell än politisk.[117] Till exempel uppfattade man till en början sina ingrepp i kulturen som en del av ett bredare identitärt projekt för att rubba den efterkrigstida ordningens ideologiska grundvalar och återuppliva den europeiska idén; i samma stund som man betonade det kulturella och utestängde det politiska rörde man sig emellertid bort från det många anser vara metapolitikens själva kärna. Medan de befintliga ytterhögerpartierna, särskilt Nationella fronten, alltså tog till sig vissa av Greces idéer och använde dem för att kringgå de inskränkningar som hade införts av den förhärskande diskursen, saknade föreningen formella och informella band till dessa systemfientliga krafter och brände genom sin ofta skarpa kritik sina broar till dem. Till och med den utomparlamentariska världen av konservativa revolutionärer, radikala nationalister och postfascister höll man på avstånd. Detta problem fördjupades under slutet av åttiotalet, när flera av Greces grundare lämnade föreningen och anslöt sig till Nationella fronten. När så en yngre, inte lika politiskt erfaren generation av intellektuella återfyllde Greces led, började metapolitiken sträva mot den svårtillgängliga och ofta navelskådande världen av högtflygande idéer, och dunkla kulturella tankefigurer.[118] Under tidigt nittiotal var man till och med redo att

---

117 Edouard Rix, "Gramsci, théoricien du pouvoir culturel", i *Réflechir et agir 9* (sommaren 2001).

118 Denna generationsmässiga omkastning har även lett till en viss "uppmjukning" av Greces antiliberalism och en försvagning av banden till den revolutionära högern. Detta tror jag är relaterat till den växande avpolitiseringen av projektet och dess ökade betoning av frågor som, i försöken att inlåta sig i strid med vänsterintellektuella på deras egen planhalva, ger alldeles för mycket till de idéer man försöker undergräva. För ett typexempel på denna uppmjukning, se "Tre intervjuer med Alain de Benoist", i *Telos 98–99* (vintern 1993–våren 1994).

medge att Greces roll helt enkelt var att tolka, inte längre att förändra världen.[119] Vid den tidpunkten började man inta ståndpunkter som stred mot föreningens ursprungliga orsak att finnas till.[120] När grecisterna först antog parollen "rätten till skillnad" var avsikten att tillbakavisa liberala försök att stämpla den europeiska identitarismen som ett slags rasism. Vid en viss tidpunkt fick emellertid försvaret av kulturell och etnisk särart ett eget liv. Från att försvara det franska i Frankrike och européer i Europa utvecklades rätten till skillnad stegvis till ett abstrakt identitetsförsvar. Detta ledde så småningom till ett slags modifierad mångkulturalism, i det att Grece vände upp och ner på många av sina tidigare resonemang och förenade sig med den liberala kör som krävde institutionellt erkännande av invandrarnas kulturella identitet. Svårigheterna med föreningens metapolitik slutar dock inte med detta. Greces försvar av den europeiska identiteten har nämligen genomgående utkämpats i vänsterns kosmopolitiska terräng — man har inte stridit för sitt folks företrädesrätt, utan för att pluralistiska normer skulle äga tillämpning som stöd för européernas försvar av sitt kulturarv. Genom att på detta sätt överta sina motståndares grunder kunde inte grecisterna annat än dagtinga med sin identitarism. Det har aldrig funnits aldrig något behov för européer att rättfärdiga att de är européer. Kort sagt var Grece egentligen för-

---

119 "Présentation", i *Éléments 77* (odat. [1993]).

120 I samband med omfamningen av mångkulturalismen övergav Grece sin gramscianska uppfattning om metapolitik. Ett nyligt, viktigt dokument av Alain de Benoist och Charles Champetier hävdar att: "Metapolitik är inte politik med andra medel. Den är varken en 'strategi' för att påtvinga intellektuell hegemoni eller ett försök att misskreditera andra möjliga inställningar eller dagordningar. Den bygger enkom på premissen att idéer spelar en grundläggande roll i det kollektiva medvetandet och, mera allmänt, i historien." Se "The French New Right in the Year 2000"; även Charles Champetier, "Sur l'archéofuturism", i *Éléments 95* (juni 1999). Denna definition förefaller emellertid göra Greces kulturella projekt till nonsens, då ett sådant begrepp om kulturell verksamhet upphör att vara metapolitiskt — i det att den inte längre söker omforma samhället inför en politisk erövring. Med förkastandet av det "politiska" och därmed kopplingen mellan teori och praktik blir projektet rent "intellektuellt". Detta i kontrast mot den revolutionära strategi som det i början höll sig till — och som de flesta anhängare av den nya högern utanför Grece fortfarande håller fast vid. Se "Entretien avec Jean-Claude Valla", i *Éléments 6* (juli 1974); *Benoist, Vu de Droite*, ss. 456–60; *Vial, Une terre, un peuple*, ss. 52–54.

pliktade att göra anspråk på ensamrätten till sina egna länder. Rätten till skillnad kom alltså att i slutändan efterapa det liberala, pluralistiska samhället och dess relativistiska värderingar.[121] Självfallet är detta ett dåligt förebud för framtiden för Greces identitarism, då den numera stillatigande erkänner ickeeuropéers rätt att befolka och stycka upp europeiska länder. Till följd av detta har den europeiska identitarismens mantel börjat övertas av de föreningar och intressen som är kopplade till Robert Steuckers', Guillaume Fayes, Pierre Vials och Pierre Krebs' mer orubbliga och rasmedvetna identitarism; deras tolkning av nyahögerprojektet, även om den fortfarande är metapolitisk, fortsätter att sikta mot en statsomvälvning snarare än en försoning med statens liberala politik.

Grecisterna må ha gjort en vådlig inbromsning beträffande mångkulturalismen, men de har förblivit ståndaktiga i sitt motstånd mot den rättsliga motsvarigheten, de mänskliga rättigheterna.[122] Det nuvarande korståget för mänskliga rättigheter, som är en avgörande del av den pågående globaliseringsprocessen, började med Amerikas förödmjukelse i Vietnam, efter vilken Carterregeringen försökte göra om den moraliskt skamfilade utrikespolitiken genom att ikläda den vissa liberala ideal.[123] De mänskliga rättigheterna har sedan dess blivit inte bara en ideologisk kärna i amerikansk politik utan "vår tids moraliska bakgrund" (Robert Badinter). I den egenskapen står dessa rättigheter som en hörnsten i det som mediernas mittfåra en gång kallade den nya världsordningen. Att alla människor har vissa grundläggande rättigheter är förstås en föreställning som går tillbaka på en äldre liberal tradition (i vilken "naturrätt", härrörande från människans mänsklighet, står i motsättning till vanliga rättigheter, som grundar sig på särskilda

---

121 För en klarsynt kritik av Grece från en identitär synvinkel, se "Cinq questions à Robert Steuckers sur la Nouvelle Droite", på Archivo Eurasia (http://utenti.tripod.it/ ArchivEurasia). Även Guillaume Faye, *L'archéofuturism* (Paris: L'Æncre, 1998), ss. 19–49.

122 Alain de Benoist, *Europe, Tiers monde, même combat* (Paris: Robert Laffont, 1986), s. 73.

123 Robert de Herte, "L'idéologie du troisième âge", i *Éléments 37* (januari 1981).

samhällshistoriska erfarenheter). I stället för de organiska bindningar
som reglerar traditionella samhällen åberopar mänskliga rättigheter
lag och rätt — lagar vilkas "ovillkorliga" rationalitet sägs vara innebo-
ende i naturen och vilkas grundläggande syfte är att försvara "omist-
liga" friheter. I likhet med tidigare argument för naturrätter förutsätter
sådana fuskbyggda rättigheter en abstrakt mänsklighet och gör inga
hänvisningar till vare sig det etiska samförstånd eller kultursamman-
hang som vanliga rättigheter utgår från.[124] De åberopar även flera
tvivelaktiga principer, såsom mänsklighetens enhet, individens före-
träde framför kollektivet och alla människors jämlikhet.[125] På samma
sätt tar inte de mänskliga rättigheternas individualistiska inriktning
någon hänsyn till det samhälle individen tillhör; de ger nämligen inga
rättigheter till grupper eller kollektiva entiteter.[126] De förutsätter helt
enkelt att en engelsmans relevanta rättigheter sammanfaller med en
eskimås — att de "är riktiga och sanna och oföränderliga för alla män-
niskor överallt" (George W. Bush). De återspeglar kort sagt det carte-
siska förnuftets abstrakta karaktär.

Givet deras liberalkapitalistiska ursprung var Karl Marx och en tidi-
gare generation av socialister skoningslösa i sin kritik av dem som för-
ordade mänskliga rättigheter; de pekade på att rättigheternas allmänna
principer användes för att befordra de mest nakna klassintressen. Den
samtida vänstern (i form av det tyskarna kallar en Ampelkoalition
av liberaler, socialdemokrater och miljöpartister) gör däremot de

---

124 Alain de Benoist & Guillaume Faye, "La religion des droits de l'homme", i Éléments 37
    (januari 1981). Det kan tilläggas att de mänskliga rättigheterna förs fram som metafysiska
    postulat, som om rättigheter inte vore en skapelse och en erövring av verkliga människor.
    Jfr. John Finnis, National Law and Natural Rights (Oxford: Oxford University Press, 1980).
    Det är viktigt att betona, att bakom de mänskliga rättigheternas upphöjda idealism har
    dessa rättigheter haft ringa inverkan på amerikanska bruk att bomba civilister, organisera
    dödspatruller och värva utländska agenter för lönnmord, destabilisering av regeringar och
    narkotikasmuggling.

125 Pierre Krebs, Im Kampf das Wesen (Horn: Weecke Verlag, 1997), s. 26.

126 Charles Champetier, "Reflections on Human Rights", i Telos 118 (vintern 2000).

mänskliga rättigheterna till sitt projekts utmärkande drag.[127] Här har återigen marxistiska och liberala projekt sammanstrålat. För så snart den liberala moderniteten hade segrat över sin sovjetiska variant och demonstrerat marknadens överlägsenhet hade den socialistiska vänstern bara kvar den "borgerliga humanismens" inkluderande potential för att definiera sig. I denna anda identifierar den sig inte bara med ideologin om mänskliga rättigheter, utan den ansluter sig numera till många av de imperialistiska korståg som utkämpas under dessa rättigheters baner. Kriget 1991 mot Irak och det mordiska "humanitära" anfallet mot det kristna Serbien i krigen i Bosnien och Kosovo, som varje 1800-talssocialist skulle ha fördömt som en smutsig krämarangelägenhet, stöddes av detta skäl nästan överallt av vänstern.[128] Det är sålunda knappast en tillfällighet att vänstern inte längre kämpar för ett samhälle utan ekonomisk eller klassmässig exploatering utan i stället hänger sig åt en värld utan gränser, raser och religioner; den manar alla folk att förena sig under den globala marknadens regnbågsfana.

Benoist motsätter sig Washingtons människorättskorståg (vilka egentligen inte har något att göra med motstånd mot tortyr, brutalitet eller andra stötande metoder) och påpekar att om dessa av den liberala marknaden inspirerade, individualistiska principer skulle tillämpas världen över, skulle de rättfärdiga ett avskaffande av det hinduiska kastväsendet, konfucianismen, islamisk lag, afrikanska stamriter och praktiskt taget varje rest av traditionell kultur — traditionella kulturer vägrar nämligen i regel att ge individen företräde på samhällets bekostnad. Han hävdar även att dessa rättigheter hotar alla historiska former av social samhörighet. Som Max Scheler en gång anmärkte,

---

127 Marx var skoningslös i sina utskällningar av det borgerliga hyckleriet angående mänskliga rättigheter, vilka gjorde statliga humanitära upprop som kamoflerade kapitalets "privata intressen och nycker". Se t.ex. "On the Jewish Question" (1843), i David McLellan, övers. och red., *Karl Marx: Early Texts* (Oxford: Blackwell, 1972).

128 Att vänstern motsatte sig Bush II:s Irakkrig år 2003 vittnar inte så mycket om en förändrad inställning som om ett obehag inför hans oslipade, översittaraktiga och stridslystna unilateralism, som mönstrade ut människorättsretoriken till förmån för de där gammaldags, imperialistiska metoderna som de mänskliga rättigheterna hade gjort förlegade.

"människokärleken [som människorättsideologin vädjar till] uppstod ursprungligen som en protest mot kärleken till fäderneslandet och blev följaktligen en protest mot varje organiserat samhälle".[129] I denna anda utropar idag liberalen högljutt "människans rättigheter" men har inget ord för vare sig samhällets rättigheter, folkets rättigheter, nationens rättigheter, statens rättigheter eller det katoliker en gång kallade "Guds rättigheter". Dessa rättigheter, som står i vägen för oreglerade marknader och den borgerliga individualismens atomiserande krafter, får inget erkännande av liberalen.[130] Som i fallet med jakobinska eller sovjetiska rättighetsbegrepp avfärdar människorättsimperialismen (Konrad Pingel) alla kollektiva eller partikularistiska begrepp om det allmännas bästa.[131] Dessutom utgör inte dessa rättigheter ens ett sant "mångguderi av världen", då de enda rättigheter de faktiskt erkänner är sådana som stödjer aktiviteter som bifallits av den globala marknaden.[132] Klassiska friheter, såsom yttrandefrihet, särskilt beträffande antiliberala idéer, saknar inte bara erkännande utan förtrycks ofta i namn av dessa rättigheter. Det hör till saken att europeiska friheter aldrig har blivit så ruckade på som under denna den förmenta människorättens tidsepok.[133]

SKENBILDSVÄRLDAR

Liberalismen framställer sig själv som en förkämpe för frihet, i det att den främjar feminism, mångkulturalism, mänskliga rättigheter, individualism och universalism. Bakom denna förskönande framställning

---

129 Citerat i Sunic, *Against Democracy and Equality*, s. 108. Jfr. Charles C. Josey, *The Philosophy of Nationalism* (Washington: Scott-Townsend, 1995), s. 2.

130 Benoist, *Orientation pour des années décisives*, s. 39.

131 Benoist & Champetier, "The French New Right in the Year 2000".

132 Alain de Benoist, *Communisme et nazisme: 25 réflexions sur le totalitarisme* (Paris: Le Labyrinthe, 1998), ss. 137–39.

133 Philippe de Saint-Robert, "Droits de l'homme, droits des peuples et langue de bois", i *Éléments 71* (hösten 1991).

av sig själv döljer sig dock ett system av politisk maktutövning som kan sägas vara mer inkräktande på den personliga friheten än vilket totalitärt styre som helst. Det anser åtminstone den berömde sovjetiske dissidenten, Alexander Zinovjev, som hävdar att liberala samhällen numera kontrollerar sina befolkningar på sätt som Hitlertyskland och Stalins Ryssland inte ens kunde drömma om.[134] Den amerikanskledda västvärlden må alltså under kalla krigets dagar ha framställt sig som en stor motståndare till sovjetiskt tyranni, men för den nya högerns anhängare, vilka delar Zinovjevs åsikt, var de ytliga skillnaderna mellan de två rivaliserande hegemonierna aldrig så betydande som de underliggande likheterna.[135]

Benoist hävdar att totalitarismen (förvisso en omtvistad term) inte karakteriseras så mycket av en särskild politik eller formella kännetecken som av ett tankesystem som ideologiskt reducerar hela den samhälleliga verkligheten till "en enda sanning, ett enda levnadssätt, en enda yttring av gott och ont".[136] Den klassiska totalitarismen uppkom i industrialiserande samhällen där de gamla sociala strukturerna och normerna hade gett vika för normlöshet och förtvivlan. Den inriktade sig inte bara på de sociala problem som hör liberalkapitalistiska samhällen till utan på det existentiella tomrum som dessa samhällen oundvikligen skapade.[137] I denna anda kallade den ett utvalt folk (pro-

---

134 Alexander Zinovjev, *La grande rupture: Sociologie d'un monde bouleversé*, övers. av S. Despot (Lausanne: L'Age d'Homme, 1999), ss. 94, 102; Alain de Benoist, "Le système des médias", i *Critiques-Théoriques* (Lausanne: L'Age d'Homme, 2002). Det kan nämnas att många ryssar anser att västerlänningar är avsevärt mindre medvetna om — och motståndskraftiga mot — sina egna staters hjärntvättningstekniker än de tidigare medborgarna i Sovjetunionen var. Se Victor Loupan, *Le défi russe* (Paris: Eds. des Syrtes, 2000). s. 127.

135 Jfr. Alex Delfini & Paul Piccone, "Modernity, Libertarianism and Critical Theory: Reply to Pellicani", i *Telos 112* (sommaren 1998).

136 Faye, *Contre l'economisme*, s. 135; Michael Walker, "Against All Totalitarianisms", i *The Scorpion 10* (hösten 1986); Alain de Benoist, "Fortschritt in Grauen", i *Junge Freiheit* (12 oktober 2001).

137 Julien Freund, "Le conflit dans la société industrielle", i *Nouvelle Ecole 45* (vintern 1988–89). Jfr. Robert Nisbet, *The Quest for Community: A Study in the Ethics of Order and Freedom*, 3:e uppl. (San Francisco: ICS Press, 1990).

letären, ariern, den ekonomiska människan) att förverkliga "paradiset på jorden".

Tidigare teoretiker (såsom Karl Popper, Hannah Arendt, Jacob Talmon, Carl J. Friedrich, Raymond Aron och Zbigniew Brzezinski) antog att liberalismen till sin natur var antitotalitär; Benoist anför emellertid, att den historiska liberalismen dels skapade förhållanden som framkallade totalitära utvägar som svar, dels har den i dag potential att bli totalitär, om den lyckas underordna livets mångfaldiga aspekter sitt ekonomiska systems kvantitativa logik.[138][139] Michael Walker, den brittiske identitären och redaktören för *The Scorpion*, menar att totalitarism "inte alls har att göra med metod" utan med att systematisera "tillvaron i sin helhet".[140]

Med detta perspektiv ter sig kommunismen mindre främmande för liberalismen än de kalla krigarna framställde den. Utöver att kommunismen uppkom som ett svar på liberala orättvisor, kapitalistiskt utnyttjande och marknadens obevekliga *kommodifiering* av sociala relationer, så är kommunismens ideologiska rötter fastvuxna i liberalismens mylla; båda dessa system är begreppsmässigt rotade i upplysningens idéer och delar samma teknoekonomiska modeller för staten (företräde åt optimal, ekonomisk prestanda, högre levnadsstandard, jämlika förhållanden och en höggradigt rationaliserad samhällsordning).[141] Eftersom liberala regimer har haft svårt att infria sina löften om jämlikhet och att reglera det sociala gytter som deras

---

138 Benoist, *Communisme et nazisme*, s. 99.

139 Claude Polin, *Le totalitarisme* (Paris: PUF, 1983). Jfr. Hans-Dietrich Sander, "Die Charaktermasken des totalitären Liberalismus", i *Staatsbriefe* (augusti 1996).

140 Idag, när västvärlden t.ex. förfäktar de mänskliga rättigheterna, får dessa samma tanklösa och auktoritära ställning som marxistleninistiska principer hade i det tidigare Sovjetunionen, då det dogmatiska förfäktandet avvisar varje diskussion utanför dessa rättigheters ramar. Se Walker, "Against All Totalitarianisms"; Alain Benoist, "Introduction", i *L'écume et les galets. 1991–1999: Dix ans d'actualité vue d'ailleurs* (Paris: Le Labyrinthe, 2000).

141 Jfr. J. L. Talmon, *The Origins of Totalitarian Democracy* (London: Secker and Warburg, 1952).

pulvrisering av traditionella samhällen skapar, fick ofta totalitära alternativ en viss attraktionskraft. På så vis uppkom en otillfredsställd jämlikhetsivran som krävde drastiska åtgärder, inklusive terror, för att förverkliga socioekonomiska mål som måttligt kapitalistiska regimer hade misslyckats att nå.[142] Genom tvångsmobilisering av förfördelade befolkningar sökte totalitära aktörer i praktiken att skynda på en utveckling som hade tagit årtionden, till och med århundraden, att åstadkomma i de mer avancerade liberala samhällena. Detta förutsatte hänsynslösa metoder, men inte så mycket för att berika en tyrannisk minoritet, som liberala individualister hävdar, som för att skapa ett allas mot allas tyranni till förmån för vissa gemensamma samhälleliga ambitioner.[143]

I traditionella, organiska samhällen omöjliggjorde samhällets holistiska men ändå hierarkiska karaktär att ett monolitiskt kontrollsystem uppstod.[144] Klassiskt liberala regimer förhindrade uppkomsten av ett sådant system genom en maktdelning, så att kyrkan, staten och civilsamhället konkurrerade med varandra. Med slutet av Andra världskriget och särskilt med kalla krigets slut, har emellertid samhällena i västvärlden i ökande utsträckning tillgripit förenande styrelseformer; detta i takt med att de utvecklas till marknadsdrivna teknokratier, vilkas cybernetiska principer behärskar hela spännvidden av människans tillvaro, från statens och ekonomins makrostrukturer till vardagslivets personliga mikrosfärer.[145] Eftersom dessa teknokratier inte längre kän-

142 Benoist, *Les idées à l'endroit*, ss. 159–62; Benoist, *Communisme et nazisme*, s. 127; Alain de Benoist, "Un totalitarisme peut en cacher un autre", i *Éléments 46* (sommaren 1983). Jfr. Eugen Weber, *Varieties of Fascism* (Princeton: Van Nostrand, 1964), ss. 38, 54–56, 139.

143 Polin, *Le totalitarisme*, s. 33. Jfr. Alexander Zinovjev, *Homo Sovieticus*, övers. av J. Michaut (Paris: Julliard, 1982).

144 Liberalismen brukar se traditionella samhällens organiska holism som en begynnande totalitarism, men som Louis Dumonts arbete visar är sådana samhällen totalitarismens raka motsats. Se hans *Homo Hierarchicus: The Caste System and Its Implications*, övers. av M. Sainsbury o.a. (Chicago: University of Chicago Press, 1980).

145 Jacques Ellul, *The Technological Society*, övers. av J. Wilkinson (New York: Vintage, 1964); Alain Touraine, *La société postindustrielle* (Paris: Denoël, 1969); Daniel Bell, *The Coming of Post-Industrial Society* (New York: Basic Books, 1973); François-Bernard Huyghe, *La soft-*

ner sig tvungna att upprätthålla den formella illusionen av frihet, som var fallet när man konkurrerade med Sovjetunionen, har förtryck av allt som står i vägen för deras genomadministrerade värld blivit rutin. Den samtida totalitarismen skiljer sig dock påtagligt från sina klassiska former. På grund av de tillgängliga, "kyliga" teknologierna (som har fullbordat den cartesiska matematiseringen av livet) har tidigare totalitära regimers hårda maktspråk övergått till bruket av "mjuk makt". Som en följd av detta är inte längre fysiskt våld nödvändigt för att uppnå politisk kontroll; systemet siktar nämligen in sig på psyket och hur individer är betingade att foga sig efter sina funktionella behov. Genom en "skådespelsliknande" organisering av det dagliga livet är nu en asocial, självrefererande konsumism (som ger individen njutning på bekostnad av det samhälleliga eller etniska engagemanget) förmögen att förleda lättrogna massor genom ett ändlöst uppbåd av förföriskt paketerade bilder som sätter sig över den kritiska självreflektionen, programmerar in samtycke och översätter allting till ett standardiserat, kommersiellt språk.[146] Som Jean Baudrillard anmärker, "muskelpolitik" har blivit överflödig, då systemets digitala skenbildsmanipulation — det han benämner "den teknomorfa betingningens ideologi" — får människan att längta efter träldom.[147]

Genom bildbaserad reklam, tv-vänliga berättelser och beteendestyrning som tilltalar höger hjärnhalva, där informationen behandlas känslomässigt, målar systemet upp en värld av programmerade bilder

---

idéologie (Paris: Laffont, 1987); Herbert Marcuse, *One-Dimensional Man* (Boston: Beacon Press, 1964); Augusto Del Noce, *L'époque de la sécularisation*, övers. av P. Baillet (Paris: Syrtes, 2001).

146 Jfr. Vladimir Volkoff, *Petite histoire de la désinformation* (Paris: Rocher, 1999); Guy Debord, *Society of the Spectacle*, övers. från franskan (Detroit: Red & Black, 1977).

147 Alain de Benoist, "Spectacles et simulacres", i *Nouvelle Ecole 37* (våren 1982); Charles Champetier, "Implosions tribales et stratégies fatales", i *Éléments 101* (maj 2001); Guillaume Faye & Patrick Rizzi, "Vers le mediatisation totale", i *Nouvelle Ecole 39* (hösten 1982); Jean Baudrillard, *Simulations*, övers. av P. Foss o.a. (New York: Semiotext(e), 1983), ss. 30–37; Jean Baudrillard, *La Gauche divine* (Paris: Grasset, 1985), ss. 148–53. Jfr. Edward S. Herman and Noam Chomsky, *Manufacturing Consent: The Political Economy of the Mass Media* (New York: Pantheon, 1988).

som står i ett skevt förhållande till verkligheten. Upphackade, sammanhangslösa, omordnade, uppochnedvända och upprepade i det oändliga betingar dessa bilder individens sätt att uppfatta och förhålla sig till sin omgivning. "Verkligheten" görs därmed till ett iscensatt skådespel — en överdriven verklighet — vars teckenvirvlar är föga mer än ett program.[148] Men när en gång livserfarenheten har gått förlorad för ett falskt sken blir åskådaren oundvikligen okunnig, distraherad och psykologiskt beroende. Som en rysk identitär anmärker: "Vi håller snabbt på att förlora varje allmängiltig framställning om känslan för livet, om historiens logik, om människans problem, om världens öde."[149] Detta är dessutom en alltmer nödvändig sida av den marknadsdrivna teknokratin; att individen fjärmas från vardagstillvaron är nämligen nyckeln till dennes tvång att leva inuti den teknokratiska låtsasvärlden.[150] Televisionen, till exempel, tillåter liberalismens isolerade individ att "i form av skådespel konsumera allt som han förnekas i verkliga livet: sex, lyx, äventyr, resor etc." (Benoist).

Utöver att beröva individen ett sinne för minnen, platser och tid, skapar de kontrollerade media som är ansvariga för denna värld av påhittade skådespel en situation i vilken hennes från kollektiva verkligheter isolerade jag tillåts att ge sig i kast med varje slags verksamhet eller leva ut varje tänkbar fantasi — så länge den är blottad på socialt innehåll.[151] Jaget (som i Aldous Huxleys dystopi) vänder sig till systemet för att förverkliga de narcissistiska önskningar som systemet självt är upphov till. Friheten omdefinieras följaktligen som "frånvaron av restriktioner och tvång" — det vill säga som släpphänthet — och upp-

---

148 Charles Champetier, "La nouvelle cause des femmes", i *Éléments 93* (oktober 1998).

149 A. G. Dugin, "Eurasia Above All: Manifesto of the Eurasian Movement", på Arctogaia (http://www.arctogaia.com).

150 Arnold Gehlen, *Man in the Age of Technology*, övers. av P. Liscomb (New York: Columbia University Press, 1980), s. 55.

151 "Three Interviews with Alain de Benoist". Jfr. Christopher Lasch, *The Culture of Narcissism: American Life in an Age of Diminishing Expectation* (New York: Norton, 1978).

hör att vara ett "medel för att uppnå ett mål genom social handling".[152] (Som Baudrillard formulerar det upphör friheten att vara en "handling" och blir till "en andlig och samförstående form av interaktion").[153] På samma sätt är systemets utbasunerade "frigörelse" och "självständighet" förenade med konsumistiska beteendeformer och narcissistiska identiteter, samtidigt som det "goda livet" reduceras till en fråga om ägodelar. Systemets totalitära tendens är särskilt tydlig i avpolitiseringen. Så snart som systemets regleringslogik tar ordningsansvaret och dess experter vidtar de åtgärder som är nödvändiga för att upprätthålla ordningen, ersätts politiska frågor med tekniska. Endast systemets vidmakthållande av sig självt blir då det som berättigar dess fortsatta existens. Vem eller vad som än hotar detta kriterium behandlas som ett programmeringsfel; den eller det som inte lyckas anpassa sig till systemets ontologiska princip räknas helt enkelt inte. För att utestänga allt som systemet finner obehagligt förs offentliga debatter och andra former av diskussioner under den politiska korrekthetens och "hetslagarnas" skyddande ledning.[154] Debatt, oenighet och avvikande meningar programmeras på samma sätt ut ur dess skådespelsmässiga uppfattning om frihet, och tankar och handlingar som frångår den rådande rättrogenheten döms ut som "fobiska" och blir föremål för klinisk behandling (eller "känslighetsträning"), liksom var fallet i Sovjetunionen.[155] Informationen har faktiskt blivit så styrd att en amerikansk konservativ debattör nu hävdar att amerikanska nyhe-

152 Benoist, "Hayek: A Critique"; Philippe Baillet, *Julius Evola ou La sexualité dans tous ses états*' (Chalon-sur-Saône: Hérode, 1994), ss. 61–67.

153 Jean Baudrillard, *The Illusion of the End*, övers. av C. Turner (Stanford: Stanford University Press, 1994), s. 30.

154 Alain de Benoist, "La pensée unique" (1996), i *L'écume et les galets*; Charles Bonneau, "Le totalitaisme post-démocratique", i *Éléments 73* (våren 1992).

155 Charles Champetier, "Notes sur la liberté d'expression", i *Lien express: Bulletin de liaison des members du GRECE* (2 december 2000). I september 2000 publicerade Le Figaro en serie på samma tema: "Är debatt fortfarande möjlig i Frankrike?" Talande nog svarade nästan alla intervjuade personligheter nekande.

ter — som David Barsamian kallar "nuzak" — måste läsas på "ungefär samma sätt som sovjetologer brukade läsa Pravda, genom att man genomsöker stora mängder artiklar på jakt efter små, skvallrande detaljer i texterna".[156] Den lilla skara som fortfarande står upprätt bland ruinerna efter tidigare friheter behöver inte längre frukta att skickas till Gulag, men deras böcker publiceras inte, de får inte tillgång till allmänheten via offentliga fora och deras anseende dras i smutsen.[157]

Alexander Solzjenitsyn sade en gång om sin amerikanska exil, att han hade flyttat från ett system där man inte kunde säga något (för allt hade betydelse) till ett där vad som helst kunde sägas men utan verkan.[158] För den nya högern är detta nyckeln till den nuvarande totalitära tendensen i västvärlden; liberala friheter har i mångt och mycket blivit meningslösa i en värld som kombinerar "ständig övervakning med fullkomlig flathet". Alltså, närhelst de mjuka, totalitära regimerna i västvärlden talar om frihet menar de i själva verket frihet att göra affärer eller ägna sig åt utsvävningar, inte frihet att vara delaktig i hur samhället styrs, utmana systemets förgivettaganden eller söka uppnå

156 William J. Corliss i *Chronicles* (juli 1998), s. 45.

157 Eric Werner, *L'après-démocratie* (Lausanne: L'Age d'Homme, 2001), ss. 8–10; Hans-Dietrich Sander, "Die Charakteremasken des totalitären Liberalismus", i *Staatsbriefe* (augusti 1996); Benoist, *Orientation pour des années décisives*, s. 60; Alain de Benoist, "Démocratie virtuelle" (1996), i *L'écume et les galets*; Günther Maschke, "Allemagne: L'éternelle année zéro", i *Non à la censure! Actes du XXXIe colloque national du GRECE* (Paris: Grece, 1998); Klaus J. Groth, *Die Diktatur der Guten: Political Correctness* (Munich: Herbig, 1999). *British National Journal 60* rapporterar att mellan 1994 och 2000 åtalades fler än 52 000 tyskar för åsikter som uppges strida mot landets grundlag. Alla större länder i Europa har numera lagar som kriminaliserar "hets mot folkgrupp" och förbjuder diskussion om vissa tabubelagda frågor. I vissa länder är det till och med brottsligt att hänvisa till vetenskapligt och historiskt erkända "fakta" vid försvarandet av förbjudna åsikter . Det är måhända ingen slump att Frankrikes Gayssot-lag, som är skapad för att tysta och kriminalisera avvikelser, författades av en av de ledande, nutida representanterna för det marxistleninistiska tänkandet, Franska kommunistpartiets Jean-Claude Gayssot. Kopplingarna mellan den sovjetiska totalitarismen och nya, liberala former av ideologisk kontroll kodifierades sålunda formellt — eller åtminstone symboliskt. En del européer menar att Sovjetunionens fall flaggade för nedgången av Västerlandets tankefrihet, ty reglerna för det civiliserade samtalet har sedan dess upphävts. Samtidigt har inte pornografer, rappare, sionister och kommunister erfarit den minsta inskränkning av sina "rättigheter". Jfr. Robert Faurisson, "Revionists Hunted in Europe", på The Heretical Press (http://www.heretical.org/main. html).

158 Alain de Benoist, "L'engrenage de l'égalitarisme", i *Éléments 24–25* (vintern 1977–78).

konträra alternativ. Moral, estetik och ideologiskt motstånd blir på så vis även de motarbetade, och "verklig kulturell frihet stöter på oräkneliga hinder".[159] Sådana liberala regimer må konsekvent se ut och handla annorlunda än tidigare former av totalitarism och till och med legitimera sig själva som eftersträvansvärda alternativ till dessa, men man skulle kunna göra gällande att deras kontrollmekanismer är betydligt mer lömska och destruktiva.

159 Thomas Molnar, *The Emerging Atlantic Culture* (New Brunswick: Transaction Publishers, 1994), s. 97. Robert Dun påpekar att inte blott liberaler som Benedetto Croce utan också anarkister som Enrico Malatesta och Camillio Berneri kunde skriva, tala och undervisa fritt i det fascistiska Italien, men i dagens republikanska Frankrike har "revisionistiska" historiker som Robert Faurisson och Vincent Reynouard avskedats från sina universitetsbefattningar och bestraffats med ruinerande böter. Se "Les Tartufes de la liberté contre la liberté" (1997), i *Une vie de combat.*

Kapitel IV

GUDARNAS SKYMNING

Nya högerns identitära projekt utgår från antagandet att vägran att vara sig själv—ett tillstånd som Martin Heidegger kallar oegentlighet—leder till såväl existentiell som civilisationsmässig oreda. Som nämnts ovan kommer de mest betydande hoten mot den europeiska egentligheten från liberalismen och dess olika sidoskott, såsom feminismen, mångkulturalismen och de mänskliga rättigheterna, som alla inverterar inhemska och naturliga referensramar till förmån för vissa ur sammanhanget utbrutna ramar. Liberalismen är dock, menar nya högerns anhängare, bara kulmen på moderniseringen av ett tidigare, mer ursprungligt hot: kristendomen.[1] De hävdar att denna religion, då den kränkte kontinentens grekisk-romerska, keltiska och germanska grunder, alienerade européerna från sin inhemska andlighet och framkallade den enskilt mest skadliga kulturella förvrängningen av deras identitet.[2]

---

1   Mot den vedertagna synen som identifierar högern med kristendomen, se Gerd-Klaus Kaltenbrunner, red., *Antichristliche Konservative: Religionkritik von Rechts* (Munich: Herderbücherei, 1982). Även Armin Mohler, *Die konservative Revolution in Deutschland 1918–1932*, 5:e uppl. (Stuttgart: Stocker, 1999), ss. 117–21.

2   Alain de Benoist, "La religion de l'Europe", i *Éléments 36* (hösten 1980); Louis Rougier, *Celse contre les chrétiens*, med en introduktion av Alain de Benoist (Paris: Le Labyrinthe, 1997).

KRISTENDOMEN

Historiskt växte inte kristendomen fram som en organisk förgrening av den europeiska själen utan som ett plebejiskt intrång i Roms "kosmopolitiska och söndrade massor".[3] Som Ernst Bloch formulerar det: "Im Christentum steckt die Revolte" — en resning som gav utlopp åt massornas klasshat och fientlighet mot Romarriket.[4] Den uppstigande kyrkan påstås följaktligen vara genomsyrad av en ontologi som var präglad av judiskt ressentiment mot de ickejudiska kungarikena och av en pöbelns moral som eftersträvade att dra ned allt i den kejserliga traditionen som var starkt och ädelt. Kyrkans förföljde Messias tilltalade särskilt rikets "korrupta tschandalaklasser".

Bland de homogena och livskraftiga folken i Nordeuropa däremot stötte detta tvivelaktiga judiska kätteri på oräkneliga hinder.[5] Också med romerska och hellenska tillskott föreföll dess orientaliska väsen främmande, föreställningar om arvsynd, pacifism, självförnekelse, skuld och monoteism kunde nämligen inte undgå att stöta bort dem som värderade styrka och ära, lojalitet och mod, jämvikt och återhållsamhet och respekt för livets mångskiftande karaktär. Av de talrika tidiga yttringarna av Jesusrörelsen var det endast den arianska kristendomen som attraherade dem. Men arianismen var med sin förnekelse av Kristi gudomlighet och sin foglighet efter hedniska trosföreställningar fullt förenlig med en kultur vars krigiska normer avvisade den kristna kärlekens underdånighet.[6] När nordeuropéerna så småningom gav efter för den katolska kyrkans nicenska kristendom, var det inte på grund av någon identifikation med tron utan snarare för att påvestolen hade övertygat deras "långhåriga kungar" att det

---

3   Alain de Benoist, *Les idées à l'endroit* (Paris: Hallier, 1979), ss. 167–84. Jfr. Anne Bernet, *Les chrétiens dans l'empire: Des persécutions à la conversion* (Paris: Perrin, 2003).

4   Citerat i Kaltenbrunner, *Antichristliche Konservative*, s. 11.

5   Prudence Jones & Nigel Pennick, *A History of Pagan Europe* (New York: Barnes and Noble, 1999), ss. 59–77.

6   Roland H. Baintain, *Christianity* (Boston: Houghton Mifflin, 1964), ss. 127–39.

vore diplomatiskt fördelaktigt att ge efter eller, som på Irland, för att kyrkans förfinade, romerska former blåste nytt liv i den inhemska, keltiska kulturen, eller för att de tvingades med våld. I typfallet såg dessa hedniska "konvertiter" Kristus som en segrare över döden, inte som den lidande frälsaren vars livsuppgift var att plikta för människans synder.[7] Det kan i samband med detta nämnas att kyrkans konsolidering i århundradena efter romarrikets fall kom an på en anpassning till hedendomen, vilken levde kvar långt efter kontinentens "omvändelse". Historikern James C. Russell karakteriserar denna anpassning (genom vilken hedniska inslag "kristnades") som "germaniseringen av den tidigmedeltida kristendomen"; katolicismen tvingades att göra så många eftergifter till hedendomen att den i slutändan omvandlade sig från "en universell frälsningsreligion [till] en germansk och omsider europeisk folkreligion".[8]

Protestantismen, särskilt kalvinismen, försökte senare att göra denna anpassning ogjord genom att återförankra nordeuropéerna i den tidiga kyrkans hebreiska former, men den lyckades bara med att undergräva kristendomen; de sekulariserande krafter den släppte loss skakade de gamla bibliska myterna, rubbade de översinnliga referensramarna och misskrediterade kristendomen bland de europeiska massorna, i vilka de flesta bara är kristna till namnet i dag. Detta innebar dock inte slutet för det kristna inflytandet. Kristendomens mest tydliga trosföreställningar, hävdar grecisterna, har sedermera profanerats och införlivats i det modernistiska projektet. Till exempel förvärldsligade

---

7 Baintain, *Christianity*, s. 182.

8 James C. Russell, *The Germanization of Early Medieval Christianity: A Sociohistorical Approach to Religion* (New York: Oxford University Press, 1994), s. 39. Samtidigt som grecisterna medger kristendomens synkretistiska karaktär, betonar de att den aldrig erövrade Europa helt och hållet och att de största europeiska bedrifterna, i form av t.ex. gotiska katedraler, Bachs musik eller ridderlig etik, i allt väsentligt var yttringar av keltisk och germansk hedendom. Se Patrick de Plunkett, "Analyses", i *Nouvelle Ecole 27–28* (januari 1976); Pierluigi Locchi, "La musique, le mythe, Wagner et moi", i *Études et recherches 3* (juni 1976). Jfr. Julius Evola, *Revolt Against the Modern World*, övers. av G. Stucco (Rochester VT: Inner Traditions International, 1995), ss. 287–301.

liberalismen kyrkans universalism, jämlikhetsivran och individualism och omformulerade i samma veva kristen barmhärtighet till humanism, hopp till framsteg, frälsning till rikedom. Även om kyrkorna numera är tomma hävdar grecisterna att Europa aldrig har varit lika mättat med kristna uppfattningar som i dag, då samma principer fortfarande råder, dock i förklädnad av den förhärskande liberalismen.[9] Den kulturella förvrängning som åtföljde kristendomen gestaltade sig på olika sätt. Nyahögeranhängarna anser med Nietzsche att kristendomen på det mest grundläggande planet var ett "slavuppror" mot aristokratiska ideal.[10] Därav var dess budskap om kärlek och frälsning inte så mycket mer än ett plebejiskt nejsägande, som gav utlopp för en instinktiv motvilja mot det uppstigande livet.[11] Följaktligen utjämnade, standardiserade och försvagade kristendomen högre former och kuvade "varje känsla av vördnad och avstånd mellan en människa och en annan". Den framhöll den svage, den sjuklige och den mediokre och satte själva livet på spel för dem den förledde. I och med att européerna fogade sig efter kristendomen och dess efterföljande sekulära avläggare komprometterade de den aristokratiska grunden för sitt civilisationsprojekt. Detta innebar inte att deras faustiska strävan efter det oändliga försvann med omvändelsen. Den levde vidare i de olika traditionerna om sökandet efter Graal, i erövringen av världshaven och i klyvningen

9 Alain de Benoist, *Comment peut-on être païen?* (Paris: Le Labyrinthe, 1981), s. 273. Jfr. Arnold Gehlen, "Die Säkularisierung des Fortschritts" (1967), i *Gesamtausgabe* (Frankfurt/M: Klostermann, 1978), band 7.

10 Friedrich Nietzsche, *On the Genealogy of Morals*, övers. av W. Kaufmann & R.J. Hollingdale (New York: Vintage, 1967), I, §7; Benoist, *Les idées à l'endroit*, ss. 167–84; Benoist, *Comment peut-on être païen?*, ss. 87–88. Det sägs att Julianus, Roms siste hedniske kejsare, vid ett tillfälle sade: "Om de kristna segrar så kommer världen att vara judisk inom 2000 år." Citerat i Eugène Krampon, "Mourir pour Jérusalem?", i *Réfléchir et agir 9* (sommaren 2001). När påven Johannes Paulus II kallade judendomen "vår äldre broder i tron" och gav den företräde framför kristendomen, medgav han praktiskt taget klarsyntheten i Julianus varning. Det kan tilläggas att denne föregivet "konservative" påve har "kysst koranen [och] bevittnade hur krucifixet togs bort från ett katolskt altare och ersattes med en Buddastaty". Se brev från William Winterbauer, i *Culture Wars 21* (februari 2002).

11 Friedrich Nietzsche, *Ecce Homo*, övers. av W. Kaufmann (New York: Vintage, 1969), ss. 271–72.

av atomen — men hädanefter nedsatt av ett inre tvivel som syftade åt ett annat håll än Europas infödda anda.[12] Det dogmatiska sinnelag som medföljde kristendomen vara lika betydelsefullt. Den nya troslärans monoteism var till skillnad från den hedniska traditionen en outtömlig källa till stelbenthet och fanatism. Kyrkan framhöll sin läras överlägsenhet och förföljde nitiskt alla som satte sig på tvären. Den satte upp Jerusalem mot Aten (det vill säga uppenbarelsen mot förnuftet), rev hedniska tempel (inklusive flera av den antika världens arkitektoniska skatter), brände hedniska böcker och avrättade tusentals druider.[13] Den tidiga kristendomens litteratur, skriver Benoist, är ett enda långt rop efter förbud, förgörelse och plundring.[14] Dock var det inte monoteismen i sig som mest skilde kristendomen från Europas ursprungliga religiösa kulturarv utan den tvåfaldiga ontologi den vilade på. Denna dualism vidhöll att en oöverstiglig klyfta åtskilde Gud, skaparen, från människan i skapelsen. Den naturliga världen upphörde att vara gudars kroppar och genomsyrad med det heliga och blev i stället en skapelse som var framkallad ur intet av en översinnlig skapare, som stod utanför och ovanför världen. I och

---

12 Thomas Molnar & Alain de Benoist, *Eclipse du sacré: Discours et réponses* (Paris: Table Ronde, 1986), s. 241. Grece är mest känd för sin hedendom, men den är en polymorf organisation med isärgående strömningar. Mot Benoists och Greceflertalets hedendom står Armand Guyot-Jeannins, Christophe Levalois' och Claude Rousseaus katolska traditionalism och hedniska element, tidigare företrädda av Pierre Vial, som understryker det kristna arv som är förenligt med traditionalismen och hedendomen. Se Armand Guyot-Jeannin, *Révolution spirituelle contre le monde moderne: Essai d'analyse chrétienne* (Neuilly-sur-Seine: Cercle Sol Invictus, 2000) och Pierre Vial, "Réflexions pour un débat", i *Études et recherches pour la culture européenne 5* (hösten 1987). På andra håll är det svårare att generalisera. I några europeiska länder, till exempel i Spanien, är katolicismen dominerande och hedningar i minoritet inom nya högern; i slaviska länder, där den hedniska traditionen är särskilt svag, är ortodox kristendom nästan allenarådande; i Tyskland influerar katolicismen *Junge Freiheit*, medan hedendomen dominerar Pierre Krebs' Thuleseminariet.

13 Alexandre Gryf, "La persécution contre les païens 312–565", i *Nouvelle Ecole 52* (2001).

14 Alain de Benoist, "Christianisme", i *Nouvelle Ecole 52* (2001).

med det nedvärderades jordelivets allehanda manifestationer — då det verkliga livet inte ansågs höra till denna värld utan till nästa.[15]

Samtidigt som kristendomen underordnade människovärlden Guds himmelska ordning, uppfattade denna religions tudelade ontologi världen i termer av ett gudomligt ordnande förnuft (*logos*). Liksom i platonismen (som kyrkan lånade mycket från) blev världen en blek återspegling av en högre ordning. Det omedelbart verkliga togs alltså för ofullständigt, då varandets verkliga upphov fanns på annat håll. Detta fick de tidiga kristna att vända ryggen till vardagsvärlden, avvisa medborgerliga ritualer och nedvärdera samhälleligt engagemang. Och eftersom alla världsliga händelser, utan hänsyn till deras motsättningar och uppenbara brist på sammanhang, betraktades som yttringar av *logos*, var kristendomen förbunden att betona de rationalistiska trosaspekterna, för endast kristendomens "föreskrifter, lagar och förbud" ansågs vara i samklang med det gudomliga.[16] Genom att byta ut det heliga, mytiska elementet i det hedniska Europa mot *logos* allestädes närvarande förnuft och föreställa sig gudomligheten i världsfrämmande termer kunde inte kristendomen annat än att avsakralisera kosmos, förtingliga naturen och nedvärdera skapelsen.[17]

Bortsett från enstaka gudomliga ingripanden blev den kristna världen en "jämmerdal". Som Nietzsche uttryckte det, "Med 'livet

15   Sigrid Hunke, "Was Trägt über den Untergang des Zeitalters?", i *Elemente für die europäische Wiedergeburt 1* (juli 1986); Alain de Benoist, "Sacré païen et désacralisation judéochrétienne du monde", i D. Théraios, red., *Quelle religion pour l'Europe* (Paris: Georg, 1990).

16   Tomislav Sunic, *Against Democracy and Equality: The European New Right* (New York: Peter Lang, 1990), s. 74; Pierre Le Vigan, "Le Christianisme et les religions du livre", i *Nouvelle Ecole 52* (2001). I ett ställningstagande för kristna identitärer vidhåller Robert Barrot att föreställningen om ett "judisk-kristet arv" är ett påhitt, att Jesus' judiska ursprung är andligt tillbakavisat i Nya testamentets lära och att kristendomens väsen är grekisk-romerskt, inte hebreiskt. Se hans *Il est trop tard* (Paris: Godefroy de Bouillon, 2001), ss. 23–26.

17   Molnar and Benoist, *L'éclipse du sacré*, ss. 131–47; Hunke, "Was Trägt über den Untergang des Zeitalters?"

efter detta' dödar man livet".[18] De kristnas hänvisningar till en annan värld ringaktade även betydelsen av nationella och kulturella särdrag — denna judiska föreställning om en "allmän själ" skilde sig nämligen inte från en ras till en annan eller från en individ till en annan. Med en Nya testamentet-kännares ord: "För att godta den kristna religionen har folk alltid tvingats rätta sitt tänkande efter den mycket ovanliga föreställningen att man tillhör ett folk och en historia vilka egentligen inte är ens egna."[19] Det var i denna anda som kyrkans "nya förbund" slöts mellan Gud och mänskligheten. Kristna kom därför att se sig själva som Guds barn, likgiltiga till, om inte fyllda av förakt för, de olika etnonationalistiska beteckningar som delade människorna och stod i vägen för spridandet av Herrens ord.[20] Som Louis Pauwel anmärker har kristna inget fädernesland, bara Guds förlovade land.[21] I kontrast mot hedendomens bekräftelse av lojaliteten till gruppen, fokuserade kristendomen på den individuella frälsningen och gjorde detta på gruppens bekostnad, och förkastade på så sätt forntidens syntes mellan andlighet och medborgaranda.[22]

I nästan femton århundraden behärskade kristendomen kontinenten. Benoist hävdar att, i och med avförtrollningen av världen, föreningen av tro med förnuft och främjandet av individuell subjekti-

18 Friedrich Nietzsche, *The Anti-Christ*, övers. av R. J. Hollingdale (Hammondsworth: Penguin, 1968), §58.

19 Burton L. Mack, *Who Wrote the New Testament? The Making of the Christian Myth* (San Francisco: Harper Collins, 1995), s. 294.

20 För ett kristet identitärt genmäle, se Jean-Pierre Blanchard, *Mythes et races: Précis de sociologie identitaire* (Paris: Eds. Detérna, 2000), ss. 103–12.

21 Louis Pauwels, *Comment devient-on ce que l'on est?* (Paris: Stock, 1978), s. 145. Jfr. Richard Fletcher, *The Barbarian Conversion: From Paganism to Christianity* (New York: Henry Holt, 1997), ss. 30–31; Egon Haffner, *Der "Humanitaraismus" und die Versuch seiner Überwindung bei Nietzsche, Scheler und Gehlen* (Würzburg: Konigshausen u. Neumann, 1988), s. 75.

22 Guillaume Faye, "La problèmatique moderne de la raison ou la querelle de la rationalité", i *Nouvelle Ecole 41* (november 1984); Louis Rougier, *Du paradis à l'utopie* (Paris: Copernic, 1979), s. 60; Louis Dumont, "La genèse chrètienne de l'individualisme moderne", i *Le Débat 15* (september 1981); Pierre Bérard, "Louis Dumont: Anthropologie et modernité", i *Nouvelle Ecole 39* (hösten 1982).

vitet, beredde kristendomen marken för den nuvarande "förmörkelsen av det heliga". Till följd av detta saknar européer numera de andliga referensramar—den översinnliga visshet—som en gång besjälade dem, då en efterkristen värld, där vetenskap och liberal ideologi har ersatt kyrkans misskrediterade läror, är en värld som endast känner livets materiella egenskaper och en existentiell grundlöshet som gör individen kraftlös. Européerna är andligen på drift och verkar till och med ha förlorat sin överlevnadsinstinkt; etnomasochismen står nämligen högst i deras värdehierarki, samtidigt som feminiseringen gör dem försvarslösa mot hotande faror.[23] Ställda inför en ur detta tomrum född nihilism efterlyser nya högern en "återvändo till oss själva"—och till sitt kulturarvs ursprungliga källor. Detta förordar man inte i syfte att återvända till någon förkristen guldålder utan som ett medel för att återuppliva det europeiska projektet—och därmed Europas vilja till makt.

HEDENDOMEN

De hävdar att endast det forntida Europas gudar erbjuder en andlig utväg ur det nuvarande sjukdomstillståndet.[24] Skuldkänslorna, rädslan, den inskränkta, kälkborgerliga fixeringen vid välfärd och den självhatande kärleken till den Andre som gör européerna försvarslösa mot liberala marknadsvärden: denna läggning hör inte hemma i Rigveda, Iliaden eller Eddan utan i kristendomens främreorientaliska trossystem (vilket från början utgjorde en motpol till grekisk-romerska tankegångar och känslor). Nyahögeranhängarna hävdar att för att övervinna den svaghet som undertryckandet av det infödda sinnelaget har

---

23   Michael Walker, "Les enjeux culturels de l'Europe", i *Crépuscule des blocs, aurore des peuples: Actes du XXIIIe colloque du GRECE* (Paris: Grece, 1990). Som Le Bon skriver, "Ett folk överlever sällan sina gudars död." Se Alice Widener, red., *Gustave Le Bon: The Man and His Work* (Indianapolis: Liberty Press, 1979), s. 284.

24   Jacques Marlaud, *La renouveau païen dans la pensée française* (Paris: Le Labyrinthe, 1986), ss. 64–66.

fört med sig måste européerna återfylla själen vid sitt väsens dopfunt. Frigjord från Jehova, en främmande ökengud, är den sakrala stämning som fortfarande genomsyrar Europas skogar och heliga platser enda möjliga alternativet till den nutida, själsdödande avsakraliseringen.[25] Som Ernst Jünger varnar, kan endast ett återvändande till de gamla gudarna rädda oss från ett annalkande kaos.[26]

När nyahögeranhängarna vänder sig till sitt hedniska kulturarv önskar de egentligen inte återupprätta hedniska seder; och de distanserar sig från new age-hedningar, vilkas blandning av forntida kulter och postmodern hedonism är lika anti-identitär som de kristna och modernistiska idéer den nya högern motsätter sig.[27] I stället eftersträvar de att med hedendom återuppväcka den uppfattning om världsalltet som var Europas förfäders; de vill återuppväcka klassiska, etiska principer, den klassiska uppfattningen om tid och historia och det klassiska bejakandet av gemenskapen. Deras hedendom bejakar alltså det europeiska projektets okränkbarhet och "alla de outgrundliga, skapande krafter som manifesterar sig i naturen" och avfärdar samtidigt en människofientlig religiös föreställning, som låter människan be om förlåtelse från en gud som är utformad med utgångspunkt i en främreorientalisk despot.

Framför allt siktar nya högerns hedendom på att omvärdera de judisk-kristna värderingar som har omkastat allt som är starkt och ädelt i kulturarvet. Nya högerns hedendom är alltså på det stora hela en filosofisk tendens snarare än ett försök att återinföra gamla religiösa seder. Dock är den inte andligt betydelselös. Även om de olympiska gudarna inte längre bebor de befintliga minnestemplen, har de ideal de personifierar levt kvar i andlig folkkultur, sedvänjor, litteratur och

---

25 Marlaud, *La renouveau païen dans la pensée française*, s. 132. Jfr. Bernard Rio, *L'arbre philosophical* (Lausanne: L'Age d'Homme, 2001).

26 Citerat i Robert de Herte, "Le retour des dieux", i *Éléments 27* (vintern 1978).

27 Christian Bouchet, *Néo-paganisme* (Puiseaux: Pardès, 2001). Jfr. Julius Evola, *Masques et visages du spiritualisme contemporain*, övers. av P. Baillet (Puiseaux: Pardès, 1991).

folkkynnen — vilket tyder på att den hedniska andan fortfarande lever i den europeiska själen.[28] Nya högerns anhängare ser det följaktligen som sin uppgift att göra andra medvetna om denna närvaro. De är inte så naiva att de tror att hedendomen efter ett kristet årtusende någonsin kommer att bli vad den en gång var: men det är inte heller avsikten. Deras återvändande till de gamla gudarna är snarare en åkallan av det innersta väsen som gudarna härrör från, av det kulturarv som utlovar en meningsfull framtid och av den affirmativa inställning som bejakar allt som är livskraftigt i deras fädernearv. "Tjugohundratalets revolution", förutspår en identitär, kommer troligen att vara av religiös art: genom att återförena européerna med sitt innersta själsliv erbjuder en hednisk kulturrenässans möjligheten att de också blir del av detta uppstigande.[29] I såväl sin forntida som sin nutida form stöter hedendomen kristna/liberala principer. Detta är särskilt tydligt i de motsättningar som skiljer kristen monoteism från hednisk polyteism. På samma sätt som den abrahamitiska traditionen reducerade de mångfasetterade yttringarna av det heliga till en enda gud, framhåller dess monoteism en enda sanning, en enda ande och en enda mänsklighet. Den tenderar till följd av detta att vara endimensionell och ensidig, med strikta polariteter, bestämda kategorier och en "antingen eller"-logik som, med Descartes (omedvetet avslöjande) ord, fördömer "skogen av villfarelser" till förmån för öknen av uppenbara sanningar.[30] Den förkristna polyteismen uppkom däremot från heliga lundar och mytbildande, mottagliga, nyanserade och fördomsfria sinnen. Den namnkunnige keltologen Jean Markala påpekar att de forntida

---

28 Benoist, *Comment peut-on être païen?*, ss. 18–25.

29 Vial, "Réflexions pour un débat". Som Kierkegaard skriver, "Allting som idag passerar som politik kommer imorgon att avslöjas vara religion." Citerat i Irving Kristol, *Reflections of a Neoconservative* (New York: Basic Books, 1983), s. vi.

30 Benoist, *Comment peut-on être païen?*, ss. 157–74.

kelternas tänkande saknade den judisk-kristna teologins svartvithet.[31] För Lugs och Brigits dyrkare, vilkas tempel var Västeuropas vilda skogar, fanns inga absoluta sanningar. Monoteismens identitetsprincip (att a = a) fanns inte för dem. Det saknades skarpa och bestämda gränser mellan gott och ont, rätt och fel. Den keltiska världen fanns till i en paradoxal anda. Det som var rätt i en situation vore troligen fel i en annan, det som var en mardröm för någon kunde vara en dröm för någon annan. Andarna som styrde den keltiska världen uppehöll sig lika mycket i människan som i hennes gudar, och linjen de drog mellan människa och gud var oskarp. Dessa andar var dessutom både motstridiga och kompletterande. Människans mål var inte att avvisa eller förneka dem utan att ordna dem för harmonins och måttfullhetens skull — eftersom, som Herakleitos anmärker, "det i sig självt isärgående [kosmos] samstämmer: motspänd fog, som hos bågen och lyran". Till skillnad mot monoteismens entydiga logik (eller liberalismens lamslående relativism) vidhöll den keltiska polyteismen att det finns olika nyanser av sanning och varande; dess värld var öppen med olika meningsstrukturer och motstridande dragningskrafter. Idén om en allomfattande föreskrift, som kom med det kristna, främmande *logos*, framstod som en orimlighet för Europas ursprungsfolk, då ett sådant dogmatiskt påstående negerade livets omvärldsöppna, självbestämmande natur. Tidiga européer tog helt enkelt för givet att det krävdes många berättelser för att röja hela sanningen och att denna sanning var möjlig att känna till enbart genom berättelsernas rika variation.

Denna nyanserade sanningsuppfattning vilar på inbegreppet av de hedniska principerna: att livet inte har någon annan mening än sig självt.[32] Som Homeros, Hesiodos och Herakleitos skildrar det är

---

31 Jean Markale, *The Celts: Uncovering the Mythic and Historic Origins of Western Culture*, övers. av C. Hauch (Rochester VT: Inner Traditions International, 1993), s. 297. Jfr. Thorleif Borman, *Hebrew Thought Compared with Greek* (New York: Norton, 1970).

32 Guillaume Faye, "La problematique moderne de la raison ou la querelle de la rationalité", i *Nouvelle Ecole 41* (hösten 1984); Marlaud, *Le renouveau païen dans la pensée française*, ss. 68–71; Dominique Venner, *Histoire et tradition des européens: 30,000 ans d'identité* (Paris: Rocher, 2002), s. 108.

livet en kamp, inget mer. Det är varken bra eller dåligt. I en värld utan inneboende mening förgås den svage, medan den starke smider sina värden till en stomme av livsbejakande principer — och frodas. Den som sätter sitt öde i andras händer (antingen i en himmelsk patriarks eller i liberalernas förmyndarsamhälles) kastas lätt omkull och krossas. Forntidens folk trodde att livet inte hade någon mening utöver att uppfylla sig självt, att det inte dolde någon högre mening: människan själv skapar meningen. Varje människoform — individuell eller kollektiv — söker omedvetet en högre existensnivå. Detta är naturens lag. I Homeros värld fanns till exempel hjältar som var ödesbestämda att dö unga (som Akilles) och andra som skulle njuta av en lång, händelserik tillvaro (som Odysseus). Till skillnad från de judisk-kristna gjorde Europas störste poet ingen moralisk åtskillnad mellan dem. Ställd inför en opersonlig verklighet är det inte rätt och fel, gott och ont, långt liv eller kort liv som räknas utan ära och vanära, skönhet och fulhet, mod och feghet. Endast de som genom sig själva och sina principer betvingar det ursprungliga kaoset och ser det storslagna i de motgångar och segrar som oundvikligen åtföljer deras kamp, överlever och åstadkommer ett meningsfullt liv. Det hedniska Europas tragiska, heroiska anda strävade därigenom, med bejakandet av tillvarons oskuldsfullhet och de oundvikliga, normgivande inflytanden som gör sig gällande i varje mänskligt samhälle, att gestalta tillvaron enligt sina former. Detta gjorde hedendomen till en religion av gärningar, inte av tro.[33]

De abrahamitiska religionernas sanningar däremot, liksom den liberala rationalismens, är universella och begriper världen i former som kan tillämpas på alla, överallt, alltid.[34] Den tidiga kyrkan var genomsyrad av den intolerans och stränghet som hör semitiska religioner till och hoppades att kunna omorganisera världen på grundval av

---

33 Marlaud, *Le renouveau païen dans la pensée française*, s. 49.
34 Sigrid Hunke, *Von Untergang des Abendlands zum Aufgang Europas* (Rosenheim: Horizonte, 1989), s. 296.

sina obestridliga sanningar. Liberalismen strävade senare efter samma sak, men med en sekulär föreställning om *logos*. I båda fallen tog man sig an *logos* genom individens ande eller förnuft, inte genom samhällets ödesbestämmande projekt. Hedningar kände däremot inget tvång att avfärda den omedelbara verkligheten till förmån för en påstådd, högre verklighet, eftersom de till skillnad från den moderna människan erfor den eviga närvaron av det översinnliga. Det heliga — det som är större än människan — tänktes omge det profana och ge det mening och betydelse.[35] Som det fornnordiska ordspråket beskriver det: "Det heliga slumrar i klippan, andas i plantan, drömmer i djuret och vakar i människan."[36] Denna föreställning införlivade det heliga i hedningens värld, gjorde det heliga till en del av den sammanhängande enhet som förenade människan, tillvaron och världsalltet. Hedningen identifierade sig alltså med världens enskildheter — snarare än att likt kristna dra sig bort från dem eller att likt liberaler ständigt söka förbättra dem.

Den förkristna världen var vad den var, inte vad ett förmodat *logos* ansåg att den skulle vara. Inom hedningens mytiska kosmologi fanns ingen gudomlighet — ingen högre verklighet — som överträffade livet. Människa och gud var av samma substans som världen; världen var en yttring av det gudomliga. Även om detta gjorde det gudomliga och det mänskliga till högre och lägre livsformer av samma väsen som världen, härskade gudarna likväl över människan, liksom människan höjde sig över de lägre livsformerna; känslan för det översinnliga inbegrep nämligen en strikt rangordning. Det var i själva verket på grund av att hedningen godtog att världen saknar en apriorisk mening som han var fri att införa sin ordning i den, att förvandla det kaos som hotade honom till ett kosmos som bejakade honom. Utanför denna ordning, bortom nätet av innebörder som spunnits av hans kultur, fanns ingen

---

35 Benoist, *Comment peut-on être païen?*, s. 34.

36 Citerat i Robert Dun, "Confidences d'un loup-garou", i Pierre Vial, red., *Païen!* (Saint-Jean-des-Vignes: Ed. de la Forêt, 2001).

högre makt, ingen objektivitet, inga oföränderliga sanningar. Gudarna i hans polyteistiska gudavärld återspeglade livets mångfaldiga möjligheter, föremål som de var för tiden, slumpen och oförutsedda händelser. Grekerna, till exempel, föll inte ned på knä inför sina gudar, som om dessa vore herrar som behövde blidkas, utan de behandlade dem snarare som projektioner av "de mest framgångsrika exemplaren av deras egen kast".[37] Det var alltså en gradskillnad, inte en artskillnad, mellan dem, vilket betydde att varje gång en hedning överträffade sig själv genom att besegra sin själviskhet och uppnå storhet, efterliknade han sina gudar.[38]

Hedningen var därmed oskiljaktig från sin värld och även från sitt folk. Trots att hans gudar "besatt helig energi" stiftade de inte universella lagar; gudarna var själva skapelser av världsalltet och talade bara till den som trodde på dem. Eftersom olika folk hade olika gudar var det hedniska tänkandet säreget för sin plats — och alltså för sitt sociala sammanhang.[39] Hedningen var, i det att han godtog att verkliga människor i en särskild omgivning gav form och mening åt hans värld, fri att möta livet på dess egna villkor och omstöpa livet enligt sin kulturellt präglade uppfattning om vad det betydde. Han kände inget behov av en helig bok eller profet, påve eller inkvisitor för att avkoda livets mångfaldiga yttringar.[40] I motsats till judisk-kristna inskränkningar, vilka nedvärderar den Andre, inför en enda trosmodell och begär ett ensidigt förhållande till Gud, fann hedningen spåren av det heliga i allting. I egenskap av ende meningsskapare definierade han själv det heliga, det heliga var nämligen inte bara hans centrala referenspunkt utan det han själv eftersträvade att bli. Liksom alla människor hade en

---

37   Friedrich Nietzsche, *Human All Too Human*, övers. av M. Faber (Lincoln: University of Nebraska Press, 1984), §114.

38   Alain de Benoist, "L'ordre", i *Études et recherches 4–5* (januari 1977); Benoist, *Comment peut-on être païen?*, s. 56; Walter F. Otto, *Die Götter Griechenland* (Frankfurt/M: Klostermann, 1987), ss. 15–20.

39   Bernard Marillier, *Indo-Européens* (Puiseaux: Pardès, 1998), s. 61.

40   Alain de Benoist, *Les idées à l'endroit* (Paris: Hallier, 1979), s. 185; Christopher Gérard, *Parcours païen* (Lausanne: L'Age d'Homme, 2000), s. 20.

religion, eftersom de alla tillhörde en gemenskap, var hedniska riter och andaktsövningar helt och hållet särskilda för sitt samhälle och representerade detta samhälles gemensamma strävan. "Jag", lovade en irisk edsvärjare, "svär vid gudarna till vilka mitt folk svär".[41] Trosmässig allmängiltighet vara alltså omöjlig i den hedniska världen. Julius Evola noterar att de etymologiska rötterna till ordet "religion" (det latinska *religio*) betyder "att länka" eller "att förena" — det vill säga att sammanlänka eller förena religionsutövaren med den andliga gemenskap han tillhör och helga de samhällsband som binder honom till denna gemenskap och till den ande han själv är knuten till.[42] Hedendomen var följaktligen oskiljbar från hedningens samhällsliv, vilket var hörnstenen i hans "moral".[43] Endast genom att plikttroget utöva sina samhälleliga riter och offer till de lokala gudarna var det möjligt för honom att resa sig över massan och uppnå en högre andlig ställning.[44] Faktiskt var den enda sanna fromheten medborgerlig och återspeglades i hedningens vördnad för sina förfäder, sin ätt och sin "stad".[45] Forntida dygd definierades kort sagt av vad samhället värderade högst — och inte av gudarna, vilka knappast var några moraliska förebilder.[46]

MYTEN

För nya högerns anhängare finns en skillnad mellan *mytos* och *logos* som bäst beskrivs av den andliga klyfta som åtskiljer det forntida

41 "Entretien avec Alain de Benoist: Comment peut-on être païen?", i *Éléments 89* (juli 1997); Jean Haudry, "Aux sources indo-européennes de notre paganisme", i Vial, red., *Païen!*; Marie-Louise Sjoestedt, *Gods and Heroes of the Celts*, övers. av M. Dillon (Berkeley: Turtle Island Foundation, 1982), s. 29.

42 Jean Mabire, red., *Julius Evola: Le visionaire foudroye* (Paris: Copernic, 1977), s. 20; Gerard, *Parcours païen*, s. 15; Pierre Le Vigan, "L'Europe et son identité religieuse", i *Éléments 72* (vintern 1991).

43 Benoist, *Comment peut-on être païen?*, ss. 213–15.

44 Benoist, *Les idées à l'endroit*, s. 46.

45 Benoist, *Les idées à l'endroit*, s. 54.

46 Rougier, *Du paradise à l'utopie*, s. 38.

Europas öppna holism från den judisk-kristna dualismen och dess li-
berala avläggare.⁴⁷ Med sitt ställningstagande för *mytos*, vars metaforer
framkallar perspektiviska "sanningar" som är omöjliga att förstå med
den analytiska eller dialektiska metoden, tar dessa identitärer ställning
för den tradition de anser vara mest bindande. De anför att mytens
sanningsanspråk (som inte ska förväxlas med mytologi), alltmedan
både kristendomen och liberalismen stämplar myten som en uppdik-
tad gestaltning av hednisk vidskepelse och oförnuft, inte är mindre
övertygande än *logos* — vars rationalistiska tankeprocesser (logik) är
"en uppfinning av skollärare, inte filosofer".⁴⁸ Som Paul Veyne hävdar i
sin undersökning om den grekiska myten, "Det finns olika sannings-
program ... Skillnaden mellan dikt och verklighet är inte objektiv och
tillhör inte tinget självt. Den blir till inom oss."⁴⁹ Sanningen är med
andra ord inte "ett verk av någon naturlig upplysning" utan föds ur
en erfarenhet av världen, när sanningen tolkas och förstås kulturellt,
subjektivt och föreställningsmässigt.

Benoist påpekar att *logos* självt ursprungligen var en av *mytos*
framställningar, då bilden av idén föregår och ofta är mer betydel-
semättad än dess diskursiva formulering.⁵⁰ Dessutom, då logiska

47 Alain de Benoist, *L'empire intérieur* (Paris: Fata Morgana, 1995), s. 9; Marland, *Le renou-
veau païen dans la pensée française*, s. 24; Giorgio Locchi, "Die Zeit der Geschichte", i
Elemente für die europäische Wiedergeburt 1 (juli 1986); Benoist, *Comment peut-on être
païen?*, ss. 18–19.

48 Det påstår inte bara de "mystiska" skolbildningarna i komparativ mytologi (Mircea Eliade,
Walter F. Otto, Jean-Pierre Vernant m.fl., som Grece står nära) utan även strukturalis-
terna runt Claude Lévi-Strauss och de till Ernst Cassirer kopplade nykantianerna. Se Kurt
Hübner, "La recherche sur le mythe: Une révolution encore méconnune", i *Krisis 6* (okto-
ber 1990). Om logikens "ofilosofiska" karaktär och dess problematiska "identitetsprincip",
se Martin Heidegger, *Introduction to Metaphysics*, övers. av. R. Manheim (New Haven:
Yale University Press, 1953), ss. 21–36, 170–79; Friedrich Nietzsche, *The Gay Science*, övers.
av W. Kaufmann (New York: Vintage, 1974), §111; och Alain de Benoist, "Les fausses
alternatives" (1983), i *La ligne de mire: Discours aux citoyens européens. I: 1972–1987* (Paris:
Le labyrinthe, 1995).

49 Paul Veyne, *Did the Greeks Believe in Their Myths? An Essay on the Constitutive Imagination*,
övers. av P. Wissing (Chicago: University of Chicago Press, 1988), s. 21.

50 "Itinéraire", i *Nouvelle Ecole 19* (september 1969); Veyne, *Did the Greeks Believe in Their
Myths?*; Nietzsche, *The Gay Science*, §344. Till och med vetenskapen, vars kunskap om
naturen förmedlas på samma sätt, är emellertid ett slags mytiskt tänkande, om än so-

propositioner med sin generella innebörd ignorerar sanningens perspektivistiska natur, säger *logos* ingenting om världens mening. *Logos* må därför vara en mer logiskt, analytiskt och tydligt utvecklad tankeform, men den är inte kognitivt överlägsen *mytos* och ofta mindre tankeväckande och omfattande. Än viktigare är att *logos* — särskilt i sin moderna form — tömmer världen på de mytiska sanningar som en gång utgjorde det europeiska projektets innersta väsen. Mot detta "brytande av förtrollningen", som lämnar europén maktlös inför de stora, hotande utmaningarna, möjliggör ett återupplivande av Europas mytiska kulturarv att européerna återfinner källorna till sitt innersta väsen och att det europeiska projektet kan återfödas.

Greceinspirerade nyahögeranhängare vidhåller, i strid med kristna och liberala påståenden, att myten har lite, eller ingenting, att göra med en redogörelse för ett hopfantiserat förflutet, i vilket världsalltets ursprung, gudarnas tillkomst och det grundande släktledets hjältedåd beskrivs. Snarare har mytens huvuduppgift alltid varit att tillhandahålla förebilder för meningsfullt beteende. Den "begynnelse" den allegoriskt berättar om anger således hur världens inneboende kaos blev en särskild kulturtraditions kosmos (*kosmos* är grekiska för "ordning") och alltså vad denna ordning behöver för att vidmakthållas. Snarare än att vara historien om ett folks ursprung är myten berättelsegrunden för allt som gör ett folk till vad det är — och följaktligen vad det kan bli. I denna bemärkelse är den belägen bortom sanning och falskhet, bortom bekräftelse och vederläggning. Mytens huvudfunktion är att "koda" de "belysande tidigare fall", hur beklädda av legender och poesi de än må vara, som en gång ägde rum och åter äger rum närhelst ett

---

fistikerat. Se Thomas Kuhn, *The Structure of Scientific Revolution*, 3:e uppl. (Chicago: University of Chicago Press, 1996), i vilken frågan om konkurrerande paradigm framställs som ytterst ett estetiskt spörsmål, mindre grundat på normalvetenskapliga prodedurer än på kulturpräglade preferenser. Talande nog var *mytos* och *logos* ursprungligen utbytbara termer. Se Benoist, *L'empire intérieur*, s. 9 och 54.

folk hörsammar sin livskrafts skapande drifter och inför sig självt — sitt kosmos — på världen.[51] Genom att bevara minnet av dessa ursprungskrafter erbjuder myten åtbörder som, eftersom de kräver det som är högst hos ett folk, ska härmas och upprepas. Myten må vara aldrig så uppdiktad, men den uttrycker alltså "sanningar" som undflyr analytiska och diskursiva omdömen, grundad som den är på en kulturs tolkande möten med sin värld och sin "kosmologiska vision av framtiden" (Locchi). Grundvalarna för en kulturellt definierad tillvaro skapas, förevigas och blir ständigt omskapade genom den mytiska inristningen av dessa sanningar och det kulturarv de grundlade. Och likt den postmoderna diskursen är mytens sanningar interna och beroende av inte bara sina mimiska egenskaper utan också av sin förmåga att uppväcka engagemang hos dem som "tror" på den. Myten gör därför inte så stor åtskillnad mellan inre och yttre, subjekt och objekt, medvetande och materia, utan behandlar dessa motsatspar som mångfaldiga yttringar av livets omfamnande helhet, eftersom myten är mer av ett förhållande till världen än ett teckensystem om världen. Först när myten och livet som upprätthåller den dör — det vill säga först när den upphör att vara ett livskraftigt förhållande till världen — blir den enbart en mängd fantastiska och inbillade trosföreställningar utan social eller existentiell vikt.[52]

Genom att upprätta de berättelsegränser som avgränsar ett folk som håller fast vid en viss myt förevigar myten i fråga en viss tillvarons ordning som uttrycker en livsvilja. Nyahögeranhängarna godtar på postmodernt vis att denna ordnings grundvalar är en kulturskapad konstruktion och inte en omedelbar och rättvisande återspegling av en objektiv verklighet — även om konstruktionen hjälper till att lägga

---

51 Roger Caillois, *L'homme et le sacré*, 2:a uppl. (Paris: Gallimard, 1950), ss. 132–36; H. R. Ellis Davidson, *Gods and Myths of Northern Europe* (Harmondsworth UK: Penguin Books, 1964), ss. 9–10.

52 Giorgio Locchi, "Mythe et communauté" (1979), på Voxnr (http://www.voxnr.com).

grunden för en sådan verklighet.[53] Myten återger människans möte med världen som ett levande kulturarv, och omvandlar diskontinuitet och innovation till en sammanhängande tradition. Som Mircea Eliade förklarar är myten "skapande och förebildlig"; den avslöjar hur tingen blir till och hur deras underliggande struktur ser ut och antyder de mångfaldiga former av varande som de för med sig.[54] Myten beskriver inte verkligheten "objektivt" men rotfäster verkligheten i ett kulturarv av betydelser som bekräftar den som en yttring av ursprungligt varande. Samtidigt skapar myten denna verklighet. Genom att ge en framställning av ett visst förhållande mellan en bild och en idé avtäcker (skapar) myten "sannings"-dimensioner som är onåbara för den rationella erfarenheten.[55] (Detta betyder förstås inte att den struntar i naturens "lagar", bara att dessa lagar erkänns på sina egna villkor — till skillnad från kristna/liberala försök att undkomma dem genom att ersätta dem med något slags gudomligt/förnuftigt ideal). Myten begrips intuitivt av dem som tror på den, och dess allegoriska trossatser gör människan förmögen att ta sig an sin värld, delta i omskapandet av denna värld och göra det frånvarande närvarande. Mytens sanningar

---

53 Jean-François Lyotard hävdar att moderniteten uppkom när den stora berättelsen om den kristna frälsningen sekulariserades och användes för att rättfärdiga det vetenskapliga förnuftets företräde. I och med att postmodernismen avvisar metaberättelsens begrepp om universalism, objektivt förnuft och determinism har den vissa likheter med förkristen hedendom. Det är ingen tillfällighet att Lyotard genomgick en hednisk fas, i vilken han tänkte ut dess "små berättelser" som ett alternativ till kristendomens logocentriska berättelse. Han misslyckades dock att dra ut konsekvenserna av sin hedendom. Inte bara avfärdade han i slutändan hedendomens mytiska känsla för det heliga, utan han avvisade även dess föreställningar om samhälle, tradition och historia. För sina småberättelser vände han sig i stället till "minoritetsgrupper" och den samtida, globala ordningens libidinösa flöde för sina små berättelser, som kunde dessa grupper (till skillnad från historiska samhällen med organiska kulturer som frodas i en mylla av myter och poesi) på något vis stå emot den moderna berättelsen. Samtidigt som nyahögeranhängarna alltså följer Lyotard i godtagandet av att den postmoderna medborgaren måste vända sig till sig själv för att finna visshet, så distanserar de sig från honom genom att inte definiera medborgaren i termer av libidiska subjektiviteter utan enligt de mytiska sanningar som är rotade i det ureuropeiska kulturarvets avlägsna vidder.

54 Mircea Eliade, *Myths, Dreams and Mysteries*, övers. av P. Mairet (New York: Harper and Row, 1960), ss. 14–15.

55 Kurt Hübner, *Die Wahrheit des Mythos* (Munich: Beck, 1985), ss. 257–70; Alain de Benoist, "Un mot en quatre lettres", i *Éléments* 95 (juni 1999).

är alltså existentiella, inte essentiella. De kan inte vederläggas, bara förkastas.[56] Av detta skäl hävdar Benoists att det beteende som våra trosföreställningar inspirerar till är viktigare än trosföreställningarna i sig själva.[57] Myten har i själva verket ingenting att göra med rationalistiska sanningsbegrepp (*verum*), då mytens styrka inte ligger i dess förbindelse med ett föremåls natur, utan i en estetisk överensstämmelse med ett själstillstånd, i förmågan att framkalla vissa känslor eller verkningar och ge visshet till människans tillvaro.[58] I denna bemärkelse är de mytiska uppenbarelserna i *Valans spådom* och *Táin Bó Cuailnge* lika bindande som de vetenskapliga sanningarna i *Om arternas uppkomst* och *Principia Mathematica*. Både som existentiella påståenden och "fantasifoster" fångar myten de övertygelser som traditionen godtar som sanna. Den är, skriver Benoist, det som rättfärdigar vår existens.[59]

Den hävdvunna myten ger sina troende ett normerande ramverk som skänker sammanhang—mening—åt deras verksamhet, lagar och världsåskådning, i det att mytens paradigmatiska principer alstrar de obestridda förgivettaganden som legitimerar ett folks historiska kall.[60] Ett folks övertygelser frammanas i enlighet därmed var gång det försöker omskapa sin värld och följaktligen sig självt. Finns ingen myt som bevarar folkets ursprungsväsens särskilda sanning — den särskilda sanning (eller tro) som gör det möjligt för folket att övervinna

---

56 Alain de Benoist, "Les mythes européens" (1984), i *Le grain de sable: Jalons pour une fin de siècle* (Paris: Le Labyrinthe, 1994); Benoist, *Les idées à l'endroit*, ss. 115-21.

57 Robert de Herte, "La question religieuse", i *Éléments 17-18* (september 1976); Benoist, *Les idées à l'endroit*, s. 51.

58 Gilbert Durand, *Les structures anthropologiques de l'imaginnaire* (Paris: Dunod, 1984), ss. 323-24; Julien Freund, "Une interpretation de Georges Sorel", i *Nouvelle Ecole 35* (vintern 1979-1980).

59 Benoist, *L'empire intérieur*, ss. 14-15. Jfr. José Ortega y Gasset, *Historical Reason*, övers. av P. W. Silver (New York: Norton, 1984), ss. 17-21.

60 Alain de Benoist, "Réflexions sur l'identité nationale", i *Une certaine idée de la France: Actes du XIXe colloque national du GRECE* (Paris: Le Labyrinthe, 1985). Jfr. Georges Sorel, *Reflections on Violence*, övers. av T. E. Hume & J. Roth (Glencoe IL: Free Press, 1950), ss. 48-53.

världens kaos och leva i enlighet med de översinnliga principer som vidmakthåller dess vilja till makt — kan det inte finnas någon omdaning. Och finns ingen omdaning, finns inget öde — och inget folk.[61] Med Martin Heideggers ord uttrycker myten "det som kan sägas före allt annat ... [Den är] det som visar sig själv i förväg och i allting som det som närvarar i all 'närvaro'".[62] Genom myten både bekräftar och skapar ett folk sin mening. Utan den "förlorar varje folk sin skaparkrafts sunda, naturliga styrka", då det är mytens förebildliga kraft som föranleder ett folk att smida sina gemensamma värden till ett öde som ger "dess erfarenheter evighetens prägel".[63] Mytisk tid är följaktligen omkastbar, i det att det ursprung som den berättar om upprepas i varje efterföljande förnyande åtbörd.[64] Myten är verkligen "fristående" från tiden. Till skillnad från den kristne eller liberalen, som löser världen ur förtrollningen genom att föreställa sig världen i termer av en abstrakt logocentrism, tar mytmänniskan sina möjligheter från en andlig-poetisk värld som ständigt återskapar sig själv. Närhelst hon bekräftar den i myten inristade, paradigmatiska handlingen, återgår hon till sin källa och inleder en ny begynnelse.

Slutligen önskar myten bevara denna ursprungliga källa som en förändringskraft, då den tillåter människan att undfly den profana, kronologiska tiden och gå in i den heliga tid i vilken skapelse äger rum gång efter annan. I blottandet av ett folks sanning — inte som *logos*, med begränsade, förinrättade determinismer, utan som den möjlighet som både föregår och kommer efter nutiden — känner inte myten

---

61 Marlaud, *Le renouveau païen*, s. 30; Pierre Vial, "Servir la cause des peuples", i *La cause des peuples: Actes du XVe colloque national du GRECE* (Paris: Le Labyrinthe, 1981).

62 Martin Heidegger, *Parmenides*, övers. av A. Schuwer & R. Rojcewicz (Bloomington: Indiana University Press, 1992), s. 60.

63 Friedrich Nietzsche, *The Birth of Tragedy*, övers. av W. Kaufmann (New York: Vintage, 1967), §23; Marlaud, *Le renouveau païen*, s. 29; Richard Eichler, "Die Geburt der Kunst aus dem Mythos", i *Elemente der Metapolitik zur europäischen Neugeburt 4* (1990).

64 Mircea Eliade, *The Sacred and the Profane: The Nature of Religion*, övers. av W. Trask (San Diego: Harcourt Brace Javanovich, 1956), s. 68. Även Nietzsche, *Human, All Too Human*, §96.

några oföränderliga sanningar, alltmedan den tjänar som en källa till mening och visshet i en annars meningslös och osäker värld.[65] Med modernitetens ankomst och den inskränkt förnuftiga förståelsen av världen må Europas hedniska myter ha försvunnit ur sikte, men för nyahögeranhängarna äger det i urgamla skogar och tempel slumrande, mytiska fäderneslandet, i vilket livets ursprung är djupt rotat, alltjämt styrkan att återuppväcka nya "sanningar" — nya myter — för att hålla deras civilisationsprojekt vid liv.[66]

TRADITIONEN

Den nya högerns identitärer anser att ett folk är en levande organism. Därmed kan folket dö. För att skydda sig mot detta behöver ett folk ett gemensamt kulturarv som definierar det och vidmakthåller dess livsvilja. På så sätt är traditionen som en stomme runt vilken folket skapar sig självt. Om det inte finns något kulturarv — ingen traditionsöverföring (*traditio*) från ett släktled till nästa — så har ett folk inget att leva för och inget skäl att hålla samman.[67] Det är alltså såsom en horisont mot vilken ett folks existens arbetas fram som traditionen ger mening till folkets gemensamma strävan. Som Gehlen skriver, "utan den kan man vara rastlöst verksam ... och ändå sakna varje känsla av att all denna upptagenhet har någon moralisk betydelse."[68] Detta är skälet till att identitärer tror att Europas hedniska, mytiska traditioner är nyckeln till Europas renässans.

---

65 Veyne, *Did the Greeks Believe in their Myths?*, ss. 3, 14–15; "Les Grecs croyaient à leurs mythes: Entretien avec Jean-Pierre Vernant", i *Krisis 6* (oktober 1990).

66 Benoist, "Les mythes européens"

67 Friedrich Nietzsche: "Traditionen uppkom utan hänsyn till gott eller ont eller något immanent, kategoriskt imperativ utan framförallt för att bevara en gemenskap, ett folk." Se *Human, All Too Human*, §6. Även Gianni Vattimo, *The End of Modernity: Nihilism and Hermeneutics in Postmodern Culture*, övers. av J. Synder (Baltimore: Johns Hopkins University Press, 1988), ss. 120–21, 132.

68 Arnold Gehlen, *Man in the Age of Technology*, övers. av P. Lipscomb (New York: Columbia University Press, 1980), s. 68.

Återupplivandet av dessa traditioner står emellertid emot ett väldigt uppbåd av motverkande krafter: dels grundar sig den moderna ordningen på tron att det reflekterande förnuftet kan frigöra människan från traditionen och följaktligen från behovet att rotfästa sin identitet i denna tradition; dels föreställer man sig att den för (sen) moderniteten betecknande, snabbt accelererande förändrings- och förnyelsetakten berövar traditionella innebörder och bruk sin tidigare relevans.[69] I motsättning till denna nedlåtande rationalism vidhåller nyahögeranhängare att traditionen är grunden — inte ett hinder — för allt människan kan uppnå i nutiden. Detta var sant för 30 000 år sedan, och det är fortfarande sant, hävdar de.

Liksom den större kulturen, som traditioner är en integrerande del av, innefattar traditionerna bruken och trosföreställningarna hos det folk som bär upp dem. Traditionerna är alltså del av ett levande väsen — inte bara obetydliga rester av det förflutna. Och eftersom traditioner uppkommer organiskt, när erfarenheter, vanor och värderingar omedvetet formar vad som är kulturellt godtagbara och individuellt tillfredsställande beteenden, kan inget förnuft eller teoretiskt modellskapande ta deras plats. I den egenskapen uppkommer och vidmakthålls traditionen av en livskraft som är åtskild från dem som håller fast vid den; ett folk väljer inte sina traditioner mer än "det väljer hår- och ögonfärg" (Gustave Le Bon). I enlighet med detta beskriver Benoist traditionen som den historiskt skapade struktur som återspeglar det eviga i ett folks kultur.[70] Detta ställer traditionen bortom

---

69 Alltmedan nyahögeranhängarna godtar att det moderna samhällslivets "reflexivitet" för med sig pågående förändringar, och att kunskap är beroende av ny information och nya intryck, understryker de att mening och identitet är endast löst knutna till reflexiviteten. Moderniteten må därför ha frigjort människan från de bruk och traditioner som en gång formade hennes beteenden, men ingen mängd självreflexivitet kan ersätta de ickerationella aspekter av historien och kulturen som definierar människans innersta identitet och upprätthåller de innebörder som fyller hennes liv med mening. Endast en abstrakt, sammanhangslös föreställning om människan — jaget som ett rent reflexivt projekt — gör traditionen helt meningslös.

70 Benoist, Les idées à l'endroit, s. 115.

tiden, i det att den utgör det oförgängliga i ett folks orientering mot världen. Tradition i denna bemärkelse kodar de bestämmande principer som bibehåller ett folk i tidlöshet. Den upprättar ramen för folkets kollektiva medvetande och ordningen för dess gemensamma tillvaro. Samtidigt betingar den ett folks bild av sin omvärld; den ger beständighet till folkets varaktiga värden och formar tillväxten av dess identitet, vilken är föremål för tidens och förändringens krafter. En förlust av traditionen kan därför aldrig vara ett steg framåt, utan alltid bakåt, mot försvagning och förfall.

Traditionens centrala, existentiella karaktär blir särskilt tydlig av att många, i synnerhet de viktigaste, europeiska traditionerna har ett gemensamt ursprung, som går tillbaka till den indoeuropeiska civilisationens smältdegel (vilket är ämnet för nästa kapitel). Även om traditioner skiljer sig åt mellan olika europeiska familjer uttrycker flera av dem ett gemensamt släktskap med den större världen. Kontinentens olika nationella familjer sammanlänkas av ritualer, sedvänjor och normer som talar till besläktade känslor och ett gemensamt ursprung. Som den främste av de identitära historikerna, Dominique Venner, skriver: "Att leva traditionsenligt är att rätta sig efter de ideal som traditionen levandegör, att enligt traditionens normer odla framstående egenskaper, att återupptäcka dess rötter, att föra den vidare, att vara samhörig med de människor som håller fast vid den."[71] Utan traditionens beständighet skulle det i sanning inte finnas något Europa; de historiska, kulturella och genetiska band som européer delar med sina förfäder skulle vara omöjliga att upprätthålla utan traditionen.

Tradition i denna bemärkelse har få beröringspunkter med "traditionalism" — vilken fryser "eviga" sanningar i ofruktbara, livlösa former. Inte heller är den nödvändigtvis detsamma som traditioner. "*Tradure*", den latinska roten, betyder "översätta", och i denna bemär-

---

71   Venner, *Histoire et tradition des européens*, s. 49. Även Dominique Venner, "La tradition, une idée d'avenir", i *Relève politique* 2 (våren 2002).

kelse är tradition medlet med vilket något nytt förs in i ett språk som är förtroget med det vidare kulturarvet.[72] Russel Kirk beskrev träffande traditionen som den nödvändiga kraft som inverkar på framtiden genom att filtrera bort alla nyskapelser som är misstagna och göra detta på ett sätt som åter bekräftar det som var livsdugligt i det förflutna.[73] Detta gör traditionen förenlig med modernt reflekterande, i det att tanke och handling ständigt bryts mot varandra. Men utöver sin reflekterande funktion skapar tradition den känsla av kontinuitet som medger att osammanhängande händelser ter sig som sidor av en enda meningsfull erfarenhet. I den egenskapen betecknar den inte det förflutna utan det som står utanför och bortom tiden. Varje sunt samhälle tenderar följaktligen att hålla tradition och nyskapelse i jämvikt; utan det senare skulle ett samhälle stelna och förlora sin förmåga att anpassa sig efter föränderliga villkor; med bara nyskapelse skulle man riskera anarki, i det att inget tillåts att sätta sig eller göra verkan. Motsatsen till tradition, anmärker Venner, är inte modernitet, utan nihilism.[74] (En tydlig följd av traditionsförlusten är de primitiva, förvirrade beteenden som kännetecknar det nutida samhället, menar identitärerna.) De innebörder och identiteter som skapades i det förflutna och förevigades i traditionen behöver emellertid bekräftas på nytt i varje släktled. Tradition finns nämligen bara till i det levande, och endast om den upprepas förblir den livskraftig.[75]

Nya högerns ansträngningar att blåsa nytt liv i traditionens krafter och medvetandegöra européer om sitt gemensamma ursprung har tagit sig olika uttryck. I ett tidigt skede satte Benoist och Greces

---

72 Herte, "La question religieuse"

73 Russell Kirk, "The Importance of Tradition" (1989), i Joseph Scotchie, red., *The Paleoconservatives: New Voices of the Old Right* (New Brunswick: Transaction Publishers, 1999), s. 61.

74 Venner, *Histoire et tradition des européennes*, s. 17; Alain de Benoist, *Vu de Droite: Anthologie critique des idées contemporaines*, 5:e uppl. (Paris: Copernic, 1979), s. 156.

75 Xavier Saint-Delphin & Luc Saint-Etienne, "La Droite et la religion", i A. Guyot-Jeannin, red., *Aux sources de la Droite: Pour en finir avec les clichés* (Lausanne: L'Age d'Homme, 2000).

Commission des Traditions igång en undersökning om europeiska förnamn, för att avgöra vilka som är av inhemskt, europeiskt ursprung och vilka som är importerade, vad de betyder och vilken vikt som ska fästas vid dem. Eftersom namngivningen placerar ett barn "som referenspunkt i berättelsen som förtäljs av dem runt omkring det" är den en betydelsefull, kulturell sedvänja.

Benoist och historikern Pierre Vial har också sammanställt en boklång undersökning om den ytterst viktiga men ogärna berörda frågan om döden; man har undersökt de sätt på vilka européer har tänkt på, sörjt över och förlikat sig med den. Andra grecister har tagit fram monografier över traditionella riter (såsom dem som är förknippade med julen och solstånden), över sagor och mytologi, över totemdjur (såsom hästar och vargar) och över olika helgdagar och sedvänjor. Men den viktigaste delen i Greces ansträngningar inom detta område gjordes mellan 1975 och 1983 i en oregelbunden bulletin benämnd *Grece/Tradition*. Senare publicerades den i ett enda, tjockt band, *Les traditions d'Europe*. Dessa undersökningar var ett försök till en översiktshistoria om de folkliga traditioner som förknippas med årstidscykeln, vilken en gång styrde den europeiska livsrytmen. Fastän de är hundratals, ibland tusentals år gamla, är dessa traditioner nära att försvinna, då den moderna världen gör årstider, dagar och timmar enhetliga och utbytbara.[76]

Grece och andra nyahögerföreningar har flera syften med att rädda sådana traditioner ur glömskan. Många av de viktigaste traditionerna tenderar att vara transeuropeiska. Trots att de varierar mellan olika nationer och trakter, tyder de gemensamma delarna på att jämte Europas finkultur har även den folkliga kulturen en genuint europeisk

---

76   Alain de Benoist, *Les traditions d'Europe*, 2:a uppl. (Paris: Le Labyrinthe, 1996), G/T #13; Alain de Benoist, *Le guide practique des prénons* (Paris: Enfants Magazine, 1979); Alain de Benoist & Pierre Vial, *Le Mort: Traditions populaires/Histoire et actualité* (Paris: Le Labyrinthe, 1983); Alain de Benoist, *Fêter Noël* (Paris: Atlas-Edena, 1982); Jean Mabire & Pierre Vial, *Les solstices. Histoire et actualité* (Paris: Grece, 1975); Jean Mabire, *Les dieux maudits: Récits de mythologie nordique* (Paris: Copernic, 1978). De flesta av Greces arbeten om traditioner återfinns i *Éléments* och *Nouvelle Ecole*, och är för många för att referera till.

sida. Undersökningarna visar också på den vidare innebörden, ofta av hedniskt eller mytiskt ursprung, i de mest grundläggande delarna av det europeiska livet: i helgdagar och fester, i julkort och påskägg, i kristna riter, i viktiga religiösa kätterier och litterära strömningar, i första maj och mors dag liksom i konstnärliga stilarter och oräkneliga andra alldagliga angelägenheter. Och eftersom traditionerna ofta syftar till ett förkristet förflutet, i det att de har växt fram ur kontinentens indoeuropeiska grundares trosföreställningar, understryker *grécisterna* att dessa traditioner belyser djupet i Europas ursprungliga kultur.[77] Genom att återuppliva traditionerna eftersträvar man därför att återge européerna de förmoderna sinnesstämningar som fortfarande ligger latent i deras kulturarv. Detta är särskilt tydligt i nya högerns historiefilosofi och tidsuppfattning.

---

77 Jfr. Jérémie Benoit, *Le paganisme indo-européen* (Lausanne: L'Age d'Homme, 2001).

Kapitel V

ARKEOFUTURISM

Utan ett minne av sitt gemensamma förflutna och de grundläggande myter som definierar och avgränsar det från andra — det vill säga utan de övergripande kulturella krafter som binder en mångfald av besläktade individer till en större identitet — upphör ett folk att vara ett folk, menar nya högerns anhängare.[1] Anti-identitära kränkningar av dessa krafter är särskilt tydliga i den kristna/modernistiska historieuppfattningen, vilken nedvärderar ett folks ursprung och söker befrielse från tidens linjära framåtskridande. Mot denna uppfattning ställer nya högern en "arkeofuturistisk" idé, som gör gällande att ett folks största prestationer uppstår från kulturarvets mest ursprungliga impulser. Utan en sådan appropriering menar de att en meningsfull framtid i det närmaste är omöjlig.

---

1 Jean Varenne, "L'héritage indo-européen", i *Éléments 40* (vintern 1982); Alain de Benoist, *Orientations pour les années décisives* (Paris: Le Labyrinthe, 1982), ss. 52–53; Pierre Krebs, *Im Kampf um das Wesen* (Horn: Burkhart Weecke Verlag, 1997), ss. 16–20; Guillaume Faye, *Le système à tuer les peuples* (Paris: Copernic, 1981), ss. 164–77; Friedrich Nietzsche, *Untimely Meditations*, övers. av R. J. Hollingdale (Cambridge: Cambridge University Press, 1983), s. 63; Hellmut Diwald, *Mut zur Geschichte* (Bergisch Gladbach: Lübbe Verlag, 1983), s. 8. Jfr. Christopher Dawson, "The Christian View of History", i *Blackfriars 32* (juli 1951).

DEN KRISTNA/MODERNISTISKA TIDSUPPFATTNINGEN

Då historien börjar med människans ursprungliga synd, betraktas historien av kristna som en berättelse om hennes fallna tillstånd.[2] Detta riktar deras blick bortom "jämmerdalen", mot tidens slut, när människan, eller åtminstone de bland människorna som har räddats, ska återgå till Hans nåd.[3] Från denna eskatologiska historiesyn — som kulminerar i yttersta domen, begynnelsens motpol — uppkommer en linjär tidsuppfattning, enligt vilken det nuvarande kommer från en tidigare bestämning och framtiden följer "tidens lopp" mot något bättre.

Inom detta ramverk av ett oåterkalleligt framåtskridande — löpande från syndafallet till frälsningen, från det särskilda till det förlösande allmänna — upphör tiden att fungera som en periodisk cykel (som Thukydides, Vico och Oswald Spengler tänkte sig) och blir en vektor, som stiger från skapelsen (vilken äger rum en och endast en gång) till Moses, till Jesus, till Kristi uppståndelse och slutligen till världens slut.

Händelser är belägna i olika stadier i frälsningens skridande uppför denna sluttning, där varje stadium representerar en nutid ("nuet") som är åtskild från det förflutna ("inte-längre-nuet") och framtiden ("inte-nuet-än"). Tiden homogeniseras på så sätt till en rad av på varandra följande nu-punkter, där alla punkter någotsånär motsvarar varandra.[4] Den linjära följd som dessa ögonblickspunkter bildar blir i sin tur en del av en "dynamisk process i vilken det gudomliga syftet för-

2   Sigrid Henke, *Europas andere Religion: Die Überwindung der religiösen Krise* (Düsseldorf: Econ Verlag, 1969), ss. 27–39. Jfr. D. H. Lawrence, *Apocalypse* (New York: Viking, 1931), s. 59.

3   Alain de Benoist, *L'empire intérieur*, (Paris: Fata Morgana, 1995), s. 31.

4   Alain de Benoist, "Sacré païen et déscralisation judéo-chrétienne du Monde", i Démètre Théraios, red., *Quelle religion pour l'Europe* (Paris: Georg, 1990); Alain de Benoist, *Comment peut-on être païen?* (Paris: Albin Michel, 1981), ss. 101–10. Inom katolicismen, särskilt bland dess tidigare bondeanhängare, var denna framstegsvänliga känsla mildrad i någon mån av "liturgisk tid", vars heliga kalender cykliskt (dvs. årsvis) upprepade Jesus historiska tid. I likhet med andra hedniska avlagringar har emellertid liturgisk tid i stor utsträckning degraderats i den moderna kyrkan. Se Alain de Benoist, "Le nouvelle calendrier liturgique", i *Nouvelle Ecole 12* (mars–april 1970).

verkligas" (Christofer Dawson). Samtidigt har denna betoning av den teleologiska eller kulminerande utgången av det historiska förloppet effekten att mumifiera det förflutna, för en framtid som förkastar allt som kommit före.[5] Med John Miltons ord är historiens enkelriktade framåtskridande en "tidens gång/tills tiden står stilla" — och människan undflyr den.[6]

Eftersom kristendomen förutsätter att det ligger en förnuftig nödvändighet bakom tidens irreversibla kurs, tror de flesta av nya högerns anhängare att kristendomens linjära historieuppfattning har den ontologiska effekten att låsa in människan i ett abstrakt, tidsmässigt kontinuum, vars enda önskvärda utfall — frälsningen — fördärvar "vardandets oskuldsfullhet" (Nietzsche).[7] De tillägger att moderniteten ger detta tidsbegrepp en messiansk form, då kristendomens sekulära avkommor, liberalismen och marxismen, delar ett liknande "frälsningens telos" — utformat i administrativa snarare än i andliga termer, där BNP ersätter "Kristi nåd", lyckan frälsningen och förnuftet tron, men likafullt en form i vilken historien skrider bortom arvet från det förflutna och varje nytt steg övervinner det föregående i "en fortgående befrielseprocess".[8] Modernister förkastar i stort sett den kristna översinnligheten bara för att återupprätta den som ett imma-

---

5 Mircea Eliade, *Myth and Reality*, övers. av W. Trask (New York: Harper and Row, 1963), ss. 134–35. Jfr. Karl Löwith, *Meaning in History* (Chicago: University of Chicago Press, 1949); Oscar Cullmann, *Christ and Time: The Primitive Christian Conception of Time and History*, övers. av F. V. Filson (New York: Harper and Row, 1967). Det teleologiska är inte främmande för antikens folk; det är exempelvis centralt i Aristoteles tänkande. Men Aristoteles, liksom Platon och Sokrates före honom, föregrep den kristna/modernistiska metafysik som grecisterna motsätter sig; kristendomen är för att tala med Nietzsche en "massornas platonism". Den förlorade indoeuropeiska världsåskådning som förlorats och här sörjs, sammanhänger snarare med, för att ta grekiska exempel, Homeros, försokraterna och tragöderna.

6 John Milton, *Paradise Lost*, bok 12, raderna 554–55.

7 Alain de Benoist, "Recours au paganisme", i Danièle Masson, red., *Dieu est-il mort en Occident?* (Paris: Guy Trédaniel, 1998).

8 Louis Rougier, *Du paradis à l'utopie* (Paris: Copernic, 1979), s. 125; Pierre Chassard, *La philosophie de l'histoire dans la philosophie de Nietzsche* (Paris: Grece, 1975), ss. 26–40. Se även Carl Schmitt, *Political Theology*, övers. av G. Schwab (Cambridge: MIT Press, 1985), ss. 36–52; Martin Heidegger, *Hegel's Phenomenology of Spirit*, övers. av P. Emard & K. Maly (Bloomington: Indiana University Press, 1994), $10a, $13b.

nent framåtskridande, i vilket den gudomliga uppenbarelsen ger vika för förnuftet[9]. Denna sekulariserade version av linjäritet gör historien till en process som inte styrs av livet utan av en metafysik som söker förlösning i det som komma skall — särskilt i en föreställning om den ekonomiska rationalitetens världsomspännande seger, som framåtskridandet och klasskampen (de moderna motsvarigheterna till det gudomliga *logos*) för med sig, och i den universella lösning denna rationalitet ger till varje socialt, moraliskt och politiskt problem som det förflutna har efterlämnat.[10] I såväl sin kristna som sin modernistiska form medför alltså det linjära begreppet ett riktat, likformigt, kausalt och moraliskt framåtskridande som föreställer sig framtiden som ett "övervinnande" av det förflutna.[11]

Trots den rationella nödvändighet som länkar samman begynnelsen och historiens slut, nedvärderar detta linjära perspektiv själva innehållet i historien. Som Paul Hazard beskriver det ser modernisten historien som "ett stort pappersark fyllt av veck som behöver slätas ut".[12] På samma sätt som den kristne tror att historien börjar med arvsynden och människans förvisning från paradiset, ser liberalen historien inledas med det samhällskontrakt som leder individen ut ur det fria

---

9 Martin Heidegger, *Contributions to Philosophy (From Enowning)*, övers. av P. Emand & K. Maly (Bloomington: Indiana University Press, 1999), §7. Jfr. Georges Sorel, *The Illusion of Progress*, övers. av J. & C. Stanley (Berkeley: University of California, 1969).

10 "Den sociala revolutionen ... kan inte hämta sin poesi från det förflutna utan endast från framtiden." Se Karl Marx, "The Eighteenth Brumaire of Louis Bonaparte" (1852), i *Selected Works* (Moscow: Progress Publishers, 1969), band 1, s. 400. I likhet med dem som följer bibliska, liberala och freudianska traditioner uppfattar marxister ursprung i rent negativa termer: den "långa omväg" som började med övergivandet av "primitiv kommunism" (analogt med förvisningen från Eden/slutet för den naturliga staten/fadermordet). Härav det marxistiska försöket att "fly historien". Om den framstegsvänliga tendensen i liberal historieskrivning, se Herbert Butterfield, *The Whig Interpretation of History* (New York: Norton, 1965).

11 Alain de Benoist, "Une brève histoire de l'idée de progrès", i *Nouvelle Ecole 51* (2000); Alain de Benoist, *Les idées à l'endroit* (Paris: Hallier, 1979), ss. 35–38. För en tung kritik av modern historicism som har haft mycket inflytande på nya högern, se Julius Evola, *Les hommes et les ruines*, översatt från italienskan (Paris: Les Septs Couleurs, 1972), ss. 109–18.

12 Paul Hazard, *The European Mind 1680–1715*, övers. av J. L. May (Cleveland: Meridan, 1963), s. 154; Alain de Benoist, "Comment le lien social a été rompu", i *Éléments 84* (februari 1996).

naturtillståndet och in i en av samhället påbjuden bundenhet; marx-
isten antar att historien tar sin början med den ursprungliga kommu-
nismens slut och klassamhällets uppkomst. I alla dessa varianter ses
historien som ett framåtskridande som leder bortom "det förflutnas
träldom" — det vill säga en process som rätar ut de historiska "vecken".
Själens frälsning, marknadens framsteg och klasskampen: vart och ett
av dessa perspektiv strävar efter att övervinna ett ursprungligt fall, i det
att det historiska förloppet söker återuppnå ett ofördärvat ursprung.
Var och en ser kort sagt fram emot att undfly historien, vilken uppfat-
tas som en omväg mellan det förlorade paradiset och det återvunna
paradiset.[13]

URMINNET

Mot den kristna/modernistiska uppfattningen av historien, som "dia-
lektiskt" upphäver ett ofullständigt förflutet för en fullständig framtids
skull, ställer nya högern *la longue durée*; man frammanar Europas
primitiva urminne — ett minne som "väller upp inom oss så snart vi
blir 'allvarliga'".[14] Genom denna tonvikt på det "uråldriga" (Nietzsche) i
Europas förflutna, snarare än på en framtida förlösning, kallar urmin-
net på de avlägsna tidsskrymslen där den europeiska tillvarons inner-
sta källor är belägna.[15] Från dessa, hävdar den nya högerns anhängare,
härleder europén sin identitet, sina handlingsmönster, sin regerings-
etik och framför allt sina medel för att forma framtiden och säkerställa

---

13   Giorgio Locchi, "Die Zeit der Geschichte", i *Elemente für die europäische Wiedergeburt 1*
     (juli 1986).
14   Friedrich Nietzsche, *On the Genealogy of Morals*, övers. av W. Kaufmann & R. J.
     Hollingdale (New York: Vintage, 1967), Essay II, §3. Det kan noteras att "la Grèce" är
     franska för "Grekland".
15   Pierre Vial, "Servir la cause des peuples", i *La cause des peuples: Actes du XVe colloque
     national du GRECE* (Paris: Le Labyrinthe, 1982), s. 67; Guillaume Faye, "Warum Wir
     Kämpfen", i *Elemente für die europäische Wiedergeburt 1* (juli 1986).

sin överlevnad som folk. De tror att ett folk utan fast förankring i detta minne kommer att sakna överlevnadsförmåga.

Skeptikern kommer dock att fråga sig: hur övertygande är det att tänka sig att Europa utgör en sådan minnesgemenskap? Den vedertagna akademiska uppfattningen var länge att det forntida Främre Orienten var grogrunden för den europeiska kulturen och att den europeiska civilisationen inte har sig själv, utan någon annan, att tacka för sin existens. Inte helt oväntat avvisar grecisterna tesen om "*ex oriente lux*" (Ljuset från Östern) och hävdar att den återspeglar den kristna/modernistiska, rotlöst universalistiska tendensen och dess agg mot Europas förkristna ursprung.[16] Mot denna utbredningsidé, som förlägger Europas rötter till Eufratflodens dalgång, argumenterar nyahögeranhängarna för det europeiska ursprungets oberoende: "Vi kommer från *Iliadens* och *Eddans* folk, inte från *Bibelns*."[17] Och i detta, deras historiografiska kätteri, har de varit särskilt lyckosamma i att de inte har behövt invänta ett rättfärdigande från ännu en Schliemann eller Evans. Arkeologiska landvinningar under senare decennier, särskilt Colin Renfrews och hans Cambridgemedarbetares kol-14-dateringar, har lagt i dagen en stor mängd belägg för att den europeiska civilisationens vagga är inhemsk. Detta har i sin tur lett till en omfattande revidering inom det förhistoriska forskningsfältet, vilket har fått ett nytt ramverk i termer som ligger närmre nya högerns "eurocentrism".[18] Denna revidering förminskar inte det man åstadkom

---

16 Pierre Vial, "Aux sources de l'Europe", i *Éléments 50* (våren 1984); Christian Lahalle, "Le peuplement de la Grèce et du basin égéen aux hautes époques", i *Nouvelle Ecole 43* (december 1985). Den mest framträdande nyliga, dock dilettantiska, varianten av ex oriente lux-tesen är Martin Bernal, *Black Athena: The Afroasiactic Roots of Classical Civilization*, två band. (New Brunswick: Rutgers University Press, 1987–91).

17 "Thème central", i *Nouvelle Ecole 17* (mars–april 1972); Pierre Krebs, *Das Thule-Seminar: Geistesgegenwart der Zukunft in der Morgenröte des Ethnos* (Horn: Burkhart Weecke Verlag, 1994), s. 88.

18 Vial, "Aux sources de l'Europe"; André Cherpillod, "L'écriture en Europe à l'époque préhistorique", i *Nouvelle Ecole 50* (1998). Även Colin Renfrew, *Before Civilization: The Radiocarbon Revolution and Prehistoric Europe* (New York: Cambridge University Press, 1979); Alexander Marshack, *The Roots of Civilization: The Cognitive Beginnings of Man's*

i Främre Orienten men förändrar den allmänt vedertagna synen på den europeiska världsdelens "barbariska" ursprung och föregivna tacksamhetsskuld till icke-europeiska källor.[19] Nya högerns anhängare hävdar vidare att det historiografiska försvagandet av det arkaiska Europa och den kulturellt negativa verkan detta fört med sig bleknar i jämförelse med den likgiltighet Europas indoeuropeiska grundare får utstå.[20] Trots den avgörande roll indoeuropéerna spelade i "förhistorien" och det folkliga intresse de fortsätter att väcka, är det sällan studier och forskning om deras historia når universitetens kursplaner. Indoeuropéerna är brännmärkta av nazisternas ariska kult, och studierna om dem är i dag begränsade till några få akademiska institutioner, där de bedrivs i marginalen av redan marginaliserade vetenskapsgrenar. Icke desto mindre är indoeuropéerna, särskilt deras keltiska, germanska, latinska och hellenska förgreningar, Europas grundare, hävdar nya högerns anhängare. Detta framhävande av Europas "ariska" kulturarv har som väntat blivit ett slagträ för nya högerns kritiker, vilka är erfarna i *reductio ad Hitlerum*, med dess po-

---

First Art, Symbol and Notation (New York: McGraw-Hill, 1972); Marija Gimbutas, *The Goddesses and Gods of Old Europe*, 6500–3500 B.C. (London: Thames and Hudson, 1982); Richard Rudgley, *The Lost Civilization of the Stone Age* (New York: The Free Press, 1998); Barry Cunliffe, red., *Prehistoric Europe: An Illustrated History* (Oxford: Oxford University Press, 1994). Dessa upptäckter hade länge misstänkts; se Geoffrey Bibby, *The Testimony of the Spade* (New York: Merton, 1957). Nyliga arkeologiska utgrävningar i södra Frankrike pekar mot att både skriftspråk och jordbruk i själva verket kan ha uppkommit i Europa flera tusen år innan de tros ha utvecklats i Främre Orienten. Se Michael Bradley, "A Cradle in the Wrong Place", i *National Post* (Kanada), 5 juli 2000.

19 Bevisläget borde ha, men har inte rubbat tron på det gamla utbredningssynsättet. I ett typiskt exempel på *ex oriente lux*-inflytandet bland "anglosaxiska" historiker erkänner J. M. Roberts de färska uppgifter som sätter Europas civilisatoriska ursprung helt i nivå med Främre Orientens, men väljer ändå att rota Europas identitet i de "heliga länderna". Se *A History of Europe* (New York: Allen Lane, 1996), ss. 12–20, 54.

20 Detta är uppenbart i alstren framställda av sådana ideologiskt inspirerade historiker om antikens värld som Moses Finley och Pierre Vidal-Naquet; båda reducerar Homeros' och Mykenes värld till föregivet främreorientaliska släktskapsförhållanden. Se Alain de Benoist, *Vu de Droite: Anthologie critique des idées contemporaires*, 5:e uppl. (Paris: Copernic, 1979), s. 45. För en kortfattad men utmärkt översikt över indoeuropeiska arbeten, se Bernard Marillier, *Indo-Européens* (Puiseaux: Pardès, 1998); även John V. Day, "In Quest of Our Linguistic Ancestors: The Elusive Origins of the Indo-Europeans", i *The Occidental Quarterly: A Journal of Western Thought and Opinion II:3* (hösten 2002).

tentiellt explosiva anklagelsepunkter.[21] Men det urminne den nya hö-
gern åberopar motiveras av biokulturella snarare än strikt rasliga ange-
lägenheter.[22] På gott och ont är Europas identitära rötter gemensamma
med rötterna för de folk som erövrade världsdelen under det tredje
och andra årtusendet f.Kr. och lade grunden till inte bara Europas
språk, kultur och öde utan även Europas unika biologiska särart.

Utöver att uppväcka misskrediterande associationer till nazism
engagerar det indoeuropeiska forskningsfältet identitärerna i ett intel-
lektuellt utmanande företag. När Grece först började sin metapolitiska
strategi under slutet av 1960-talet var det indoeuropeiska forsknings-
fältet praktiskt taget okänt i intelligentsian, trots att en av världens
främsta indoeuropister var hemmahörande i Frankrike.[23] Dessutom
var det indoeuropeiska forskningsfältet under lång tid (och förblir så
till denna dag) huvudsakligen filologiskt och kunde inte anpassas efter

---

21 David Barney, "Le stade pipi-caca de la pensée", i *Éléments 42* (juni 1982).

22 "Itinéraire", i *Nouvelle Ecole 21–22* (vintern 1972–73); March Tarchi, "Prolégomènes à
l'unification de l'Europe", i *Crepuscule des blocs, aurore des peuples: XXIIIe colloque national
du GRECE* (Paris: Grece, 1990); Charles Champetier, "Anti-utilitarisme: de nouveau
clivages", i *Éléments 74* (våren 1992); Alain de Benoist, "Les Indo-Européens: à la recherche
du foyer d'origine", i *Nouvelle Ecole 49* (1997). Grecisterna ser inte indoeuropéerna som en
rasgrupp utan som en språklig-kulturell grupp. Tvärtemot deras kritikers påståenden är
frågan om ras irrelevant här, då alla folkgrupper i det arkaiska Europa, oavsett om de var
indoeuropéer eller ej, var europider ("vita"), ättlingar till Cro-Magnon-människorna. Det
som står på spel är biokulturell identitet, inte ras, även om liberala universalister (med
sina abstrakta, zoologiska föreställningar om mänskligheten) har svårt att förstå logiken
i denna åtskillnad. Se Alain de Benoist, *Comment peut-on être païen?*, s. 174; Claude Lévi-
Strauss, *Race et historie* (Paris: Denoël, 1987), s. 23; Oswald Spengler, *The Decline of the
West*, övers. av C. F. Atkinson (New York: Knopf, 1989), band 1, s. 21. Dessutom, till följd
av Greces motstånd mot det tidigare Sovjetunionen och Greces pågående motstånd mot
USA, avvisar man föreställningar om "raslig enhet" med den så kallade "vita världen". Se
Guillaume Faye, "Il n'y a pas de 'Monde Blanc'", i *Éléments 34* (april 1980). Detta skulle
kunna ses som en för stor anpassning till den förhärskande ideologin. För en skarp kritik
av den underförstådda (och rasligt omedvetna) egalitarism som underbygger Greces kul-
turalism, se Guillaume Faye, *La colonisation de l'Europe: Discours vrai sur l'immigration
et l'Islam* (Paris: L'Æncre, 2000) ss. 74–84, ett alster som reviderar Fayes tidigare ställ-
ningstaganden och betonar den biokulturella snarare än den enbart kulturella grunden för
identiteten.

23 Benoist, "Les Indo-Européens". I detta sammanhang är det värt att notera att den unge
Dumézil nödgades söka anställning utanför Frankrike, eftersom, som hans mentor sade
till honom, det inte fanns "någon plats" för honom i det franska universitetssystemet. Se
Marco V. Garcia Quintela, *Dumézil: Une introduction*, övers. av M.-P. Bouyssou (Crozon:
Eds. Armeline, 2001), s. 25.

det slags kulturella projekt som nya högern ville driva. Först vid slutet av 1930-talet, i och med Georges Dumézils arbeten — ett arbete som i stor utsträckning åsidosattes tills Grece upptäckte det — blev det möjligt att dra några betydelsefulla slutsatser om Europas ursprungsfolk och utmana den förhärskande *ex oriente lux*-tesen.[24] Dumézil behärskade tjugo indoeuropeiska språk och använde metoder som före honom bara hade använts av språkhistoriker. Han ägnade sitt liv åt att jämföra skriftliga lämningar från de olika indoeuropeiska folken. I denna jämförande forskning, som omfattar sextio böcker och flera hundra akademiska artiklar, relaterade han detaljer i *Rigveda*, Homeros' epos, de irländska berättelserna om Cuchulainn, de fornnordiska sagorna och annan indoeuropeisk litteratur till mönster och gestaltningar som tycks utgöra en gemensam helhet och peka mot samma ursprung (eller mot vad Claude Lévi-Strauss, med sin sammanhangslösa och ohistoriska anpassning av Dumézils tillvägagångssätt, kallar "strukturer").[25] Dumézil förutsatte inte förekomsten av ett allmängiltigt eller arketypiskt förnuft; idén att kulturella skillnader mellan folk kunde tillskrivas deras olika stadier i samma evolutionära utvecklingsriktning, något tidigare studenter av jämförande mytologi (såsom James G. Frazer) gjorde. Dumézil godtog att en kultur inte kan reduceras till en annan, att världens språk inte har ett enda utan en mängd olika ursprung, att världens mest primitiva folk (Kongos pygméer och Australiens urinvånare) inte representerar den mest ål-

24 Om Georges Dumézil, se C. Scott Littleton, *The New Comparative Mythology: An Anthropological Assessment of the Theories of Georges Dumézil*, 3:e uppl. (Berkeley: University of California Press, 1982); Garcia Quintela, *Dumézil*. Se även Jean-Claude Rivière, red., *Georges Dumézil en la découverte des Indo-Européens* (Paris: Copernic, 1979); Jean Varenne, "L'héritage de Georges Dumézil", i *Éléments 62* (våren 1987). För en kritik av hans verk, se Wouter W. Belier, *Decayed Gods: Origin and Development of Georges Dumézil's 'Idéologie Tripartite'* (Leiden: Brill, 1991).

25 C. Scott Littleton, "'Je ne suis pas ... structuraliste': Some Fundamental Differences between Dumézil and Lévi-Strauss", i *Journal of Asian Studies 34* (november 1974); Georges Dumézil, *Mythe et épopée III: Histoires romaines* (Paris: Gallimard, 1973), ss. 14–15. I samband med detta är det värt att notera att Dumézil har utövat ett avgörande inflytande på en av de stora postmodernisterna: se Didier Eribon, *Michel Foucault et ses contemporains* (Paris: Fayard, 1994), s. 161.

derdomliga kulturformen, och han varnade för de missförstånd som oundvikligen uppstår när man jämför de skenbara likheterna mellan fullständigt olikartade kulturer. Han vidhöll att endast relaterade element från besläktade kulturer och folk kan jämföras utan att förvanska den inneboende betydelsen.[26] Som Benoist skriver: "Kulturer, likt mentalitet, kan inte reduceras till varandra. De skapar sina [egna] universum och beter sig enligt sina egna egenskaper."[27]

Den mest kulturellt betydande följden av Dumézils omfattande verk kom med upptäckten av vad han kallade trefunktionalitetssystemet.[28] Denna ideologi (eller världsåskådning) påstås ha influerat hur indoeuropéerna organiserade sina samhällen, ordnade sina värderingar och föreställde sig sina gudavärldar. Upptäckten av trefunktionalitetssystemet pekar mot att indoeuropéerna inte var uteslutande en språkgrupp utan också en kultur.[29] I kärnan av denna ideologi (och den kultur som var upphov till den) fanns uppdelningen av samhället i tre breda kaster eller "funktioner": präster, krigare och näringsidkare. Utöver att dela upp arbetet och reglera sociala förhållanden formaliserade dessa funktioner den indoeuropeiska kulturstilens innersta väsen och alltså det som kom att få mest inflytande på de olika nationella familjer som efterträdde indoeuropéerna.[30] Dumézil betonar att det

---

26   Jean-Claude Rivière, "Pour un lecture de Dumézil", i *Nouvelle Ecole 21–22* (vintern 1972–73).

27   Alain de Benoist, "Introduction", i Louis Rougier, *Le conflit du christianisme primitif et de la civilisation antique* (Paris: Copernic, 1977).

28   Om trefunktionalitetssystemet, se Georges Dumézil, *L'idéologie tripartite des Indo-Européens* (Brussels: Latomus, 1958); Jean Haudry, *La religion cosmique des Indo-Européens* (Milan: Arché, 1987); J. P. Mallory, *In Search of the Indo-Europeans: Language, Archaeology and Myth* (London: Thames and Hudson, 1989), ss. 130–34.

29   Jean-Claude Rivière, "Pour un lecture de Dumézil", i *Nouvelle Ecole 21–22* (vintern 1972–1973); Jean Maibre, *Les dieux mandits: Récits de mytholgie nordique* (Paris: Copernic, 1978), ss. 21–27; Friedrich Nietzsche, *The Anti-Christ*, övers. av R. J. Hollingdale (Hammonsworth: Penguin, 1968), §57.

30   J. H. Griswald, "Trois perspectives medievales", i *Nouvelle Ecole 21–22* (vintern 1972–1973); Jean-Claude Rivière, "Archéologie de l'epopée médievale", i *Nouvelle Ecole 46* (hösten 1990). Jfr. Georges Duby, *The Three Orders: Feudal Society Imagined*, övers. av A. Goldhammer (Chicago: University of Chicago Press, 1980).

bara var bland indoeuropéer som trefunktionalitetssystemet institu-
tionaliserades och uttrycktes medvetet, även om inslag av ideologin
kan hittas bland vissa andra folk (främst japanerna). Detta gör den till
en avgränsande beståndsdel i deras kultur och följaktligen till Europas
"levande förflutnas" väsen.[31]
Enligt nya högerns tolkning av Dumézil sanktionerade trefunktio-
nalitetssystemet principer som upprättade grunden för den europe-
iska kulturen och lät folket styras av sina främsta representanter — det
vill säga av de visa män och präster som utförde de heliga ritualerna
samt mindes de gamla berättelserna och av den krigararistokrati på
vars mod och självuppoffring samhällets överlevnad berodde. Bönder,
herdar, hantverkare, handelsmän — näringsidkarna — däremot, var
ideologiskt förvisade till den lägsta sociala ordningen (den "tredje
funktionen") och förvägrades den högsta auktoriteten. Ekonomisk
verksamhet som sådan var rättfärdigad endast i den mån den var
"nödvändig för att upprätthålla och säkerställa en värdig tillvaro som
var anpassad efter ens egna ägor; och lägre instinkter som egennytta
och profitintresse tilläts inte komma i första rummet."[32] Genom att på
detta sätt betinga den europeiska mentaliteten gjorde tredelningen att

---

31 Dumézil, *Mythe et épopé III*, ss. 341–42; "Georges Dumézil répond aux questions de
Nouvelle Ecole", i *Nouvelle Ecole 10* (september 1969); "Itinéraire", i Nouvelle Ecole 21–22;
Jean Haudry, "Die indoeuropäische Tradition als Wurzel unserer Identität", i P. Krebs, red.,
Mut zur Identität: Alternative zum Princip der Gleichheit (Struckum: Verlag f. Ganzheitl.
Forschung u. Kulture, 1988). Den opolitiske Dumézil kom att få betala dyrt för sina
upptäckter. På 1980-talet inleddes en fullskalig häxjakt på honom. Den drogs igång av
UCLA-historikern Carlo Ginsburg, som i "Mythologie germanique et nazisme. Sur un
ancien livre de Georges Dumézil", i *Annales ESC* (juli 1985), anklagade honom för nazism.
Anklagelsen togs sedan upp av *Libération* och gick runt i flera politiskt korrekta parisiska
tidningar. Anklagelsens falskhet och vissa intellektuellas beredvillighet att använda den för
att fläcka ned en av århundradets stora akademiker, för att hans verk råkade ge trovärdig-
het till vissa ickekonformistiska idéer, har dokumenterats till fullo i Didier Eribon, *Faut-il
brûler Dumézil? Mythologie, science et politique* (Paris: Flammarion, 1992); även Garcia
Quintela, *Dumézil*, ss. 123–98. Om beteckningen "fascist" som politiskt knep för att miss-
kreditera nya idéer, se Hans-Helmuth Knütter, *Die Faschismus Keule. Das letzte Aufgebot
der deutschen Linken* (Frankfurt/M: Ullstein, 1993). Om det "levande förflutna", se R. G.
Collingwood, *An Autobiography* (Oxford: Oxford University Press, 1978), ss. 96–98.

32 Julius Evola, *Revolt Against the Modern World*, övers. av G. Stucco (Rochester VT: Inner
Traditions International, 1995), s. 98.

visdomen och modet blev viktigare än ekonomiska-reproducerande funktioner. De tre funktionerna utgjorde dock en enhet och kunde inte åtskiljas. Tredelningen gav också kulturen, dess höga symboler och dess definierande ideals styrka en rangplats över andra sysslor, i kontrast mot den modernistiska spegelvändningen av dessa värden, vilken vänder bort européerna från sina ljusa traditioner och mot de världsliga angelägenheternas mörka domäner.

Närhelst nya högerns anhängare vänder sig till urminnet eller hänvisar till Europas indoeuropeiska ursprung, åkallar de inte bara helt enkelt sitt folks väsens ursprungliga rörelser, utan forna präst- och krigardygder som tuktar modernitetens maniska krämaranda.[33]

VARANDETS KÄLLA

Den första betydande tänkare som kom att prägla Greces historiefilosofi — och teoretiskt att bekräfta Europas urminne — var Friedrich

---

33 "Itinéraire", i *Nouvelle Ecole* 21–22. Till skillnad från det forntida, indoeuropeiska samhället, där den högsta politiska funktionen bestämde den produktiva och reproduktiva verksamhetens modaliteter och därmed dessa verksamheters värde och betydelse, så underordnar det moderna samhället politiken (den första funktionen) sociala och ekonomiska intressen (den tredje funktionen). Med detta tar massornas önskningar — per definition råa och okultiverade — befälet över den civilisatoriska ordningen. På samma sätt utnyttjas krigare och visa män av handelsmän och producenter. Arbete upphör följaktligen att vara en tjänst och förtingligas, i det att stora massor "är dömda att utföra ytliga, opersonliga, automatiska arbeten" (Evola) i tvivelaktiga materialistiska värdens namn. På samma sätt blir mark — i form av bondgårdar eller gods — som en gång representerade en ätt, utbytbara mot pengar; bildning ersätts med utbildning, ära med skuld, aristokrati med elit, gemenskap med samhälle, rättvisa med socialtjänst. När de feminina principer som hör till den tredje funktionen tränger undan de maskulina, upphör fadern att vara en patriark och blir till ett föremål för godmodigt löje. Universella rättigheter tillerkänns utan krav, samhällsfunktioner rubbas och klass blir till en fråga om ekonomisk ställning. Detta skapar i sin tur en skeptisk och relativistisk etik, i det att normer och etablerad sedlighet ses som enbart konventioner som man kan strunta i. Det är inte av en tillfällighet som det moderna omstörtandet av trefunktionalitetssystemets hierarki gör narr av traditionella roller, gör organiskt samförstånd ouppnåeligt, gör sann ordning omöjlig. När denna omkastade ordnings andliga fattigdom breder ut sig, breder även den ledande tredje funktionens enorma rikedom och direkta makt ut sig över denna inverterade hierarki, i vilken den "underlägsne" härskar över den "överlägsne". Se Benoist, "L'ordre". Nietzsches beskrivning av denna omkastning är särskilt skarp: "Det som är omanligt, som härrör från trälaktighet: det blir nu herre över mänsklighetens öde." Se *Thus Spoke Zarathustra*, övers. av R. J. Hollingdale (London: Penguin, 1961), "Of the Higher Man".

Nietzsche; dennes tillbakavisande av modernistisk metafysik och om-
famnande av de gamla grekiska myterna för att bemöta "dialektiker-
nas" (kristnas och modernisters) rationalism föregick den nya högerns
identitära projekt. Dessutom tog hans filosofiska projekt, med tilltalet
"vi goda européer", upp "historiologiska" frågor, vilka är relevanta för
kulturtrötthetens och den kulturella förnyelsens problem. Från dessa
har hans mest radikala idé uppstått — tanken om evig återkomst — vil-
ken formar kärnan i nya högerns antiliberala historiefilosofi.[34]

Som Giorgio Locchi först tolkade det medför inte den nietz-
scheanska idén om evig återkomst en bokstavlig upprepning av det
förflutna. Den är en axiologisk snarare än en kosmologisk princip. I
den egenskapen representerar den en vilja till förvandling i en värld
som själv befinner sig i ändlös förvandling, och tjänar som en var-
dandeprincip i en värld som varken känner slut eller början utan bara
livsprocessen som ständigt återvänder till sig själv. Den bekräftar
sålunda människans "omvärldsöppna" natur, i det att hon är föremål
för de pågående omvandlingarna och omvärderingarna.[35] I motsätt-
ning mot den i modernismens progressiva berättelse underförstådda
determinismen framhåller Nietzsches eviga återkomst de gamla ädla
dygder som utformade livets uppstigande instinkter till en heroisk och
subjektiv kultur. Homeros' greker må därför vara döda och förgångna,
men ändå, närhelst "tillvarons eviga timglas vänds upp och ned" och
"öppnar" framtiden för det förflutna, trodde Nietzsche att den episka
andan, som det som ska återkomma, återigen kan väckas och leda till
något analogt.[36]

---

34 Friedrich Nietzsche, *Beyond Good and Evil*, övers. av W. Kaufmann (New York: Vintage,
1966), §56; Friedrich Nietzsche, *The Gay Science*, övers. av W. Kaufmann (New York:
Vintage, 1974), §285, §341; Nietzsche, *Thus Spoke Zarathustra*, "The Vision and the
Riddle" och "The Convalescent." Även Philippe Granarolo, *L'individu éternal: L'expérience
nietzschéenne de l'éternité* (Paris: Vrin, 1993), s. 37. Jfr. M. C. Sterling, "Recent Discussions
of Eternal Recurrence: Some Critical Comments", i *Nietzsche Studien 6* (1977).

35 Eugene Fink, *Nietzsches Philosophie* (Stuttgard: Kohlhammer, 1960), s. 91.

36 Nietzsche, *Human, All Too Human*, §24; Benoist, *Les idées à l'endroit*, s. 74; Armin Mohler,
"Devant l'histoire", i *Nouvelle Ecole 27-28* (vintern 1974–1975).

Livet, resonerade han, är inte en tidlös essens, på vilken ett förut-
bestämt *telos* ristats in. I egenskap av varande är livet vardande, och
vardande är vilja till makt. I denna bemärkelse representerar den eviga
återkomsten en bekräftelse av människans ursprungliga väsen, ett be-
dyrande av hennes olikhet mot andra och, i sin oändliga repertoar av
förebildliga, tidigare handlingar, en föraning om vadhelst framtiden
bär i sitt sköte. Den eviga återkomstens återuppdykande förflutna
fungerar alltså som en "selektiv tanke", då det sätter minnets oänd-
liga utbud av erfarenheter i livets tjänst. Som Vattimo beskriver det
är det förflutna "en alltid tillgänglig reserv av framtida positioner".[37]
Människan behöver bara föreställa sig en framtid liknande en utvald
del av sin historia för att påbörja dess återkomst.[38] Det förflutna exis-
terar alltså inte som en ögonblickspunkt i en mekanisk klocktid som
kan förstås som en framåtskridande följd av på varandra följande
"nu". Snarare återkommer det som en "genealogisk" differential, vars
ursprung är inneboende i dess avsiktliga förespråkande. Detta gör det
förflutna möjligt att återvinna för framtida återupprättanden, vilka ef-
tersträvar att fortsätta livets äventyr.[39] Liksom de hedniska gudarna le-
ver för alltid och slutet på en cykel inleder en annan, dyker Nietzsches
eviga återkomsts förflutna upp i alla på varandra följande bejakanden
av vilja, i varje medveten användning av minnet, i varje ögonblick då
viljan och minnet blir utbytbara. Det förflutna är följaktligen vändbart,
upprepningsbart och möjligt att återvinna.

Detta förflutna är också en helhet av andra temporaliteter.
Människan kan aldrig bli yngre, men då tiden rycker framåt drar sig
framtiden tillbaka. I nuet möts dessa temporaliteter. Den mänskliga

---

37   Gianni Vattimo, *The End of Modernity: Nihilism and Hermeneutics in Postmodern Culture*,
     övers. av J.R. Snyder (Baltimore: Johns Hopkins University Press, 1985), s. 82.

38   Paul Chassard, *Nietzsche: Finalisme et histoire* (Paris: Copernic, 1977), s. 174; Clément
     Rosset, *La force majeure* (Paris: Minuit, 1983), ss. 87–89; Jean-Pierre Martin, "Myth et
     cosmologie", i *Krisis 6* (oktober 1990).

39   Granarolo, *L'individu éternal*, ss. 34–52.

tidsuppfattningen kommer på detta sätt att omspänna en oändlighet
av temporaliteter, i det att det förflutna, nuet och framtiden samman-
strålar i varje passerande ögonblick. Eftersom denna oändlighet är
en del av och innehåller alla tidsdimensioner samt alla människans
handlingar, och bekräftas i sin helhet "närhelst vi bekräftar ett enda
ögonblick av den", fungerar nuet som en skärningspunkt, inte en upp-
delning, mellan det förflutna och framtiden.[40] Människans vilja är be-
lägen i denna polykroniska helhet och har fri tillgång till den ändlösa
utvidgningen av tiden, som inte har något bestämt slut, bara obegrän-
sade möjligheter. Historisk teleologi och finalitet är för Nietzsche bara
avledningar av den kristna/modernistiska likgiltigheten inför livets
tidsspel. Som svar på människans viljas maningar är det hennes delta-
gande i den ständiga upprepningen av denna ursprungliga bekräftelse
som bringar ordning i världens underliggande kaos; det är alltså män-
niskan ensam som formar framtiden — inte en ovanmänsklig kraft
kallad Gud, inte framåtskridandet eller historiematerialismens lagar.[41]
I de forntida hellenernas anda, vilka behandlade livets förgänglighet
som sammanträffandet av det tillfälliga och det eviga, av människor
och gudar, vittnar Nietzsches eviga återkomst om både frånvaron av
en förutbestämd historisk mening och om det innevarande ögonblick-
ets fullständighet.[42]

Vid sidan av att bejaka viljeakten genomsyrar Nietzsches brott
med den linjära tidsuppfattningen människan med idén att hon alltid
har möjlighet att omfamna tanken om evig återkomst. Liksom varje
förflutet en gång var ett förebud om en eftersökt framtid, uppkommer
varje framtid från förfluten föraning — som man kan se fram emot

---

40   Friedrich Nietzsche, *The Will to Power*, övers. av W. Kaufmann och R. J. Hollingdale (New
     York: Vintage, 1967), §1032.

41   Nietzsche, *The Will to Power*, §706; Chassard, *La philosophie de l'histoire dans la philosophie
     de Nietzsche*, ss. 114–18.

42   Fink, *Nietzsches Philosophie*, ss. 75–92.

igen. "Det omöjliga" som det påbjuds teleologiskt "är inte möjligt".[43] I själva verket kommer livets vilja till makt uteslutande till uttryck i strävan att övervinna varje motstånd. Nietzsches övermänniska, den moderna människans antites, är följaktligen försjunken i urminnet, inte för att hon bär på det förflutnas samlade visdom, utan för att hon avvisar ledan hos dem som styrs av en föreställd nödvändighet och för att hon påtvingar sin vilja, som ett bejakande av ursprungligt varande, på tidens nyckfullhet.[44] Minne blir här liktydigt med vilja.

I detta sammanhang påminner Mircea Eliade oss om att i den fornariska myten faller gudarna från himlarna närhelst minnet sviker dem. De som minns är emellertid oföränderliga.[45] I den grekiska sagan är gudinnan Mnemosyne, musernas moder och förkroppsligandet av minnet, allvetande för att hon minns allt. Skalderna som muserna inspirerar öser ur Mnemosynes vetande, återvänder till varandets källa och upptäcker den ursprungliga verklighet från vilken kosmos härrör.[46] Till skillnad från det kristna/modernistiska sättet att närma sig historien, som i det förflutna ser förverkligandet av ett gudomligt eller immanent *logos*, sökte de grekiska historikerna efter vardandets lagar, de förebildliga modellerna, som skulle öppna människan för urtiden — i vilken kulturen, kosmos och myten uppkommer.[47] I den meningen har den eviga återkomsten mindre med ett upprepande av samma sak att göra. Dess outtröttliga erövring av det tidsbestämda möjliggör snarare för människan att skapa sig själv gång på gång i en värld i vilken tiden — och möjligheten — är evigt öppen. På detta sätt

---

43 Nietzsche, *The Will to Power*, §639.

44 Nietzsche, *Thus Spoke Zarathustra*, "Of the Vision and the Riddle." "Ursprung" för Nietzsche utgör ingen bärare av tingens tidlösa väsen, utan bär snarare på deras ursprungliga varas ograverade uttryck, *Herkunft* som tjänar som *Erbschaft*. Se Nietzsche, *Genealogy of Morals*, Essay II, §12; *The Gay Science*, §83. Jfr. Michel Foucault, "Nietzsche, Genealogy, History", i *Language, Counter-memory, Practice: Selected Essays and Interviews*, övers. av D. F. Boucard & S. Simon (Ithaca: Cornell University Press, 1977).

45 Eliade, *Myth and Reality*, ss. 115–20.

46 J. P. Vernant, "Aspects mythiques de la mémoire en Grèce", i *Journal de Psychologie* (1959).

47 Eliade, *Myth and Reality*, ss. 134–38.

återskapar den eviga återkomsten den mytiska processen, och återupp-
livar de bilder som skulle kunna rädda den västerländska människan
från det nihilistiska tillstånd hon har fallit in i.[48]

Nietzsches identifiering av varandet med vardandet bör emellertid
inte tas som att det mytiska ursprungets genealogiska anda — en anda
utmärkt av en evigt öppen och ändamålslös värld som endast är un-
derställd viljans aktiva kraft — ger människan frihet att göra vadhelst
som faller henne in. Gränserna hon ställs inför utgörs av hennes tids
förhållanden och naturens villkor. Med samhällsvetenskapens språk-
bruk medger Nietzsche helt och fullt strukturernas och systemkraf-
ternas, eller det som Auguste Comte benämnde "samhällsstatistikens",
oundvikliga inskränkningar. Inom dessa gränser är ändå allt som är
möjligt möjligt, då människans verksamhet är framtidsmässigt öppen
för ögonblickets inneboende möjligheter när dessa passar hennes egna
föresatser: det vill säga närhelst människan upptas av den oupphörliga
kamp som utgör livet. "Nödvändigheten", anför han, "är inte ett faktum
utan en tolkning."[49] Historien återspeglar inte den heliga viljan eller
marknadens logik utan kampen mellan människor om de historiska
bilder de själva väljer. Det som ytterst betingar tillvaron är därmed
inte så mycket det som påverkar människan utifrån ("det objektiva")
som det som utgår inifrån (viljan), då hon "utvärderar" de krafter som
påverkar henne. Naturen, historien och världen kan därför inverka på
människans levnadssätt men inte som "mekaniska nödvändigheter".

Givet förkastandet av både immanent och översinnlig determi-
nism är Nietzsches historieuppfattning långt ifrån att vara en bok-
stavlig upprepning av den ursprungliga, cykliska tidsuppfattningen.
Enligt Eliade innebar forntidens samhällens eviga återkomst en tidens
oupphörliga upprepning, det vill säga ett annat slags "linje" (en cirkel)

---

48   Granarolo, L'individu éternal, ss. 47–52.

49   Nietzsche, Will to Power, §552, även §70; Giorgio Locchi, "Ethologie et sciences sociales", i
     Nouvelle Ecole 33 (sommaren 1979).

som strävade att undfly historiens inneboende skiften.[50] Nietzsche
däremot undviker tidens automatiska omtagning och ser den eviga
återkomsten i ickecykliska och ickelinjära termer. Det förflutnas evig-
het och framtidens evighet, menar han, nödvändiggör nuets evighet,
och nuets evighet kan inte betyda att allt som har hänt eller kommer
att hända alltid finns till hands i tanken, redo att förverkligas.[51] Liksom
varande är vardande, slump är baksidan av nödvändigheten och vil-
jan är kraften som både motverkar och deltar i kaos, återkastas det
nietzscheanska förflutna i framtidens evighet, och detta på ett sätt som
öppnar upp nuet för alla dess möjligheter.[52] Den eviga återkomstens
förflutna längtar alltså inte efter det förgångna, som hos den primitiva
människan, utan efter framtiden. Locchi anmärker att historien bara
har mening när man söker trotsa den.[53]

Nietzsches tidsbegrepp är varken linjärt eller cykliskt utan sfäriskt.
I det "evigt återkommande tidvattnet" bildar människans olika tidsdi-
mensioner en "sfär", i vilken förflutna, nuvarande och framtida tankar
kretsar kring varandra och antar nya betydelser, i det att vart och ett
av deras ögonblick blir en mittpunkt i förhållande till de andra. Inom
denna polykrona virvel uppkommer inte det förflutna bara en gång för
att sedan stelna till bakom oss; inte heller följer framtiden av bestäm-
mande faktorer som är belägna längs en sekventiell följd av skeenden.
Snarare hör det förflutna, nuet och framtiden till varje ögonblick; nå-
gon definitiv avlösning sker aldrig.[54] "Ack min själ", utropar Nietzsches
Zarathustra, "Jag lärde dig att säga 'idag' såväl som 'en dag' och 'for-

---

50 Mircea Eliade, *The Myth of the Eternal Return or, Cosmos and History*, övers. av W. Trask
    (Princeton: Princeton University Press, 1965), ss. 36, 85–86, 117; även Mircea Eliade, *The
    Sacred and the Profane: The Nature of Religion*, övers. av W. Trask (San Diego: Harcourt
    Brace Jovanovich, 1959), ss. 108–10.

51 Chassard, *La philosophie de l'histoire dans la philosophie de Nietzsche*, ss. 121–22.

52 Nietzsche, *The Gay Science*, §109.

53 Giorgio Locchi, "L'histoire", i *Nouvelle Ecole 27–28* (januari 1976).

54 Benoist, *Vu de droite*, ss. 298–99.

dom' och att dansa din dans över varje här och där och därborta."[55] Existentiellt gör dessa tempus samtidighet att det är möjligt för människan att övervinna varje varaktighet eller ordningsföljd. Det finns ingen finalitet, inget hinder för friheten. Närhelst det janushövdade nuet förändrar sin syn på de olika temporaliteter som lokaliserar det förändras också bilden av det förflutna och framtiden. Det sätt på vilket man står i nuet avgör följaktligen hur allting återkommer[56], och eftersom varje förebildligt förflutet en gång förebådade en eftersträvad framtid, kan dessa olika temporaliteter bilda nya formationslinjer, i det att de fenomenologiskt flyter in i varandra.

Det förflutna, erinrat ur minnet och föregripet av viljan, finns liksom framtiden alltid till hands, redo att förverkligas.[57] När detta händer och ett särskilt förflutet "återvinns" från det heraklitiska flödet för att bilda en särskild framtid, blir "det var" till ett "så här ville jag att det skulle vara".[58] På så sätt fungerar tiden som en sfär som rullar framåt mot en framtid som föregrips i ens avsiktliga bild av det förflutna.[59] Det följer att tillvaron "börjar i varje ögonblick; klotet Där rullar runt varje Här. Mitten [det vill säga nuet] är överallt. Evighetens stig är krokig [ickelinjär]."[60] Denna återkomst går dessutom bortom den rena upprepningen, då återuppförandet av en arkaisk gestalt oundvikligen förändras av det ändrade sammanhanget. Den konventionella motsättningen mellan det förflutna och framtiden lämnar plats för återkomsten, i det att det förflutna, uppfattat som en sida av det poly-

---

55　Nietzsche, *Thus Spoke Zarathustra*, "Of the Great Longing." [Översättningen modifierad]

56　Nietzsche, *The Gay Science*, §233; Martin Heidegger, *Nietzsche: The Eternal Recurrence of the Same*, övers. av D. F. Krell (San Francisco: Harper and Row, 1984), s. 245; Benoist, *Les idées à l'endroit*, ss. 38-40.

57　Alain de Benoist, "Fondements nominalistes d'une attitude devant la vie", i *Nouvelle Ecole* 33 (juni 1979); "Itinéraire", i *Nouvelle Ecole 24* (vintern 1973-1974).

58　Nietzsche, *Thus Spoke Zarathustra*, "Of Redemption."

59　Giorgio Locchi, "L'histoire", i *Nouvelle Ecole 27-28* (januari 1976); och från samme författare, *Nietzsche, Wagner e il mito sovrumanista* (Rome: Akropolis, 1982).

60　Nietzsche, *Thus Spoke Zarathustra*, "The Convalescent."

centriska nuet, förutsäger framtiden och framtiden blir en återkomst av det förflutna. Nuet upphör således att vara en punkt på en linje och blir en korsväg, där helheten av det förflutna och framtidens oändliga potential skär varandra. Detta betyder att historien inte har någon riktning utöver den som människan ger den. Hon ensam är härskarinna över sitt öde. Och detta öde, liksom historien, hyser en mångfald av möjliga betydelser. Liksom i hednisk kosmologi är världen ett *polemos*, en den ständiga kampens arena, ett kaos av ojämlika krafter, där rörelsen, underkastelsen och herraväldet regerar. I den egenskapen känner världen bara särskilda finaliteter, inget universellt ändamål. Vardandet är evigt — och det eviga innehåller alla möjligheter.[61]

Närhelst den eviga återkomstens människa avvisar teleologisternas dåliga samvete och helt och fullt kliver in i sitt ögonblick, manar Nietzsche: *Werde das, was Du bist!*[62] Han förordar inte den marxistisk-hegelianska *Aufhebung*, liberalt framåtskridande eller kristen frälsning utan en heroisk självhävdelse som uppfyller människan med den ålderdomliga tillförsikten att smida en framtid som är sann mot hennes högre, livsbejakande jag. Att bli vad man är innebär alltså både ett återvändande och ett övervinnande. Genom den eviga återkomsten återvänder människan — "vars horisont omsluter tusentals förflutna och framtida år" — till och omvärderar därmed andan hos de grundläggande handlingar som utgjorde hennes förfäders seger över världens kaos. Denna första historiska handling, som myten tillräknar gudarna, inbegrep att välja sin kultur, sin andra natur. Allt annat följer på denna första handlings grund — dock inte genom reproduktion utan genom att göra nya val utifrån den ursprungliga handlingen.

---

61 Jacques Marlaud, *Le renouveau païen dans la pensée française* (Paris: Le Labyrinthe, 1986), s. 25; Chassard, *La philosophie de l'histoire dans la philosophie de Nietzsche*, ss. 112–15; Benoist, *Vu de Droite*, ss. 85–87.

62 Nietzsche, *Thus Spoke Zarathustra*, "The Honey Offering." Förmaningen — "Bliv vad du är" — hör hemma i varje traditionell kultur. Se Heinrich Jordis von Lohausen, *Denken in Völkern: Die Kraft von Sprache und Raum in der Kultur- und Weltgeschichte* (Graz: Stocker, 2001), ss. 12–15.

Det finns i själva verket ingen äkta identitet förutom denna ständiga självförverkligandeprocess. I utformandet av människans historieuppfattning kan den eviga återkomsten därmed inte annat än övervinna den förbittring som upplöser hennes vilja, det dåliga samvete som lämnar henne vind för våg i den slumpartade vardandeströmmen, det konformistiska tryck som lämnar henne åt den moderna berättelsen. Dessutom, såsom vilja till makt, driver den eviga återkomsten henne att konfrontera det hon anser vara det väsentliga och eviga i livet; detta ger i sin tur något av det väsentliga och eviga till hennes egen, ändliga tillvaros "underbara osäkerhet", i det att hon för att bli sig själv går bortom sig själv. Den eviga återkomstens avsiktliga vardande tjänar därmed som ett medel för att definiera människans högre jag, samtidigt som återkomsten av det väsentliga och eviga bekräftar både hennes ursprung och hennes värderingar — hennes sätt att vara — som hon framlägger för sin framtid. Eftersom en sådan disposition är ses i en ursprunglig uppkomsts sammanhang, är inte den eviga återkomsten gynnsam för en atomiserad, osammanhängande tillvaro, i vilken vardandet är i konflikt med varat, utan för ett av sig självt rättfärdigat sammanhang, som förenar det enskilda livsödet med ett gemensamt öde i en högre skapande förmåga — även om denna "sammanhållning" är grundad på föreställningen att världen saknar inneboende betydelse och syfte.[63] Varje enskild handling blir på så sätt oskiljbar från sin historiska värld, liksom den historiska världen, en produkt av otaliga individuella värderingar, genomströmmar varje enskild handling. "Varje stor människa", skriver Nietzsche, "utövar en tillbakaverkande kraft: för hennes skull läggs än en gång hela historien i vågskålen."[64] Närhelst tanken på evig återkomst lägger det förflutna och framtiden i vågskå-

---

63   Det kan i förbigående noteras att postmodernister tillbakavisar den linjära uppfattningen för en platt historieskrivning, som gör det förflutna till en palimpsest vars innebörd skiftar och helst bör glömmas bort. Jfr. Susan D. Ermarth, *Sequel to History: Postmodernism and the Crisis of Representational Time* (Princeton: Princeton University Press, 1992); Keith Jenkins, *Why History? Ethics and Postmodernity* (London: Routledge, 1999).

64   Nietzsche, *The Gay Science*, §34.

len, samtidigt som nuet kastar sitt ljus på dem, återupprättar denna tanke "vardandets oskuldsfullhet" och gör det möjligt för den aktiva människan att bestämma sitt öde — till skillnad från den teleologiska eller mekaniska nödvändighetens livsförnekande människa, som har ett orörligt förflutet och en förutbestämd framtid.[65]

Den sista och i dag viktigaste delen i Greces historiefilosofi härrör från Martin Heidegger; under det tidiga 1980-talet började dennes antimodernistiska tänkande påverka Greces metapolitiska projekt och avlösa Nietzsche.[66] I likhet med författaren till *Så talade Zarathustra* avvisar Heidegger kristen/modernistisk metafysik och ser människan och historien, varat och vardandet, som oskiljaktiga och ofullständiga. Det förflutna, menar han, må ha passerat förbi, men dess betydelse har varken tynat bort eller stelnat permanent. När det förflutna upplevs som egentlig historicitet är det "allt annat än något förgånget. Det är något som jag kan återvända till gång efter annan."[67] Medan det förflutna alltså "oåterkalleligen hör en annan tid till", tror Heidegger att det fortsätter att finnas till i form av ett arv eller en identitet som kan "bestämma 'en framtid' 'i nuet.'"[68] I den andan hävdar han att "varats ursprungliga väsen är tiden".[69]

Till skillnad från andra arter av förnimmande liv har inte den heideggerianska människan (eller den nietzscheanska eller gehlenianska människan) någon förutbestämd ontologisk grund: hon är ensamt ansvarig för sitt liv. Hon är i själva verket den varelse vars "själva varande är en sak", då hennes tillvaro aldrig är fastställd eller fullständig utan öppen och övergående.[70] Det är hon som styr över sitt liv och, genom

65 Granarolo, *L'individu éternal*, ss. 133–44; "Itinéraire", i *Nouvelle Ecole 15* (mars–april 1971).

66 "Lectures de Heidegger", i *Nouvelle Ecole 37* (april 1982).

67 Martin Heidegger, *The Concept of Time*, övers. av W. McNeill (Oxford: Blackwell, 1992), s. 19.

68 Martin Heidegger, *Being and Time*, övers. av J. Macquarrie & E. Robinson (New York: Harper and Row, 1962), §79.

69 Heidegger, *Hegel's Phenomenology of Spirit*, §13b.

70 Heidegger, *Being and Time*, §79; Benoist, "Un mot en quatre lettres",

sakens natur, vad hon blir. Människan är därmed tvungen att "göra något av sig själv", och det för med sig att hon "bryr sig" om sin *Dasein* (sin "därvaro" som mänskligt existerande). I egenskap av i-världen-varo — det vill säga i egenskap av något specifikt för och oskiljbart från sitt historiskt-kulturella sammanhang — upplevs *Dasein* som en pågående möjlighet (invändig snarare än tillfällig) som skjuter fram sig själv mot en "ännu inte aktuell" framtid.

Den möjlighet människan eftersträvar i den värld hon har "kastats" in i är i enlighet med detta betingad av temporaliteten, tiden är nämligen inte bara den horisont mot vilken hon kastas, utan den utgör grunden på vilken hon förverkligar sig själv. Givet att tiden "drar in allting i sin rörelse" är den möjlighet människan eftersträvar i framtiden (hennes utkast) betingad av det nu som lokaliserar henne och det förflutna som inverkar på hennes sinne för möjligheter. Möjlighet är således inte någon föreställd möjlighet (som postmodernister är böjda att tro) utan en historiskt särskild valmöjlighet som är både ärvd och vald. *Daseins* projektion kan följaktligen inte annat än komma "tillbaka i riktning mot sig själv", föregripande sin möjlighet som något som "har varit" och fortfarande är.[71]

Dessa människans tre tidsdimensioner lockas av denna anledning fram närhelst en latent potential eftersträvas.[72] Födelse och död, tillsammans med allt däremellan, är oskiljaktigt förbundna med varje ögonblick, då *Dasein* lika mycket äger som sätter det förflutna, nuet och framtiden i ett tidsmässigt sammanhang, och uppfattas inte som en flytande, sekventiell följd av nupunkter utan som samtidiga dimensioner av medveten existens.[73] Därför är *Daseins* (även om den är "i tiden") erfarenhet av tiden — temporaliteten — ojämförlig med vanlig

---

71 Heidegger, *Being and Time*, §65.

72 Heidegger, *Being and Time*, §69, §72; Benoist, *Comment peut-on être païen?*, s. 26.

73 Martin Heidegger, *On Time and Being*, övers. av J. Stambaugh (New York: Harper and Row, 1972), ss. 11–15; Alain de Benoist, "La religion de l'Europe", i *Éléments 36* (hösten 1980).

klock- och kalendertid, vilken skrider framåt från det förflutna till nuet till framtiden, i takt med att flödet av "nu" kommer och försvinner. I stället fortskrider därvarons temporalitet från framtiden (vars slutliga möjlighet är döden), genom arvet från det förflutna, till det levande nuet. *Daseins* tid är alltså inte varaktighetsmässig, på naturvetenskapens och "sunda förnuftets" kvantitativa, likformiga vis, utan existentiell, extatiskt erfaren, liksom den nuvarande tanken på en föregripen framtid "erinras" och görs meningsfull i termer av syftningar till det förflutna.

I den bemärkelsen slutar aldrig historien. Den har mångfaldiga, subjektiva dimensioner som inte kan göras till föremål på samma sätt som vetenskapen gör naturen till föremål. Den är ständigt i spel. Som Benoist skriver, det historiska "förflutna" är en dimension, ett perspektiv, som är underförstått i varje givet ögonblick.[74] Varje nu innehåller denna dimension. Slaget vid Poitiers är över sedan länge, men dess betydelse dör aldrig och förändras alltid — så länge det finns européer som kommer ihåg det. Det förflutna förblir slumrande i tillvaron och kan alltid återupplivas. Eftersom "det som varit, det som komma skall och det nuvarande" ("temporalitetens extatiska enhet") når ut till varandra i varje medvetet ögonblick och inverkar på sättet människan lever sitt liv, finns *Dasein* i alla olika tidsdimensioner. Dess historia har emellertid ingenting att göra med den summa av tillfälligheter och fakta som historiker väver in i sina platta berättelser. Snarare är den "ett handlande och ett bli föremål för handlingar som passerar genom nuet, vilket bestäms från framtiden och tar över det förflutna."[75] Då människan väljer en möjlighet gör hon det hon vill vara närvarande, genom att beslutsamt tillägna sig det hon har varit.[76] Det finns dessutom inget godtyckligt med detta tillägnande, då det uppkommer i

---

74 Benoist, "Le religion de l'Europe",

75 Heidegger, *Introduction to Metaphysics*, s. 44.

76 Heidegger, *Being and Time*, §65.

samma process som gör det möjligt för människan att öppna sig själv och "tillhöra varats sanning", såsom denna sanning uppenbarar sig i sin extatiska enhet. Av samma skäl "domineras" inte nuet och framtiden av det förflutna; tillägnandet görs nämligen för att befria tanken — och livet — från tröghheten hos det redan tänkta och levda. Detta gör historien både subversiv och skapande, då den oupphörligt förändrar hur saker och ting uppfattas.[77]

Människans projekt har följaktligen ingenting att göra med tillfälliga faktorer som påverkar hennes tillvaro "utifrån" (det som i sedvanlig historieskrivning är den rent faktiska eller "vetenskapliga" redogörelsen för förflutna händelser) och desto mer att göra med att det sammansatta, extatiska medvetandet utformar sin syn på möjligheten (det vill säga, med den ontologiska grunden för människans temporalitet, vilken "tänjer ut" *Dasein* genom det förflutna, nuet och framtiden, i det att *Dasein* är "bildad i förväg").[78] Eftersom detta extatiska medve-

---

77 Detta råkar vara anledningen till att mycket av den nutida historieskrivningen är så ohistoriskt — i och med att den undersöker det förflutna uteslutande för att lovsjunga eller kritisera nutiden, och behandlar det som en språngbräda, en bestämmande faktor, kanske som en "plats" att besöka, men inte som en levande dimension av nuet och sällan som ett förebud om vad som vore möjligt.

78 Heidegger, *Being and Time*, §72, §76, §79. Åtskillnaden mellan å ena sidan minnets "selektiva" art och funktion som ett folks hågkomstkult och å andra sidan historieforskningens vetenskapliga impuls då den bryter med moraliska eller ideologiska omdömen, understryks i Alain de Benoists *Communisme et nazisme: 25 réflexions sur le totalitarisme au XXe siècle* (Paris: Le Labyrinthe, 1998), ss. 9–13. Då Benoist påpekar att minne kräver anknytning och historien kräver avstånd, tar han ställning för "historien" närhelst argumentet är grundat på "fakta" — den "objektiva sanningen" — i en fråga. Detta är emellertid en springande punkt vars problematiska förhållande till en identitär historiefilosofi grecisterna har misslyckats att klargöra. Som Heidegger anför, är den professionelle historikerns "objektiva sanning" vanligen ett undvikande av historisk förståelse, i så måtto som sanning grundad på vetenskapliga metoder och procedurregler huvudsakligen är en yttring av modernitetens beräkningslogik: den faktiska förklaringen av "vad som är" är inte nödvändigtvis det samma som en vetande förståelse. Även om Heideggers åtskillnad mellan korrekthet (i korrespondensbemärkelse) och sanning (som egentligt vara) är ganska otvetydig (se Contributions to Philosophy, §76), ställer Benoist ofta upp "fakta" mot det selektiva minnet hos dem han polemiserar mot, under antagandet att minne grundat på förvrängningar, okunskap eller förträngning genom sakens natur är på kant med historien och att "fakta" och "historien" borde förstås i den vedertagna, dvs. kunskapsteoretiska, bemärkelsen. Samtidigt som detta talar för att Greces historiefilosofi inte ska förväxlas med en identitär solipsism, svarar det inte på hur förhållandet mellan "sanning" och fakta ser ut. Heidegger till exempel vidhåller att enbart sanningen, i bemärkelsen vara som varken är subjektivt eller objektivt utan en "utvecklande händelse" i världen, ordnar "fakta". Benoist tycks dock

tande tillåter människan att föregripa sin framtid, är *Dasein* ständigt i spel, aldrig stelnad i en värld av arketyper eller bunden av subjekt-objekt-relationernas linjäritet. I den egenskapen inträffar inte de händelser som lokaliserar *Dasein* historiskt "blott en gång för alla, inte heller är de något universellt" utan representerar förflutna möjligheter som är möjliga att återvinna för framtida strävanden. För Heidegger är föreställningen om ett oåterkalleligt förflutet meningslös; det förflutna finns nämligen alltid till hands. Dess tänkande och verklighet står därför alltid i samband, i och med att dess mening är oskiljbar från människan, är en del av hennes värld och ständigt förändras då hennes utkast och alltså hennes synvinkel ändras. Det förflutna kan därmed inte betraktas på samma sätt som en vetenskapsman observerar sina data. Det är inte något av trosföreställningar och perspektiv oberoende som kan begripas *"wie es eigentlich gewesen"* (Leopold von Ranke). Det förflutnas betydelse (till och med den "faktiska" skildringen av den) är förmedlad och genomgår ständiga omarbetningar när människan lever och reflekterar över sina livsvillkor.[79] Detta beskriver historieuppfattningen i existentiella termer, och "fakta" om förflutna händelser blir meningsfulla i den mån de tillhör människans "berättelse" — det vill säga i den utsträckning som "varitheten" (*Gewesenheit*) fortfarande är "vara" och "kunna-vara". Med Heideggers språkbruk grundar sig historisk projektion på "kastadhet" (*Geworfenheit* — att som människa vara utkastad i tillvaron). En sådan antireell historietolkning — som ser det förflutna som meningsfullt enbart i förhållande till nuet — kommer troligen att framstå som inbillning för dem som betraktar den utifrån,

---

helgardera sig här, och sammanflätar fakta och sanning på sätt som vore oacceptabla för Heidegger. Detta är särskilt tydligt i de artiklar som är tillägnade "Mémoire et histoire" i *L'écume et les galet: 10 ans d'actualité vue d'ailleurs* (Paris: Le Labyrinthe, 2000); även Alain de Benoist, *Dernière année: Notes pour conclure le siècle* (Lausanne: L'Age d'Homme, 2001), ss. 127–28. För ett identitärt försök att lösa detta problem, se Dominique Venner, *Histoire et tradition des européens: 30,000 ans d'identité* (Paris: Rocher, 2002), ss. 264–65.

79 Robert Steuckers, "Conception de l'homme et Révolution conservatrice: Heidegger et son temps", i *Nouvelle Ecole 37* (april 1982); Charles Champetier, *Homo Consumans: Archéologie du don et de la dépense* (Paris: Le Labyrinthe, 1994), s. 98.

"objektivt", utan att delta i de subjektiva möjligheter som stöttar upp den; Heidegger hävdar dock att all historia upplevs på detta sätt, då det som varit bara blir meningsfullt när det är möjlig att återhämta för framtiden. Så länge, därför, som det förflutnas löfte förblir något som fortfarande är vid liv, något ännu tillkommande, är det inte en likgiltig sida av något icke längre närvarande. Inte heller är det förflutna endast ett förspel eller en väg mot en mer förnuftig framtid. Snarare är det förflutna något som måste identifieras om vi ska kunna bemästra de utmaningar som vårt utkast ställer oss inför — för vi kan inte inse vilka vi har potential att vara med mindre än att vi har kännedom om vilka vi har varit.[80] I själva verket är det just den moderna människans vägran att inse sin inre potential och använda den frihet som skulle kunna "tillförsäkra henne övernaturligt värde" som bär ansvaret för hennes "revolutionära, individualistiska och humanistiska förstörande av traditionen".[81]

I likhet med Nietzsche anser Heidegger att närhelst *Dasein* "löper framåt mot det förflutna" öppnar det "ännu inte aktuella" upp mot "varithetens" och "kunna-varats" outtömliga möjligheter. På grundval av denna tidsuppfattning tillbakavisar både Heidegger och Nietzsche det teleologiska vardandets abstrakta universalism (som lämpar sig för mätning av materia i rörelse eller själens rörelse mot det absoluta) och varje sammanhangslöst varabegrepp (oavsett om det rör sig om den kristna själen, det cartesiska cogito eller liberalismens från kroppen avskilda individ). Heidegger skiljer sig emellertid från Nietzsche i det att han gör varat, inte viljan, till temporalitetens nyckel. Han hävdar att Nietzsche varken fullständigt avvisade den metafysiska tradition som denne motsatte sig eller såg bortom varelserna till varat.[82] Samtidigt som Nietzsche alltså tillbakavisade modernitetens tro på framsteg

---

80 Benoist, *Comment peut-on être païen?*, ss. 26–27.

81 Julius Evola, "Uber das Geheimnis des Verfalls", i *Deutsches Volkstum 14* (1938).

82 Martin Heidegger, "The Word of Nietzsche", i *The Question Concerning Technology and Other Essays*, övers. av W. Lovitt (New York: Harper and Row, 1977).

och ständigt övervinnande (den *Aufhebung* som underförstår inte
bara transcendens utan också att lämna något bakom sig) påstås
hans "vilja till makt" vidmakthålla modernitetens transcendentala
tendens genom att förutsätta en subjektivitet som inte är "tillägnad"
av varat. Som ett möjligt botemedel mot denna föregivna brist lyfter
Heidegger fram begreppen *Andenken* (den erinran som återhämtar
och förnyar traditionen) och *Verwindung* (som är ett överskridande
som, till skillnad från *Aufhenung*, även är ett godtagande och en för-
djupning) — begrepp som inbegriper inte allenast oskiljbarheten av
varat och vardandet utan vardandets roll i utvecklingen snarare än i
överskridandet av varat.[83]

Dessa icke obetydliga skillnader till trots förbinds dock Nietzsche
och Heidegger med Greces filosofiska projekt av ett gemensamt, anti-
modernistiskt syfte. Detta är särskilt tydligt i vikten de båda fäster vid
vardande och ursprung. Till exempel anför Heidegger att närhelst va-
rat avskiljs från vardandet och berövas temporalitet, som är fallet med
det kristna/moderna *logos*, identifieras varat — i detta fall abstrakt vara
snarare än i-världen-varo — med nuet, en nupunkt, som är underkas-
tad den determinism som styr Descartes' värld av materiella substan-
ser.[84] Detta får den förhärskande filosofiska traditionen att "glömma"
att varat finns i tid såväl som i rum.[85] Genom att tidsmässigt ompröva
varat och återföra det till vardandet gör Heidegger, liksom Nietzsche,
tiden till en horisont för all existens — och frigör den från rummets
och materiens kausala egenskaper.

Eftersom varat är oskiljbart från vardandet, och eftersom vardan-
det uppträder i en medtillvaro, är varat alltid inbäddat i ett av historia
och tradition mättat "meningssammanhang". När människan ägnar

83   Vattimo, *The End of Modernity*, ss. 51–64.
84   Heidegger, *Being and Time*, §5; David L. Miller, *The New Polytheism: Rebirth of the Gods
     and Goddesses* (New York: Harper and Row, 1974), s. 48.
85   Heidegger, *The Concept of Time*, ss. 12–13; Guillaume Faye & Patrick Rizzi, "Pour en finir
     avec le nihilisme", i *Nouvelle Ecole 37* (våren 1982).

sig åt sitt utkast i termer av de världsliga angelägenheter som påverkar henne, präglas både hennes utkast och hennes värld av tolkningar som härrör från en längre tolkningshistoria. Hennes framtidsriktade projekt är faktiskt begripligt uteslutande i termer av den värld som hon är inkastad i. Medan hon alltså själv gör sin historia, gör hon den i egenskap av en "meningsbärare", som har fått sina övertygelser, trosföreställningar och återgivningar från ett kollektivt förflutet.[86] Varat som sådant är aldrig en fråga om endast fakticitet utan är specifikt för det arv (sammanhang) som förankrar det. (Härav den oundvikliga kopplingen mellan ontologi och hermeneutik.) Det är dessutom detta meningsmättade sammanhang som utgör "där" i *Dasein*, utan vilket varat (såsom "varat i världen") är obegripligt.[87] Eftersom det inte kan finnas något vara utan ett där, ingen existens utan ett särskilt ramverk av mening och syfte, är människan till sin egentliga vara-natur oskiljbar från det sammanhang som "möjliggör det som har utkastats".[88] Varat är kort sagt möjligt endast i "tillägnelsen av grundandet av däret".[89]

Heidegger ser allt tänkande som självrefererande och präglat av historiska föregångare, vilka är oundvikliga eftersom de hör till den enda värld *Dasein* känner. Detta kontrasterar mot det cartesiska förnuftet och dess ofiltrerade varseblivning av en objektiv verklighet och får Heidegger att förneka rationalismens naturliga, tidlösa, ahistoriska sanningar. Liksom varat är sanningen med nödvändighet historisk. Heidegger förkastar modernitetens cartesiska metafysik, vilken hävdar förekomsten av en förnuftig ordning utanför historien. Genom att förbinda subjekt och objekt i deras inneboende temporalitet, efter-

---

86 Heidegger, *Being and Time*, §5.

87 Heidegger, *Being and Time*, §29; Heidegger, Contributions to Philosophy, §120, §255. En orsak till att många kommentatorer missuppfattar Heidegger är att man ser därvaron som ren existens, "avklädd all säkerhet och ställning". Till exempel, Karl Löwith, "The Political Implications of Heidegger's Existentialism" (1946), i *New German Critique 45* (hösten 1988).

88 Heidegger, *Being and Time*, §65.

89 Heidegger, *Contributions to Philosophy*, §92.

strävar han att dekonstruera modernitetens falskt objektiva, kognitiva ordning. "Varje tid måste", som R.G. Collingwood vidhåller, "skriva sin egen historia ånyo", liksom varje människa är tvungen att ta itu med sin tillvaro i ljuset av vad som har lämnats henne i arv.[90] Till skillnad från icke-autentisk *Dasein* — som "temporaliserar sig själv i ett nuvarandegörande tillstånd som inte inväntar utan glömmer", i godtagande av något som är ett existentialistiskt imperativ (men som, beläget som det är i "nutiden", vanligtvis är en fördärvad eller förhårdnad överföring som sammanblandar nuets självupptagenhet med livets ursprungskällor) — "rotar" den egentliga *Dasein* fram sitt arv för att "minnas" eller återfinna sanningen om sin möjlighet och "göra dess skaparkraft till sin egen".[91] Ju tydligare potentialen av detta "outtömliga källsprång" blir, desto mer innerligt blir människan "det hon är".[92] I denna bemärkelse förstår egentlig historicitet "historien som 'återkomsten' av det möjliga".[93] Här är det "möjliga" det "som inte passerar förbi", det som förblir, som är beständigt, som är djupt rotat i en själv, ens folk, ens värld — kort sagt arvet av historisk mening som bevarar det som har utformats i begynnelsen och som kommer att vara sant i framtiden.[94]

---

90 R. G. Collingwood, "The Philosophy of History" (1930), i W. Debbins, red., *Essays in the Philosophy of History* (New York: Garland, 1985), s. 138. Heidegger går dock ett steg längre än Collingwood: varje släktled måste inte bara konfrontera sitt förflutnas kulturarv utan även uppta vad man finner vara "väsentligt" i detta, i syfte att upprätta det "på vilket" man framskjuter sitt vara. Se Heidegger, *Being and Time*, §65.

91 Heidegger, *Being and Time*, §6, §79.

92 Heidegger, *Being and Time*, §74; "Itinéraire", i *Nouvelle Ecole 17* (mars–april 1972).

93 Heidegger, *Being and Time*, §75.

94 "Det som 'är' är inte innevarande händelser, och inte heller är det det som är för handen just nu. Det som 'är' är det som nalkas från varitheten och är i den egenskapen det som nalkas." Heidegger hävdar att oförmågan att urskilja denna skillnad mellan "nu" och "det som är" härrör från samtidens "flykt från historien". Se Martin Heidegger, *The Principle of Reason*, övers. av R. Lilly (Bloomington: Indiana University Press, 1991), ss. 80–81. I samklang med detta äger den moderna historieforskningens utveckling, vilken har utvidgat vår kunskap om det förflutna oerhört, rum i en tid som nästan helt och hållet har berövat det förflutna dess "verkliga" mening och skapat en hedonistisk kult av ögonblicket. Eftersom det förflutna är dött i vår tidsålder, har de stora, samtida, historiska lärdomsverken större likhet med arkeologisk forskning än med "historia" i klassisk bemärkelse. I *Så talade Zarathustra* benämner Nietzsche träffande den moderne historikern "dödgrävare".

"Jag vet", sade Heidegger år 1966, "att allt väsentligt och allt stort härrör från att människan ... var rotfäst i en tradition".[95] Med synliggörandet av det som har lämnats i arv som ett historiskt bestämt projekt, röjer traditionen vad som är möjligt och vad som finns innerst i människans vara. Ett kulturarvs begynnelse finns alltså aldrig "bakom oss som något sedan länge förgånget utan står framför oss ... likt ett avlägset påbud som befaller oss att återta dess storhet".[96] Den ålderdomliga ursprungskraften, där varat finns i sin fullhet, är närvarande enbart när *Dasein* beslutsamt väljer den specifika historiska möjlighet som finns inneboende i kulturarvet. Som Benoists formulerar det, "när det gäller historiskt vardande finns inga vedertagna, metafysiska sanningar. Det som är sant är det som är benäget att finnas till och hålla ut".[97] Detta historicitetsbegrepp belyser inte bara öppenheten hos det förflutna och framtiden utan även kretsformigheten hos deras representationer.

Den kristna/modernistiska linjära historieuppfattningen berövar, i och med att den härleder tingens mening från framtiden, oundvikligen det liberala tänkandets tidslösa människa på medlen att resa sig över sitt av isolering utarmade jag och avskär henne från sitt ursprungsväsens skaparkraft och vadhelst av "storhet" — sanning — denna kraft förebådar. Närhelst däremot den heideggerianska människan är "stor" och reser sig till de möjligheter som hon har inneboende i sitt väsen, återvänder hon alltid till sin inhemska källa och återupptar där ett kulturarv som inte har att göra med egenskaperna hos hennes egna villkor utan med ett vara vars egentlighet blir till i vardandet av vad detta vara är. Med andra ord, "varat tillkännager ödet och därmed

---

95 "'Only a God Can Save Us': Der Spiegel Interview with Martin Heidegger" (1966), i R. Wolin, red., *The Heidegger Controversy* (Cambridge: Cambridge University Press, 1993), s. 106; även Heidegger, *Being and Time*, §74. Jfr. Benoist, *Vu de Droite*, s. 37.

96 Martin Heidegger, "The Self-Assertion of the German University", i Richard Wolin, red., *The Heidegger Controversy* (Cambridge: MIT Press, 1993).

97 Benoist, *Vu de Droite*, s. 23.

kontrollen över traditionen".[98] Heidegger sammankopplar, återigen i överensstämmelse med Nietzsche, människans existens med de "väsentliga meningssvängningar" som ägde rum ab origine, då hennes förfäder skapade de möjligheter som förblir öppna för henne att förverkliga. Från detta ursprungliga vara, i vilket "kvalitet, andlighet, levande traditioner och ras var rådande" (Evola), är människan existentiellt ihållande och bestyrkt — liksom ett träd frodas när det är rotat i sin ursprungsjord.[99] Som Raymond Ruyer skriver, "man kan försvara framtiden bara genom att försvara det förflutna", då det är i det förflutna som vi upptäcker nya möjligheter i oss själva.[100]

Även om ett självmedvetet tillägnande av ursprunget inte löser de problem människans villkor innebär, befriar det människan från en nutillvänd fixering vid det oegentliga.[101] Hennes "första begynnelse" inkluderar även andra begynnelser i processen — den första begynnelsen utgör grunden för alla efterföljande grunder.[102] Heidegger menar att utan en "återerövring" av Daseins ursprungliga begynnelse (som är omöjlig i den linjära uppfattningen, med dess ovändbara och utrotande framsteg) kan en ny begynnelse inte komma till stånd.[103] Endast genom att återta drivkraften hos ett kulturarv, vars begynnelse redan är en avslutning, kan människan komma tillbaka till sig själv, åstadkomma egentlighet och inkludera sig själv i sin egen tids värld. Det är förvisso uteslutande från det lager av möjligheter som är inneboende i hennes ursprungliga födelse, aldrig från de tomma abstraktioner som formuleras av ett allmängiltigt, historiciteten överskridande för-

---

98 Martin Heidegger, "The Onto-theo-logical Nature of Metaphysics" (1957), i Essays in Metaphysics, övers. av K. F. Leidecker (New York: Philosophical Library, 1960), s. 44; Heidegger, Contributions to Philosophy, § 91.

99 Eliade, Myth and Reality, s. 92.

100 Raymond Ruyer, Les cents prochains siècles: Le destin historique de l'homme selon la Nouvelle Gnose américaine (Paris: Fayard, 1977), s. 323.

101 Heidegger, Being and Time, §76.

102 Heidegger, Contributions to Philosophy, §3, §20.

103 Heidegger, Introduction to Metaphysics, s. 191; Benoist, Comment peut-on être païen?, s. 28.

nuft, som hon lär känna de ändliga, historiskt belägna uppgifter som
"fordras" av henne och öppnar sig själv för denna världs möjlighet.
Begynnelsen ligger följaktligen framför, inte bakom, henne, då den
inledande uppenbarelsen av varat är föregripen i varje ny begynnelse, i
det att varje ny begynnelse öser ur sin källa och där får tillgång till det
som har bevarats för eftervärlden. Eftersom den "varats sanning" som
hittas i begynnelser präglar *Daseins* utkast och får den att "komma
tillbaka till sig själv" bestämmer det som kommer före ständigt det
som kommer efter. Det förflutna är i denna bemärkelse framtid, då det
fungerar som en återvändo bakåt, till grundvalarna, där möjligheten
för framtida vara är mest mogen.

Detta gör begynnelser — "varats utbrytning" — avgörande. De är
aldrig endast föregångare eller *causa prima*, som modernitetens oor-
ganiska logik gör gällande, utan "det från vilket och av vilket något
är vad det är och som det är... [De är] källan till sitt väsen" [det vill
säga, sin egentliga särskildhet] och det sätt på vilket sanning "kommer
till stånd... [och] blir historisk".[104] Som Benoist uttrycker det, det "ur-
sprungliga" (till skillnad från modernitetens novum) är inte det som
kommer en gång för alla utan det som kommer och upprepas var gång
varat utvecklar sin egentlighet.[105] I den bemärkelsen representerar
de heideggerianska ursprungen den av myten bekräftade urenheten
av existens och essens, då deras befästande av minnet av ursprungs-
handlingen ger uppslag till det som kan upprepas. Närhelst detta äger
rum — närhelst mytens "förväntanshorisont" synliggörs — förvandlas
konkret tid till helig tid, i vilken den timliga världen tillfälligt upphävs

104 Martin Heidegger, "The Origin of the Work of Art" (1935), i D. F. Krell, red., *Basic Writings*
(New York: Harper and Row, 1977), ss. 149, 187; Molnar & Benoist, *L'éclipse du sacré*, s. 215.
I Helmuts Diwalds storslagna historia om den tyska nationen börjar "berättelsen" med
Jaltakonferensen år 1945, vilken beseglade Tredje rikets öde, och "löper baklänges" till
grundandet av Första riket, i något som tvivelsutan är den mest utomordentliga histo-
riografiska illustrationen av denna heideggerianska nyckelidé. Se dennes *Geschichte der
Deutschen* (Frankfurt/M: Ullstein, 1978).
105 Benoist, *L'empire intérieur*, s. 18.

och människan är fri att efterlikna sina gudar.[106] Eftersom begynnelser dessutom, i egenskap av "egentligt" vara, betecknar möjlighet, inte den rent "faktiska" eller "momentana" miljö som inverkar på den mänskliga *Daseins* ramverk, åstadkommer detta *Dasein* beständighet för jaget (egentlighet) endast då den har projicerats på grundval av sitt ursprungliga arv — för *Dasein* är förmögen att "komma i riktning mot sig själv" endast genom att föregripa sitt slut som en utvidgning av sin begynnelse.[107] Ursprung betecknar alltså identitet och öde, inte orsakssamband ("vari", inte "varifrån"). Likaledes finns inte ursprungen "därute" utan är delar av oss och dem vi är, bevarar det "som har varit" och tillhandahåller grunden för det som "fortsätter att vara". Detta gör dem till varje tillvaros grundvalar, vilka "åt nuet samlar det som alltid är väsentligt".[108]

Den ursprungliga harmonin i tillvaron som räddar den autentiska människan från de "simpla händelsernas och intrigernas oväsen" är emellertid inte så lätt att uppnå. Att återföra *Dasein* till sin grund och "återerövra den historisk-andliga existensens begynnelse för att förvandla den till en ny begynnelse" är möjligt endast genom "en föregripande beslutsamhet" som motsätter sig nuets tanklösa slentrian.[109] Ett sådant åtagande — och här är Heideggers "revolutionärt konservativa" motstånd mot den etablerade filosofiska traditionen kategoriskt — för med sig ett grundligt ifrågasättande av de "rotlösa och egennyttiga friheter" som skymmer varats sanning: ett ifrågasättande som får "sin nödvändighet från människans djupaste historia".[110] Av det skälet ser

---

106 Eliade, *The Myth of the Eternal Return*, ss. 28–36.

107 Heidegger, *Being and Time*, §65; Benoist, *L'empire intérieur*, s. 17.

108 Martin Heidegger, "The Anaximander Fragment" (1946), i *Early Greek Thinking*, övers. av D. F. Krell & F. A. Capuzzi (San Francisco: Harper Collins, 1984), s. 18; Benoist, "La religion de l'Europe",

109 Heidegger, *Introduction to Metaphysics*, s. 39; Eliade, *The Sacred and the Profane*, ss. 31, 95; Benoist, "La religion de l'Europe"

110 Heidegger, *Introduction to Metaphysics*, s. 6; Heidegger, *Contributions to Philosophy*, §117, §184.

Heidegger (likt den nya högern) historien som ett "val för hjältar", som kräver den fastaste föresatsen och det största risktagandet, i det att människan, i sammanstötning med det som hon på grund av sitt ursprung har fått i arv och ställd inför en glömsk konventionalitet, söker förverkliga en inneboende potential.[111] Detta val (som utgör det enda egentliga val som är möjligt för människan) skall emellertid inte förväxlas med den liberala individualismens subjektivistiska tendenser. En heroisk historieuppfattning kräver handling som grundar sig på det som är "ursprungligt" och återupplivat i traditionen, inte på det som är godtyckligt eller egensinnigt. Denna uppfattning är på samma sätt allt annat än reaktionär, då dess tillägnande av ursprung "inte överger sig själv för det som är förflutet" utan ger företräde åt det mest radikala öppnande av varat.[112]

Detta existentiella trevande framåt som samtidigt sträcker sig bakåt bekräftar betydelsen av det Heidegger kallar "ödet".[113] I likhet med Nietzsches *amor fati* är ödet enligt denna definition inte en underkastelse inför det oundvikliga utan en "tillägnande" omfamning av det kulturella och historiska arv som människan vid sin födelse kastas in i. I och med att människan omfamnar detta arv — i och med att hon övertar samhällets och släktledets ickevalda omständigheter — identifierar hon sig med sitt folks gemensamma öde; hon grundar sin därvaro i sin "egentliga, särskilda, historiska fakticitets" sanning.[114] Sanningen i denna bemärkelse återspeglar inte en objektiv bild av verkligheten utan ett rättframt svar på ödet — på "den kunskapens utveckling i vilken tillvaron redan är kastad" (Vattimo). *Daseins* "jag" blir således till ett bestämmande projekts "vi". Till skillnad från det liberala tänkandets tidsmässigt dekonstruerade, med rötterna uppryck-

---

111 Faye, *Les nouveaux enjeax idéologiques*, ss. 68, 78; Heidegger, *Being and Time*, §74; Vial, "Servir la cause des peuples".

112 Heidegger, *Being and Time*, §74.

113 Heidegger, *Being and Time*, §74.

114 Heidegger, *Contributions to Philosophy*, §11.

ta individ, som är "befriad" från organiska band och uppfattas som ett fenomenologiskt "inre", avskilt från "yttervärlden", blir den heideggerianska människan egentlig genom ett beslutsamt tillägnande av de mångtidsliga, ömsesidiga länkar som hon har till sitt folk. I och med att Heidegger bekräftar dessa länkar bekräftar han samtidigt människans medvetna inblandning i sin egen bestämda existens tid och rum. Den heideggerianska människan kan faktiskt inte annat än omhulda, för sig själv och sitt folk, möjligheten att ta strid med Fortunas krafter, för när hon gör det förverkligar hon nämligen den enda möjlighet som finns tillgänglig för henne och blir samtidigt härskarinna över sin egen "kastadhet" — sin egen historiska särskildhet. Gemenskapen med ens folk, "medvaron" (*Mitsein*), tjänar därmed som "det i vilket, ur vilket och för vilket historien äger rum".[115] *Daseins* möjlighetssträvan är alltså med nödvändighet en "samhistorisering" med en gemenskap, en samhistorisering som omvänder ett gemensamt arv från ett avlägset förflutet till grunden för en meningsfull framtid.[116] Historien är i själva verket möjlig för Heidegger endast för att därvarons individuella öde — dess inre "nödvändighet" — hänger samman med en större, sociokulturell "nödvändighet", i det att ett folk kämpar mot förfallets och upplösningens eviga krafter för att "ta tillbaka historien till sig själv".[117]

DET FÖRFLUTNAS FRAMTID

I nuet lever det förflutna och framtiden sida vid sida — som minnen och traditioner, föraningar och projekt. Det är upp till människan att avgöra hur hon ska förhålla sig till dessa olika temporaliteter. Utifrån hednisk myt och Nietzsches och Heideggers verk ställer grecisterna

---

115 Heidegger, *Introduction to Metaphysics*, s. 152.
116 Heidegger, *Being and Time*, §74.
117 Heidegger, *Being and Time*, §74; Benoist, *L'empire intérieur*, ss. 23–26; Steuckers, "Conception de l'homme et Révolution conservatrice". Det kan noteras att denna sammansmältning av individuellt öde och kollektivt öde inte syftar till en sublation av egot, utan till att rota det och få det att växa.

upp en historiefilosofi som strävar efter att frigöra européerna från det kristna/modernistiska projektets avkulturiserande bestämningar. I Guillaume Fayes efterföljd benämner jag denna filosofi "arkeofuturism", då den hävdar att det inte kan finnas någon bestämmande framtid utan en ursprunglig förutbestämmelse.[118] Om européerna någonsin ska återfå sitt varas skapande anda och åter spela en historisk roll, finns enligt arkeofuturismen inget alternativ till att återupptäcka "identitetens ursprungliga identitet". Detta förpliktar européen till att ta sina urminnen i besittning och möta framtiden med sina ärvda anors övertygelse. Om européerna emellertid skulle fortsätta att jaga efter de liberala, modernistiska principer som får dem att glömma sitt ursprung och kväva sin inre vitalitet, befarar arkeofuturisterna att européerna kommer att duka under för "historiens slut", där det förflutna upphör att återvända och framtiden innefattas i ett "evigt nu".[119]

Återigen, en arkeofuturistisk betoning av ursprung medför inte att européerna är dömda att upprepa sina förfäders grundläggande handlingar, såsom händer i "kalla samhällen" (det vill säga de primitiva samhällen vars synkroniska principer spelar en viktig roll bland antihistoriska tänkare som Lévi-Strauss).[120] I stället för att nostalgiskt föreviga de identitära spåren av en tidigare guldålder, söker arkeofuturisterna, i syfte att skapa nya möjligheter, efter de ursprungliga möjligheternas drivkraft. Som Benoist uttrycker det är de "nostalgiska inför vad som komma skall".[121] För dem är sökandet efter en europeisk iden-

---

118 "Arkeofuturism" är en term som har myntats av Guillaume Faye och numera är del av det allmänna identitära ordförrådet, även om grecisterna ännu inte har omfamnat den. Se Guillaume Faye, *L'Archéofuturisme* (Paris: L'Æncre, 1998).

119 Nietzsche, *Thus Spoke Zarathustra*, "Prologue", $5; jfr Francis Fukuyama, "The End of History", i *National Interest 16* (sommaren 1989).

120 Claude Lévi-Strauss, *Anthrologie structurale* (Paris: Plon, 1973), kap 2. Jfr. Giorgio Locchi, "Histoire et société: critique de Lévi-Strauss", i *Nouvelle Ecole 17* (mars 1972). Benoist har i enlighet därmed kallat Amerika, modernitetens förebild, ett "kallt samhälle", fruset i ett "evigt nu", utan vare sig ett förflutet eller en framtid. Se Robert de Herte & Hans-Jürgen Nigra, "Il était un fois l'Amerique", i *Nouvelle Ecole 27–28* (hösten–vintern 1975).

121 Citerat i Frédéric Julien, "Droite, Gauche, et troisième voie", i *Études et recherches pour la culture européenne 5* (hösten 1987).

titet riktigt verklig endast när denna är under konstruktion, dekonstruktion eller rekonstruktion. "Vi övertar ett kulturarv för att fortsätta det eller återgrunda det", skriver han.[122] Identitet utgör alltså varken en logisk grund för nuvarande förhållanden, eller en möjlighet till en folkloristisk väckelse, utan är nödvändig för en meningsfull framtid.[123] Av det skälet framhåller nya högerns arkeofuturism en identitetsutveckling på grundval av den historia och kultur som formar identiteten. I kontrast mot Lévi-Strauss inbyggares kalla samhällen och mot medlemmarna av moderna konsumtionssamhällen, är européer som är i samklang med sitt kulturarv sanna mot sig själva närhelst de gör val som eftersträvar att påbörja början igen — "med all egendomlighet, oklarhet och osäkerhet som åtföljer en sann begynnelse".[124] Detta gör arkeofuturistens förflutna till "en stadigvarande dimension i alla levda ögonblick". I denna anda känner den nya högerns anhängare att européer gör sig själva rättvisa endast när de blickar framåt och förser sitt kulturarv med en ytterligare öppning mot framtiden. "Hågkomst av [vår] första början är inte en flykt från det förflutna utan beredskap för det som komma skall", skriver Heidegger.[125]

I egenskap av indoeuropéernas arvtagare vänder sig de revolutionära krafter som har samlats i den nya högern till Europas urminnen,

---

122 Benoist, *Les idées à l'endroit*, s. 41; Robert de Herte, "Le retour des dieux", i *Éléments 27* (vintern 1978).

123 Benoist, "Recours au paganisme". I liknande anda påpekar Michel Marmin att Yeats, Joyce, Synge och andra förgrundsfigurer i den keltiska renässansen — enligt mångas förmenande den största av alla identitära rörelser — inte försökte sig på ett återvändande till Eden eller en tillflykt till provinsialism. Till exempel, "genom att återfylla de iriska rötterna ... sökte [Joyce] nära så täta och fantastiska skogar på Irland att skuggorna av dem skulle kastas på hela världen". Se Michel Marmin, "Les piège des folklore", i *La cause des peuples*. Jfr. Ulick O'Connor, *All the Olympians: A Biographical Portrait of the Irish Literary Renaissance* (New York: Henry Holt, 1987).

124 Alain de Benoist, *Horizon 2000: Trois entretiens* (Paris: Grece Pamphlet, 1996), s. 15; Heidegger, *Introduction to Metaphysics*, s. 39; Heidegger, *Contributions to Philosophy*, §5.

125 Martin Heidegger, *Basic Concepts*, övers. av G. E. Aylesworth (Bloomington: Indiana University Press, 1993), s. 17; "Entretien avec Alain de Benoist", i *Éléments 56* (vintern 1985). Jfr. Russell Kirk, "The Question of Tradition" (1989), i J. Scotchie, red., *The Paleoconservatives: New Voices of the Old Right* (New Brunswick: Transaction Publishers, 1999).

då framtiden där är uppenbarad i hela sitt djup, och där varat tar sin början på nytt. Varje stor revolution, påminner Benoist, betraktar sitt projekt som en återvändo till ursprunget. [126]

---

126 Maistra, *Renaissance de l'Occident?* (Paris: Plon, 1979), s. 295. Greces nyliga, förbehållssamma stöd för mångkulturalismen kan tyckas göra denna slutsats rent retorisk. Likväl, även om grecisterna har börjat anamma den förhärskande ideologins universalism och backa från de politiska konsekvenserna av sin historiefilosofi, vilken i princip motsätter sig varje balkanisering av de länder som deras förfäder bebyggde, har arkeofuturismen icke desto mindre blivit en del av den intellektuella arsenalen för andra, mer orubbliga identitärer.

Kapitel VI

ANTIEUROPA

Den 21 januari 1991, samtidigt som en arktisk kallfront svepte ner över Nordeuropa, samlades fler än 100 000 parisare på Bastiljplatsen för att protestera mot Amerikas planerade anfall mot Saddam Husseins Irak. Protesten var anordnad av kommunistpartiet, och drog främst till sig deltagare från fackföreningar och yttersta vänstern; motståndare till det som skulle bli det första kriget för Amerikas nya världsordning. Till organisatörernas förvåning visade det sig att bland demonstranterna, sida vid sida med olika vänsteranhängare och fackföreningsaktivister, fanns Greces grundare, Alain de Benoist. Det allmänt vedertagna var att högern identifierade sig med amerikansk politik. Därmed hade inte grecister något i protestdemonstrationen att göra.

I själva verket hade dock stora delar av den traditionella högern alltid betraktat USA som ett större hot mot den europeiska civilisationen än det kommunistiska Ryssland. Redan på 1920-talet hade Julius Evola, Oswald Spengler och Hermann Keyserling, i syfte att varna européerna, riktat kritik mot den amerikanska civilisationen. I och med att Kalla kriget tog sin början eftersträvade den amerikanske "postfascisten" Francis Parker Yockey, liksom svågern till martyren Robert Brasillach, Maurice Bardèche, att omformulera denna kritik

mot bakgrund av Amerikas världsherravälde.[1] Högerns antiameri-
kanism blev emellertid marginaliserad av samma högers högröstade
antikommunism.[2] När USA så småningom körde fast i Vietnam över-
skuggades denna antiamerikanism av vänsterns motstånd. Från det
amerikanska experimentets begynnelse var det likväl den europeiska
antiliberala högern, inte vänstern, som stod för den skarpaste kritiken
mot "den nya nationen".[3]

EUROPA OCH AMERIKA

Likt de konservativa revolutionärerna betraktar de flesta av nya hö-
gerns anhängare Förenta staterna som ett antieuropa. Amerika föd-
des ur den gamla världens rester, och dess folk har länge hyst ett visst
agg och en slumrande hämndlystnad mot Europa.[4] Ända sedan pil-
grimsfädernas tid har den nordamerikanska vildmarken uppfattats
som ett nytt Israel, ett rent land, oförstört av det fördärvade Europa. I
puritanska helgonbiografier framställs Nya Englands förste guvernör
som en Mosesliknande gestalt, som ledde de "uppenbara helgonen"

1   Maurice Bardèche, L'oeuf de Christophe Colomb (Paris: Les Sept Couleurs, 1951); Francis
     Parker Yockey, The Enemy of Europe, övers. av T. Francis (Reedy WV: Liberty Bell, 1985).

2   Om den problematiska termen antiamerikanism, se Marie-France Toinet, "Does Anti-
     Americanism Exist?", i D. Lacorme, P. Rupnik, M.-F. Toinet, red., The Rise and Fall of
     Anti-Americanism: A Century of French Perception, övers. av G. Turner (New York:
     St. Martin's Press, 1990). För dess historiska utveckling, se Philippe Roger, L'ennemi
     américain: Généologie de l'anti-américainisme (Paris: Seuil, 2002). För en identitär defini-
     tion, se Guillaume Faye, Pourquoi nous combattons: Manifeste de la Résistance européenne
     (Paris: L'Æncre, 2001), ss. 55–57. För dess förhållande till europeisk antimodernism, se
     Peter Wagner, "The Resistance That Modernity Constantly Provokes: Europe, America
     and Social Theory", i Thesis Eleven 58 (augusti 1999).

3   Som en revolutionär nationalist formulerar det: "La superpuissance américaine incarne
     tout ce monde modern que nous vomissons." Citerat i Christian Bouchet, Les nouveaux
     nationalistes (Paris: Déterna, 2001), ss. 103. Det är talande att alla nationalister som
     Bouchet intervjuade för detta verk gav uttryck för liknande uppfattningar.

4   Robert de Herte [Alain de Benoist] och Hans-Jürgen Nigra [Giorgio Locchi], "Il était une
     fois l'Amérique", i Nouvelle Ecole 27–28 (hösten vintern 1975); Alain de Benoist, "C'est encore
     loin, l'Amérique", i Le ligne de mire. Discours aux citoyens européens: II. 1988–1995 (Paris: Le
     Labyrinthe, 1996). Även Robert Steuckers, "La menace culturelle américaine", på Archivio
     Eurasia (http://utenti.tripod.it/ArchivEurasia/index.html); Reinhold Oberlercher, "Wesen
     und Verfall Amerikas", på dr Reinhold Oberlercher (http://www.deutsches-kolleg.org).

ut ur Egypten till det förlovade landet, där den skinande staden på kullen skulle tjäna som en fyrbåk för "resten av världen".⁵ Dessa sista dagars israeliter (vilka enligt C. Northcote Parkinson hade "den moderna kommunistens djupa övertygelse, stränghet, hängivenhet och intolerans") hoppades att skapa "rättfärdiga republiker", fria från den Gamla världens trolöshet.⁶ Landets kolonisation ansågs representera antitesen till den civilisation man hade lämnat bakom sig.⁷

Redan från början definierade sig därmed amerikanerna genom att avvisa sitt europeiska ursprung. Men eftersom alla civilisationer stammar från särskilda biokulturella rötter var den amerikanska civilisationen — under antagandet att "den kunde skapa en idealvärld från ingenting" — grundad på önsketänkande, i det att dess befolkning förnekade vilka de var för en religiös förhoppnings skull. Därmed dömde den sig själv inte bara till rotlöshet utan också till sterilitet — ingen koloni har någonsin förmått avlösa, än mindre ersätta, den moderkultur som gav den liv.

Det som gäller kultur gäller i lika hög grad religion. Trots talet om "att leva mer perfekt i anden", hade de kalvinistiska företrädarna av det amerikanska projektet inte mycket verkligt intresse för det inre själslivet. Deras huvudsakliga angelägenhet var att leva i enlighet med

---

5 Sacvan Bercovitch, *The Puritan Origins of the American Self* (New Haven: Yale University Press, 1975), ss. 5, 46–47, 63, 113.

6 C. Northcote Parkinson, *The Evolution of Political Thought* (London: University of London Press, 1958), ss. 166.

7 Michael Walker, "Auf der Suche nach dem verlorenen Amerika", i *Elemente für die europäische Wiedergeburt 1* (juni 1986). Jfr. Jean Plumyène, *Les nations romantiques: Histoire du nationalism, le XIXe siècle* (Paris: Fayard, 1979), ss. 101–5. I jämförelse hade den amerikanska Södern, som stod närmare den engelska lågadeln än Nya Englands puritanism, en betydligt mer europeisk karaktär. Söderns gentlemannamässiga slavägare, anglikanska kyrkor och ciceronianska bildningstradition innebar en egenart som var mycket olik de kälkborgerliga nordstaterna. Utan nordstaternas angreppskrig (som Yockey kallade "kriget mellan kvantitet och kvalitet") skulle USA tvivelsutan ha haft kvar mer av sitt arv från Gamla världen. I ett typiskt utslag av antiliberal ringaktning för nordstaternas "antikultur", beskriver Maurice Bardèche Shermans terroristiska anfall mot Atlanta och den påföljande förgörelsen av sydstatscivilisationen som inget mindre än en "barbarseger" — och drar slutsatsen att ordet "jänkare" (yankee), till skillnad från sydstatsman (sudiste), i sig självt är synonymt med "barbarism". Se *Sparte et les Sudistes* (Paris: Les Sept Couleurs, 1969), s. 130.

"andliga renlighetsformler", som kom att reducera moralen till en regel eller teknik och mångfaldiga deras världsliga framgång ("moraliska bedrifter") här och nu.[8]

De var på så vis angelägna om att stå fast vid en from men världsligt inriktad tillvaro i sitt förlovade land; de ansåg att det viktiga var att minimera den enskildes inre liv, där ondskans snaror kunde lura, och ägna sig helt åt upplyftande sysselsättningar, såsom verksamheter som uppmuntrades av deras kapitalistiska arbetsmoral. Tillsammans med löftet om det nya landet påbjöd de uttänkta reglerna och formlerna verksamheter som antogs sakna den mänskliga naturens vanliga begränsningar, eftersom verksamheterna i fråga sågs som en kallelse från Gud själv.[9] Det moraliskt goda som man trodde följde på den världsliga framgången (i motsats till fattigdomens oskick) genomsyrade den amerikanska protestantismen (likt senare, nyandliga apostlar) med en avgjort optimistisk tro på ett sinnligt här och nu. Av det skälet drar en historiker slutsatsen att det tidiga Amerikas kyrkor övade "mer inflytande på sina nattvardsgästers sociala och politiska än på deras andliga liv".[10] På samma sätt gav den puritanska uppfattningen om ett kristligt liv, med sin traditionsfientliga religiositet och moralistiska upptagenhet med den enskildes beteende, företräde åt det nya landets materiella möjligheter, liksom välstånd kom att beteckna predestination, och gudlöshet ansågs vara oförenlig med framgång.

Amerikas fromma grundare avvisade den "känsla av öde och tragedi som har tuktat européerna genom seklerna", vägrade godta de legitima skillnaderna mellan den Gamla och den Nya världen och tog för givet att på europeiska föregångare grundade beteenden till sin

---

8   Thomas Molnar, *The Emerging Atlantic Culture* (New Brunswick: Transaction Publishers, 1994), s. 37; Thomas Molnar, *L'américanologie: Triomphe d'un modèle planétaire* (Lausanne: L'Age d'Homme, 1991), ss. 32–34.

9   Thomas Molnar, "Pour l'américanologie", i *Etats-Unis: Danger. Actes du XXVe colloque national du GRECE* (Paris: Le Labyrinthe, 1992).

10   Carl and Jessica Bridenbaugh, *Rebels and Gentlemen: Philadelphia in the Age of Franklin* (New York: Oxford University Press, 1962), s. 18.

natur var dåliga, medan beteenden som befrämjade den Nya världens
blomstrande projekt var bra—även om dessa riskerade att förväxla
habegär med dygd.[11]
En sådan etik gjorde amerikanen till en handlingsmänniska: flitig
i affärer, som Nietzsche påpekar, men samtidigt "andligt slö".[12] Sett ur
de europeiska religiösa traditionernas perspektiv tycktes amerikanska
protestanter sakna varje slags andligt djup.

Deras kyrkor i "okonstlad
stil" påminde följaktligen mer om rådhus än om druidernas heliga
lundar eller den medeltida katolicismens gotiska mästerverk, precis
som deras präster predikade moraliska formler, och inte utförde några
heliga riter.

Den generation som grundade USA praktiserade en form av kris-
tendom som hade få likheter med sin europeiska motsvarighet, och i
flera fall "kämpade mot det protestantiska Europas ortodoxi." Därför
hävdar vissa forskare att amerikansk religiös tradition mer liknar ju-
dendom, med dess materialistiska betoning av praktiska angelägen-
heter—eller av vad flertalet världsreligioner betraktar som kärnan i
irreligiositet.[13] Det är inte av en slump som USA:s protestantism seder-
mera skulle spela en viktig pådrivande roll i landets modernisering,
under det att den europeiska moderniseringen stötte på styvnackat
religiöst motstånd. Som Michael Walker anmärker var amerikansk
kristendom alltid "mer en fråga om ett sätt att leva än om genuin tro".[14]
I samband med detta gjorde termen "amerikanism" entré i de huvud-
sakliga europeiska språken som en romersk-katolsk kritik av religiös
modernism, och poeten Baudelaire myntade termen "américaniser"

11   Oswald Spengler, *The Hour of Decision*, övers. av C. F. Atkinson (New York: Knopf, 1934),
     s. 68.
12   Friedrich Nietzsche, *Daybreak: Thoughts on the Prejudices of Morality*, övers. av R. J.
     Hollingdale (Cambridge: Cambridge UniversityD. W. Brogan, *The American Character*
     (New York: Time, Inc., 1962), s. 83. Press, 1997), §186.
13   D. W. Brogan, *The American Character* (New York: Time, Inc., 1962), s. 83.
14   Michael Walker, "Our America: Lost and Found", i *The Scorpion 7* (sommaren 1984).

för att brännmärka de, materialistiska livsstilar som grundades på amerikanska förebilder.[15]

Amerikansk protestantism kan därför, i egenskap av en "amerikansk form av judisk fundamentalism" (Reinhold Oberlercher), till och med karakteriseras som den liberala modernismens religion, då dess huvudsakliga mål var att helga "israeliterna" i sitt moderna Kanaan.

Än i dag, då den amerikanska protestantismen inte längre har monopol på landets befolknings söndagsmorgnar, ser dess sekulära institutioner (särskilt statsmakten, de gynnade universiteten och "pressen") fortfarande Amerika som Guds rike och Amerikas historia som det gudomligas marsch genom världen.[16] En framstående akademiker på vänsterkanten stoltserar över att "andra nationer såg på sig själva som hymner till Guds ära, [medan] vi omdefinierar Gud till våra framtida jag" — ett jag som karakteristiskt nog förväxlar materiella landvinningar med moralisk dygd.[17] Protestantismen i USA (liksom dess senare neokatolska motsvarighet) maskerar ett andligt tomrum, lever vidare i en tid då européerna har övergivit den och fogar sig efter en världslig, senmodern omgivning. Detta förefaller, med tanke på det inledande, kalvinistiska avförandligandet av den, allt annat än paradoxalt, då den alltid har varit mer samstämmig med den liberala kapitalismens beteendemässiga behov än med medeltida, religiösa ideal.

Amerikaner, som var formade i Nya Englands puritanska smältdegel, betraktade "Europa med den mest okunniga chauvinism och ringaktning" (Mark Twain); genom att avvisa liturgisk religion, adelsväldet, de sköna konsterna, renässansens humanistiska traditioner, barockens estetiska hedonism, den europeiska allmogens halvhedniska

---

15   Jean-Baptiste Duroselle, *France and the United States: From the Beginning to the Present*, övers. av D. Coltman (Chicago: University of Chicago Press, 1978), s. 62.

16   François Labeaume & Charles Champetier, "A l'Ouest rien de nouveau?", i *Cartouches: L'actualité des idées 3* (augusti 1997).

17   Richard Rorty, *Achieving Our Country: Leftist Thought in Twentieth-Century America* (Cambridge: Harvard University Press, 1998), ss. 22–24.

sedvänjor, den patriarkaliska familjen och den kungliga eller kejserliga statens myndighet, hoppades man på att kunna förskona sig själva från Gamla världens seder och bruk. "Utan vittrande slott, utan mörka ruiner, utan oanvändbara minnen och gagnlösa tvister som besvärade dem" (Goethe) omfamnade dessa landsflyktiga kalvinister i "den europeiska civilisationens yttersta gränstrakter" villigt de rationaliserande mängdprinciper vilkas utjämnande tendens redan i sig innebar ett avvisande av Europa. Amerika slog trots sina band till Gamla världen in på en annan kurs. Amerikas organiserande ideal rotade sig i Dumézils "tredje funktions" arbetsrutiner och stod i motsättning till Europas starka stat och etablerade kyrka. De "manliga principer" som européerna eftersträvade i konsten, kriget och statskonsten trädde därmed tillbaka för de "kvinnliga principerna": närande och trygghet, och det religiösa livet kretsade kring det timliga och världsliga.

Amerikanerna inverterade inte bara Europas traditionella hierarki; de ansåg sig dessutom vara förmer för att de hade gjort så. Deras moraliskt skamfilade fränders länder föll följaktligen snart i glömska; europeiskt samhällsliv blev ett "föremål för okunnighet, likgiltighet och förakt" (Thomas Molnar).[18] Hädanefter skulle deras välbärgade land vara självtillräckligt, det moraliska undantaget från det människans tragiska tillstånd de undflytt. Till och med i vår nuvarande, globaliserade tidsålder, vilken amerikanerna i stor utsträckning bär ansvaret för, fortsätter de att ignorera omvärlden, vars periodiskt återkommande intrång tycks bekräfta den villfarelse och perversion amerikanen vanligen förknippar med den. Omvänt antas det som är bra för Amerika — ett jungfruligt land förstått i motsättning till Europas förvanskade moraliska ordning — vara bra för resten av världen. "De tror att människosläktets kallelse är amerikansk."[19] Deras kamp mot imperieskatter i slutet av 1700-talet fördes följaktligen inte som en ko-

---

18   Alain de Benoist, "Etats-Unis: Le maintien d'une puissance", i *Éléments 70* (våren 1991).
19   Molnar, *The Emerging Atlantic Culture*, s. 22.

lonial tvist med moderlandet utan som ett världskorståg mot "Gamla världens traditionella etno-, religions- och stamlojaliteter" (Gordon S. Wood). "Amerikas sak", hävdade Thomas Paine, "är hela mänsklighetens sak".[20]

Med likartad anspråkslöshet ansågs deras strävan "att börja världen ånyo" vara gudomligt vägledd, liksom varje steg mot självständigheten tycktes vara "utmärkt av något tecken på medverkan av försynen" (George Washington). Denna självutnämnda utvaldhets moraliska "exceptionalism" påverkade till och med den amerikanska tidsuppfattningen — ty Utopia är inte bara "ingenstans" utan också "tidlöst". Från och med den stund puritanerna satte sin fot på den nya världsdelen var de övertygade om att de hade besegrat historien — att de hade undvikit andra folks misslyckanden och upptäckt lyckans hemlighet. Deras tid skulle alltså inte vara den fallna människans — med dess världsliga historia — utan den frälsta människans, liksom de spänningar som på andra håll driver historiens stormiga kurs inte skulle hitta någon bäring i deras vildvuxna Eden. För att säkerställa denna *novus ordo seclurum*, med dess linjära tidsuppfattning och eviga nu, befallde James Monroes tillkännagivande 1823 officiellt att Gamla världen skulle lämna Nya världen.

I likhet med andra anti-liberaler före dem betraktar den nya högerns anhängare Amerika som "ett samhälle av tredje klassens människor". Med horisonten begränsad av "pengar, frihet och Gud" förefaller dess folk inte vara mycket för världen — i det att penningen är den tredje klassens domän, "frihet" vägen till ett samhälle som dödar individualismen och den gammaltestamentliga guden en motbjudande yttring av den levantiska mentaliteten. Amerikaner påminner grecisterna, liksom de påminde Stendahl, om "krämarna i Rouen eller Lyon,

---

20 Citerat i Edmund S. Morgan, *The Birth of the Republic 1763–89*, 2:a uppl. (Chicago: University of Chicago Press, 1977), s. 75.

giriga och fantasilösa" i sitt förhållande till omvärlden.²¹ De erkänner att det förekommer avvikelser från det amerikanska livets kälkborgare, men menar att dessa undantag bara bekräftar regeln. Ett blomstrande köpmannasamhälle i ett land välsignat av naturen gav amerikanerna oräkneliga tillfällen att "synda". Självfallet intog girighet och självrättfärdighet framträdande roller i deras nationella berättelse.

Några européer har dock menat att Amerika avsöndrar sina egna homeopatiska motgifter, och pekar på Jack London, Edgar Allen Poe, T.S. Eliot, Ezra Pound, Francis Parker Yockey, James Burnham, Theodore Veblen, Madison Grant, Lothrop Stoddard och andra representanter för en högre kultur. Grecisterna betraktar emellertid dessa personer som "ärelösa profeter".²² De hävdar att det vore ett misstag att förvänta sig att ett rotlöst folk, som befinner sig i ett historielöst land, håller fast vid en puritansk världsuppfattning och är fixerat vid ekonomiska ideal, vore förmöget att korrigera sina egna villfarelser eller växa ifrån sina begränsningar; bristerna är nämligen inte oväsentliga för vilka amerikanerna är som "folk". Amerikanerna saknar inte exceptionella människor (de är trots allt av europeisk härstamning), men för deras identitära kritiker är det talande att dessa stora personligheter aldrig upptagits i Amerikas panteon, eller besjälat hennes kollektiva projekt.

Invandringen av irländska katoliker och landets påföljande demografiska förändringar hade föga påverkan på det puritanska kulturarvet, snarare kom de att sekularisera det ytterligare. Deras problematiska integrationsprocess ledde till att invandrarna beredvilligt tog till sig föreställningen att resan över Atlanten hade lagt ett världshav mellan dem själva och Gamla världens synder. När den irländsk-amerikanske John O'Sullivan uppmanade "nationernas nation" att utvidga sitt "frihetsrike" erbjöd han en logisk grund för Amerikas bestämda öde, som

21 "Stendhal et les Etats-Unis d'Amérique", i *Études et recherches* 4–5 (januari 1977).
22 Jean Mabire, "Faut-il brûler Jack London?", i *Éléments 35* (sommaren 1980).

var väl så självrättfärdig som allt puritanerna hade förkunnat. Nyckeln till framgångsrik assimilation kom därmed att bli att assimilera de ursprungliga, puritanska idealen. Amerikanska seder kan följaktligen ändra tonläge (från kyskhet till lössläppthet, från spritförbud till ohämmat drickande, från trångsynthet till otyglad tolerans), men de förhärskande institutionerna har alltid ett recept för att sälja in och rättfärdiga det.

Eftersom Gud och Naturen favoriserade Amerika föreföll det naturligt att Amerikas sätt att handla och tänka var det enda rätta sättet. Invandrarna skulle inte bekymra sig om landets skiftande moraliska cykler (vallfärderna fram och tillbaka mellan "Las Vegas och Salt Lake City"), utan enbart hänge sig åt den amerikanska, profana entreprenörsandan. Med kalvinistisk envishet uppmanades de att glömma det "papistiska" Babel de flytt och ansluta sig till det nya landets hyllningskör.[23] Oavsett om man var infödd eller nyligen anländ skulle fokus ligga på de ändlösa möjligheterna att tjäna pengar — vilket skulle bespara dem Europas tragiska livssyns skiftningar. Kulturen i sin helhet, beklagar redaktören för Chronicles, "har hängett sig åt att skaffa och förbruka".[24]

Besattheten av ekonomi förenade alla de olika folkgrupper och sekter som deltog i landets kolonisering i en gemensam strävan. Samförståndet byggde följaktligen på individualistiska ekonomiska förhållanden, inte på historia, kulturarv eller härkomst. "Vi är de vi är", skriver en amerikansk feminist, "oberoende av våra särskilda samhällsförbindelser".[25] För ett sådant folk var religiös och etnisk identitet (i likhet med det protestantiska samvetet) helt enkelt en privatsak. Dess ideologi, präglad av tanken på "personliga meriter" och hårt arbete, och dess samhälle, bestående av "self-made men", hade i själva

---

23 Duroselle, France and the United States, s. 79.
24 Thomas Fleming, "Free Greeks, Servile Americans", i Chronicles (februari 2001).
25 Martha A. Ackelsberg, "Identity Politics, Political Identities", i Frontiers: A Journal of Women Studies 16 (1996).

verket inget behov av "opraktiska" kulturella identiteter; det räckte gott med formler för att hålla folket fritt och välmående. De olikartade och inte alltid förenliga "segmenten" av Amerikas spretiga samhälle skulle alltså smälta samman—i den mån det var möjligt—i en gemensam strävan efter materiellt välstånd, en strävan som också antogs skänka vissa moraliska dygder.

I detta "affärsbesatta och kulturellt förkrympta samhälle" (Burnham) lämnades naturligtvis många delar av amerikanskt samhällsliv utanför det rådande samförståndet. Till och med de engelskspråkiga irländarna assimilerades endast i den mån de anpassade sig till rådande entreprenörsmentalitet. Så var även fallet för många sydstatare, vars högkyrkliga och herrskapsmässiga traditioner rimmade illa med den puritanska berättelsen, liksom för den "skotsk-iriska utmarken", med sin krigaretik och "gränslandsidé om naturlig frihet" (D.H. Fischer). Affärslivet påförde regler för hur man skulle bete sig i det offentliga, vilket begränsade kulturskillnaderna till den privata sfären; dessa skillnader skingrades också över stora avstånd och delades upp i specialiserade gemenskaper. Faktum är att det var först med Roosevelts *New Deal*, detta stora sociala ingenjörskonstprojekt, som flertalet europeiska invandrare och sydstatare slutligen föll till föga för "amerikaniseringen."[26]

Benoist tecknar amerikanismen som en "ideologi grundad på en 'universell republik'... vars heterogenitet ger plats för samförstånd enbart på det materiella planet."[27] Liksom den amerikanska staten kom att vila på ett rationalistiskt dokument (författningen) och inte på en "amerikansk identitet", förväntades nykomlingar att definiera sig själva i ickekulturella termer, hålla sina kvardröjande identiteter från Gamla världen för sig själva och omfamna landets materialistiska ideologi.

---

26 Jfr. E. Michael Jones, *The Slaughter of Cities: Urban Renewal as Ethnic Cleansing* (South Bend IN: St. Augustine Press, 2002).

27 Alain de Benoist, "Racism and Totalitarianism", i *National Democrat* 1 (vintern 1981–82); Pierre Krebs, *Im Kampf um das Wesen* (Horn: Burkhart Weecke Verlag, 1997), s. 71.

Denna föreställning om nationell identitet (i vilken blodet ersattes av ett engagemang för affärer) kunde emellertid inte undgå att göra Amerika till "den levande negationen av all särskildhet".[28] Landet blev följaktligen "något av ett pensionat, dit besökare kunde komma och stanna så länge de behagade".[29]

Inte vid något tillfälle i historien är det möjligt att tala om Amerikas "folk" som en åtskild etnisk eller nationell enhet; med avvisandet av Gamla världens kvalitativa normer till förmån för Nya världens kvantitativa dito, ersattes de ideal som hörde till en biokulturell identitet av individualistiska ideal, institutionaliserade på grundval av radikal protestantism och upplysningsprinciper. Som Nathaniel Hawthorne en gång anmärkte, "Amerikaner har inget land — åtminstone inte i samma bemärkelse som en engelsman har ett land."[30] Lagren av känslor som påverkade en europé fanns helt enkelt inte i Förenta staterna, vars folk egentligen inte var ett folk, utan endaast en befolkning hängiven en simpel ekonomisk strävan. Landet saknade följaktligen de med ett organiskt telos förbundna, djupare värderingar och principer som skulle ha kunnat knyta samman invånarna till en nationell organism.

I ett kulturlöst samhälle bestående av obesläktade individer är pengarna det enda måttet på människans värde.[31] I likhet med puritanen sökte medborgaren i den nya republiken frälsning genom att ansamla rikedom. Det fanns ingen annan socialt bekräftande norm. Penningen har alltid styrt Amerika, organiserat dess samhällsstruktur, utbildat dess invånare och definierat dess moraliska ordning. En högre livssyn har verkligen aldrig funnits, det som framför allt har räknats är inte vem du är utan vad du har. "Skaffa mer" har alltså alltid varit

---

28 Alain de Benoist, Les idées à l'endroit (Paris: Hallier, 1979), s. 267.

29 J. G. Jatras, "Rainbow Fascism at Home and Abroad", i Chronicles (juni 1998).

30 Citerat i Robert H. Wiebe, The Segmented Society: An Introduction to the Meaning of America (New York: Oxford University Press, 1975), s. 90; Plumyène, Les nations romantiques, s. 101.

31 Jfr. Raymonde Carrol, Cultural Misunderstandings: The French-American Experience, övers. av C. Volk (Chicago: University of Chicago Press, 1987), ss. 129–31.

viktigare än att "vara mer". Föreställningar om självuppoffring, plikt och fädernearv, som utgör en andra natur för en på slagfältet värvad, feodal aristokrati, är främmande för "eliter" som rekryterats från köpmannaklassen. Då penningen saknar kvalitet är den möjlig för vem som helst att ha — till skillnad från sann kultur eller historia eller blod. Detta gör penningen till en stor utjämnare.[32]

Det är knappast en tillfällighet att Amerika (åtminstone det moderna Amerika som uppstod på kalvinistisk grund) är det enda västerländska land som aldrig har haft en aristokrati, betitlad eller ej, som främjat en "högre människotyp" och värderat karaktär som ett självändamål. Som motsats är den puritanskliberala idén att en individs förtjänst är liktydig med dennes materiella framgång frånstötande för den europeiska mentaliteten; aristokraten, vars normer fortfarande inspirerar, värderar det oskattbara.[33] Prästen, fredsdomaren, den lärde mannen, konstnären, författaren — vilka alla fortfarande förekommer i Europas högre samhällsskikt — skapas av ande, inte av flit, handel eller ens intellektuell specialisering.

Typiskt nog betraktar amerikaner kvaliteter som speglar god uppfostran och kultur med misstanke. En svart basketspelare kan till exempel belönas som om han vore en prins, medan en klassiskt lärd kan sluta som taxichaufför. Som romanförfattaren Walker Percy skriver: "Vår civilisation är den enda som har vårdat medelmåttan som sitt nationella ideal."[34] Amerikaner har helt enkelt ingen förkärlek för "den högre människan", bara för "vinnare" — och bara så länge dessa når framgång utan att upphöra att vara som alla andra. För i ett samhälle "av mångahanda klättrande, vanliga och oansenliga människor tycktes

---

32   Herte and Nigra, "Il était une fois l'Amérique", Hermann Keyserling, *Europe*, övers. av M. Samuel (New York: Harcourt, Brace, and Co., 1928), ss. 209–10. Jfr. Mark K. Noll, ed., *God and Mammon: Protestants, Money, and the Market, 1790–1860* (Oxford: Oxford University Press, 2001).

33   Keyserling, *Europe*, s. 192.

34   Walker Percy, *The Moviegoer* (New York: Knopf, 1980), s. 223.

inte längre kraften hos snillrika och storsinta människor betyda något",
skriver en historiker.[35] Det är ingen tillfällighet att den största pröv-
ningen i amerikansk historia, den mest omvälvande i dess nationella
erfarenhet, inte var det amerikanska inbördeskriget, med sina skyhöga
dödssiffror och förgörelse, utan 1930-talets stora depression, vilken
misskrediterade marknaden och därmed den amerikanska drömmen
om ekonomiskt välstånd. USA är dock inte helt i avsaknad av europeisk högkultur. En del
av de brittiska folkseder som bidrog till att utforma landet saknade
Nya Englands antieuropeiska drivkraft—även om Nya England blev
dominerande. Det är till och med rimligt att hävda att det alltid funnits
"ett etniskt och separatistiskt Amerika som underförstått har varit på
kant med förekomsten av Förenta staterna". Landets kulturlösa civili-
sations puritanska egenart föranleder icke desto mindre att dess natur
är i konflikt med dess europeiska identitet.[36] På samma sätt har landets
autonoma, egennyttiga subjekt, den mot marknadens varuutbyten
och avtalsförhållanden inriktade homo economicus, länge definierat
landets breda folklager. Amerikaner tenderar att använda affärskon-
ventioner i stället för tradition, identifiera sig själva i materiella termer
och sätta principerna om "liv, frihet och jakten efter lyckan" framför
sina förfäders traditioner och blod. Föreställningar om ett "folk", en
etnicitet, en partikularistisk, kulturell organism, som är uppfylld av
ett historiskt format öde och en självständig andlig egenart, har i
princip varit främmande för ett "nationellt" projekt ägnat åt kommer-
siella företag.[37] Den kultur amerikanerna känner till har följaktligen
varit begränsad till antropologi: en folkloristisk vardagslivsstruktur,

35 Alain de Benoist, Vu de Droite: Anthologie critique des idées contemporaines, 5:e uppl.
   (Paris: Copernic, 1979), ss. 398–401; Gordon S. Wood, The Radicalism of the American
   Revolution (New York: Vintage Books, 1991), s. 359.
36 Walker, "Our America".
37 Alain de Benoist, Démocracie: Le problème (Paris: Le Labyrinthe, 1985), s. 30 och 40; och
   Herte & Nigra, "Il était une fois l'Amérique", Jfr. Jacob Burkhardt, Reflections on History,
   övers. av M. D. Hottinger (Indianapolis: Liberty Classics, 1979), s. 39.

förenlig med marknadsverksamhet och öppna institutioner och utan historiska rötter eller kultiverade avknoppningar.[38]

MODERNITETENS HEMLAND

I egenskap av ett antieuropa är Förenta staterna den mest framträdande förebilden för den liberala moderniteten. Ingen annanstans, hävdar grecisterna, var upplysningsprinciperna — jämlikhet, förnuft, universalism, individualism, ekonomism och utvecklingsiver — mer grundligt förverkligade än i detta nya land, som var "frigjort från Europas förflutnas döda hand".[39] Det har bland annat sin grund i att landets konstitutionella upphovsmän genomsyrades av 1700-talsliberalism — vilken "blandade sig med Nya Englands tidigare kyrkokultur" (Carl Bridenbaugh) och senare med Emersonska, individualistiska ideal. Detta fick dem att anta ett politiskt system vars ideologiska underbyggnad vilar på rationalistiska abstraktioner som upphöjer individen, och inte på folkets historia och traditioner. Den federala staten var alltså inte uttänkt som ett instrument för folkets öde — nationalitet i den europeiska bemärkelsen fanns inte i Amerika — utan som en *cosmopolis*, potentiellt öppen för hela mänskligheten.[40]

---

38 Liberala nationalister som Michael Lind skulle bestrida detta. Men det är talande att de inte definierar en "nation" som ett av historien och högkultur bestämt, etniskt samhälle utan som ett samhälle med "ett gemensamt språk, gemensamma folkseder och gemensam, inhemsk kultur" — vilket beskriver ett bowlinglag eller en postmodern stam men inte en nation i den europeiska bemärkelsen. Ett "levnadssätt", med dess betoning av tillvarons fysiska förutsättningar, endast har en fragmentarisk relation till en "kultur" som representerar det existentiella inbegreppet av ett folks tidlösa trosföreställningar och skapelser. Se Michael Lind, *The Next American Nation: The New Nationalism and the Fourth American Nation* (New York: The Free Press, 1995), s. 5.

39 Trots att den nya högern erkänner modernitetens europeiska rötter, hävdar man att den europeiska moderniteten saknar de fullständigt universella incitament som amerikanerna (tidigare kolonister, ytligt rotade i västerländsk tradition) har tilldelat den. Se Guillaume Faye, *Les nouveaux enjeux idéologiques* (Paris: Le Labyrinthe, 1985), s. 56. Som Jean Baudrillard skriver: "Amerika är modernitetens ursprungsversion. Vi [européer] är den dubbade eller textade versionen." Se *America*, övers. av C. Turner (London: Verso, 1988), s. 76.

40 Även om man instämmer med Donald W. Livingson, att bakom de grundande dokumentens rationalistiska språkbruk ligger de tretton ursprungsstaternas "gemensamma identi-

I motsats till vissa paleokonservativa påståenden och till de argument som förs fram av historiker som förknippas med den "medborgarrepublikanska" skolbildningen, var inte denna idé om den amerikanska staten en uppfinning av moderna jakobiner, som William J. Clinton och George W. Bush är ättlingar till. Den ingick i landets ursprungliga författningsprojekt.[41] Den amerikanska självständighetsförklaringen (liksom det senare Sovjetunionens grundläggande dokument) åberopade "vissa obestridliga rättigheter" snarare än nationen, liksom författningens "Vi, folket" åberopade trygghet och välfärd för en mångfald av individer och kollektiva enheter (de tretton staterna) men inte en särskild etnicitet. Bildandet av Förenta staterna — detta det "mest liberala ... mest demokratiska ... mest kommersiellt sinnade och ... mest moderna [landet] i världen" (Wood) — hade ingenting att göra med en befolknings avsiktliga önskan att fullborda sitt nationella öde, utan snarare med samma befolknings önskan att slippa skatter och brittisk inblandning i det som då fortfarande var en del av Brittiska imperiet. Albert Jay Nock sade om Thomas Jefferson att denne ansåg, "som flertalet av kolonisterna gjorde, att om de bara kunde få ett tillräckligt mått av ekonomisk självständighet så vore inte politisk självständighet värd att strida för".[42] På samma sätt menar en

---

tet", så förändrar inte detta faktumet att självständighetsförklaringen och den amerikanska konstitutionen gav uttryck för principer som tilltalade individers och sammanslutningars intressen,men inte historiskt formade, självmedvetna folks. Se hans "Dedicated to the Proposition", i *Chronicles* (juni 2001). Roger Scruton ger mer trovärdigt en bild av hur unionens fäder spred "myten om en 'ny författning' samtidigt som de åtnjöt en etablerad ordnings privilegier" — det vill säga, unionens fäder erkände inte att den amerikanska författningen var baserad på den brittiska. Han hävdar också att en "skriven författnings" abstrakta formler, likt USA:s, till sin natur är hemfallna åt det slags liberala omtolkningar som har gjort 1900-talets amerikanska stat till ett förtärande vidunder. Se hans *The Meaning of Conservatism*, 2:a uppl. (London: Macmillan, 1984), ss. 46–47.

41 Michael Oakeshott, "Rationalism in Politics" (1947), i *Rationalism in Politics and Other Essays* (Indianapolis: Liberty Fund, 1991). Till och med en så kallad traditionalist som Russell Kirk försvarar Amerika som "idé". Se *The American Cause*, 3:e uppl. (Wilmington: ISI Books, 2022), s. 50. Nya högern tillbakavisar följaktligen argumentet att den amerikanska revolutionen var konservativ och att kolonisterna skulle ha försvarat brittiska grundlagsprinciper och inte abstrakta, naturliga rättigheter.

42 Albert Jay Nock, *Mr. Jefferson* (Tampa: Hallberg Publishing Company, 1983), s. 64. Om Jeffersons likheter med Adam Smith och whigpartiets ekonomiska tradition, se John

av landets största historiker att republikens författningsgrund var särskilt utformad för att skydda köpmannaelitens egenintressen.[43] Den amerikanska staten ägnades i denna anda åt en kontraktsteori om statsmakten grundad på individuell frihet och marknadsfrihet — inte på ett folk, en tradition eller ett öde.[44] I praktiken innebar detta "självständighet" från inte bara engelska kronan utan från "bojorna av blod, familj och personligt inflytande". På samma sätt var den frihet amerikanerna ägnade sitt republikanska projekt åt "inte den sortens frihet för vilken spartanerna dog vid Thermopylae" (Santayana) utan snarare en frihet att ägna sig åt affärer och leva oberoende av kulturarv, samhälle och etablerade auktoriteter. Den amerikanska politiska traditionen hänvisar följaktligen aldrig till ett fädernesland (ett begrepp som är främmande för den amerikanska erfarenheten) utan bara till vissa otydliga ideal som förkroppsligats i konstitutionen, Gamla testamentet och den liberala synen på ekonomin. Ironiskt nog har denna föreställning om identitet vänt sig emot sina skapare. Som Michael Walker påpekar, "principerna som Förenta staterna upprättades på innefattade logistiken för förgörelsen av [den brittiska] identiteten hos det folk som förde fram dem."[45] Att det europeiska Amerika

---

Chamberlain, *The Roots of Capitalism* (Indianapolis: Liberty Press, 1976), ss. 15–20.

43 Charles Austin Beard, *An Economic Interpretation of the Constitution* (New York: Macmillan, 1960).

44 Jfr. Michael P. Zuchert, *The Natural Rights Republic: Studies in the Foundations of the American Political Tradition* (Notre Dame: University of Notre Dame Press, 1996). Robert H. Wiebe, i *Self-Rule: A Cultural History of American Democracy* (Chicago: University of Chicago Press, 1995), menar att massdeltagandet av vita män i titt som tätt förekommande val skapade "enighet utifrån det amerikanska samhällslivets mångfald". Dessa flydda "tågande och hurrande" valtider kan verkligen ha stärkt den tidiga republiken — de höll inte på mycket längre än till inbördeskriget — men, återigen, de vittnar om det amerikanska experimentets sociala och politiska grunder, inte om dess nationella, etniska eller ens historiska grund. Wiebe bortser även från att den vita, företrädesvis nordiska, befolkningens rasmässiga homogenitet stöttade den amerikanska demokratins socialt integrerande inverkan. Förlusten av denna homogenitet under efterkrigstiden verkar tillsammans med ekonomins industrialisering ha haft en väl så betydelsefull roll i den efterföljande "metamorfosen" av det amerikanska valsystemet.

45 Walker, "Our America". Jfr. Julius Evola, "Le déclin de l'Orient", i *Explorations: Hommes et problèmes*, övers. av P. Baillet (Puiseaux: Pardès, 1989).

för närvarande har stått tillbaka för det svarta, latinamerikanska och judiska Amerika tycks, ur denna synvinkel, inte vara en fråga om en misstolkad eller missbrukad författning utan om ett tillstånd som grundar sig på abstrakta, modernistiska principer. (Är det då en tillfällighet att Amerika alltid har främjat "rasblandningar som de flesta länder skulle anse som oförenliga eller komiska" [C. K. Chesterton]?)

Puritanerna såg denna världens institutioner som möjliga källor till ondska, och författningens upphovsmän såg på sin nya stat i samma ljus — ett måhända nödvändigt ont, men ett ont som skulle kunna komma att hota den enskildes egendom och avleda individen från det "inre ljuset" och ett fullständigt användande av sina krafter. Deras "procedurrepublik" (Michael Sandal) gav därmed företräde åt individuellt självstyre och naturliga rättigheter, medan statens makt delades och balanserades mellan ett flertal olika stridande intressen.[46]

Till och med när politiska partier skapades efter George Washingtons regering, ett tillstånd som bröt med den rent individualistiska tanke grundarna efterlämnat, fortsatte partierna att företräda koalitioner av intressegrupper och inte sammanhängande grupper med tävlande föreställningar om den nationella idén. Det ena partiet förväntades alltså förvalta regeringsmakten, och det andra förväntades bilda en vakande opposition; förändringar i regeringen kunde påverka maktdelning och torgförandet av inflytande men inte statsmaktens art; och i praktiken var det mer regel än undantag att vallöften bröts till förmån för dem som "fyllde partikassan" och deras ekonomiska intressen. USA:s partier har sällan skilt sig åt i princip; snarare har de utgjort "ett enpartisystem med två huvudfalanger" (Benoist). Faktum är att politiken

---

46 "Negationen av det politiska, som är inneboende i varje konsekvent individualism, leder med nödvändighet till en politisk praxis präglad av misstro mot alla tänkbara politiska krafter och statsskick ... Den systematiska liberala teorin handlar nästan uteslutande om den inre striden mot statsmakten. I syfte att skydda individens frihet och privata egendom, uppväcker liberalismen en rad metoder för att hindra och kontrollera statens och regeringens makt." Se Carl Schmitt, *The Concept of the Political*, övers. av G. Schwab (Chicago: University of Chicago Press, 1996), s. 70.

alltid hållit sig i bakgrunden, och statens rättsinstitutioner i förgrunden. Även under republikens första tid, när den federala staten knappt existerade, så närmast dyrkades författningen.[47] I folkmedvetandet var den liktydig med det amerikanska politiska systemet. Det är ingen tillfällighet att författningens garantier för det amerikanska civilsamhället fick företräde framför regeringen; den verkliga makten i Amerika hamnade ju i händerna på domare och finansiärer, och författningens principer blandades med marknadens och domstolens.[48]

Den amerikanska modellen avfärdade den europeiska tanken om staten som det yttersta uttrycket för nationens vilja och verkställare av nationens öde och vilade på regelstyrda principer, vilkas betoning av "naturens lagar och naturens Gud" försökte kringgå det politiska till förmån för det rättsliga. Likt upplysningens sammanblandning av juridiska och vetenskapliga lagar, vilade denna modell på föreställningen att lagarnas lösgörande från varje unik samling kulturella värderingar representerade en "kylig opartiskhet", vilken var förmögen att döma mellan motstridiga parter efter strikt neutrala kriterier.[49] Typiskt nog närmar sig amerikansk rättsfilosofi lagen som om den var ett uttryck för förnuftet självt — objektiv och allestädes närvarande i sin försäkran av mänskliga rättigheter — och inte ett resultat av Amerikas särskilda

---

47 Brogan, *The American Character*, s. 16.

48 "Federala populister" som de förknippade med tidskriften *Telos*, skulle mena på att den amerikanska, konstitutionella uppfattningen om staten ger uttryck för landets ursprungliga engagemang för federalism och federalismens tänkta försvar av protestantisk partikularism. Problemet med detta argument är att "staternas regeringar" återspeglade samma allmänna, antipolitiska tendens som den federala regeringen, och att de olika slag av egenarter som federationen var tilltänkt att försvara sedermera har tömts på allt religiöst innehåll. Det som Paul Piccone benämner USA:s "obotligt heterogena" art verkar vittna mindre om befolkningens motstånd mot den nya klassens homogenisering (som inte alls är fientlig till ytterlighetsformer av raslig och kulturell mångfald) än om det postmoderna samhällets mångrasliga karaktär eller den amerikanska, individualistiska traditionen. Om de historiska och antropologiska vittnesbörden är till någon vägledning, har endast kulturellt homogena folk, med sammanhängande och väl förankrad moralisk, kulturell och social ordning förmågan att bjuda motstånd mot ett "byråkratiskt administrerat samhälles" standardiserande drivkraft. Jfr. Barry A. Shain, *The Myth of American Individualism: The Protestant Origins of American Political Thought* (Princeton: Princeton University Press, 1994).

49 Benoist, *Les idées à l'endroit*, s. 268.

föreställning om rätt och fel. (På samma sätt ses den del av lagen som skapas och utvecklas genom rättspraxis som ett uttryck för den naturliga lagen, liksom den rättsliga granskningen gärna vill lägga beslag på den politiska processen).

I strid med den amerikanska juridikens rationalism menar den nya högern att lagar aldrig grundas på naturliga rättigheter och förnuftiga abstraktioner, lagar utgör snarare en kodifiering av normer sprungna ur kulturen, och att dessa normers syfte är att försvara den nationella organismen snarare än den obundne individen.[50] Eftersom lagen är "suverän" i det amerikanska systemet och skälighetsregeln [eng: *rule of reason*, ö.a.] upphäver rättspraxis, tenderar domare som fattar beslut på grundval av rationalistiska kriterier att förbigå inte bara befintliga normer och prejudikat utan även den demokratiska viljan. Det är inte ovanligt att detta slags juridik — "oberoende av själva himlen" — resulterar i en konflikt med den oskrivna moraliska lagen om rätt och fel, i det att åsikten åsidosätts till förmån för förnuftet, och legislativ lag till förmån för det individuella samvetet.[51]

Det orimliga med ett sådant "domstolsstyre" är kanske som mest uppenbart i tillämpningen av "konstitutionella rättigheter" på illegala, mexikanska invandrare: den amerikanska universalismen resulterar här i att landets egna medborgare innehar samma legala ställning som utlänningar.[52] I landets författningsordning finns underförstått en föreställning om att en lag kan vara rättvis utan anpassning efter värderingarna hos dem lagen är utformad för att tjäna.[53] (Som Emmanuel Todd anmärker behandlar USA "besegrade folk som vanliga medbor-

---

50 Jfr. Robert Barrot, *Il est trop tard* (Paris: Godefroy de Bouillon, 2001), ss. 148–91.

51 Alain de Benoist, "Antigone? Légalité et légitimité" (1997), i *L'écume et les galets*, Jfr. John Gray, *Enlightenment's Wake: Politics and Culture at the Close of the Modern Age* (London: Routledge, 1995), ss. 23–24.

52 Som visas av högsta domstolens argument för att upphäva Kaliforniens proposition 187.

53 Alain de Benoist & Guillaume Faye, "La religion des droits de l'homme", i *Éléments 37* (januari–april 1981). Jfr. Michael J. Sandel, *Democracy's Discontent: America in Search of a Public Philosophy* (Cambridge: Belknap Press, 1996), s. 4

gare och de vanliga medborgarna som ett besegrat folk".)[54] En stat som inte skiljer på sina egna medborgare och utlänningar förlorar i praktiken sitt existensberättigande.[55] Av samma skäl höjer sig den "lagens diktatur" som författningen påbjuder över dem som lagen är utformad att tjäna, i och med att amerikaner görs till en generisk mänsklighet. Kinesen, mexikanen och negern är därigenom besjälade av samma rätt till medborgarskap som en amerikan av europeisk härkomst, som om de alla tillhörde samma organiska massa.

Om lagen återspeglar en högre ordnings förnuftighet, måste den även återspegla en högre moral som staten är förpliktad att anpassa sig efter. En nomokratisk stat förminskar följaktligen det politiska till det rättsliga. I och med att författningsprinciper sätts i stället för en politisk idé om folkets vilja och att individuella rättigheter får företräde framför gemensamma normer, blir emellertid statens huvudfunktion att på grundval av "landets suveräna lagar" agera skiljedomare i inhemska konflikter — inte att försvara en särskild, i tradition och kultur grundad, nationell ontologi.[56] Som en följd av detta har den amerikanska liberalismen svårt att godta att det politiska inte bara innebär tillämpningen av abstrakta, legala principer på isolerade individer utan också den kulturellt partiska konsten att skilja mellan ordningar som utgör vänner respektive fiender till staten.[57] Denna rationalistiska föreställning om det politiska (eller snarare detta rationalistiska undvikande av det politiska) förklarar även varför författningens upphovsmän undvek att göra republiken till ett instrument för folkets öde — och ett tag övervägde att anta tyska som officiellt språk, i syfte att fördunkla landets brittiska ursprung.

54 Emmanuel Todd, *Après Empire: Essai sur la décomposition du système américain* (Paris: Gallimard, 2002), s. 95.

55 Carl Schmitt, *Du politique* (Puiseaux: Pardès, 1990), s. xxiii.

56 Tomislav Sunic, "Liberalism or Democracy? Carl Schmitt and Apolitical Democracy", på *Synthesis* (http://www.rosenoire.org).

57 Jfr. Hans-Dietrich Sander, "Die Ermordung der Politik durch die Justiz", i *Staatsbriefe* (januari 2000).

Besläktad med denna nomokratiska flykt från det politiska är övertygelsen att kriget—politikens yttersta förlängning—inte är en beklaglig distraktion från samhällelig och social verksamhet utan något naturvidrigt. Amerikanerna vägrar i princip att godta att konflikt är en naturlig beståndsdel i en nations liv eller att våldet, inte förnuftet, ofta är den enda möjliga eller hedervärda utvägen i fall där stater kolliderar.[58] Grecisterna däremot hävdar att kriget är väsentligt i statens "naturhistoria" och inte ett primitivt undantag. (*"La paix, pour chaque nation"*, som De Maistre anmärker, *"n'est qu'un répit."*)[59] En stat som är grundad på ett författningssystem och ett materiellt levnadssätt snarare än på ett folk, betraktar oundvikligen kriget — "tillvarons maskulina sida" (Venner) — som något av ett dilemma, inte bara för att det inte finns någon gemensam identitet att försvara utan också för att det saknas en högre vilja till självuppoffring. Tvärtemot hovhistorikernas drömmande (Steven Ambroise i synnerhet) är moderna amerikaner generellt dåliga soldater: de har sällan ett engagemang för det de strider för, och inte heller har de, ifall deras överväldigande teknologiska överlägsenhet visar sig vara otillräcklig, någon böjelse för hjältemod.[60]

---

58   Alain de Benoist, "Ni fraîche, ni joyeuse", i *Éléments 41* (mars–april 1982); Alain de Benoist, "L'enigma soviétique dans le miroir de l'Occident", i *Nouvelle Ecole 38* (sommaren 1982). När muslimska fanatiker under bin Ladin inledde sitt heliga krig mot USA i september 2001 svarade den pånyttfödde metodisten i Vita huset, pådriven av sina judiska rådgivare, i samma grovhuggna, fundamentalistiska termer och tillgrep de abrahamitiska religionernas simpla dikotomier för att mana amerikanerna till korståg mot "ondskan"—i stället för att mana dem att slåss mot en hotande fiende. See Pierre Vial, "Ni Jihad, ni McWorld: Europe liberté", i *Terre et peuple: La revue 10* (vintern 2001).

59   Än mer främmande för det amerikanska sinnet är det att förstå krigets roll i danandet av nationalkaraktären. Som Joseph de Maistre formulerar det: "Les véritable fruits de la nature humaine, les arts, les sciences, les grandes entreprises, les hautes conceptions, les vertues mâles tiennent surtout à l'état de guerre. On sait que les nations ne parviennent jamais au plus haut point de grandeur dont elles sont susceptibles, qu'après de longue et sanglantes guerres." Se *Considérations sur la France* (Lyon: E. Vitte, 1924), s. 36. Även Alain de Benoist, "Minima moralia", i *Krisis 7* (februari 1991). Amerikas puritanska syn på krig består trots att landet "tillverkades av krig" och att landets historia liknar en följd av *d'actes de brigandage* (P.-A. Cousteau). Jfr. Geoffrey Perret, *A Country Made by War: From the Revolution to Vietnam* (New York: Random House, 1989).

60   Revolutionsarméerna och senare sydstatsrebellerna var uppenbarligen ett uttryck för krigaranda hos män av indoeuropeiskt ursprung. Ovanstående uttalande gäller för efterkrigs-

Även med den största arsenalen i världshistorien, en "hebreisk tillförsikt inför sitt uppdrag" (Brogan) och en förkärlek för att använda militär styrka för att påtvinga världssamfundet sin vilja, förblir det amerikanska folket ett av de minst militaristiska, oförmöget att strida mot annat än de mest odugliga och försvagade makter.[61] Det faller sig naturligt för en författning eller en universell republik att inte ta livshotande risker. Ställd mot Vietcongs pyjamasklädda soldater, somaliska rövare beslutna att försvara sin torva eller tyska pojkscouter med uppsåt att mäta sina lätta vapen mot en pansardivision (Teutoburgerskogen i februari 1945) är det troligt att amerikanen flyr — bokstavligt från slagfältet, bildligt till något i stil med hampalövets rökfyllda befrielse. Till skillnad från franska, ryska och tyska soldater, vilka kämpar för sitt fädernesland — med alla känsloladdade "blod och jord"-associationer som det för med sig — har amerikanen endast en identitet att försvara.[62] Det är därmed knappast en tillfällighet att gangstersoldaterna i "12 fördömda män" och de hukande värnpliktiga i "Rädda menige Ryan" har gjorts odödliga i landets mytologi, medan riktiga hjältar, som Jim Bowie, William Travis och Davy Crockett, numera har förpassats till det politiskt inkorrektas förbrytargalleri.

Närhelst republikens teknologiska makt segrar brakar dock helvetet bokstavligt talat lös för de besegrade. Amerika för nämligen inte krig för att besegra en fiende, ett begrepp som vore främmande för dess puritanska/liberala syn på världen, utan för att ge mänskligheten upprättelse.[63] Vem som än står i Amerikas väg förtjänar därför att krossas, och alla medel är tillåtna när man tjänar Guds vilja. Den moderna

tidens Amerika och de "viljelösa, självupptagna, njutningsgalna idioter som Hollywood så desperat har sökt göra dem till" (Yockey).

61 Guillaume Faye, "L'audace de la puissance", i *Éléments 56* (vintern 1985). Talande nog är Södern, i det närmaste antitesen till Förenta staterna, den region där soldaten är respekterad och militäriska värderingar fortfarande är synbara.

62 Herte and Nigra, "Il était une fois l'Amerique"; Benoist, *Les idées à l'endroit*, ss. 263–66.

63 Schmitt, *The Concept of the Political*, s. 41. Om Amerikas kalvinistiska syn på krig, se Jean-Paul Mayer, *Dieu de colère* (Paris: ADDIM, 1996); även Oswald Spengler, *Preussentum und Sozialismus* (Munich: Beck, 1919), § 14.

idén om det totala kriget, i vilket fienden inte bara är en hotande rival utan ett ideologiskt ont som måste förgöras uppfanns av landets första kejsare Abraham Lincoln, genom att han släppte loss republikens industriella styrka mot den numerärt underlägsna sydstatsarmén (av vilken hälften dukade under) samt republikens plundringar och våldtäkter mot Söderns kvinnor och barn (som om dessa vore vietnamesiska bybor).[64]

Till skillnad från européer, som godtar konflikten som en oundviklig sida av de internationella relationerna och utkämpar begränsade krig för att besegra, inte tillintetgöra, en motståndare berättigad till mänskligt värde, strider amerikaner för att utrota "ondskan": de "för krig mot kriget". I denna anda kungjorde landets förnämste 1900-talskejsare att: "Det har aldrig funnits — och kan aldrig finnas — en lyckad kompromiss mellan gott och ont. Endast total seger [vilken både förgör och besegrar fienden] kan tillfredsställa toleransens, anständighetens och trons förkämpar."[65] Som samtliga av landets drabbningar i modern tid visar för amerikaner sina "humanitära" korståg med gott samvete och rättfärdigar sin arsenals ohyggligheter i de högsta moraliska principernas namn.[66] De fasor man vållade tyska, italienska, japanska, koreanska, vietnamesiska, kambodjanska, irakiska och serbiska civilister under det 1900-talets senare hälft, ohyggligheter som i omfattning endast kan jämföras med Djingis Khans härjningar, har emellertid sällan inspirerats av en mongolisk förkärlek för grymhet. I stället härrör de från landets hebreisk-puritanska rättfärdiggörelse; för som Jeremia sade till Gamla testamentets Gud: "Utrota mina fiender för din nåds skull" (Psaltaren 143:12).[67]

---

64 Jfr. Thomas J. Dilorenzo, *The Real Lincoln: A New Look at Abraham Lincoln, His Agenda, and an Unnecessary War* (New York: Prima, 2002).

65 Citerat i Thomas Fleming, *The New Dealers' War: Franklin D. Roosevelt and the War within the War* (New York: Basic Books, 2001), s. 181.

66 Faye, "L'audace de la puissance"; Robert Steuckers, "Pourquoi faut-il être anti-américain?", i *Bréviare anti-américain* (odat. Greceskrift).

67 Robert Poulet, *J'accuse la bourgeoisie* (Paris: Copernic, 1978), s. 206. Jfr. Maximilian Czesany, *Europa im Bombenkrieg 1939–1945* (Graz: Stocker, 1998); Jean-Claude Valla, *La*

Denna sammanblandning av nomokratiska och moralistiska principer har givit upphov till en av historiens mest omstörtande progressiva världsåskådningar. Progressivismen kan till och med sägas vara Amerikas världsliga religion, då den besjälar landets institutioner, politiska diskurs och intellektuella former. Amerikanerna började sin historia med att välja bort Europas tragiska vision till förmån för kalvinistiska modeller och upplysningsideal som lycka, framgång och välstånd, och har alltsedan dess förblivit likgiltiga inför varje organisk uppfattning om kultur och arv. Ett levnadssätt som är anpassat efter djurisk bekvämlighet och affärsmässiga behov tillfredsställs nämligen på grundval av uteslutande kvantitativa och utilitaristiska normer.[68] Detta har influerat inte bara det amerikanska samhällslivets vidd, utan också dess djup. Till exempel har den nitiska betoningen av miljöns betydelse, vilken stöttar oorganiska samhällsnormer, medfört ett svalt intresse för etologiska tänkare som exempelvis Konrad Lorenz, som förkastar idén om människan som ett oskrivet blad, och för traditionalister, vilka framhåller och lovordar det eviga. Landets intellektuella liv behärskas i stället av beteendevetenskap, pragmatism och teknovetenskap, som ställer mängder med "fakta" mot grundläggande principer och fokuserar på kvantitativa abstraktioner. Detta följer inte enbart av att dessa inriktningar är användbara i annonsering och massmarknadsföring, utan främst från släktskapet med den amerikanska progressivismens anda — och föreställningen att "kampen för social rättvisa [som vanligen avser strävan efter en rationell samhällsorganisation och materiellt välstånd] är kärnan i deras moraliska identitet" (Rorty).

Till följd av denna anda är den typiske amerikanen tekniker av något slag: mekaniker, programmerare, tjänsteleverantör eller akademisk

---

France sous les bombes américaines (Paris: Librairie Nationale, 2001).

68   Benoist, *Vu de Droite:*, ss. 398–99. Jfr. Louis Hartz, "The Coming of Age of America", i *The American Political Science Review 51* (juni 1957).

specialist. I avsaknad av förfining och högre kulturella uttryck frodas amerikanen i en värld av pyssel, där omsorg om detaljer uppväger bristen på högre referenspunkter. I likhet med matematiska sanningar är tekniska sanningar självklara och tilltalande för en förnuftsmässighet som kräver lite i form av kulturell bildning. Som Keyserling anmärker är kulturlösa människor med nödvändighet mer mottagliga för teknologi än vad kultiverade människor är.[69] Det är nämligen inte uteslutande Amerikas massmänniskor, utan även nakna urinnevånare i avsides belägna regnskogar, som villigt tar till sig parabolantenner och elektronik. Därmed är det kanske inget sammanträffande att de mest kulturellt otillräckliga av folken i Väst också är de mest tekniskt avancerade och mest politiskt progressiva. På samma vis har den amerikanska teknoekonomiska civilisationens huvudfiende alltid varit den kulturella särarten, vilken utgör en motvikt till instrumentalisering, standardisering och automatisering. Ironiskt nog gör landets avsaknad av en genuint kulturell sida — och därmed av en filosofisk anda förmögen att "göra sig en vetenskaplig föreställning om kausalitet" (vilket är lika nödvändigt för vetenskapen som ren teknik) — de teknologiska bedrifterna beroende av ständig införsel av utländska (huvudsakligen europeiska) vetenskapsmän.

GYCKLARNAS PLANET

Tidskriften *Terre et peuple*, en av flera "revolutionärt nationalistiska" alster som sprungit ur Greceliknande identitarism, ägnade nyligen ett nummer åt "Gycklarnas planet", i vilket man belyste det amerikanska samhällslivets mer absurda sidor. Amerikas imperialism och dess fördummande masskulturs kretinism har förstås ofta blivit föremål för europeiskt löje. Nyahögernströmningar besläktade med Grece fokuse-

---

69 Hermann Keyserling, *The World in the Making*, övers. av M. Samuel (New York: Harcourt, Brace and Co., 1927), ss. 128–29.

rar i sin kritik av Förenta staterna dock, vilket framgår av detta stycke, särskilt på att framhäva *homo americanus'* orimlighet. Från den del av befolkningen som säger sig ha förts bort av utomjordingar, till kreationisters redogörelser för människans ursprung, till en president som hävdar att fellatio utförd av en studentrådgivare inte är att betrakta som en "sexuell relation", gör Amerika till öppet mål. Syftet med den syrliga behandlingen av amerikanska folkseder är emellertid inte att håna för hånandets skull, utan att avslöja och misskreditera stödet för Amerikas globala ledarskap.

I denna anda görs varje stor amerikansk myt till föremål för dekonstruktion. Eftersom få av dessa myter stimulerar folks fantasi lika mycket som den om "gränslandet västerut", vilken har inspirerat till så många "romaner, filmer, tv-program och annonser", har få kritiserats lika ofta av nya högern. Till skillnad från den europeiska världen, i vilken gränslandet representerade en gräns mot en potentiellt fientlig stat och alltså ett område där ens politiska öde behövde bekräftas, var det amerikanska gränslandet en vildmark, ett tomrum att fylla.[70] Detta kom att prägla det amerikanska själslivet, då det tillät att den grundande händelsen upprepades gång på gång under landets utveckling; gränslandet tjänade som ett annat förlovat land, där det inte fanns någon civilisation, ingen samhällshierarki, inga inrotade sedvänjor som stod i vägen för den puritanska mytens blomstrande. "Blicka västerut", rådde George Washington, "där finns vårt öde. Europa är det förgångna."[71]

Denna avgörande händelse i landets historia, "erövringen av Västern", var dessutom inte den storslagna kamp som John Ford lovsjöng utan snarare en billig Jim Thompson-aktig skräphistoria om ett roffande utan motstycke av markegendomar som bara fanns där att

---

70 Konrad Pingel, "Der amerikanische Globalismus und die geostrategischen Imperative", i *Staatsbriefe* (5–6/2001).

71 Citerat i Patrick J. Buchanan, *A Republic, Not an Empire: Reclaiming America's Destiny* (Washington: Regnery, 1999), s. 53.

ta.[72] I likhet med meniga soldater som utkämpar på förhand vunna krig, segrade landets pionjärer över en negligerbar fiende. Med minsta möjliga påverkan från traditionell kultur växte den amerikanska befolkningen i detta andra Edens stora, tomma vidder, under upprepande och återupplivande av den grundande myten. I avsaknad av ett gemensamt förflutet och gemensamma lojaliteter kom amerikanernas tillvaro att bestå av förändring och rotlöshet. Den västliga expansionens ständiga landerövringar, den spekulationsfeber och de ideliga folkvandringar som den framkallade, splittrade familjer och samhällen, påskyndade förändringens krafter och lät få ting sätta sig och bli fasta, särskilt vad gäller beständiga hierarkier, sedvänjor och lärdomskultur. Landets nybyggare under 1800-talet var varken bönder eller adelsmän utan marknadsorienterade farmare och de kände ingen förpliktelse till det kulturarv som givit upphov till dem och de hade ingen önskan att rota sig i den jord de brukade. I brådskan att exploatera det nya landet tänkte de att det var bäst att hålla "sina institutioner och traditioner luckra".[73] Det Ernst von Salomon yttrade om den tyske bonden kunde därför aldrig ha sagts om den amerikanske nybyggaren, då den mark tysken brukade "var något mer än pengar och råvaror; den var arv och ras, familj och tradition och heder, förflutet, nutid och framtid."[74] De amerikanska nybyggarhushållen var avskurna från känslorna hos dem som hade tämjt Eurasiens djupa skogar och vidsträckta slätter, och de brydde sig föga om sin kulturs spridning—bara om att på ett lukrativt vis överge denna kultur. Som en följd härav tenderade de rester av europeisk form och ordning vilka dröjde sig kvar längs östkusten att

72 Herte och Nigra, "Il était une fois l'Amérique", Herte och Nigra (pseudonymer för Benoist och Locchi) är här uppenbarligen ute och cyklar. Inte bara var erövringen av den amerikanska västern ett av de stora kapitlen i den vita rasens historia; den motarbetades och kritiserades dessutom av samma liberaler som i jämlikhetens, toleransens och förräderiets namn alltid har gjort motstånd mot det storslagna och heroiska.

73 Wiebe, *The Segmented Society*, s. 4.

74 Ernst von Salomon, *It Cannot Be Stormed*, övers. av M. S. Stephens (London: Jonathan Cape, 1935), s. 12.

skingras i det spretiga västern, där den med rötterna uppryckte, av-kulturaliserade och rörlige pionjären ohämmat hängav sig åt sin "fri-het". Det är symtomatiskt att Kalifornien, det yttersta fjärran västern, representerade den amerikanska drömmens starkast lysande stjärna. Med gränslandet västerut kom också den laglöse. Oavsett om det handlar om en nybyggare, en cowboy eller en nutida gangster har den laglöse en särskild plats i den amerikanska fantasin, där han fungerar som en antihjälte som fyller sprickorna i den puritanska självbehärsk-ningens mur. I den egenskapen är han undantaget som bekräftar re-geln, och rättfärdigar de tabun han oundvikligen bryter mot. Som han framställs i Hollywoodproduktioner och tonåringars lovsånger åter-speglar och omkastar hans antisamhälle flertalet amerikaners inrutade tillvaro. Gränslinjen mellan samhälle och antisamhälle är emellertid aldrig riktigt fast. De rånkupper, skumraskaffärer och bedrägerier som den laglöse specialiserar sig på fördöms formellt, men förkastelsedo-men är vanligen blandad med beundran, då han trots allt är en som själv har arbetat sig upp — låt vara via "genvägar". I och med att han förväntas att till slut åka fast, tjänar han systemet genom att klargöra reglerna och vad spelet går ut på.[75]

I Europa är den laglöse (som inte ska förväxlas med de sociala för-brytarna) något negativt och avser vanligen personer som utgör något slags hot. Att han spelar en huvudroll i amerikanskt, folkligt tänkande verkar bero på det amerikanska sinnets råa, kvantitativa art, med dess okultiverade fixering vid att "göra det". Amerikanens brist på högre kulturell bevandring har följaktligen medfört en brist på känsla för det överlägsna och enastående, vilket har fått honom att vända sig till sin kulturs lägsta typer för vägledning. Han är en massmänniska som undviker säregenhet och tar avstånd från förfining. Från tidig ålder får han lära sig att "reda sig" och "sitta stilla i båten". "Opinionens ty-ranni" beskrevs träffande av Tocqueville, som sade sig inte känna till

75 Herte and Nigra, "Il était une fois l'Amérique".

något land som hade "mindre av andligt oberoende och mindre av verklig diskussionsfrihet" än Förenta staterna.[76] Hermann Keyserling ansåg på samma sätt att "frihetens land bryr sig föga om tankefrihet".[77] Likformighet och likriktning tycks vara inprogrammerade i amerikanskt samhällsliv, vilket inte är förvånande om man betänker att ett samhälle av nomadiska individer avskurna från organiska identiteter förutsätter samstämmighet på ett mer mekaniskt plan. Individualismen må därför vara allmänt prisad, men alla har en benägenhet att köpa samma onödiga varor, titta på samma tv-program, tycka i enlighet med samma bildekaler, ha på sig samma T-tröjor, jeans och kepsar. I avsaknad av verklig kultur, hembygdskänsla och historisk identitet har den andra-orienterade amerikanen bara det jäktande som utmärker hans livsstil att fylla sitt inre tomrum med: han flyttar med några års mellanrum, byter rutinmässigt jobb, jagar reapriser för konsumerandets skull. För den som inte finner någon tillflykt i dessa väsentliga sidor av den nationella erfarenheten finns alltid terapeutens soffa eller en uppsjö av psykofarmaka. "Den som har en avvikande åsikt går frivilligt till dårhuset."[78]

En kvantifierande standardisering är förhärskande i såväl den fysiska som den psykiska miljön. Till skillnad från europeiska stadskärnors medeltida- eller barockstil och kontinentens vårdade historiska landskap, fulla av minnen och särdrag, imponerar Amerika med sin blotta jättelikhet. Enligt Werner Sombarts åsikt "misstar [amerikaner] storlek för storhet".[79] Följaktligen liknar amerikanska städer varandra med sina resliga skogar av glas och betong, sina svulstiga förorter, sina labyrintiska köpcentra, sina ändlösa gator med bensinstationer och snabbmatställen men, framför allt, i sin brist på proportioner och

76 Citerat i Benoist, *Démocratie*, s. 66.
77 Hermann Keyserling, *America Set Free* (New York: Harper and Bros., 1929), s. 77.
78 Friedrich Nietzsche, *Thus Spoke Zarathustra*, övers. av R. J. Hollingdale (London: Penguin, 1961), "Prologue."
79 Citerat i Julius Evola, *L'arc et la massue*, övers. av P. Baillet (Paris: Pardès, 1983), s. 35.

harmoni. Dessa enformiga, frånstötande metropoler, "byggda i en stil som vore lämplig för pillerburkar, flygplan eller kylskåp" (Jünger), är i själva verket "föga mer än nätverk av ändlösa, overkliga omlopp ... av fabulösa proportioner, utan rum och dimension."[80] Enda sättet att "märka att man har lämnat en ... och kommit in i en ny är när franchiseföretagen börjar upprepas och man upptäcker en annan 7-Eleven, en annan Wendys, en annan Costco, en annan Home Depot."[81] Dessa "gulager av hälld betong" vittnar helt säkert om energirikedom och organisatorisk förmåga, men de visar också på en avsaknad av elegans och stil.[82] Monumentala skulpturer och offentliga minnesmärken, stora boulevarder, palatslika regeringsbyggnader och katedraler, som det koloniala Spanien byggde från Mexico City till Buenos Aires, har inte tilltalat ett folk som förkastar storhet och prakt. De amerikanska stadsbildernas andefattighet kunde fresta en att säga: *c'est Descartes descendre dans la rue* (Robert Aron). I själva verket återspeglar de strukturer man river ned och bygger upp för varje generation den "förgängliga slit-och-slängsidan" hos ett samhälle likgiltigt inför varje känsla för tid och rum — det vill säga hos ett samhälle som är i disharmoni med sig självt, sin historia och sina omgivningar.

Amerikanerna har aldrig övervunnit sin ursprungliga brist på kultur, trots de möjligheter som deras stora rikedomar gett dem. Enligt Santayana var amerikanernas kultur "till hälften ett gudfruktigt överlevande [av det försmådda Europa], till hälften ett avsiktligt förvärvande; den var inte en naturnödvändig blomning utifrån en ny erfarenhet."[83] På nästan fyra sekler har den inte frambringat någon betydande skola inom konsten (tecknade serier och kommersiell

---

80 Jean Baudrillard, *Simulations*, övers. av P. Foss o.a. (New York: Semiotext(e), 1983), s. 26.

81 Tom Wolfe, *A Man in Full* (New York: Farrar Straus Girouz, 1998), s. 171. [Verbformerna modifierade]

82 Michel Marmin, "Faut-il détruire le Center Beaubourg?", i *Éléments 20* (odat. [ca 1977]); Michael Walker, "Nihilism and the Town", i *National Democrat 2* (våren/sommaren 1982).

83 George Santayana, *Character and Opinion in the United States* (New York: Doubleday Anchor Books, 1956), s. 1.

konst ej medräknade), ingen målare eller skulptör i världsklass, ingen framstående byggnadsstil — inte ens en medelgod kompositör. Hur uppfinningsrika amerikaner än må vara så är de inte skapande. "Om man någon gång ville ha konst, kunde man enkelt köpa den."[84] Deras "religion av praxis och produktivitet" har gjort dem oemottagliga för varje uppskattning av det översinnliga eller det sublima. Typiskt nog är deras välfinansierade museer fyllda med importerade verk men har desto mindre av inhemska skapelser. På samma sätt gjorde den federala konstkommissionären bedömningen att André Sarranos "Piss-Christ" — ett krucifix i en burk urin — var värdigt finansiering. Deras "libido för det fula" (H.L. Mencken) är ökänd, till och med i "eliten". Bill Clintons tenorsaxofon exemplifierar den proletariserade estetiken hos Amerikas härskande klass — "det tydligaste tecknet på tidevarvets djupt inrotade förkärlek för barbari" (Richard Weaver). Som Henry Miller hävdar i *The Air-Conditioned Nightmare* (1946), "det finns inget riktigt liv för en konstnär i Amerika — endast och allenast en tröstlös tillvaro".

Medan det amerikanska sinnet utmärker sig i tekniska och ekonomiska frågor, höjer det sig sällan över det vulgära i andra avseenden. Amerikas masstillvända litteratur och film underhåller genom sin primitiva fascination för våld och handling, sina skildringar tomma på mystik, subtilitet och djup och sitt makabra intresse för reaktionerna hos en hjälte "mot vilken något görs" — men inte genom att utforska de bestående, existentiella angelägenheterna.[85] Landets storhet har uppenbarligen inte funnits inom de sköna konsternas domäner utan snarare i praktiska, teknologiska bedrifter och i de väldiga mängder stål, betong, celluloid och plast man har tillverkat; dess "ädlaste" insats kan sägas var "det sagolika badrum som ekonomer och sociologer

84 Nock, *Mr. Jefferson*, s. 172.
85 Herte & Nigra, "Il était une fois l'Amerique"

tävlar om att lovorda".[86] En notorisk antiamerikan lär ha sagt: "Det är mer kultur i en enda symfoni av Beethoven än i 300 år av amerikansk historia."[87] Ett liknande omdöme ges ur en annan synpunkt av nyahögerns anhängare, vilka är fientliga till den amerikanska civilisationens avkulturaliserande effekter.

Amerikas nya värld inspireras av fakta och statistik och orienterar sig mot rummet, inte tiden. När Jean Baudrillard först besökte USA i början av 1970-talet så var det, beskriver han, som om han hade lämnat en av historien genomsyrad, aristokratisk kultur bakom sig och plötsligt inträtt i en annan dimension, mer rumslig än tidslig, i vilken det inte fanns någon levd kultur, bara en simulerad.[88] Som synes hänvisade amerikaner sällan till det förflutna under koloniseringen av sin ahistoriska vildmark, en mentalitet som upprepas när de i dag utan betänkligheter skriver om historien av hänsyn till lagstiftningsmandat eller diverse rasminoriteters känslor. De tycks inte ens vilja ha en historia, liksom de skyggar för att ha ett öde. I avsaknad av ett tidssinne är deras självförståelse typiskt endimensionell.[89] Den enda tid de verkar vara bekväma med är Nietzsches sista människas "eviga nu", som ersätter historien med ett pågående flöde av "innevarande händelser".[90] Som Benoist skriver, den allmänna strävan "i ett land där författningen sätter upp strävan efter lycka till det gemensamma målet kan bara vara ett permanent tillstånd av ahistoriskt välstånd".[91] Till och med amerikanernas materialism är fast

---

86 Georges Duhamel, *America the Menace: Scenes from the Life of the Future*, övers. av C. M. Thompson (London: George Allen and Unwin, 1931), s. 177.

87 Citerat i Walter Laqueur, *Black Hundred: The Rise of the Extreme Right in Russia* (New York: Harper Perennial, 1993), s. 145.

88 Jean Baudrillard, "L'Amérique, de l'imaginaire au virtuel", i C. Fauré & T. Bishop, red., *L'Amérique des français* (Paris: Eds. François Bourin, 1992). Om Baudrillard skulle ha varit formad av dagens snarare än det äldre, föramerikaniserade Frankrike (han föddes 1929), skulle han nästan säkert inte ha avkunnat samma dom, då avkulturaliseringen av efterkrigstidens Europa har gjort det alltmer likt USA.

89 Armin Mohler, "Devant l'histoire", i *Nouvelle Ecole 27–28* (hösten–vintern 1975).

90 Christine Fauré & Tom Bishop, "L'Amérique des français", i *L'Amérique des français*,

91 Benoist, *Les idées à l'endroit*, s. 268.

i nuet, då de i allmänhet är mindre intresserade av att äga än av att spendera pengar. Konsumtionen har blivit ett självändamål. Föreställningen om ett fädernearv, ett arv att vårda och föra vidare till efterkommande, är på samma vis främmande för ett folk som alltid har varit "utlett på det förflutna" och följaktligen på framtiden. Amerikanerna ser i sig själva någon som på egen hand har arbetat sig upp, som om de vore skapade ur intet, och de förväntar sig detsamma av andra.[92]

Invånarna i dessa "United States of Amnesia" (Gore Vidal) tenderar, till följd av bristen på extatiskt medvetande, att leva snabbt, obekymrade om vad som komma skall och vad de lämnar efter sig. Detta har givit dem en enorm kapacitet till förändring men även en brist på djup. I enlighet med detta förlitar de sig på miljöförändringar för att uppväga de ofullkomligheter som de kanske kan ana i sitt okultiverade inre. Faktum är att man har satsat mer pengar och ansträngningar på utbildning och självförbättring än någon annanstans — som om det vore möjligt att "fixa till" vad som än saknas.[93] I enlighet med detta utexaminerar amerikanernas allmänna skolväsende knappt läs- och skrivkunniga, och deras universitet, med världens bästa bibliotek och världens största kapital till sitt förfogande, försummar allmän kultur, frambringar specialister och tekniker som är obildade utanför sitt område, har studenter som motvilligt läser böcker och klemar med professorer som är mer angelägna om att nå framgång än om att nå fram till sanningen. På samma sätt utbildar de för social framgång, inte för att särskilja individer. Det är således föga förvånande att amerikansk högre utbildnings fantastiska anläggningar aldrig har frambringat nå-

---

92 Marco Tarchi, "La colonisation subtile", i *Le défi de Disneyland: Actes du XXe colloque national de la revue "Éléments"* (Paris: Le Labyrinthe, 1986). Ur den europeiska traditionalismens synpunkt är "mannen som själv arbetat sig upp" en problematisk karaktär, då människan, vidhåller man, är oskiljbar från det som ger henne andlig fostran och existensberättigande. Hon ska därmed inte bedömas utifrån det han samlar ihop, utan endast utifrån det hon överför från sitt ursprung till sina efterkommande. Bedrifter i denna bemärkelse är en fråga om inre (andligt) förverkligande, inte yttre (materiellt) ägande.

93 François Ryssen, "Généalogie de l'antiaméricanisme français", på *Voxnr* (http://www.voxnr.com).

gon ren vetenskap eller en paradigmatisk idé — utan enbart "en skörd av löv". Fixeringen vid yttre, tekniska faktorer för att kompensera för individuella brister tycks i själva verket återspegla "en själslig förtvining av alla högre intressen" (Evola).[94] Eftersom nittonhundratalsamerikanernas välstånd, framgång och optimism har gjort livet så lätt för dem tenderar de att ha en infantil karaktärsstruktur. USA är verkligen "ett land där 'ungen' ['the kid'] — framfusig, osofistikerad, bortskämd och krävande — härskar oinskränkt".[95] Fadern i detta lekland, där ingen böjer sig för någon auktoritet, förväntas vara kompis med sina barn och ett sällskap till sin fru, medan modern ensam utgör en moralisk vikt; hon personifierar feminina värden som kärlek, bekvämlighet och trygghet, de dominerande amerikanska värdena. Men till och med att skaffa barn och bilda familj tas alltmer som ett hot mot den nutidsinriktade självförverkligandekulturen. I linje med den karaktärsförsvagande mentalitet som utmärker dess "expanderande, förorenande, bullriga samhälle av radhus, tomter, köpcentran, motorvägar och college och universitet för alla" (W.I. Thompson) går man in i personliga relationer utan formaliteter, popularitet definierar personlighet och personlighet behandlas som om det vore synonymt med karaktär. Amerikaner är "hyggliga killar" ("Nice guys") och beryktade för sin avsaknad av kritisk anda, för sin önskan att reda sig och göra "det rätta". På samma sätt saknar de tålamod med analyser och argument och har en förkärlek för förströelser, såsom tv-sport och datorleksaker. I typfallet kommer de att försvara Larry Flynts rätt att publicera sin pornografiska Hustler men inte ha några betänkligheter inför att censurera nonkonformistiska historiker som David Irving. Deras eliter är ofta lika "fördummade". Det är ovanligt att de talar främmande språk och vanligen kan de inte hitta de länder de tar sig friheten att ge råd till på kartan. I samma

---

94 Benoist, *Vu de Droite*, s. 346.
95 Michael Walker, "The Lotus Eaters", i *National Democrat* 2 (våren/sommaren 1982).

anda som självrättfärdiga korsfarare som Woodrow Wilson och Bush den Yngre, kommer de att villigt möblera om i världen utan att känna minsta behov av att veta vad de gör.

Ett med rötterna uppryckt folk, som har ett barns inriktning på nuet, som är likgiltigt inför kvalitet, som är beroende av verklighetsförvrängande amsagor och som inte gör någon åtskillnad mellan "jippon och livet" är för den nya högern ett folk utan framtid. Amerikanska företag och amerikansk teknologi må ha gjort USA dominerande i dagens värld, men landets ultramoderna civilisation av "låg kitsch och högteknologi" saknar en bestämmande vision, och därmed möjligheten till ett meningsfullt öde. Amerika är förutbestämt att upprepa det eviga nuet och är för Benoist ett "kallt samhälle" (à la Lévi-Strauss) — ett ultramodernt Borneo — med band av flerfiliga motorvägar och skogar av resliga byggnader men utan de översinnliga egenskaper som gjorde andra civilisationer stora under sin tid. Amerika är fångat i det snabba livet, och Benoist spår att detta land troligen kommer att dö lika hastigt och brutalt som det föddes.[96]

Gycklarnas planet är förstås en karikatyr, men karikatyrens natur, hur absurd den än må vara, är att överdriva sitt subjekts karaktäristiska egenskaper.

MOT SION

Gud valde Amerika. I egenskap av ett förlovat land med bibliskt mandat (som består också efter Guds död) antar Amerika att dess normer och seder också har mänsklighetens mandat. Så snart man hade uppnått världsmakt år 1945 började man försöka tränga sig på på den internationella arenan. Ironiskt nog drevs den andra utomeuropeiska stormakt som hade fötts ur upplysningens förnuftstro, Sovjetunionen, av en likartad missionsiver. Under kalla kriget drabbade dessa två mo-

96 Herte and Nigra, "Il était une fois l'Amérique".

dernistiska hegemoner samman i en tektonisk kamp om världsherra-
välde. Alltsedan Sovjetunionens sammanbrott har Amerika haft fältet
helt fritt, och den fulla vidden av den universaliserande missionen,
den mission som söker sig "utomlands i jakt på monster att förgöra",
har blivit påfallande tydlig.

Varje stor nation uppfattar sig själv som världsalltets mitt: detta
är helt naturligt. Vad som däremot är onaturligt är det självrättfärdiga
sätt på vilket amerikanerna försöker göra sina nationella intressen all-
mängiltiga. I samma anda som sina puritanska förfäder (kusiner till
jakobinerna och bolsjevikerna) antar de att deras värden och institu-
tioner representerar mänsklighetens högsta strävan. Robert Kennedy
talade om Amerikas "rätt till planetens andliga riktning" och Bush
den äldre om "ofrånkomligheten" i Amerikas globala ledarskap.⁹⁷
Vemhelst som motsätter sig landets skenheliga unilateralism avfärdas
helt sonika som fiende till mänskligheten. Amerika strider således
inte öppet för att få tillgång till oljeregionerna i Persiska viken (vilket
skulle kunna rättfärdigas i realpolitiska termer): i stället kämpar man,
närhelst "det förlovade landet blir korsriddarstaten" (vilket är oftast),
under moraliska föresatser om att göra motstånd mot diktatorer, be-
straffa angripare, befria förtryckta folk eller förhindra spridningen av
"massförstörelsevapen". På en nivå är detta förstås struntprat — ameri-
kanska ledare är inte så naiva att de tror att moraliska överväganden
orsakar deras rövartåg. Eftersom landets eliter är genomsyrade av den
amerikanska exceptionalismens anda, med dess brist på historisk för-
ståelse och kulturellt djup, har de dock vanligen svårt att skilja mellan
söndagsskolepredikningar och sina egennyttiga syften, samt känner

---

97 Citerat i Claude Julien, *America's Empire*, övers. av R. Bruce (New York: Pantheon, 1971), s.
31 och Pierre-Marie Gallois, *Le soleil d'Allah aveugle l'Occident* (Lausanne: L'Age d'Homme,
1995), s. 25. Priset i amerikansk självrättfärdighet tas av den utlandsfödda, tidigare utrikes-
ministern, den "hormonellt handikappade" Madeleine Albright: "Om vi måste använda
maktmedel, är det för att vi är Amerika. Vi är den oumbärliga nationen. Vi står raka i
ryggen. Vi ser längre in i framtiden." Citerat i Chalmers Johnson, *Blowback: The Costs and
Consequences of American Empire* (New York: Henry Holt, 2000), s. 217.

sig förpliktade att rättfärdiga sina utrikespolitiska eskapader på ett sätt som oundvikligen sammanflätar dem.[98] Detta resulterar i ett messianskt tvång att införa sina normer i resten av världen.

René Guénon spådde en gång att amerikanerna "i 'frihetens' namn kommer att tvinga hela världen att ta efter dem".[99] USA-sponsrade projekt för en global ordning, vilka sporras av denna unika blandning av gammaltestamentliga och modernistiska trosföreställningar, förutsätter att kulturella och politiska skillnader är övergående, att den unilinjära kursens utveckling går mot ett enda universellt (amerocentriskt) världssamhälle, och att förverkligandet av det "planetariska översamhället" för med sig en överlägsen grad av välfärd för alla människor.

Liksom de kalvinistiska arkitekterna gjorde Amerika till en ledstjärna för nationerna identifierar Amerikas judiska beslutsfattare i dag sina "hebreiserande" intressen som mänsklighetens dito och förväntar sig att världens folk ska göra om sig själva till en avbild av det demokratiska, kapitalistiska och kulturellt andefattiga Förenta staterna. Enligt en amerikansk konservativ är den "trosgrundade imperialism" som den nuvarande, bibelciterande evangelisten i Vita huset står för "skamlös i den outtalade förutsättningen att Förenta staternas president och dennes närmaste män är moraliskt kallade att styra planeten".[100]

Trots att USA länge var ett antiimperialistiskt fäste representerar USA numera världens främsta imperialistiska makt. Vänner och fiender har ofta och med eftertryck påtalat detta.[101] Man bör emellertid,

---

98 Donald William, *Le choc des temps: Géopolitiques … d'un siècle à l'autre* (Montreal: Eds. Sciences et Culture, 2000), s. 30.

99 René Guénon, *East and West,* övers. av M. Lings (Ghent NY: Sophia Perennis et Universalis, 1995), s. 44.

100 Robert Higgs, "George Bush's Faith-Based Foreign Policy", i *San Francisco Chronicle,* 13 februari 2003.

101 Samuel P. Huntington, *The Clash of Civilization and the Remaking of World Order* (New York: Simon and Schuster, 1996), s. 185; Kai-Alexander Schlevogt, "Wachauf, Amerika!" i *Junge Freiheit* (12 oktober 2001). Jfr. Tony Smith, *America's Mission: The US and the Worldwide Struggle for Democracy in the Twentieth Century* (Princeton: Princeton University Press, 1994); Johnson, *Blowback.*

såsom den nya högern gjort, notera att amerikansk imperialism skiljer sig från sina europeiska föregångares i det att den är mer ekonomisk än politisk. USA:s imperiemodell uppstod i Latinamerika, där USA tillskansade sig makten över ett lands ekonomi utan att behöva inta territoriet eller ta över statsapparaten. Om det krävdes en ockupation skickades marinkåren in, men den stannade bara så länge den behövdes för att säkra viktiga, ekonomiska sektorer och förhandla fram uppgörelser med lokala eliter. (När mer långvariga insatser varit nödvändiga, såsom i Filippinerna, Vietnam och Irak, har den helt enkelt visat sig vara inadekvat för uppgiften.) I dag följer USA, till följd av globaliseringen, vilken möjliggör för kapital, symboler och levnadssätt att nå ut över hela världen, en liknande "latinamerikansk strategi"; Monroedoktrinen utvidgas till Europa, Persiska viken och andra regioner som anses ingå i USA:s livsrum. När så sker "uppbådar [man] sin väldiga, politiska och ekonomiska makt för att avreglera världsekonomin, öppna upp utländska marknader för amerikanska investeringar, ge sina företag tillgång till dessa länders ekonomi, råmaterial och arbetskraft; och man gör detta i syfte att ge allmän spridning åt ett frihandelssystem som fungerar enligt amerikanska regler och ger vinster åt amerikanska intressen."[102]

För att upprätthålla dessa imperialistiska ambitioner tillhandahåller Internationella valutafonden, Världsbanken, Allmänna tull- och handelsavtalet, Världshandelsorganisationen, Förenta Nationerna och andra USA-kontrollerade organ nödvändigt administrativt och organisatoriskt understöd. Så snart dessa organ har infogat en nation i det globala vasalldömet, tillgodoser amerikanska lån och bistånd att nationens jordbruks- och industripolitik anpassas efter amerikanska mönster. Inhemska strukturer för social reglering upplöses därmed och omvandlas till att överensstämma med marknadens normer och

---

102 Alain de Benoist, citerat i Lionel Placet, "Les rencontres de la pensée rebelle", i *Résistance: Le menuel du réseau radical NR et solidaiste 5* (februari 2003).

intressen.[103] Sist men inte minst ersätts inhemska symboliserings-
system med amerikansk kulturindustri, vilken inför grundläggande
engelska som gemensamt språk och avkulturaliserade, denaturerade
och ohälsosamma maträtter, kläder och livsstilar som norm. De som
vägrar att inträda i ett sådant vasallskap — Irak, Iran, Serbien, Kuba,
Nicaragua, Libyen, Sudan, Afghanistan, Nordkorea — de så kallade
"skurkstaterna" — jämförs med Tredje riket och behandlas därefter.

Genom att belysa imperiets utpräglat latinamerikanska karaktär
betonar nyahögeranhängarna de moraliskt bräckliga grunder på vilka
Jeffersons "universella nation" hävdar sitt skenheliga anspråk på världs-
ledarskap. En grecist skriver att "den kalvinistiska grunden för ameri-
kansk politik ... gör [Amerika] oförmöget att tänka på mellanstatliga
relationer annat än i messianska termer."[104] I denna anda topprider detta
land resten av världen, i strid med alla formellt antagna principer. Till
exempel framställer Förenta staterna sig självt som stöttepelaren för en
upplyst, lagstyrd världsordning grundad på människorätt och fredliga,
ekonomiska uppgörelser, men man förbigår konsekvent internationella
fördrag och tillgriper beredvilligt ensidiga, militära lösningar. Man
framställer sig som världens ledande, moraliska föredöme, medan
landets högsta sociala former ger företräde åt sjuklig självupptagenhet
och materialism. Man uttrycker en avsky för krig och gör en fetisch
av judarnas "förintelseindustri" (Norman Finkelstein), men släppte två
atombomber på civila mål, brandbombade Centraleuropas kulturhu-
vudstad, bestrålade i smyg delar av sin egen befolkning och utförde vart
och ett av sina moderna krigsföretag med en kall, teknologisk omänsk-
lighet som saknar historiskt motstycke. På samma hycklande vis står
man i främsta stridslinjen för globalistiska krav på liberal demokrati
men avsätter utan betänkligheter demokratiskt valda regeringar som

---

103 Pierre Krebs, "Eine Epoche in der Krisis", i *Elemente der Metapolitik zur europäischen
    Neugeburt 4* (1990).
104 Louis Montgrenies, "Du messianisme à la guerre totale", i *Éléments 69* (hösten 1990).

blivit obekväma. På samma sätt framhåller man förtryckta folks rättigheter men har exempelvis, genom att taktiskt beväpna och ge råd till Turkiet, medverkat till att 35 000 kurder mördats.

Samtidigt som man förde ett heligt krig mot Irak 1991 (på grund av landets invasion av en av sina tidigare provinser), har man inte ett ord att säga om sina allierades än mer mordiska ockupationer av Libanon, Cypern, Västbanken, Östtimor och Nordirland. Och nu, efter attacken mot World Trade Center år 2001, utkämpar man ett internationellt korståg mot islamiska terrorister, samtidigt som man i denna process bortser från inte bara att många av dessa terrorister började sin bana som CIA-agenter under Sovjetunionens afghanska krig, det antiryska, tjetjenska upproret eller Bosniens och Kosovos front mot det kristna Serbien utan också från att den enorma förlusten av människoliv 11 september var en direkt följd av USA:s utrikespolitik.[105]

Det amerikanska dubbelspelet är emellertid inte begränsat till den internationella arenan. Medan landet tvångsmässigt beskriver sig självt som ett föregångssamhälle, är amerikanerna själva, påpekar nyahögeranhängare, alltmer besvärade av livet i sin plutokratiska kosmopol. Hur hämmade av TV de än må vara, så hyser varje del av befolkningen en djup misstänksamhet mot statsmakten och är beredd att tro det värsta om den. Där finns en genomgripande känsla av att den politiska processen har tappat kontakten med folket, att gemenskapernas moraliska stomme har rivits upp, att medelklassen, landets stolthet, hotas av en rovgirig överklass och en mordlysten, färgad underklass.[106]

---

105 Som Benoist noterade kort efter händelsen, "det amerikanska folket genomlider för närvarande ... konsekvenserna av en utrikespolitik ... [som] har givit upphov till så mycket elände, bedrövelse och förödelse att en del av världen har tolkat den amerikanska politiken som en krigsförklaring mot sig självt." Se "Jihad vs. McWorld: An Interview with Alain de Benoist", ursprungligen i Padania (19 september 2001), översatt på Australian Nationalist Archive (http://www.alphalink.com.au/~radnat). [Modifierad översättning]

106 Thomas Molnar, "Fin de millénaire aux Etats-Unis", i Krisis 20–21 (november 1997). Jfr. Sandel, Democracy's Discontent, s. 3; Patrick J. Buchanan, The Great Betrayal: How American Sovereignty and Social Justice Are Sacrificed to the Gods of the Global Economy (Boston: Little, Brown and Company, 1998), s. 19.

Alltsedan "medborgarrättsrörelsen" på sextiotalet, vilken innebar att ett betungande rasdiskrimineringssystem påtvingades alla vita män, har landet plågats av aldrig tidigare skådade nivåer av brottslighet och fängslanden (tio gånger högre än i Europa). Samtidigt har den vita befolkningen underkastats en aveuropeiseringskampanj som förstört integriteten hos skolor, grannskap och tidigare levnadssätt. Till bilden hör också att stora delar av befolkningen vanemässigt använder olagliga droger eller psykofarmaka (däribland fyra miljoner skolbarn som går på amfetaminet Ritalin). Inkomstskillnaderna har börjat likna tredje världens; en procent av befolkningen äger 40 procent av landets rikedomar (siffror från 1995).[107] Till och med innan den senaste nedgången maskerade den ofta framhållna, höga sysselsättningsgraden och blomstrande ekonomin en strukturell undersysselsättning, lönestagnation, låg produktivitet och en omåttlig penningmängd som förebådar en baissemarknad, vilken kan komma att bli mer förödande än allt man fick bevittna under det tidiga trettiotalet. Till saken hör att handelsunderskottet förblir ohanterligt, att det federala budgetunderskottet fortsätter att växa, att landets socialförsäkrings- och vårdsystem vacklar vid randen av obestånd, att tärande offentliganställda är fler till antalet än anställda inom tillverkningsindustrin (21 miljoner mot 18 miljoner), att hushållens sparande är bland det lägsta i världen, att kreditexpansionen och belåningen överstiger tillväxten och uppbyggnaden av reserver (liksom konsumtionen vida överstiger produktionen) och att hela systemet är beroende av att utlänningar tvingas köpa USA:s lånepapper.[108] Till och med landets "nya ekonomi", vilken ofta förknip-

107 New York Times, 17 april 1995. 1995 år siffror kan jämföras med 21 procent för 1949. Jfr. Kevin Phillips, Wealth and Democracy: A Political History of the American Rich (New York: Broadway Books, 2002); John Cassidy, "Who Killed the Middle Class?", i The New Yorker (16 oktober 1995).

108 Jean-Louis Gombeaud & Maurice Décaillot, Le retour de la très grande Dépression (Paris: Economica, 1997). Om man använder kvalitativa snarare än monetära mått (det vill säga om man använder hälsa, lycka, välbefinnande, livskraftiga familjer, upplevelse av sammanhang och skapelselusta snarare än materiell rikedom) för att utvärdera den amerikanska ekonomin, hamnar Amerika i bottenskiktet. Se Amarya Sen, Choice, Welfare, and

pas med den högteknologiska sektorn, är i stor utsträckning ett resultat av manipulation och spekulation, och av underordnad betydelse om den jämförs med det förra seklets teknoekonomiska genombrott.[109]

Än mer osmakligt än korruptionen och misskötseln är att landets eliter inte har visat det minsta intresse för det europeiska Amerikas överlevnad; med sin okontrollerade invandringspolitik har man tvärtom visat sig villiga att föra in en ersättningsbefolkning från tredje världen. Parallellt med denna brottsliga politik har det uppträtt en härdsmälta i familjen, en negativ nativitet bland den vita majoriteten, en "förökning av varje slags sexuell avvikelse", mängder av havererade äktenskap och förpassandet av spädbarn till daghem och äldre till sanitära lagerlokaler. I en tid då "kunskapssamhället" basuneras ut från varje översittares predikstol, har landets skolor, vilka tillhör de värsta i den industrialiserade världen, upphört att utbilda; läs- och skrivkunnigheten har fallit under 75 procent, och akademiker nekas rutinmässigt tjänster till följd av avvikande åsikter eller kvotering.[110]

Measurement (Cambridge: Harvard University Press, 1997). Följande viktiga, ekonomiska teoretikers verk kastar en skugga över USA:s ekonomiska välmåga: Serge-Christophe Koln, Maurice Allais, Nicolas Georgescu-Roegen, Michel Aglietta, Frédérique Lerouy, Beat Burgenmeister och Amitai Etzioni. Angående de särskilda sociala och ekonomiska problem som för närvarande hotar USA:s ekonomiska herravälde, se John Gray, *False Dawn: The Delusions of Global Capitalism* (New York: The New Press, 1998); Jean Heffer, "Il n'y a pas de miracle economique!", i *L'Histoire* (april 2000); Guy Millière, *L'Amérique monde: Les derniers jours de l'empire américain* (Paris: Guibert, 2000); Pierre Biarrès, *Le XXIe siècle ne sera pas américain* (Paris: Rocher, 1998); Michael A. Berstein & David E. Adler, red., *Understanding American Economic Decline* (Cambridge: Cambridge University Press, 1995). Angående USA:s förkärlek för att framhäva militär tapperhet som kompensation för ekonomiska och sociala misslyckanden, se Robert W. Tucker & David C. Hendrickson, *The Imperial Temptation: The New World Order and American Purpose* (New York: Council of Foreign Relations Press, 1992). Slutligen, om Ryssland lämnar "dollarzonen", som Putin har hotat med vid något tillfälle, i synnerhet om Ryssland i så fall skulle följas av OPEC-länderna, skulle den amerikanska ekonomin med säkerhet kollapsa helt och hållet. Få initierade kommentatorer (till skillnad från nekonservativa ideologer) tar landets nuvarande hegemoni som mer än något tillfälligt. Se till exempel Charles A. Kupchan, *The End of the American Era: US Foreign Policy and the Geopolitics of the 21st Century* (New York: Knopf, 2002).

109 Guillaume Faye, "L'imposture de la 'nouvelle economie'", i *Terre et peuple: La revue 6* (vintern 2000).

110 Alain de Benoist, "Vers l'indépendance! Pour une Europe souveraine" (1983), i *La ligne de mire. Discours aux citoyens européens. I: 1972–1987* (Paris: Le Labyrinth, 1995).

Flera indikatorer (IQ, SAT-resultat, arméns inträdestester) tyder på att befolkningens medelintelligens faller snabbt. En liberal kritiker uppskattar att "antalet verkligt läs- och skrivkunniga vuxna i USA uppgår till färre än fem miljoner människor — det vill säga mindre än tre procent av hela befolkningen".[111] Landets övergång till ett så kallat "kunskapssamhälle" sker på bekostnad av en bildad befolkning men innebär också "torftig offentlig service, lågtstående sociala normer, svag gemenskap, ökande våld och utbredd fattigdom" (Peter Hain). Det amerikanska livets abnorma tillstånd har förvärrats ytterligare av ett pågående skyttegravskrig mellan konservativa och progressiva kulturkrafter, en allmän balkanisering av samhällsordningen, den offentliga sfärens virtualisering, lågintensiva raskrig i innerstäderna, mordiska illdåd utförda av missnöjda anställda och alienerade skolelever och ett de allmänt vedertagna, moraliska normernas sammanbrott.

För nya högerns anhängare är Amerika inte bara en i sina bibliska och liberala anspråk absurd "gycklarnas planet". Amerika står som en odräglig skymf mot allt som de värdesätter i det europeiska kulturarvet. Det är således föga förvånande att de betraktar Amerikas nya världsordning som vår tids största problem.

---

111 Morris Berman, *The Twilight of American Culture* (New York: Norton, 2000), s. 42.

Kapitel VII

VÄST MOT EUROPA

I närmare ett halvsekel var världsordningens främsta karaktärsdrag det kalla kriget mellan de två utomeuropeiska supermakterna. I denna sammandrabbning mellan sovjetisk kommunism och amerikansk liberalism, polariserades det internationella samfundet kring det ena eller andra av dessa bägge läger. På grund av dess ideologiska karaktär blev denna polarisering föremål för vitt skilda tolkningar. Från det liberala perspektivet beskrevs den som en kamp mellan en "fri värld" baserad på medborgerliga rättigheter, kristendom och det västerländska kulturarvet — och en gudlös, "totalitär" slavstat som utgjorde Västs totala motsats. Marxisterna beskrev å andra sidan konflikten som ett klasskrig mellan ett i sanning jämlikt och förnuftsbaserat samhällsprojekt som representerade den västerländska humanistiska traditionens högsta värden, och ett förtryckande system som cyniskt utnyttjade individuella friheter för löneslaveri, imperialism och upprätthållandet av klassprivilegier. Hur konflikten än tolkades, kvarstod emellertid det faktum att det kalla kriget konvergerade i Europa och praktiskt taget dominerade varje aspekt av det kontinentaleuropeiska samhällslivet, även då dess slagfält låg någon annanstans. Det var emellertid inte alla betraktare som tog denna sammandrabbning på allvar. Från sitt kontinentala perspektiv såg Gréce den mindre som en genuin fiendskap och mer som ett bekvämt sätt att rättfärdiga det amerikansk-sovjetiska herraväldet över Europa.

KALLA KRIGETS KONDOMINAT

Redan innan slutstriden i Berlin hade Europas öde beseglats. Under det flertal konferenser som hållits under kriget, i synnerhet konferensen i Yalta, hade amerikanska och sovjetiska ledare utarbetat en plan för hur världen skulle organiseras efter krigsslutet.[1] Medan Franklin Roosevelt — USA:s "livstidspresident" — antog att hans allians med den sovjetiska diktatorn skulle fortsätta efter vapenstilleståndet, förväntade han sig också att den senare skulle tjäna som en underordnad samarbetspartner i hans stormaktskonsortium. Stalins ovilja att spela denna roll (i kombination med den amerikanska vapenindustrins ekonomiska behov av att upprätthålla produktionsnivåerna från Andra världskriget) resulterade i den efterföljande sprickan i relationerna mellan USA och Sovjetunionen.[2] Talande nog tilläts de hotande rivaliteterna och lokala sammandrabbningarna aldrig stå i vägen för deras kondominat över efterkrigstidens värld.[3] Faktum är att kalla kriget — denna ideologiska kamp mellan "det sovjetiska Östs statskapitalism och det liberala Västs privatkapitalism" (Hermann Rufer) — tycktes skräddarsydd för att rättfärdiga dessa utomeuropeis-

---

1   Jfr. Lloyd C. Gardner, *Spheres of Influence: The Great Powers Partition Europe, from Munich to Yalta* (Chicago: Ivan R. Dee, 1993).

2   Hans-Dietrich Sander, "Stalins grösster Fehler oder die Arcilleferse der Grossmächte", *Staatsbriefe* (maj 2000); Frank Kofsky, *Harry S. Truman and the War Scare of 1948: A Successful Campaign to Scare the Nation* (New York: St. Martin's Press, 1995).

3   Alain de Benoist, "L'ennemi principal" (Del II), *Éléments 41* (mars–april 1982); Alain de Benoist, *Orientations pour des années décisives* (Paris: Le Labyrinthe, 1982), s. 29. Jfr. Dirk Bavendamm, *Roosevelts Krieg: Amerikanische Politik und Strategie, 1937–1945* (München: Herbig, 1993); Arthur Conte, *Yalta ou le partage du monde* (Paris: Robert Laffont, 1964); Jean-Gilles Malliarakis, *Yalta et la naissance des blocs* (Paris: Éds. Albatros, 1982).

ka supermakters underkuvande av Europa. För trots deras sporadiska slitningar syntes risken för ett verkligt kärnvapenkrig liten, även om det upplevda hotet från ett sådant krig hjälpte till att fösa mänskligheten till den ena eller andra av dessa nominellt motsatta boskapsfållor.[4] Utöver att legitimera det utomeuropeiska underkuvandet av den europeiska kontinenten, avledde kalla kriget européerna från sitt civilisatoriska projekt och tvingade dem att acceptera påbud främmande för deras egna geopolitiska intressen.[5] Följaktligen hade både USA och Sovjetunionen ett intresse av att upprätthålla en konflikt som säkerställde deras kontroll över världens epicentrum.[6]

De underliggande likheterna mellan de rivaliserande blocken skulle göra mycket för att underlätta deras samverkan. Därmed inte sagt att det rörde sig om en internationell konspiration mellan amerikansk liberalism och rysk kommunism, men de två maktblocken var mer än villiga att samarbeta närhelst deras intressen sammanföll. Medan medlemmarna i Gréce hade större reservationer inför den amerikanska tappningen av teknoekonomisk civilisation, höll de till fullo med om Martin Heideggers påstående att "Ryssland och USA var likadana ur en metafysisk synpunkt".[7]

Enligt detta synsätt kretsade konflikten mellan liberalism och kommunism kring sekundära frågor. Bägge de ideologiska systemen

---

4   Jean-Louis Cartry, "Pour une défense non-alignée", *Éléments 41* (mars–april 1982); Guillaume Faye, *Nouvelle discours à la nation européenne* (Paris: Éds. Albatros, 1985), s. 37; Pierre-Marie Gallois, *La France sort-elle de l'histoire? Superpuissances et declin national* (Lausanne: L'Âge d'Homme, 1998), s. 19.

5   Gallois, *La France sort-elle de l'histoire?*, s. 89ff.

6   Benoist, *Orientations pour des années décisives*, ss. 31–32; Guillaume Faye, "L'audace de la puissance", *Éléments 41* (mars–april 1982). Jfr. Régis Debray, *Les empires contre l'Europe* (Paris: Gallimard, 1985).

7   Martin Heidegger, *Introduction to Metaphysics*, övers. Ralph Manheim (New Haven, CT: Yale University Press, 1952), s. 37. Jfr. Pierre Drieu la Rochelle, *Genève ou Moscou* (Paris: Gallimard, 1928); Serge-Christophe Kolm, *Le libéralisme modern* (Paris: PUF, 1984). Georges Duhamel, som förfärades över Amerikas teknoekonomiska civilisation, kallade den "en slags bourgeoisiens kommunism" Se vidare hans *America the Menace: Scenes from the Life of the Future*, övers. Charles Miner Thompson (London: George Allen and Unwin, 1931), s. 116.

trodde exempelvis på ekonomisk determinism, bägge anammade en oorganisk materialism vilken förminskade livets tragiska dimension, och bägge förespråkade en "demokratisk" utjämningspolitik som undertrycker varje hälsosamt uttryck för auktoritet och överordning.[8] En annan gemensam nämnare var deras likartade byråkratiska och opolitiska styrelseskick, att de bägge följde Upplysningens föreställningar om individualitet och jämställdhet, och oupphörligt sökte mekanisera den mänskliga existensens olika aspekter. Slutligen prisade de var sitt icke-europeiskt frihetsbegrepp—för den ena den individuella friheten att ansamla obegränsad rikedom, för den andra den ekonomiska tryggheten att förverkliga individuella friheter. Ingendera hade i detta avseende det minsta intresse i den mest fundamentala friheten av dem alla: den kollektiva friheten för ett folk att förverkliga sitt öde, eftersom denna frihet tar sig kulturella, historiska och biologiska former snarare än endast ekonomiska.[9] I många avseenden var USA och Sovjetunionen frukter från samma träd—men, som Grece hävdar, giftiga frukter. Arvet från 1700-talets rationalism hade naturligtvis en formativ inverkan på Europa och har sedan 1945 varit institutionaliserat av le parti américain. Icke desto mindre hade Upplysningen spelat en väsentligt annorlunda roll på den europeiska kontinenten än vad den gjort hos de två utomeuropeiska stormakterna. För det första hade den balanserats upp av en kontraupplysning och av traditioner, hierarkier och aristokratier som hämmat dess plebejiska effekter. För det andra hade dess utomeuropeiska uttryck antagit en annan ton: i Öst hade

---

8   Maiastra, *Renaissance de l'Occident?* (Paris: Plon, 1979), ss. 33–34; Pierre Krebs, *Das Thule-Seminar: Geistesgegenwart du Zukunft in der Morgenröte des Ethnos* (Horn: Burkhart Weecke Verlag, 1994), ss. 33–38. Keyserling beskriver det på följande sätt: "Both countries are fundamentally socialist. But America expresses its socialism in the form of a general prosperity, and Russia in that of a general poverty." Citat i Alain de Benoist, *Vu de Droite: Anthologie critique des idées contemporaines*, femte uppl. (Paris: Copernic, 1979), s. 400.

9   Robert de Herte, "Pourquoi nous sommes anticommuniste", *Éléments 57–58* (våren 1986); Guillaume Faye, "Pour a finir avec la civilisation occidentale", *Éléments 34* (april–maj 1980); Oswald Spengler, *The Hour of Decision*, trans. Charles Francis Atkinson (New York: Knopf, 1934), ss. 67–68.

den frihetliga socialismen hämtad ur Upplysningens principer antagit terroriserande och totalitära uttryck främmande för ett europeiskt sinnelag, samtidigt som Västs marknadskapitalism förvandlats till en massifierande konsumism, lika främmande för europeiska sedvänjor den.

Avslutningsvis hade Europa ett kulturarv, institutioner och en komplex identitet som dämpade effekterna av Upplysningens själlösa materialism, medan Sovjetunionen och USA var konstgjorda civilisationer grundade på rationalistiska principer fientliga till blodets och andens principer.[10] Av denna anledning menade den nya högern att de släktdrag som länkade Europa till de bägge supermakterna var sådana, att europeerna inte hade något intresse i att upprätthålla dem.[11]

Trots deras likheter, menade grecisterna att det amerikanska systemet, snarare än det ryska, utgjorde det största hotet mot Europa. Amerikanerna var i allmänhet inte bara mer universalistiska, kosmopolitiska och jämlika än kommunisterna, de använde även ett mer sofistikerat system för social kontroll.[12] För att upprätthålla sitt totalitära imperium, såg ryssarna till att bryta ned sina kritikers kroppar, medan pionjärerna i Hollywood och på Madison Avenue visste hur man förstörde deras själar och därigenom även deras motståndsvilja. Att det förekom organiserade uppror mot Sovjetregimen, men inga mot amerikanerna (åtminstone inte i Europa), menade grecisterna snarare berodde på de sistnämndas framgångsrika subversion och lömska

---

10 Alain de Benoist, *Les idées à l'endroit* (Paris: Hallier, 1979), s. 273; "Entretien avec Alain de Benoist", *Jeune nation solidariste: Organe de Troisième Voie 196–197* (mars–april 1985). Jfr. Henry Steele Commager, *The Empire of Reason: How Europe Imagined and America Realized the Enlightenment* (New York: Phoenix, 2000).

11 Faye, *Nouvelle discours à la nation européenne*, s. 73.

12 Yockey: "Bolsjevism innebär ... förstörelsen av väst och dess kultur. *Det kommunistiska manifestet* presenterar en plan för att genomföra detta i en socioekonomisk kontext. Av de tio bud det ger är bara nio möjliga, och alla dessa nio har uppfyllts i Amerika, men inte i Ryssland." Se "The World in Flames" (1961), i *The Thoughts of Francis Parker Yockey* (London: The Rising Press, 2001). Med samma utgångspunkt argumenterar en tysk identitär för att Amerika, och inte Sovjet, bör ses som Karl Marx sanna hemland. Se Krebs, *Das Thule-Seminar*, s. 39.

karaktär, snarare än deras välvilja.[13] Mellan de sovjetiska och liberala systemen, var grecisternas uttalade ståndpunkt att det förstnämnda var att föredra, eftersom kommunismens mordiska despotism inte lyckades förinta ett folks överlevnadsvilja på det sätt amerikaniseringen gjorde.[14]

Med anledning av denna syn på kalla kriget, vägrade grecisterna att göra gemensam sak med den konventionella högerns flaggviftande antikommunister. Detta skulle emellanåt ge dem epitetet "prosovjetiska". Vad den nya högern fann förkastligt i det amerikanska experimentet var emellertid inte mindre förkastligt än vad de fann i Sovjetkommunismen.[15] Deras motstånd mot den atlantiska alliansen hade dock ett annat övertygande skäl. Som Jean Cau uttryckte det: "Det är genom att inte vara amerikaner idag, som vi skapar de bästa förutsättningarna för att slippa vara ryssar imorgon." Med andra ord, endast genom att förbli oberoende gentemot det ena blocket skulle européerna kunna förbli oberoende gentemot det andra.[16] Det var alltså inget sammanträffande att antikommunismen hos efterkrigstidens höger hjälpte till att rättfärdiga Europas amerikanisering, och i prak-

---

13 Robert de Herte, "Ni des esclaves, ni de robots", *Éléments 34* (april–maj 1980); Benoist, "L'ennemi principal" (Part II). Den kanadensiske geopolitikern Donald William påpekar att anti-sovjetiska uppror ägde rum i Östtyskland (1953), Ungern (1956), Tjeckoslovakien (1968) och Polen (1980–85), men hävdar också att följande bör betraktas som uppror mot den amerikanska imperiet: Guatemala (1951), Dominikanska republiken (1965), Nicaragua (1972), Vietnam (1965–75), Chile (1973), Grenada (1983) och Panama (1989). Se *Le choc des temps: Géopolitiques* (Montreal: Éds. Sciences et Culture, 2000), ss. 53–55. Enligt Chalmers Johnson, dödade USA under Kalla kriget, för att behålla kontrollen över sitt östasiatiska och latinamerikanska imperie, många miljoner fler än vad Sovjet gjorde. Se hans *Blowback: The Costs and Consequences of American Empire* (New York: Henry Holt, 2000), ss. 22–28.

14 Benoist, *Orientations pour des années décisives*, s. 76; Alain de Benoist, "Pour une déclaration du droit des peuples", i *La cause des peuples: Actes du XVe colloque national du GRECE* (Paris: Le Labyrinthe, 1982).

15 Michael Lind, *Up from Conservatism: Why the Right is Wrong for America* (New York: The Free Press, 1996), s. 45; Murray N. Rothbard, "Life in the Old Right" (1994), i *The Paleoconservatives: New Voices from the Old Right*, red. Joseph Scotchie (New Brunswick, NJ: Transaction Publishers, 1999).

16 Citat ur Alain de Benoist, *Europe, Tiers monde, même combat* (Paris: Robert Laffont, 1986), s. 16.

tiken kanalisera de anti-liberala krafterna till förmån för amerikanska intressen.

Den nya högerns vägran att låta sig dras in i det kalla krigets anti-kommunistiska politik gjorde dem dock inte pro-kommunistiska. I deras ögon var Sovjetryssland (*l'Amérique inversée*) en patologisk produkt av Upplysningen, brottslig genom de otaliga människor det mördade — "det värsta fallet av politiskt blodbad genom historien" (Martin Malia) — och avskyvärt i det att det inskärpte en anda präglad av medelmåttighet och underdånighet i det ryska folket.[17] Grecisterna motsatte sig Sovjetryssland av princip, men såg det som en sekundär fiende, efter USA. De anammade även Ernst Noltes syn på kommunismen som ett internationellt parti för inbördeskrig, ansvarigt för många av 1900-talets stora katastrofer i Europa.[18] Avslutningsvis motsatte de sig Sovjetunionen på grund av dess militära hot mot Europa, och eftersom den avledde européer från sitt eget civilisatoriska projekt. De var dock aldrig beredda att se Rysslands underkuvande av Östeuropa som ett giltigt skäl att låta Västeuropa underkasta sig det ännu större hot som utgjordes av USA:s liberala marknadsimperium.

Enligt grecisterna kunde Amerikas antipati mot Europa — som vanligtvis tog sig uttryck som germanofobi, anti-militarism, anti-fascism, och (efter "omskolningen" eller avgermaniseringen av tyskarna) frankofobi — spåras till långt innan kalla kriget.[19] Det var dock inte förrän under 1900-talet som dess anti-europeiska inställning antog en betydelsefull politisk form, med start i Fredskonferensen i Versailles 1919, där Woodrow Wilson (i maskopi med europeiska radikaler) företog sig att påtvinga den gamla världen USA:s "opartiska rättvisa".

---

17 Se vidare Alexander Zinovjev, *Homo Sovieticus*, övers. Jacques Michaut (Paris: Julliard/ L'Âge d'Homme, 1982).

18 Bertrand Laget, "La guerre civile européenne", i *Éléments 98* (maj 2000); Ernst Nolte, *Der europäische Bürgerkrieg, 1917–1945: Nationalsozialismus und Bolshewismus* (Berlin: Propyläen, 1987).

19 Se vidare Geir Lundestad, red., *No End to Alliance: The United States and Western Europe, Past, Present and Future* (New York: St. Martin's Press, 1998), s. 171.

Under ledning av denna "anti-Metternich", som saknade minsta förståelse för Europas etnohistoriska konturer och trodde att Gud skapat USA för att leda världens nationer på "frihetens väg", upplöstes de Romanovska, Habsburgska, Ottomanska, och Hohenzollernska imperierna och liberala demokratiska stater, utan minsta livskraft eller legitimitet, inrättades i deras ställe. Istället för sin omtalade "fred utan segrare", dikterade den före detta Princeton-professorn en ovanligt hårt bestraffande uppgörelse, och banade samtidigt väg för Adolf Hitler och ett oundvikligt nytt världskrig. Han lyckades på så vis förstöra Europas gamla statssystem och "äventyra hela den vita rasen".[20] Hans anti-europeiska korståg för att göra "världen säker för demokratin" (det vill säga att göra "världen säker för det amerikanska livsrummets politik") har antagits som en självklarhet och kopierats av praktiskt taget alla efterföljande amerikanska regeringar (inklusive "isolationistiska" sådana under 1920-talet).[21]

Grecisterna menar att européerna inte har några gemensamma intressen med USA, varken kulturella eller geopolitiska. De avvisar alla föreställningar om en atlantisk gemenskap och pekar på de otaliga tillfällen då USA omintetgjort viktiga europeiska intressen.[22] Detta var i synnerhet fallet under kalla kriget. USA var inte bara i maskopi med Sovjetryssland, hon underlät att ifrågasätta efterkrigstidens uppdelning av Europa, hon lät möjligheterna att återförena Tyskland eller un-

---

20   Hermann Keyserling, *America Set Free* (New York: Harper and Brothers, 1929), s. 84; Leon Degrelle, *Hitler: Born at Versailles* (Newport Beach, CA: IHR, 1987).

21   Walter A. McDougall, *Promised Land, Crusader State: The American Encounter with the World since 1776* (Boston: Houghton Mifflin, 1997), s. 145; Jean-Jacques Mourreau, "L'Europe malade de Versailles", i *Éléments 69* (hösten 1990); Nikolaj von Kreitor, "NATO and the Architects of the American *Lebensraum*", på *Eurocombate* (http://www.geocities. ws/eurocombate). Se vidare Werner Links, "The United States and Western Europe: Dimensions of Cooperation and Competition", i *No End to Alliance: The United States and Western Europe, Past, Present and Future*, red. Geir Lundestad (New York: St. Martin's Press, 1998); François-Georges Dreyfus, *1919–1939: L'engrenage* (Paris: Fallois, 2002).

22   Faye, "Pour en finir avec la civilisation occidentale"; Frédéric Julien, *Les États- Unis contre l'Europe: L'impossible alliance* (Paris: Le Labyrinthe, 1987).

derstödja anti-sovjetiska uppror passera utan åtgärd, och gav dessutom rättslig sanktion åt Europas delade tillstånd i Helsingforsdeklarationen 1975. Samtidigt främjade hon aktivt upplösningen av Europas koloniala imperier, gav turkarna moraliskt stöd i deras invasion av grekiska Cypern, manövrerade ut européerna från Mellanöstern och Persiska viken, understödde islamiska räder på Europas periferi, och hejdade praktiskt taget alla europeiska försök att agera självständigt. Även USA:s två decennier långa allians med radikal islam (som inte ens försvagades i och med Bushadministrationens *Likudisering*) skedde på bekostnad av hennes "allians" med Europa, särskilt när hon återställde den "muslimska bulten" som blockerade Europas eurasiska landvägar och när hon understödde turkiska ansatser att "libanonisera" kontinenten.[23]

Sedan Hitlers nederlag har USA visat sina europeiska "allierade" föga mer än förakt, och agerat som om de vore vasallstater utan annat val än att passivt underordna sig USA:s hegemoniska intressen. François Mitterrand (1916–96), vars socialistiska regering var den mest pro-amerikanska i fransk historia, medgav detta i sitt postuma testamente, där han noterade att USA har varit i "ett permanent krigstillstånd" med Europa, ovilligt att avstå från ett uns av sin världsmakt för sina allierade eller göra något som gynnade deras nationella intressen.[24] Senare militära plundringståg i sydöstra Europa utgör bara det senaste övergreppet i raden i USA:s pågående projekt avsett att upprätthålla en kontinental närvaro som hindrar européer från att ta

---

23 Alexandre Del Valle, *Islamisme et États-Unis: Une alliance contre l'Europe*, andra utgåvan (Lausanne: L'Âge d'Homme, 1999), ss. 286–88. Se även Richard Labéviere, *Les dollars de la terreur: Les États-Unis et les islamistes* (Paris: Grasset, 1999); Gilberto Oneto, "Sarrasins et cow-boys unis contre l'Europe" (2000), på *Synergon* (http://www.geocities.com/spartacorps/synergon). Skeptiker bör påminnas om att Osama bin Laden, den afghanska talibanregimen och Saddam Hussein alla var, vid olika tillfällen, betalda av CIA. Se vidare John K. Cooley, *Unholy Wars: Afghanistan, America, and International Terrorism*, andra utgåvan. (Herndon, VA: Pluto Press, 2000).

24 Ur Georges-Marc Benamou, *Le dernier Mitterrand*, citat i Alain de Benoist, *Dernière année: Notes pour conclure le siècle* (Lausanne: L'Âge d'Homme, 2001), s. 187.

hand om sina egna angelägenheter — allt medan hon förser sin armé med nya länder att ockupera, Wall Street-finansiärerna nya länder att bygga upp på nytt och oljebolagen nya fyndigheter att exploatera.[25] NATO (*North Atlantic Treaty Organization*) var, och är fortfarande, det viktigaste institutionella ramverket för "alliansen" mellan USA och Europa. Officiellt en militär koalition av stater med syfte att stå emot det sovjetiska invasionshotet (även om dess verkliga syfte, som ett stort antal kommentatorer noterade vid dess grundande, var att förhindra återkomsten av ett oberoende Tyskland och för att garantera USA:s efterkrigstida herravälde över Europa), var NATO i realiteten ingen allians, utan enligt de Gaulle snarare en täckmantel under vilka "Amerikas europeiska protektorat" skulle organiseras.[26] NATO:s syfte var alltså mindre en fråga om europeisk säkerhet än om att utvidga Monroe-doktrinen till Väst- och Centraleuropa. Redan från början gjordes inga försök att låtsas som att medlemsnationerna var jämbördiga. USA tog befälet över alliansens styrkor och européerna förvisades till underordnade positioner.[27] Amerikanska trupper tilläts dessutom ockupera strategiska områden i Europa, särskilt i Tyskland, och att utveckla en omfattande infrastruktur för att stödja dessa trup-

---

25 Charles Champetier, "La Yougoslavie en ruine: Une guerre contre l'Europe", *Éléments 95* (juni 1999). Balkan har visserligen ingen olja, men om stora delar av de centralasiatiska källorna ska kunna nyttjas behövs en pipeline mellan Svarta och Adriatiska haven, därav är regionen strategiskt viktig.

26 Jacques Thibau, *La France colonisée* (Paris: Flammarion, 1980), 277; Robert Steuckers, "Sécurité et défense en Europe", i *Le défi de Disneyland: Actes du XXe colloque national de la revue "Éléments"* (Paris: Le Labyrinthe, 1987). Jfr. Bob Djurdjevic, "A Bear in Sheep's Clothing", *Chronicles* (december 1998).

27 Sedan slutet Kalla Krigets slut har den amerikanska unilateralismen eskalerat till den grad att till och med Zbigniew Brzezinski erkänner att USA numera betraktar sina allierade "som om de tillhörde den [tidigare] Warszawapakten. USA ger order och de övriga lyder". Se vidare transkription av CNNs *Late Night with Wolf Blitzer* (2 mars, 2003), även Konrad Pingel, "Der amerikanische Globalismus und die geostrategischen Imperative", *Staatsbriefe* (maj–juni 2001). Det bör emellertid påpekas att denna ökande ensidighet i amerikansk utrikespolitik, inspirerad av "Likudifieringen" av Bush-administrationen, hotar att upplösa NATO. Bush och hans judiska rådgivare har gjort betydligt mer för att främja europeisk självständighet än någon tidigare administration.

per.[28] Européer förväntades också stödja amerikanska försvarsinitiativ, medan USA:s engagemang för Europa förblev begränsat.[29] När Sovjet utvecklat interkontinentala ballistiska missiler som kunde nå det amerikanska fastlandet, fruktade många europeiska ledare att USA helt enkelt skulle dra sig tillbaka till sin nordamerikanska skans om det någonsin kom till en kärnvapenkonflikt med Sovjet.[30]

För att rättfärdiga Europas underkastelse inför amerikansk makt, utvecklades en ny ideologi, "atlanticism", med syftet att främja illusionen att Amerika inte bara var Europas lojala försvarare, utan rentav den europeiska civilisationens arvtagare.[31] För grecister och andra anhängare till den nya högern, framstod denna liberala ideologi som i första hand syftande till att förhindra "enandet av den gamla världens maktcentra i en till [amerikanska] intressen fientligt inställd koalition" (Nicholas Spykman). I ljuset av detta betraktades de konservativa intellektuella som omfamnade atlanticismen som föga bättre än vänsterns prästerskap, som satte sovjetiska intressen framför europeiska.[32] Decennier innan kommunismens sammanbrott började Grece förespråka ett generellt utträde ur NATO.[33] Mot supermakterna framhöll de en "tredje väg" — varken Washington eller Moskva — som satte europeiska intressen i främsta rummet. Enligt dem skulle allt som

---

28 Som Frank Costigliola framhåller; den amerikanska militära ockupationen efter 1945 ledde inte bara till amerikansk dominans över marknaden, utan över det franska samhällslivet i stort. Under det sena 1940-talet påbörjade USA ett smygande maktövertagande, genom att ta kontroll över ett flertal större nyhetstidningar, infiltrera de största fackföreningarna, bryta strejker, påverka den allmänna opinionen samt "köpa" ett antal nyckelspelare i den politiska sfären. Amerikansk kontroll över Tyskland, Italien, och England var ännu mer omfattande då dessa länders regeringar redan var ställda under amerikanskt styre. Se vidare *France and the United States: The Cold Alliance since World War II* (New York: Twayne, 1992), ss. 64–88.

29 Fabrice Laroche, "Une nouvelle résistance", *Éléments 16* (juni 1976); Jean-Baptiste Duroselle, *France and the United States: From the Beginnings to the Present*, trans. Derek Coltman (Chicago: University of Chicago Press, 1978), s. 184.

30 "Entretien avec le Général Gallois", *Éléments 41* (mars–april 1982).

31 Jfr. Lundestad, *No End of Alliance*, s. 21.

32 Henri Gerfaut, "Une certaine idée de l'Europe", *Éléments 53* (våren 1985).

33 Marco Tarchi, "Prolégomenes a l'unification de l'Europe", i *Crépuscule des blocs, aurore des peuples: Actes du XXIIIe colloque national du GRECE* (Paris: Grece, 1990).

försvagade det amerikansk-sovjetiska herraväldet vara gynnsamt för Europa. Att Nato fortsätter att existera, "försvarande" Europa från ett "nu obefintligt hot från ett icke-existerande land [dvs. Sovjetunionen]", och fortsätter att utöka sitt amerikanska protektorat österut, som en parodi på Hitlers *Drang nach Osten*, vittnar om Europas kollaborerande eliters underdånighet.[34]

Så länge det var understäldt Jaltakonferensens beslut förblev kontinentaleuropa i en beroendeställning till supermakterna. Sovjetunionens kollaps (alltså Jaltakonferensens huvudsakliga stöttepelares kollaps) var således en händelse av världshistorisk betydelse. Även om USA initialt förvirrades av att ha förlorat en bekväm motståndare, vände de snabbt den ryska kommunismens undergång till ett rättfärdigande av sin liberala marknadsdemokrati. Det mest självbelåtna uttryck för detta triumferande svar kom från utrikesdepartementets Francis Fukuyama och hans *End of History*, som proklamerade slutet på ideologiska konflikter och den amerikanska liberalismens globala triumf.[35]

Grecisterna tolkade däremot det kalla krigets avslut som en markering av *historiens återkomst* snarare än *historiens slut*. Den ena förgreningen av upplysningens "stora berättelse" avslutades förvisso 1989, men att tro att historien som helhet var slut eller att förnuftet äntligen hade vunnit över oförnuftets mörka krafter skulle vara att tänka på samma självbedrägliga sätt som de som trodde att den bolsjevikiska revolutionen 1917 representerade nästa högre stadium av civilisation.[36]

---

34 Louis Sorel, "Le nouvel atlantisme contre l'Europe", *Éléments 94* (Februari 1999); Zbigniew Brzezinski, *The Grand Chessboard: American Primacy and Its Geostrategic Imperatives* (New York: Basic Books, 1997), s. 59.

35 Francis Fukuyama, *The End of History and the Last Man* (New York: Avon, 1993).

36 Alain de Benoist, "Le retour de l'histoire", i *Crépuscule des blocs, aurore des peuples: Actes du XXIIIe colloque national du GRECE* (Paris: Grece, 1990); Alain de Benoist, "Les retrouvailles de l'Europe", *Éléments 67* (vintern 1989). Emmanuel Todd, en av de första att förutspå Sovjets förestående kollaps — *La chute finale: Essai sur la décomposition de la sphère soviétique* (Paris: Robert Laffont, 1976) — förutspår nu en kollaps av det andra av Upplysningens stora projekt: se *Après l'empire: Essai sur la décomposition du système américain* (Paris: Gallimard, 2002). Se även Immanuel Wallerstein, "The Eagle Has Crash Landed", *Foreign Policy* (juli–augusti 2002). Det andra Irakkriget, vilket i skrivande

Grecisterna har inte heller glömt att de andliga försämringar och orätt-visor i artonhundratalets liberala samhälle var ansvariga för kommu-nismens födelse.[37] Hur monolitisk dess nuvarande globala hegemoni än är, förutspår de att USA:s liberala ordning sannolikt kommer att utmanas av nya former av antiliberalism. Detta verkar särskilt troligt eftersom "den liberala kapitalismen efter ett långt uppehåll tycks ha återfått sin ursprungliga arrogans och självförtroende".[38]

Det sovjetiska imperiets undergång förde också gamla identiteter och länge undertryckta etniska konflikter till ytan, samt förändrade "mönster av sammanhållning, sönderfall och konflikter i världen efter det kalla kriget".[39] Samuel Huntingtons påstående att slutfasen av det amerikansk-sovjetiska samväldet skulle leda till en "civilisationernas kamp" var en framsynt förutsägelse av vad den nya tiden skulle före-båda — precis som 11 septembers terroristattacker mot symbolerna för USA:s globala dominans dramatiskt illustrerade dessa sammanstöt-ningars våldsamma och destabiliserande potential.[40] Genom att åter-

---

stund precis påbörjats, ser ut att bli en bekräftelse på att slutet för amerikansk världs-dominans är verkligt och nära — det råder dock föga tvivel om att Washingtons Goliath kommer krossa Mesopotamiens David.

37 Pierre Vial, red., *Pour une renaissance culturelle: Le GRECE prend la parole* (Paris: Copernic, 1979), s. 32.

38 Alain de Benoist, *"Introduction"*, i *L'écume et les galets, 1991–1999: Dix ans d'actualité vue d'ailleurs* (Paris: Le Labyrinthe, 2000).

39 Pierre Vial, "Union soviétique: La revanche des peuples", *Éléments* 67 (vintern 1989–90); Samuel P. Huntington, *The Clash of Civilizations and the Remaking of World Order* (New York: Simon and Schuster, 1996), s. 36. Jfr. Roland Breton, *L'ethnopolitique* (Paris: PUF, 1995).

40 Samuel P. Huntington, "The Clash of Civilizations?", *Foreign Affairs* 72:3 (sommaren 1993). Även om Grecister erkänner de generella dragen i Huntingtons tes, vänder de sig emot att han identifierar "Den västerländska civilisationen" som en sammanblandning mellan amerikansk och europeisk civilisation med ett liberalt arv. Vidare kritiserar grecister före-ställningen att världsfred skulle vara beroende av den liberala demokratins politiska kultur, separationen mellan den slaviska ortodoxa sfären och det katolska Europa, att Huntington blandar ihop religion med civilisation samt det faktum att han på ett flertal områden vink-lar sin argumentation så att den passar amerikanska politiska målsättningar. Se François Labeaume, "Vers un choc des civilisations", *Cartouches: L'actualité des idées* 2 (våren 1997). Sedan 11 september har Grecister vidare motsatt sig användandet av Huntingtons tes till att rättfärdiga det amerikanska "kriget mot terrorismen". Se Alain de Benoist, "The 20th Century Ended September 11", *Telos* 121 (hösten 2001).

uppliva de konflikter mellan rotfasthet och kosmopolitism som det
kalla kriget hade stängt av, återaktualiserade händelserna 1989 frågan
om europeisk identitet.[41] Under det senaste årtiondet har *grecister* och
andra identitärer upprepade gånger frustrerats av kontinentens under-
låtenhet att bejaka sitt civilisatoriska projekt och stå emot USA:s unila-
teralism (även om tillkomsten av USA:s "krig mot terrorismen", 2001,
som "institutionaliserade ett permanent tillstånd av planetär konflikt
"[Emmanuel Todd], tillfälligt ändrade detta, eftersom Frankrike
och Tyskland tvekade att följa USA i hennes verklighetsfrämmande
korståg).[42]

Trots hennes nuvarande svacka, är Europas framtidsutsikter långt
ifrån förbrukade. Enligt praktiskt taget alla index av betydelse är EU
högre rankat än USA, utom i den, särskilt i spetsen för en militär stor-
makt, mest avgörande kategorin av alla: ledarskap. Européerna är bättre
utbildade och mer kompetenta än amerikanerna, deras kulturella re-
surser ofantligt större, deras ekonomi mer produktiv, deras befolkning
och marknader större, deras kreativitet högre, och deras vetenskapliga
och tekniska kapacitet har större potential. Som en union har Europa
alla medel som behövs för att kunna bryta den amerikanska hege-
monin.[43] Om hennes politiska och militära självförtroende någonsin
kan komma ikapp hennes ekonomiska och intellektuella styrka (och
de senaste amerikanska regeringarnas arroganta tendens att använda
aggression och våld för att öka sin avtagande makt kan mycket möjligt
påskynda denna utveckling), kommer hennes geopolitiska ambitioner

---

41 Benoist, "Les retrouvailles de l'Europe."

42 Cercle Héraclite, "La France de Mickey", *Éléments 57–58* (våren 1986); Louis Sorel,
    "L'Hamlet européenne", *Res Publica Europaea 14* (januari 2000). Pierre Krebs skriver: *"Die
    Berliner Mauer ist zwar gefallen, doch es haben sich in den Köpfern Hunderte von Mauern
    wiederaufgabaut."* Se "Das Deutschtum am Scheideweg", *Elemente der Metapolitik zur
    europäischen Neugeburt 6* (1998).

43 Charles Champetier, "Vive l'Europe libre!", *Éléments 96* (november 1999); Patrick Nesles,
    "La mondialisation, c'est la guerre", *Éléments 98* (maj 2000). Jfr. Charles A. Kupchan, *The
    End of the American Era: U.S. Foreign Policy and the Geopolitics of the Twenty-first Century*
    (New York: Knopf, 2002), ss. 119–59.

så småningom att kollidera med USA:s. Europas nuvarande underordning inför den transatlantiska kolossen är således inte "målet", men speglar det mindervärdeskomplex som utmärker de kollaborerande eliter som utgör *le Parti Americain* — eliter som har omintetgjort eller neutraliserat praktiskt taget varje uttryck av europeisk vilja till makt under det senaste halvseklet.[44] Med anledning av detta hävdar Gréce att "amerikanerna är endast så starka som vi är svaga".[45] Om resoluta ledare någonsin skulle dyka upp, besitter kontinenten både medel och förmåga att uträtta stordåd. Det första steget mot Europas resning kan faktiskt redan ha inletts, eftersom den identitära strömning som representeras av Grece och andra nya högern-tendenser utgör ett allt mer klarsynt alternativ till den tidigare dominerande atlanticistiska ideologin.

ALLIANSEN MED TREDJE VÄRLDEN

Den tredje väg som grécisterna förespråkade under det kalla kriget tog sitt mest anmärkningsvärda uttryck 1986, i och med publiceringen av Benoists *Europe, Tiers monde, même combat*. I denna publikation propagerade Benoist för en allians mellan Europa och Tredje världen, särskilt det arabiska Mellanöstern, i syfte att undergräva blocken och försvaga deras grepp om Europa.[46] Under en period när Jean-Marie Le Pens Front National började locka högerväljare med invandringskritiska utspel, signalerade Greces "tredje världen-ideologi" ett stort avsteg för de antiliberala krafterna. Det signalerade också en öppning till vänstern, vars förälskelse i Tredje världen hade börjat falla sönder. Med tanke på vänsterns enhetliga modell för mänskligheten, har den alltid varit obekväm inför nationella och kulturella särdrag, särdrag

---

44 Faye, *Nouveau discours à la nation européenne*, ss. 53–57, s. 61.

45 Guillaume Faye, *L'Archéofuturisme* (Paris: L'Ancre, 1998), s. 102.

46 Gréce kommande orientering mot Tredje världen hade antytts redan tidigare. Se Benoist, "L'ennemi principal" (Del II).

som förstärktes i massiv skala när kolonialmakterna drog sig tillbaka.
Det faktum att Tredje världens folk, i likhet med det europeiska "pro-
letariatet", bakom sin progressiva antikoloniala kamps fasade hade
misslyckats med att upprätthålla de liberala demokratiska värderingar
vänstern såg som allmängiltiga, gjorde att många tidigare sextioåttor
rörde sig bort från dem — att de dessutom visade sig vara anti-sekulära,
mot mänskliga rättigheter, anti-rationalistiska, och i vissa fall antise-
mitiska, ledde till ett direkt avståndstagande.

I opposition till den politiska skalans båda ändar hade åttiotalets
Grece således slutit upp till Tredje världens försvar, och associerade
sig med nationalpopulistiska krafter i Afrika, Asien och Latinamerika,
eftersom dessa motsatte sig det amerikansk-sovjetiska samväldet. Dess
Tredje världism hade dock väldigt lite gemensamt med liberalernas
kärlek till "den ädle vilden" eller med vit skuld, utan snarare med Tredje
världens geopolitiska fientlighet mot det rådande blocksystemet och,
filosofiskt, med dess "differentialistiska" antropologi. Liksom post-
modernisterna förkastade grécister både koloniala och postkoloniala
varianter av Den Stora Berättelsen. Enligt deras uppfattning var Tredje
världen inte något paradis i Rousseau-tappning, utan snarare ett kom-
plex av olika folk vars skilda historia och kulturer passar dåligt med
ett liberalt narrativ. Bara genom att anta ett universalistiskt perspektiv
trodde de att det var möjligt att tolka Tredje världen som på något sätt
"outvecklad", avsedd att följa i västvärldens fotspår.[47]

Grece hävdar att föreställningarna om utveckling, oavsett om de
härrör från internationella finansmän eller välmenande vänsteran-
hängare, baseras på en linjär historieuppfattning, med världens folk
belägna i olika skeden i en evolutionär process vars kulmen är att ef-
terlikna det amerikanska systemet. Ur den här synvinkeln väntas varje
moderniseringsinriktat samhälle konvergera mot en enda uppsättning
axiella principer, då den ekonomiska utvecklingen driver dem sam-

---

47   Robert de Herte, "Le développement en question", *Éléments 48–49* (vintern 1983–84).

man i en gemensam "utvecklingsbana". Walt Rostows *The Stages of Economic Growth*, som utmanade socialistiska system för postkolonial utveckling genom att hävda att Tredje världens länder så småningom skulle "komma ikapp" med det industriella Väst, förutsatt att de efterhärmade den västerländska kapitalistiska modellen, utgjorde det mest anmärkningsvärda uttrycket för denna utvecklingsorienterade uppfattning, vilken mätte hela världen utifrån sina egna normer.[48] Till och med marxistiska Tredje världister, som Andre Gunder Frank, som kritiserade Rostows kapitalistiska argument och hävdade att Tredje världens underutveckling härrörde från beroendet av Väst, inte dess brist på kapitalisering, accepterade en rent ekonomisk utvecklingsmodell.[49] Både liberal utvecklingsideologi och dess marxistiska beroendekritik antog därmed att Tredje världens modernisering skulle fortsätta i enlighet med Västs principer och borde förstås i ekonomiska och eventuellt även politiska termer, men inte biokulturella eller civilisatoriska sådana.[50]

Genom att motsätta sig de rådande föreställningarna om ekonomisk modernisering, argumenterade *grécisterna* under åttiotalet för kulturspecifika former av ekonomisk tillväxt. Precis som det sena artonhundratalets Japan industrialiserade samhället utan att överge sin japanska identitet, uppmanade *grécisterna* icke-västerländska folk att "utveckla" sina samhällen utifrån sina egna erfarenheter och värderingar.[51] Vilket syfte, frågade de, fanns det att utvecklas, om denna utveckling ledde till självförstörelse? I själva verket var det på just denna punkt som *grécisterna* kritiserade den liberala modellen som tillämpats för Europa. De underströk att ekonomisk utveckling inte

48 W. W. Rostow, *The Stages of Economic Growth* (Cambridge: Cambridge University Press, 1960).

49 Andre Gunder Frank, *World Accumulation, 1492–1789* (New York: Monthly Review Press, 1978).

50 Benoist, *Europe, Tiers monde, même combat*, ss. 184–85.

51 Alain de Benoist, "Pour le Tiers monde, quelle solution?", *Éléments 48–49* (vintern 1983–84).

borde vara ett självändamål. Detta är emellertid oundvikligen fallet
om man följer den globala kapitalismens lagar. Följaktligen leder den
utvecklingspolitik som förespråkas av internationella bankirer från
datortäta kontor i New York till krav på att Europa, likt Tredje världen,
offrar sitt eget ödes logik till förmån för bankirernas finansmarknader.
Sedan Sovjetunionens fall har behovet av en tredje väg mellan
blocken förlorat sin forna betydelse. De viktigaste internationella
spänningarna löper nu istället mellan de liberalkapitalistiska krafterna
kopplade till USA:s nya världsordning och de identitära krafterna — i
Europa och på andra håll — som motsätter sig dem. Greces Tredje
världism har därmed förlorat mycket av sin ursprungliga betydelse,
även om den nuvarande inriktningen fortfarande dikterar en identitär
orientering mot "periferin", eftersom den motsätter sig "centrums" ho-
mogeniserande krafter.[52]

SYSTEMET SOM FÖRSTÖR NATIONER

Greces Tredje världism var en del av deras "tredje väg" som alternativ
till det amerikansk-sovjetiska samväldet. Men den uttryckte också de-
ras vägran att identifiera Europa som en del av "Väst". Detta utgjorde
en särskilt viktig aspekt av Greces bidrag till Högern under dessa år,
när Amerika framställdes som Europas påstådda försvarare. Som be-
grepp var "Väst" för nya högern inte längre en beteckning för Europa,
Atlantpakten, eller ens vad amerikanerna kallar "den västerländska ci-
vilisationen". Som Guillaume Faye definierade det i *Le Système à tuer
les peuples* (1981), hade "Väst" upphört att representera en geografisk
eller civilisatorisk enhet och hade istället blivit ett ideologiskt begrepp

---

52   Georges Feltin-Tracol, "L'Europe entre Djihad et McWorld", *Cartouches: L'actualité des
     idées 5* (augusti 1998); Alain de Benoist, "Huit réflexions sur la mort du communisme",
     Éléments 71 (hösten 1991); François Labeaume, "La guerre des intellectuels", *Éléments 95*
     (juni 1999).

kopplat till den amerikanska liberalkapitalismens transnationella system.[53]

Som det första land vars ekonomi absorberat dess samhälle, är USA den främsta inkarnationen av Väst. Men västvärlden—*l'améric anosphère*—är inte densamma som USA i sig, insisterar Faye. "Väst" är snarare själva världssystemet som strävar efter att låta alla aktiviteter på planeten underställas sin ockerlogik.[54] Detta gör Väst till ett teknoekonomiskt system, inte en civilisation. En civilisation tjänar mänskliga behov, medan Väst är en "megamaskin" (Serge Latouche), vars produktion av välstånd, framsteg, och individuell "befrielse" skapar en starkt materialistisk form av social verklighet orienterad mot marknadsprinciper, men helt likgiltig inför dem som måste leva inom dess mekaniska värld.[55] Västvärldens banker, multinationella företag, och olika transnationella institutioner, till exempel, verkar till förmån för sitt system, men inte till förmån för etnicitet, historia eller öde. En bankir från Singapore kan således vara mer "västerländsk" än en bonde från Bretagne som fortfarande odlar jorden och lever i samma anda som sina förfäder.[56]

Vidare leds inte västvärlden, utan administreras. I själva verket är det inte ens människor, utan snarare systemets reglerande logik som styr. I och med detta, tvingar denna logik Väst att utsträcka sig till varje aspekt av tillvaron och till varje hörn av världen, eftersom allt är integrerat för att överensstämma med dess systemiska imperativ. Livet

---

53 Guillaume Faye, *Le système à tuer les peuples* (Paris: Copernic, 1981). Även Benoist, *Orientations pour des années décisives*, 30–31; Benoist, *Europe, Tiers monde, même combat*, 14. Fayes föreställning om "Väst" förebådar Robertsons idéer om "globalitet" och senare globaliseringsteorier—även om Faye är mer partisk (realistisk?) i sitt betonande av dess negativa amerikanska drivkrafter. Jfr. Roland Robertson, "Interpreting Globality", i *World Realities and International Studies Today*, red. Roland Robertson (Glenside: Pennsylvania Council on International Education, 1983).

54 Jfr. Serge Latouche, *The Westernization of the World: The Significance, Scope, and Limits of the Drive towards Global Uniformity*, övers. Rosemary Morris (Cambridge: Polity, 1996).

55 Faye, *Le système à tuer les peuples*, ss. 22–23.

56 Faye, *Le système à tuer les peuples*, ss. 29–30.

är därmed frånkopplat sitt givna sammanhang, avtalsförhållanden
har ersatt organiska förhållanden, historia och minne undanträngs
av elektroniska "nyhets- och informationskällor", och "samtiden" för-
vandlas till ett "evigt nu". Som ett totalitärt kollektiv som denaturerar
människan, eliminerar icke-funktionella identiteter, och omvandlar
vardagens mest personliga dimensioner till ekonomiska transaktioner,
känner Väst bara till de icke-organiska imperativen hos sin teknoeko-
nomiska logik. Denna gigantiska anti-kultur förändrar således allt den
berör. Den känner sig inte nödgad att exempelvis ställa frågan "var-
för?" eller att ta i tu med människans andliga strävanden. Systemet är
sitt egen motiv. På samma sätt omvandlar den de mest rudimentära
kulturyttringar — kläder, mat, fritid — till inköpsbeslut, och skapar
under loppets gång en social sfär som saknar liv, värme och mening.
"Väst" kan således sägas "döda" de folk det dominerar genom en be-
dövande ekonomisk avkulturering som avvitaliserar allt den vidrör.[57]
"Långt ifrån att vara ett uttryck för Europa är det en fiende till Europa"
(Zinovjev).[58]

I den mån Europa fortfarande har en kultur, en historia och ett
öde, tillhör Europa inte Väst.[59] Tvärtom är det Europa som är anslutet
till Väst inget mer än en zon — mer eller mindre identisk med sys-
temets övriga zoner.[60] De språk som talas där kan skilja sig från de
nordamerikanska eller östasiatiska zonerna, rött vin kan vara popu-
lärare än Coca-Cola eller te, och folk kanske läser fler böcker där än
någon annanstans, men dessa skillnader är främst atmosfäriska, och
speglar bara en kvardröjande stämning från äldre tider. Det är samma

---

57 Faye, *Le système à tuer les peuples*, ss. 63–80, 139, 166; Alain de Benoist, "Recensions",
    Nouvelle École 37 (våren 1982).

58 Guillaume Faye, "Panem et Circenses: A Critique of 'The West,' " *The Scorpion 9* (våren
    1986).

59 Marco Tarchi, "Droite et gauche: Deux essences introuvables", i *Gauche-Droite*: La fin
    d'un système: Actes du XXVIIIe colloque national du GRECE (Paris: Le Labyrinthe, 1995).
    Jfr. Immanuel Wallerstein, "Does the Western World Still Exist?", *Binghamton University
    Commentary 112* (maj 1, 2003).

60 Pierre Krebs, *Im Kampf um das Wesen* (Horn: Burkhart Weecke Verlag, 1997), s. 65.

teknoekonomiska logik som styr den europeiska zonen som de andra. Enbart små skillnader i livsstil och konsumtionsmönster skiljer dem åt. Liksom kristendomen och dess olika sekulära avknoppningar, erkänner Väst varken gränser, nationer eller folk, och underställer dem alla samma universella normer. Som Benoist skrev 1986, "Europa existerar inte längre som ett strategiskt koncept, ekonomisk enhet, politisk makt, eller distinkt kulturell verklighet".[61]

Efter Berlinmurens fall, hävdade den italienska katolska filosofen Augusto Del Noce att "marxismen dog i öst, eftersom den segrat i väst". Likt den nya högern trodde Del Noce átt marxismen aldrig var ett radikalt alternativ till, utan snarare en variant av, den liberala kapitalismen. Enligt hans uppfattning hade det globala systemet representerat av Väst kommit att likna denna variant, eftersom den inkorporerat alla grundläggande marxistiska principer: ateism och materialism, kosmopolitism och universalism, praktikens primat över filosofin, ekonomism, teknologisk prometeism och jämlik homogenisering. Den enda aspekt av det marxistiska projektet som systemet misslyckats med att förverkliga, var det enda i det som var bra: dess förkastande av — och hopp om att överskrida — den alienering som de kapitalistiska sociala relationerna gav upphov till. Istället har Kants vision av Upplysningen, där förnuftet behandlar människan enbart som ett mål och aldrig som ett medel, blivit fullständigt inverterad.[62] Väst är andligt mer närstående den marxistiska än den kantianska uppfattningen om Upplysningen, och hotar nu Europas själva existens.

---

61 Alain de Benoist, "L'Europe sous tutelle", *Éléments 59* (sommaren 1986). En publikation som söker vidareutveckla Fayes teori är Alexander Zinovjev, *La grande rupture: Sociologie d'un monde bouleversé*, övers. Slobodan Despot (Lausanne: L'Âge d'Homme, 1999).

62 Augusto Del Noce, "Le marxisme meurt a l'Est parce qu'il s'est réalisé a l'Ouest", *Krisis 6* (oktober 1990). Även Augusto Del Noce, "Contestation et valeurs", i *L'époque de la sécularisation*, övers. Philippe Baillet (Paris: Éds. Des Syrtes, 2001). Jfr. Flora Montcorbier, *Le Communisme du marché* (Lausanne: L'Âge d'Homme, 1999).

För att kunna överleva hävdar den nya högern att det krävs att européerna förkastar Väst till förmån för en ghibellinsk vision om ett kontinentalt imperium — från Galway till Vladivostok.

Kapitel VIII

IMPERIUM

Till skillnad från globalister och atlanticister, trumpetar Europas rikedom och ekonomiska betydelse, menar den nya högern att kontinenten är på nedåtgående.[1] Enligt deras observationer lever hon inte längre enligt europeiska kriterier. Egennyttiga teknokratier, *le parti américains* grundpelare, administrerar sina domäner i enlighet med de multinationella bolagens generiska begrepp om människan, som ser ner på Europas säregna kulturer och historiska kulturarv.[2] I enlighet med 1945 års kollaboratörsanda agerar dessa teknokratier mer amerikanskt än europeiskt, förespråkar dekonstruktion av de egna folkens kulturer och accepterar passivt deras inordning under de globala marknadskrafterna. Många européer har även förmåtts att tro att "det förflutna är genant och framtiden heter Amerika".[3] I samma anda luftade en minister (Françoise Giroud) idén att man borde anta engelska

---

1   Julien Freund, *La Décadence* (Paris: Sirey, 1984); Karlheinz Weissmann, "Was Ist Dekadence?", *Junge Freiheit* (2 november, 2001); Dominique Venner, *Histoire et tradition des européens: 30,000 ans d'identité* (Paris: Rocher, 2002), s. 11.

2   Guillaume Faye, *Le système à tuer les peuples* (Paris: Copernic, 1981), s. 144. Jfr. Pierre-Patrice Belesta, "L'Europe contre les peuples: La leçon par l'Irlande", *Écrits de Paris 634* (juli 2001).

3   Thomas Molnar, *The Emerging Atlantic Culture* (New Brunswick, NJ: Transaction Publishers, 1994).

som Frankrikes nationella språk medan franskan fick bli dess klassiska språk — dess Latin.[4]

Detta försvagande av den kulturella identiteten har förvärrats av ett hämmande socialiseringssystem, en utbildningspolitik som nedvärderar traditionella normer, en spridning av sociala patologier, och ett massivt inflöde av icke-assimilerbara afro-asiatiska invandrare, helt främmande, och ofta rent fientliga till Frankrikes europeiska civilisation.[5] Understödda av den liberala "högern" och den socialdemokratiska vänstern, då dessa sammanstrålar i lovprisandet av marknadsvärden, fokuserar det "anhang av materialistiska gangsters" (Yockey) som administrerar Europa nästan uteslutande på "kampen om export", och står likgiltig inför den samhälleliga solidaritetens och den gemensamma kulturella visionens upplösning.[6] Faktum är att denna upplösning rutinmässigt prisas i den globala ekonomiska moderniseringens och mångfaldens namn. Men ännu mer avgörande än dessa angrepp på europeisk identitet var förlusten av den nationella suveräniteten som följde i kölvattnet av "det trettioåriga kriget mellan USA och Tyskland" (Immanuel Wallerstein), då Europa var ockuperat av två utomeuropeiska stormakter. Berlinmurens fall och slutet på det kalla kriget verkar endast ha förändrat denna heteronomis karaktär. Den nya högern anser att Europa aldrig varit så hjälplöst som det är idag.[7]

4   Alain de Benoist, "Vers l'indépendance! Pour une Europe souveraine" (1986), i *La ligne de mire I: Discours aux citoyens européens, 1972–1987* (Paris: Le Labyrinthe, 1995).

5   Alain de Benoist, "L'Europe sous tutelle", *Éléments 59* (sommaren 1986). Jfr. Philippe Malaud, *La révolution libérale* (Paris: Masson, 1976).

6   Alain de Benoist, "Idéologies: c'est la lutte finale" (1984), i *La ligne de mire I*; Alain de Benoist, "Die Religion der Menschenrechte", in *Mut zur Identität: Alternative zum Prinzip der Gleichheit*, red. Pierre Krebs (Struckum: Verlag für Ganzheitliche Forschung und Kultur, 1988). Se även Pierre Thuillier, *La grande implosion: Rapport sur l'effondrement de l'Occident, 1999–2002* (Paris: Fayard, 1995); Benjamin R. Barber, *Jihad vs. McWorld: How Globalism and Tribalism Are Reshaping the World* (New York: Ballantine Books, 1996).

7   Robert de Herte, "L'escroquerie libérale", *Éléments 68* (sommaren 1990); Benoist, "Vers l'indépendance!"

NATIONALSTATENS FALL

I den pågående europeiska debatten om nationell suveränitet, skiljer sig den nya högern från alla etablerade partier. I opposition till högerns gaullister och lépenister och till vänsterns jakobinska nationalister, vilka samtliga anser att nationalstaten är den enda oumbärliga källan till suveränitet, tar de den inte i försvar. Makten, hävdar de, finns inte längre i toppen av det nationella politiska systemet. Likt postmodernisterna ser de nationalstaten, i egenskap av en bärare av modernitet och globalisering, som ett bevis för faktumet att samhället blivit mindre kontrollerbart, staten mindre centraliserad, och distinktionen mellan inrikes och utrikes angelägenheter mindre tydlig. Medan pluralismen och diskontinuitetens globala krafter suddar ut traditionella gränsdragningar och ger upphov till diverse transnationella och icke-nationsbundna politiska rörelser som utmanar konventionella politiska funktioner, så har begrepp om territorium, suveränitet och auktoritet stegvis tömts på sin tidigare betydelse.[8] Genom att acceptera nationalstatens gammalmodighet och förespråka ett enat Europa som den kritiska tröskel under vilken överlevnad inte längre är möjlig, motsätter sig den nya högern icke desto mindre den rådande modellen för europeisk enighet, liksom postmodernistiska förslag att avskaffa staten helt och hållet.

Historiskt fick suveränitetsprincipen, från vilken nationalstaten fick sin legitimitet som specifik politisk form, sin nyckelformel i Jean Bodins *Six livres de la république* (1576). Likt senare liberala teore-

---

8   Alain de Benoist, "Face a la mondialisation", i *Les grandes peurs de l'an 2000: Actes du XXXe colloque national du GRECE* (Paris: Grece, 1997). Jfr. Barber, *Jihad vs. McWorld*, s. 39; James Good och Irving Velody, "Postmodernity and the Political", i *The Politics of Postmodernity*, red. James Good och Irving Velody (Cambridge: Cambridge University Press, 1998); Peter van Ham, *European Integration and the Postmodern Condition: Governance, Democracy, Identity* (London: Routledge, 2001). Kanske har den mest inflytelserika synen på postmodern politik varit den som presenterats av "Tony Blairs utrikespolitiske guru", Robert Cooper. Se hans "The Post-Modern State", i *Re-ordering the World: The Long-Term Implications of September 11*, red. Mark Leonard (London: Foreign Policy Center, 2002); även Robert Cooper, "The New Liberal Imperialism", *The Observer* (7 april, 2002).

tiker trodde Bodin att suverän makt (den yttersta politiska auktoriteten) komprometterades av de traditionella mellanskikten som stod mellan folket och regeringen. Mot de rådande romerska och feodala idéerna, uppfattade han staten som vilande — inte på *polis* eller egendomarna — utan på förnuftets opposition mot partikulära sedvänjor och institutioner. Han förespråkade således en sorts suveränitet som skulle vara "en och odelbar", med statens subjekt uniformt underställda konungen. Detta centraliserande suveränitetskoncept skulle sedermera anammas av Hobbes och Rousseau och komma att dominera Upplysningens tankeströmningar. Vid den tidpunkt den nådde Nationalförsamlingen 1789 hade de liberala revolutionärerna upphört att identifiera suveränitet med monarkin och istället kopplat den till "folket" — eller "nationen". Revolutionärerna gick ett steg längre än Bodin, och sammanflätade uppfattningar om stat och nation, som fram till dess varit åtskilda. Som en konsekvens av detta blev medborgaren hädanefter omvandlad till en rättighetsbärande abstraktion, nationen till ett homogent territorium berövat på sina olika egenheter, och nationalstaten till en kontraktsmässig sammanslutning av enhetliga medborgare underordnad en enda lag, en gemensam marknad, och en enda nationell identitet.[9]

Bodins jakobinska ättlingar skulle alltså förbjuda allt som försvagade medborgarnas identifikation med staten. (I Saint-Justs ojämförliga uttryck: "*Ce qui constitue la République, c'est la destruction totale de ce qui lui est opposé.*) Ett oorganiskt eller ohistoriskt nationsbegrepp, analogt med den liberala idén om individen och förknippade med nationalstatens centraliserade institutioner, infördes på bekostnad av alla historiska identiteter. Dessa förmedlande organ (företag, gillen, ordnar, lokalsamhällen) som tidigare varit ett mellanled i individens relation till staten skulle likaledes avskaffas, liksom blodsbands och lokala egenheters politiska betydelse. Samtidigt gav nationalismens

---

9   Alain de Benoist, "Qu'est-ce que la souveraineté?", *Éléments 96* (november 1999).

liberala impulser nationen en rationalistisk, expansionistisk och mes-
siansk karaktär, i samklang med det modernistiska projektet. Efter re-
volutionen 1789 skulle den liberala staten främja en nationell identitet
vars abstrakta juridiska karaktär förnekade varje uttryck för partiku-
lära identiteter. Likaså begränsade den jakobinska bilden av nationell
suveränitet medborgarskapet till röstande, och orienterade individen
mot den privata sfären, och förminskade honom i praktiken till en
"regeringskonsument" (Quentin Skinner).[10]

Det Bodinska konceptet innehöll också fröet till jämlikhet, då
det förutsatte ett homogeniserat politiskt samhälle vars individer
var "lika" underordnade deras ledare.[11] Enligt Benoist drog det sena
sjuttonhundratalets revolutionärer bara detta koncept till sin logiska
slutsats. Den jakobinska republiken (likt den amerikanska republiken)
skulle följaktligen tjäna som politisk snarare än en kulturell eller his-
torisk identitet, för den individ som den omfamnade berövades sina
kvalificerande egenheter och förenades med andra enbart på grundval
av hans politiska tillhörighet: det vill säga, han och andra medborgare
förenades till en odifferentierad massa. Detta skulle förvandla natio-
nen (traditionellt en *ethnos*) till en atomiserad kropp av lika individer
(ett *demos*). I denna anda tvingade republiken människor i Bretagne,
Alsace och andra regioner att ge upp sina språk till förmån för fran-
skan, överge sina regionala institutioner, och omforma sig enligt den
parisiska centraliserade statsmodellen.[12] Att den liberala stat som föd-
des 1789 var en abstraktion — en språngbräda till en mer omfattande
form av universell regering — borde alltså inte komma som någon
överraskning.

För kontraupplysningen representerade den liberala nationalis-
men en annan variant av den moderna rationalismen, en som mo-

---

10 Alain de Benoist, *Critique du nationalisme et crise de la représentation* (Paris: Grece-
   pamflett, i.d.), ss. 7–15.
11 Benoist, "Qu'est-ce que la souveraineté?".
12 Pierre Maugué, "La France n'a pas commencé en 1789", *Éléments 64* (december 1988).

tiverade förstörelsen av historiska institutioner och transcendenta värden till förmån för borgerliga sociala relationer. När en stor del av högern sent på artonhundratalet, som reaktion på marxistisk internationalism, samlades under nationalismens fana var den noga med att ta avstånd från det liberala nationsbegreppet, och vädjade inte till en abstrakt människa eller universella rättigheter, utan till landets specifika språkliga, territoriella, etniska och historiska identiteter.[13] Trots att högerns föreställning om nationen förkastade universalistiska postulat och en materialistisk historietolkning, tenderade, liksom hos vänsterns föreställning, identiteten den lovprisade att motsätta sig de lokala egenheter som avvek från dess egen enhetliga nationsuppfattning. Än allvarligare var dock att dess nationalism förkastade Västs civilisatoriska enighet, och ställde sin småborgerliga statsnationalism mot "det storskaliga tänkande som utmärker det europeiska imperiet" (Yockey). Som en konsekvens kom högerorienterade nationalister ofta att på nationell nivå verka för det som globalisterna idag försöker genomdriva på universell nivå: det vill säga att försöka etablera en enhetlig identitetsmodell.[14] Grecister understryker således att både vänsterns och högerns nationalstatsmodeller sammanstrålade med den liberala moderniseringens drift att rasera, och gjorde så på Europas bekostnad.[15]

---

13   I denna kontext erbjuder Charles Maurras en viktig referens: *"Une patrie"*, skriver han, *"est un syndicat de famille, composé par l'histoire et la géographie; son organisation exclut le principe de la liberté des individus, et leur égalité, mais elle implique, en revanche, une fraternité réelle, profonde, organique, reconnue par les lois, vérifiée par les moeurs et dont la circonscription des frontières n'est rien que le signe naturel."* Se Xavier Cheneseau, red., *Maurras l'indomptable* (Paris: Éds. de l'Homme Libre, 2000), s. 38.

14   Benoist, "Qu'est-ce que la souveraineté?".

15   Arnaud Guyot-Jeannin, "La Droite et la nation", i *Aux sources de la Droite: Pour en finir avec les clichés*, red. Arnaud Guyot-Jeannin (Lausanne: L'Âge d'Homme, 2000); Maugué, "La France n'a pas commencé en 1789." Jfr. Bernard Chantebout, "La Nation", *Krisis 5* (april 1990). Högern är inte nödvändigtvis nationalistisk. Detta gäller inte enbart Grece, utan för flera betydande historiska fall. För exempel, se Arnaud Imatz, *José Antonio: La Phalange espagnole et le nationalsyndicalisme*, andra uppl. (Paris: Godefroy de Bouillon, 2000), ss. 250–55; Julius Evola, "Metternich", i *Explorations: Hommes et problèmes*, övers. Philippe Baillet (Puiseaux: Pardes, 1989). Greces position ska emellertid inte förväxlas med sentida vänsterliberala försök att beskriva nationen som en modernistisk "uppfinning" — ett

Utöver att kritisera nationella suveränitetsivrare för att återvinna en variant av det jakobinska idealet, hävdar den nya högern att de uppfattar nationalstaten i artonhundratals- snarare än nittonhundratalstermer.[16] I och med globaliseringens uppkomst, upphör nationalstaten i praktiken att vara en autonom enhet. Hälften av all fransk lagstiftning idag härrör från Europeiska Unionen (EU), Euron har ersatt francen, Europadomstolen har blivit den högsta juridiska instansen, Parisbörsen har fallit i främmande händer, och de flesta nyhets-, informations- och underhållningskällor tillhandahålls av multinationella eller amerikanska bolag. Till och med krigföring och militärt försvar (som Max Weber menade var själva grundförutsättningen för en stat) har tagits över av NATO och andra överstatliga institutioner. Slutligen finns det idag inte en enda europeisk stat som har kapacitet att stå emot den internationella storfinansens krafter.[17]

I och med globaliseringen har nationalstaten helt enkelt upphört att vara herre i sitt eget hus. Som Daniel Bell uttrycker det, har den blivit för liten för att handskas med de stora problemen och för stor att handskas med de små problemen. Flera postmodernister menar rentav att den ger efter för ett "globalt samhälle baserat på principer som cyberspace och flerbottnade, överlappande identiteter" (Peter van Ham) kopplade till den politiska maktens avterritorialisering. Den personal som idag utgör staten — den nya klassens ansiktslösa, snävt utbildade och rotlösa byråkrater — är inte lojala mot nationen, utan mot det transnationella; globala och abstrakta entiteter kopplade till

---

"rent historiskt ögonblick" — utan betydande rötter i verkliga folk och historier, som Ernest Gellner, *Thought and Change* (London: Weidenfeld and Nicolson, 1964); Benedict Anderson, *Imagined Communities: Reflections on the Origins and Spread of Nationalism*, andra uppl. (London: Verso, 1991); och E. J. Hobsbawm, *Nations and Nationalism since 1780: Programme, Myth, Reality* (Cambridge: Cambridge University Press, 1990).

16   Brev från Jacques Marlaud till Régis Debray, 13 december, 2000, *Le Lien express 4* (februari 2001); Charles Champetier, "Réflexions sur la question corse", *Éléments 99* (november 2000).

17   Zygmunt Bauman, *Globalization: The Human Consequences* (New York: Columbia University Press, 1998), ss. 65–69.

den amerikanska nya världsordningen. Som sådana är de huvudsakligen engagerade för vissa globalistiska abstraktioner snarare än för de människor de regerar över. Även om nationell suveränitet fortfarande är en angelägenhet för identitärer, hävdar de att suveränitetsivrare överskattar nationalstatens förmåga att försvara nationella identiteter i ett internationellt sammanhang som bygger på försvagad statsmakt.

Dessutom framstår den jakobinska suveränitetsprincipen, vilken en gång sökte krossa lokala och regionala egenheter, och den nya klassens krafter som ansvarar för dess nuvarande utövande, som ett osannolikt alternativ till de globala krafter som utkämpar ett krig mot nationella identiteter. De menar att ett effektivare och mer sympatiskt system krävs för framtiden — om framtiden är att vara europé — ett system som uppenbarligen varken tillhör nationalstaten eller den nya klassens globala by, utan snarare de civilisatoriska enheter som kan försvara kulturellt definierade territorier från de fientliga krafter som mobiliserats mot dem.[18]

Mot det bodinska suveränitetsbegreppet, vilket givit upphov till modernitetens antitraditionalistiska drivkrafter och flera historiska varianter av politisk absolutism (monarkistisk, republikansk, välfärdsbyråkratisk och totalitär), ställer den nya högern det teoretiska arvet från Johannes Althusius, en tidig federalist som förespråkade den politiska människans kommunala karaktär och den suveräna maktens delade karaktär. I hans *Politica* (1603), föreställde sig Althusius staten som en federation där olika samhällen integrerades i en större politisk enhet på grundval av sina skillnader. Dessa samhällen, som kunde vara allt från gillen och företag till städer och provinser, skulle behålla sin suveränitet när de gick samman, och endast delegera till federationen de befogenheter som inte kunde utövas effektivt inom den egna

---

18   Alain de Benoist, "Les limites du souverainisme", *Éléments 96* (november 1999). Jfr. Susan Strange, *The Retreat of the State: The Diffusion of Power in the World Economy* (Cambridge: Cambridge University Press, 1996).

sfären.[19] Som ett aggregat av sådana samhällen, var Althusius federation organiserad från det enkla till det komplexa, där "varje högre nivå [hämtade] sin legitimitet och sin befogenhet att agera från den lägre nivåns autonomi".[20] Inom detta stigande system av federerade samhällen delegerades självständigheten snarare än övergavs. Fursten erhöll sin suveränitet från alla de instanser som utgjorde federationen, som godkände dess användning på statens högsta nivå — men endast där. Detta gjorde att fursten inte var exklusiv innehavare av suveräniteten, utan bara dess tillfälliga förvaltare. Även om hans makt var den högsta inom federationen, var den likväl begränsad. Varje nivå — från den lokala till den federala — skulle utöva den makt som krävdes för att utföra sina utsedda funktioner. Makt delegerades till nästa högre nivå endast när den inte kunde utövas effektivt på sin egen nivå. Legitimiteten av den högre instansen låg därmed hos dennes specifika uppgifter och med de lägre instansernas samtycke. Principen att beslut skulle fattas på lägsta relevanta nivå — "subsidiaritet" — gjorde också makt till en fördelning av kompetens, en föreställning som stod i motsats till Bodins, vilken koncentrerade all kompetens i statens toppskikt.[21] På samma sätt återförde subsidiariteten auktoritet till familjen, lokalsamhället och regionen, och återställde dessa autonoma förmedlande organ (Burkes "små plutoner") som en gång utgjorde den europeiska frihetens viktigaste källor.

För den nya högern, som anser att Europas andliga och kulturella identitet härrör ur dess mångfald av olika nationer och folk, undviker federationen många av nationalstatens antiidentitära konsekvenser,

---

19   Johannes Althusius, *Politica: Politics Methodically Set Forth and Illustrated with Sacred and Profane Examples*, övers. Frederick S. Carney (Indianapolis: Liberty Fund, 1995); Alain de Benoist, "Johannes Althusius", *Krisis 22* (mars 1999).

20   Benoist, "Qu'est-ce que la souveraineté?".

21   "Les équivoques du principe de subsidiarité: Entretien avec Jean-Louis Clergerie", *Krisis 22* (mars 1999).

såväl som Europeiska Unionens homogeniserande ekonomiska logik. Inom Althusius omfattande vision bibehölls folkens och lokalsamhällenas suveränitet och egenart, precis som lagar, språk och institutioner tilläts variera från en gemenskap, region eller nation till en annan, så länge de låg i linje med politikens mer omfattande former av enighet. I motsats till den centraliserade nationalstaten med dess enhetliga massa av rättighetsbärande individer, och EU med dess centripetala marknad, organiserade Althusius statsskick staten som en gemenskap av olika samhällen, med flera nivåers nätverk av makt, auktoritet och samarbete. Genom federationen skulle den organiska gemenskapskänsla som tidigare animerat de europeiska folken återupplivas och den utjämnande homogenisering som följer av moderna former av nationalism kunna undvikas.

Efter Westfaliska freden (1648), kom den bodinska modellen att dominera det europeiska statssystemet. Fram tills helt nyligen koncentrerade den makt bättre än vad tidigare statsformer gjort och fungerade relativt effektivt. I och med Andra världskriget (1939–1945), i begynnelsen av de kontinentala stormakternas era, började nationalstaten förlora kontrollen över sin ekonomi och sina institutioner, liksom renässansens stadsstater en gång gjort vid början av den moderna tidsåldern. Med globaliseringens intåg började nationalstaten fallera helt. Nya högern hävdar att ett försvar av suveräniteten på nationalstatsnivå nu inte längre är möjligt: endast en Europaomfattande respons har en chans att skydda kontinentens autonomi från USA:s globala ordning. De betonar att en sådan respons inte behöver avskaffa nationen eller ens nationalstaten, bara inordna den i en mer lämplig federal ram. Det viktiga här är subsidiaritet, där Europa — dess olika, men närbesläktade folk, språk och samhällen — fungerar som en sammanhängande enhet vilken sträcker sig från det lokala till det kontinentala, utan att någon nivå gör anspråk på de behörigheter och identiteter som tillhör andra nivåer.

IMPERIETANKEN

Sedan det kalla kriget inleddes, då nationalstaten integrerades i det öst-västliga blocksystemet, har "den familj av folk" — "etnosfären" (Faye) — som utgör Europa trevat sig fram mot ett enande. Från det tidiga 1950-talets kol- och stålgemenskap till den nuvarande Europeiska unionen, har denna process främst ägt rum på en ekonomisk nivå. Utvecklingen av en gemensam europeisk marknad, ett monetärt system och en centralbank — hur nödvändiga dessa än må vara för ekonomisk enighet — är enligt den nya högern inte ett meningsfullt sätt att bygga "Europa".[22] I deras kritik mot "eurokraternas" ekonomistiska synsätt — vars byråkratiska imperativ ignorerar kulturen, försakar det politiska projektet och främjar en centraliserande ekonomisk homogenisering vilken är likgiltig eller fientlig till nationella egenheter — varnar de för att när marknaden blir den ende sanne Guden, kommer allt och alla att offras för marknadens intressen. Pengar kommer då att bli den enda europeiska standarden och de ockrarprinciper som bryter ner identiteter kommer att hamna i det europeiska livets mittpunkt. Som Maurice Bardeche konstaterade i början av det kalla kriget, "tillhör pengarnas herravälde utlänningen".[23]

I detta sammanhang är det värt att notera att den europeiska gemensamma marknaden skapades i enlighet med USA:s intressen.[24] Den ekonomiska integrationen främjades ursprungligen inom ramen för Marshallplanen, den uppmuntrades av organisationer som General Agreement on Tariffs and Trade (GATT) och de institutioner som baserades på Bretton Woods-avtalet från 1944 (särskilt Internationella

---

22　Alain de Benoist, "Maastricht et la mémoire de l'avenir" (1992), i *La ligne de mire II: Discours aux citoyen européens, 1988–1995* (Paris: Le Labyrinthe, 1996); Robert de Herte, "L'Europe de 1992: Un mauvais conte de fées", *Éléments* 65 (våren 1989).

23　Maurice Bardeche, *L'oeuf de Christophe Colomb* (Paris: Éds. Déterna, 2002), s. 149.

24　Philippe de Saint-Robert, "La reine morte: Considérations sur la souveraineté française", i *Europe: Le nouveau monde. Actes du XXVIe colloque national du GRECE* (Paris: Grece, 1993); Jean-Baptiste Duroselle, *France and the United States: From the Beginnings to the Present*, övers. Derek Coltman (Chicago: University of Chicago Press, 1978), s. 190.

valutafonden och Världsbanken), och utformades för att stötta upp Amerikas efterkrigstida marknadsimperium. Integrationen har sedan förblivit underordnad amerikanska politiska intressen, syftandes till att underlätta USA:s penetration av de europeiska ekonomierna, som ett komplement till Nato, främja implementeringen av amerikanska tekniker, produkter och institutioner, och slutligen att fungera som en del av en begynnande världsfederation baserad på det amerikanska systemet. Precis som "Pentagons främlingslegion" (NATO) saknar paritet med USA, har den gemensamma marknaden vanligen avstått från att kräva ömsesidighet med amerikanska marknaderna. Många ekonomiska sektorer har följaktligen lidit till förmån för amerikanska intressen, medan *Grande Marché* knappast gör något för att befria européerna från deras osjälvständiga relation till USA. Som Benoist beskriver det, "riskerar Europas Förenta Stater att bli ett Europa för Förenta Staterna".[25] (På samma tema beskriver den främste historiker som skildrat relationen mellan USA och EU, Geir Lundestad, EU som USA:s "imperium genom integration".)[26]

Ekonomisk enhetlighet och utveckling av överstatliga organ för att underlätta handeln innebär emellertid inte europeisk suveränitet, utan snarare den potentiella upplösningen av all suveränitet, eftersom det politiska helt ger vika för det ekonomiska.[27] Om det inte åtföljs av Europas politiska självständighet, fruktar den nya högern att ett ekonomiskt enat Europa kommer att leda till en ytterligare förlust av suveränitet — och, ännu värre, till ett övergivande av det som gör Europa europeiskt. För att uppnå en meningsfull union — *une véritable Europa européenne* med ett ödesbestämmande projekt — behövs

---

25   Robert de Herte, "L'Europe réunifiée", *Éléments 30* (juni 1979).

26   Geir Lundestad, *"Empire" by Integration: The United States and European Integration, 1945–1997* (Oxford: Oxford University Press, 1998).

27   Charles Champetier, "Pour en finir avec Bruxelles", *Éléments 69* (hösten 1990); Molnar, *The Emerging Atlantic Culture*, s. 43; "L'Europe et l'Amérique au miroir de Maastricht: Face a face avec Jean-Luc Mélenchon et Gilbert Pérol", *Krisis 13–14* (april 1993).

en politisk kraft, rotad i den europeiska civilisationens traditioner. Enighet realiseras kort sagt inte enbart på det ekonomiska planet, utan kräver ett kulturprojekt för att återuppliva det civilisationsarv européerna som helhet delar. Endast på denna nivå kan de fås att förstå behovet av att agera som en samlad politisk kraft på den globala arenan. Nya högerns anhängare motsätter sig naturligtvis inte ekonomisk enighet — de kräver rentav ett europeiskt handelsblock, en *Großraumautarkie*, med syftet att fungera som ett geo-ekonomiskt alternativ till globalisternas monetaristiska frihandelsdogmer. Hur avgörande detta än må vara, anser den nya högern emellertid att ekonomisk enighet bör vara underordnad enandets civilisatoriska, politiska och etnokulturella förutsättningar.[28]

Mot atlanticister, filoamerikaner och ultraliberaler, vilka samtliga förespråkar ett kosmopolitiskt och marknadsorienterat Europa, tar Nya högern ställning för den europeiska idén. Liksom suveränitetsivrare som motsätter sig amerikanisering och globalisering, kritiserar de EU för dess ekonomism och "byråkratiska vampyrism". De anser att eurokraterna bara vill ha ett "skenbart Europa" — "en frihandelszon styrd på det teoretiska planet av ultraliberala monetära principer och på det praktiska planet av administratörer och bankirer som saknar såväl ett politiskt projekt som demokratisk legitimitet".[29] En sådan politik, framhåller de, är inget botemedel mot ett Europa berövat på ideal, värderingar och myter. Den är inte ens ekonomiskt övertygande, eftersom eurokraternas ultraliberalism, fokuserad på bankirernas och de internationella finansiärernas intressen, omöjliggör en kontinental industripolitik, "nationaliserade" företag och en meningsfull politisk ekonomi.

---

28 Charles Champetier, "Maastricht: Non", *Éléments 75* (september 1992); Alain de Benoist, "Citoyen de quelle Europe?" (1991), i *L'écume et les galets, 1991–1999: Dix ans d'actualité vue d'ailleurs* (Paris: Le Labyrinthe, 2000).

29 "Three Interviews with Alain de Benoist", *Telos 98–99* (vintern 1993–våren 1994).

Desto värre är att de marknadskrafter som driver fram enande-
processen har potential att utsätta Europa för globaliseringens mest
darwinistiska effekter, i och med att de hotar att utplåna dess historiska
institutioner och regionala identiteter till förmån för mäktiga interna-
tionella spekulanter.[30] Istället för att anförtro Europas framtid till den
nya klassens agenter, vilka motsätter sig allt som tillhör hennes folk av
födseln, insisterar den nya högern på att européerna behöver "helgon,
tänkare, hjältar, och profeter" för att förverkliga ett civilisationsprojekt
av kontinental omfattning.[31] Utan sådana män att leda dem, kommer
européerna nästan säkert "ge efter för konsumtionens totalitarism, ho-
mogenisering av kulturen och företagsorganisationernas dekadens".[32]
Hur kritiska de än må vara till EU:s brister, ställer sig dock den nya
högern positiva till ett enande av Europa. Enligt deras uppfattning är
den stora frågan vilken form enandet kommer att ta — en fråga som de
hävdar kan reduceras till två grundläggande alternativ: det kosmopoli-
tiska och det imperiegrundade.

Från Fredrik den andres tidsålder (slutet av tolvhundratalet och
början av trettonhundratalet) har europatankens förespråkare delats
upp i två stora läger: guelferna (påvens kosmopolitiska anhängare) och
ghibellinerna (den heliga romerska kejsarens förkämpar).[33] Efter 1945

---

30 Alain de Benoist, "La mémoire de l'avenir", i *Europe: Le nouveau monde. Actes du XXVIe
colloque national du GRECE* (Paris: Grece, 1993). Postmoderna förespråkare av europe-
isk enighet avvisar inte bara Europas kulturarv, de manar rentav till en "aktiv glömska",
orienterad mot ett framtidskonstruktion baserad på "olikartade betydelser av vi" — det
vill säga, som bygger på en identifiering inte med Europa, utan med världen i stort. Likaså
är deras föreställning om europeisk identitet inte baserad på kultur eller civilisation, utan
materialistisk, i termer av "livsstil". Se Ham, *European Integration and the Postmodern
Condition*, ss. 70–73.

31 Som L. L. Matthias noterar: "*Certains hommes d'État ont pu faire de grandes affaires, mais
rarement un homme d'affaires a su agir en homme d'État.*" Se *Autopsie des États-Unis* (Paris:
Seuil, 1955), 139.

32 Guillaume Faye, *Nouvelle discours à la nation européenne* (Paris: Éds. Albatros, 1985), 57.

33 Betydelsen av dessa termer, liksom deras gensvar inom den europeiska högern, är mycket
tack vare Julius Evolas inflytande. Se Philippe Baillet, "Evola, le dernier gibelin", *Éléments
38* (våren 1981); Julius Evola, *The Mystery of the Grail: Initiation and Magic in the Quest for
the Spirit*, övers. Guido Stucco (Rochester, VT: Inner Traditions, 1997). Även Jean-Gilles

återupplivade liberalerna guelfernas sak och främjade en svag politisk struktur för ett ekonomiskt enat Europa (precis som deras motsvarigheter gjort under trettonhundratalet med syftet att stärka påven och hans mäktiga finansiella anhängare på kejsarens bekostnad). Den Nya högerns ghibelliner förespråkar däremot en stark stat med en semisjälvförsörjande marknad. Som motpol till guelfernas ekonomistiska vision om enighet, framhåller de imperietanken (*Reichsidee*).[34] Sedan Romarrikets fall har denna idé med sitt virila aristokratiska begrepp och sin prästerliga maktuppfattning fortsatt att påverka det europeiska statssystemet, särskilt efter sin återfödelse i Hohenstaufens Heliga romerska rike.[35] Man skulle till och med kunna hävda att alla överväganden av europeisk enighet, även de som smittats med guelfernas merkantila virus, som Romfördraget antyder, återspeglar den starka nostalgi som vanligen förknippas med den.[36]

I motsats till en nationalstat, vilken organiserar en etnokulturell identitet förknippad med ett visst territorium, hänvisar en imperiegrundad ordning till ett suveränt ideal som förbinder en plats med en andlig auktoritet — ett perfekt exempel är den medeltida principen om

---

Malliarakis, "L'héritage gibelin", *Jeune nation solidariste: Organe de Troisième Voie 3 (maj–juni 1985)*; Hans-Dietrich Sander, "*Der ghibellinische und der* guelfische in der deutschen Geschichte", *Staatsbriefe* (april 2002).

34 Marco Tarchi, "Prolégomenes a l'unification de l'Europe", i *Crépuscule des blocs, aurore des peuples: Actes du XXIIIe colloque national du GRECE* (Paris: Grece, 1990); Jean-Claude Valla, "De Charlemagne a Napoléon", *Éléments 38* (våren 1981). Jfr. Ulick Varange (Francis Parker Yockey), *Imperium: The Philosophy of History and Politics* (Costa Mesa, CA: Noontide Press, 1962 [1948]); Jean Thiriart, *Un empire de 400 millions d'hommes, Europe* (Brussels, 1964). Sedan slutet på kalla kriget, har idén om imperiet hamnat i fokus bland Greces hjärtefrågor. Dess första formulering sträcker sig dock tillbaka till dess formativa period. Se Giorgio Locchi, "Le regne, l'empire, l'imperium", *Nouvelle École 20* (september 1972).

35 Jfr. Francis Rapp, *Le Saint-Empire romain germanique: D'Otton le Grand à Charles Quint* (Paris: Tallandier, 1999).

36 Alain de Benoist, *L'empire intérieur* (Paris: Fata Morgana, 1995), s. 107. Om kontroverserna som omger imperietanken, se den inledande essän i Maurice Duverger, red., *Le concept d'empire* (Paris: PUF, 1980). Den nya högerns förståelse av den tyska *Reichsidee* baseras på den romerska erfarenheten, i synnerhet genom Julius Evolas tolkning. Se hans *Revolt Against the Modern World*, övers. Guido Stucco (Rochester, VT: Inner Traditions, 1995), ss. 287–311.

Ordo ducit ad Deum (en ordning leder till Gud).[37] Eftersom dess ideal
är "andligt och överstatligt", tillhör imperiet "en högre ordning än sina
delar". Detta gör det möjligt att inrymma skillnader, som det syftar till
att integrera snarare än avskaffa, och att vara öppen till föränderliga
ekonomiska villkor och samhällsformer, eftersom de utvecklas i en-
lighet med dess ideal.[38] Den flamländska nya högern-anhängaren Luc
Pauwells skriver följaktligen att Europas imperieidé "aldrig kommer
att bli 'färdig': det är en oavslutad symfoni, alltid i färd med att bli,
aldrig fulländad, en strävan och ett arv till kommande generationer.[39]
Till skillnad från eurokraternas "superstat", som uppfattar Europas
enighet i termer av marknadsutbyten och en allestädes närvarande ad-
ministrativ apparat, föreställer sig den imperieidén — som härrör från
Romarrikets aristokratiska anda — Europa som en komplex "mosaik"
av olika indoeuropeiska folk, vars regionala språk, skolor och insti-
tutioner ska bevaras — och återupplivas — för att främja deras större
civilisationsprojekt.[40]

Ur detta ghibellinska perspektiv var (eller är) det brittiska imperiet,
Napoleons kontinentala imperium, det sovjetiska imperiet, Hitlers ny-
ordning, och USA:s nya världsordning imperialistiska, men inte im-

---

37 Benoist, *L'empire intérieur*, s. 117; Julius Evola, "Sur les prémisses spirituelles de l'empire"
    (1937), i *Essais politiques*, övers. Gérard Boulanger och François Maistre (Puiseaux: Pardes,
    1988).

38 Benoist, *L'empire intérieur*, ss. 117–19; Julius Evola, "L'Europe ou la conjugaison du déclin"
    (1951), i *L'Europe ou le déclin de l'Occident*, övers. Rémi Perrin (Paris: Perrin et Perrin,
    1997).

39 Luc Pauwells, *L'Europe impérieuse: Du long chemin de la CEE libérale à l'empire européenne*
    (Paris: Grece, i.d.), s. 22.

40 Alain de Benoist, "L'idée d'empire" (1990), i *La ligne de mire II*; Robert de Herte, "La
    France: Le détonation de l'Europe", *Éléments 38* (våren 1981); Julius Evola, "United Europe:
    The Spiritual Pre-Requisite", *The Scorpion 9* (våren 1986). Om imperietanken kan förena
    en och många, kan man undra varför biokulturell homogenitet är av sådan betydelse för
    det identitära projektet? Förutom det faktum att alla identiteter ytterst är biokulturella,
    finns två svar på detta. För det första är imperietanken romersk, rotad i en kulturell upple-
    velse utmärkande för Europa; den är inte lätt att exportera och saknar resonans hos utom-
    européer. För det andra (och ännu viktigare), inom de olika lokalsamhällen som utgör ett
    imperium, fordrar demokrati, utbildning, och institutionellt liv en gemensam uppsättning
    övertygelser och värderingar (en delad biokultur), utan vilka ett sådant organ skulle vara
    omöjligt att upprätthålla.

perier.[41] Det vill säga, de var (eller är) inte imperier i den klassiska romerska betydelsen av att ha härlett sin auktoritet från en andlig princip vars utformning påminner om en organisk tillväxt. Istället uppstod de som aggressiva förlängningar av nationalstaten. Som Arnaud Guyot-Jeannin formulerar det: *"L'impérialisme impose. L'empire compose".*[42] Det amerikanska imperiet skjuter exempelvis ut sitt "homogena system av konsumtion och teknoekonomisk praxis" över hela världen, men i likhet med det forna Sovjetimperiet tilltalar det endast den lägsta sfären av mänsklig existens — och endast med avsikt att "förslava och förena" enligt sin egen assimilationsmodell.[43] De enda historiska exempel som överensstämmer med den nya högerns imperietanke är Rom, Bysans, Hohenstaufens och habsburgarna. I dessa traditionalistiska imperier sammanföll inte kulturella, språkliga, nationella och sociala gränser (som i en nation) och inte heller var de underställda en enda livsmodell (som *pax americana* dikterar). Snarare vilade deras enhet på en tillhörighet till ett gemensamt ideal, på vars grund deras olikheter integrerades.[44]

Utan ett stort politiskt projekt som målar upp bilden av ett framtida europeiskt imperium, fruktar den nya högern att ett EU-utformat enande i slutändan kommer att omvandla kontinenten till ett gigantiskt, själlöst Schweiz, möjligen med en förbättrad ekonomisk förmåga, men maktlös när det gäller internationella relationer.[45] Ett sådant Europa skulle i själva verket inte göra någonting för att förändra sin status som en "amerikansk betjänt" och ett *Lebensraum* för de icke-vita

41 Enligt Joseph A. Schumpeter: "Imperialismen är statens planlösa benägenhet att ägna sig åt obegränsad våldsam expansion". Se *Imperialism and Social Classes*, övers. Heinz Norden (New York: Augustus M. Kelley, 1952), s. 7.

42 Arnaud Guyot-Jeannin, *Révolution spirituelle contre le monde moderne* (Neuilly-sur-Seine: Cercle Sol Invictus, 2000), s. 53.

43 Jfr. Roger Garaudy, *Les États-Unis, avant-garde de la décadence: La nouveau désordre international* (Beirut: Al Fihrist, 1998), s. 19.

44 Benoist, *L'empire intérieur*, s. 131.

45 Robert de Herte, "Entre jacobinisme et séparatisme", *Éléments* 12 (september 1975).

muslimska folken i söder. Mot de ljumma enhetsidéer som utmärker Bryssels handelsmän, vilka väger Europas framtid i metriska ton stål och exportenheter, inte i historia och kultur, tilltalar imperietanken det högsta inom, och därmed innersta hos, det kulturarv identitärerna försvarar.[46]

Alltför länge har Europas nya klass varit besatt av BNP och tillväxttal. Om Europa ska bli stort igen, behöver hon emellertid återupptäcka politiken, hämta kraft ur sina folks vilja till makt, och ge européerna en regering, inte bara ett förvaltningssystem, som ser bortom vardagliga, marknadsbaserade angelägenheter till det ursprungliga i hennes förfäders arv.[47] Clausewitz säger: "ett folk har inget högre att respektera än värdigheten och friheten i sin egen existens".[48] Precis som den mänskliga existensen innebär mer än djurisk överlevnad, är värdighet och frihet högre än rätten att fatta inköpsbeslut eller eftersträva individuella nöjen. Om dessa ska ta en europeisk form, kan värdighet och frihet endast utövas på grundval av de heroiska möjligheter som följer av de europeiska folkens myter, traditioner, blod, och historia. Om européerna vaknar till sitt ödes kall och lyssnar till patrioterna bland dem, kan Mozarts och De Gaulles, Jan Sobieskis och William Shakespeares *la Grande Nation*, som inget betyder för eurokraterna, återfå sin betydelse.

EUROSIBIRIENS GEOPOLITIK

Trots att Europa ännu inte uppnått något politiskt enande, är *Europa* fortfarande långt mer än ett geografiskt begrepp. Under årtusenden utgjorde Europa ett civilisatoriskt rike, bestående av besläktade folk

---

46 Tarchi, "Prolégomenes a l'unification de l'Europe."
47 Pierre Joannon, "Pavane pour une Europe défunte", *Éléments 19* (januari 1977).
48 Jean-Jacques Mourreau, "Adresse aux princes", i *Crépuscule des blocs, aurore des peuples: Actes du XXIIIe colloque national du GRECE* (Paris: Grece, 1990); Alain de Benoist, *Les idées à l'endroit* (Paris: Hallier, 1979), ss. 49–54.

och språkgrupper med indoeuropeisk härstamning, grekisk filosofi och latinska institutioner. Som ett resultat av denna historiska matris, har européerna förvärvat en distinkt själslig konstitution, lika säkert som de alltid har haft en raslig sådan.[49] Under hela antiken och medeltiden tog detta gemensamma civilisatoriska arv form först under Romarriket, senare under den romerska kyrkan. Sedan modernitetens och de monarkiska staternas uppkomst, Reformationen, och ett sekel av religionsgrundade brödrakrig, blev nationalstaten Europas främsta politiska uttryck. Trots de splittrande nationalistiska rivaliteter som följde i dess kölvatten, tenderade nationalstaten att intensifiera "interkulturalitet och konkurrens kring gemensamma identiteter".[50]

De europeiska inbördeskrigen under 1900-talet och det kalla kriget som följde omvände denna process av mellanstatlig konkurrens, och förstärkte trenden mot interkulturalitet. I samband med Berlinmurens fall och upplösningen av de ideologiska blocken, fortsatte den ekonomiska integrationen att vårda åtminstone den ekonomiska och institutionella grunden för en civilisatorisk identitet. Som en tidigare företrädare för Europatanken noterar: "Det finns lite historia som delar européerna, men mycket förenar dem".[51] Den process i vilken Europas nationer övervinner sina motsättningar må vara ogenomtänkt och godtycklig, men Europa famlar sig ändå framåt mot enhet. Den exakta formen för detta enande förblir naturligtvis en öppen fråga, och om de regerande eliterna från den nya klassen får bestå, kan det i slutänden tjäna som upptakten till någon sorts USA-dominerad, unipolär världsordning. Men eftersom denna process fortskrider i en värld där ideologisk tillhörighet alltmer ger vika för samhörighet baserad på kultur

---

49 Maiastra, *Renaissance de l'Occident?* (Paris: Plon, 1979), s. 299.

50 Claude Karnoouh, "Logos without Ethos: On Interculturality and Multiculturalism", *Telos 110* (vintern 1998).

51 Citerad i Christian Bouchet, *Les nouveaux nationalistes* (Paris: Éds. Déterna, 2001), s. 217.

och ras, ställs européerna ansikte mot ansikte med de *geopolitiska* utmaningar som Samuel P. Huntington kallar "civilisationernas kamp".[52]
Geopolitik — studiet av miljöpåverkan, särskilt hur stater agerar strategiskt, på utvecklingen av folk och deras territorier — väcker en hel del misstänksamhet i den engelskspråkiga världen.[53] Sedan 1945 har begreppet varit sammankopplat med Hitlers krigiska strävan efter livsrum.[54] Geopolitiken är också suspekt eftersom den skiljer sig från de politiskt korrekta disciplinerna "statsvetenskap" och "internationella relationer" i det att den representerar en tankeströmning som studerar kontinentala konflikter utan hänsyn till etablerade ideologiska eller moraliska referenser. Under mer än två århundraden, längre än begreppet har funnits, har alla stormakter praktiserat geopolitik och många av dess stora teoretiker har varit engelsmän och amerikaner. Zbigniew Brzezinski hänvisar, i ett betydande sentida verk inom ämnet, till detta som "geostrategi", medan amerikanska akademiker föredrar termen "politisk geografi".[55] Med betydligt mindre omsvep bedriver europeiska identitärer ett liknande geopolitiskt teoretiserande, då det blivit en ofrånkomlig aspekt av deras projekt att tänka i termer av utrymme och makt, territorium och politik.[56]

---

52 Samuel P. Huntington, *The Clash of Civilizations and the Remaking of World Order* (New York: Simon and Schuster, 1996).

53 Pierre M. Gallois, *Réquisitoire: Entretiens avec Lydwine Helly* (Lausanne: L'Âge d'Homme, 2001), s. 133.

54 Jfr. Michel Korinman, *Quand l'Allemagne pensait le monde: Grandeur et décadence d'une géopolitique* (Paris: Fayard, 1990).

55 Zbigniew Brzezinski, *The Grand Chessboard: American Primacy and Its Geostrategic Imperatives* (New York: Basic Books, 1997). I detta sammanhang är det intressant att notera att den amerikanska armén, samtidigt som den plundrade tysk vetenskap och teknik 1945, konfiskerade General Haushofers hela personliga bibliotek. För en genomgång av geopolitikens nuvarande status i den amerikanska akademin, se John Agnew, *Making Political Geography* (London: Arnold, 2002).

56 Alain de Benoist, *Vu de Droite: Anthologie critique des idées contemporaines*, femte uppl. (Paris: Copernic, 1979), ss. 237–54; Heinrich Jordis von Lohausen, *Les empires et la puissance: La géopolitique aujourd'hui*, övers. Elfriede Popelier och Jean-Louis Pesteil, andra uppl. (Paris: Le Labyrinthe, 1996); Pierre M. Gallois, *Géopolitique: Les voies de la puissance*, andra uppl. (Lausanne: L'Âge d'Homme, 2000).

Carl Schmitt skriver: "Världshistorien är historien om kampen mellan de maritima makterna och de kontinentala makterna".[57] Idén att hav och land är i ständig konflikt är central för nästan alla geopolitiska skolor. De puniska krigen, som ställde det maritima Kartago mot det landbaserade Rom, representerar det renaste uttrycket för detta geopolitiska paradigm. I modern tid har "anglosaxerna" (britterna, följt av amerikanerna) tagit över kartagernas roll, medan Tyskland, Österrike och Ryssland antagit den romerska rollen. Med tanke på denna sammandrabbning mellan hav och land, är nyckeln till havsherravälde (eller talassokrati) — vilket civilisatoriskt representerar en havsbaserad nomadism fientlig mot rotfasta kulturer och folk bosatta på inlandet — inneslutningen av det eurasiska landområdet, världens "hjärtland", som är osårbart för havsmakt. Endast genom en stark förankring i dess kustområden, där Västeuropa är det främsta exemplet, blir det möjligt för en talassokrati att stävja den europeiska landpotentialen hos Tyskland eller Ryssland. De som kontrollerar dessa kustområden är sålunda kapabla att kontrollera "hjärtlandet" och därmed världen.[58]

Storbritannien ockuperade under 1800-talet Indien och delar av Mellanöstern och höll Europa uppdelat genom en maktbalanspolicy. Sedan USA tog Storbritanniens plats som världens främsta havsmakt, har den amerikanska politiken bedrivits utifrån en liknande geopolitisk logik. USA:s merkantila talassokrati har dessutom i högre grad än den brittiska fungerat som en kraft för kosmopolitism, atomisering och förstörelsen av Europas etniska fundament. I enlighet med en strategi som först utarbetades av Halford Mackinder, strävar ökontinenten efter att behålla sin hegemoni över Eurasien genom sin ockupation av Väst- och Centraleuropa, sin allians med islam (även om Washingtons

---

57 Carl Schmitt, *Terre et mer: Un point de vue sur l'histoire mondiale*, övers. Jean-Louis Pesteil (Paris: Le Labyrinthe, 1985), s. 23.

58 Halford Mackinder, "The Geographical Pivot of History", i *Democratic Ideals and Realities* (New York: Norton, 1962).

senaste "likudisering" kan försvåra detta) och sin strategiska användning av kulturell och ekonomisk makt.[59] Amerikansk geopolitik har rentav förändrats väldigt lite sedan det kalla krigets slut, eftersom den fortfarande syftar till att ringa in Ryssland genom att dominera de omgivande kustområdena, och göra sin avkulturaliserade livsstil universell. Om USA någonsin skulle förlora kontrollen över Europa — eller vad Brzezinski kallar "Amerikas nödvändiga geopolitiska brohuvud på den eurasiska kontinenten" — kommer det att förlora sin förmåga att kontrollera hjärtlandet, och därmed världen.[60]

I strävan efter att behålla sin alltmer bräckliga världshegemoni, hade Storbritannien under artonhundratalet och det tidigare nittonhundratalet en extremt destruktiv inverkan på Europa: de två världskrigen, som bland annat till stor del motiverades av missriktade brittiska insatser för att förhindra en tysk, kontinental utmaning av dess talassokrati.[61] Storbritanniens arvinge (och sedan 1939 dess herre), USA, spelar en lika destruktiv roll.[62] Som läckta hemliga Pentagondokument liksom många offentliga politiska uttalanden visar, kretsar den amerikanska strategin kring att trycka ned varje potentiell utma-

59 Jean-François Tacheau, *Stratégies d'expansion du nouvel empire global* (Lausanne: L'Âge d'Homme, 2001).

60 Charles Champetier, "Vers l'Europe libre", *Éléments 96* (november 1999); Brzezinksi, *The Grand Chessboard*, s. 59; Friedrich S. Felde, "Washingtons Weltherrschaft", *Staatsbriefe* (april 1998). Det amerikanska angreppet på Irak 2003, som nyss börjat då jag avslutar dessa rader, tycks ha introducerat en vattendelare i världspolitiken — som alienerar européerna, misskrediterar FN och andra USA-styrda organ som utgör den institutionella grunden för dess globala ordning, och tycks innebära att USA förkastar den "nya liberala imperialismen" till förmån för en sionistisk-inspirerad policy präglad av traditionell maktpolitik. Detta förtar dock inget av träffsäkerheten hos den nya högerns tidigare beskrivning av amerikansk policy.

61 Brian W. Blouet, *Geopolitics and Globalization in the Twentieth Century* (London: Reaktion Books, 2001), ss. 35–45; Niall Ferguson, *The Pity of War* (New York: Basic Books, 1999). Ett krig som lämnar segraren i ett väsentligt sämre skick — och de två europeiska inbördeskrig under det tjugonde århundradet som inte bara avslutade det redan konkursmässiga brittiska imperiet, utan även reducerade moderlandet till en tredje klassens maktnation — kan inte vara något annat än "missriktat". Joseph Chamberlains idé om ett anglo-tyskt samarbete representerade ett förlorat alternativ till Storbritanniens — och Europas — tragedi förra århundradet.

62 Donald William, *Le choc des temps: Géopolitiques* (Montreal: Éds. Sciences et Culture, 2000), ss. 25–26.

nare av den amerikanska globala hegemonin, särskilt de som kan uppstå genom Ryssland eller ett enat Europa.[63] Det tydligaste av Pentagondokumenten, ett memo av Wolfowitz ("Defense Policy Guidance"), vilket läckte ut till *New York Times* i början av 1992, spelade en viktig roll i Clinton-administrationens försök att förstora sin interventionistiska kapacitet till förmån för sin unipolära ordning.[64] Den nuvarande [dvs. 2003] Bush-administrationen (som består av "Big Oil"-magnater, satraperna i det militär-industriella komplexet och sionismens imperialistiska förtrupper) har inte bara skrivit under denna politik, dess "stöveltrampande Wilsonism" (Pierre Hassner), den ensidiga doktrin som förespråkar "förebyggande krig" och imperiebyggande "krig mot terrorismen" har visat sig vara ännu mer äventyrliga än Clinton-administrationens unipolära doktriner.[65] Talande nog fortsätter USA:s politik att vara driven av den Rooseveltska nya klassens förenklade envärldsideologier och de kalla krigsherrarnas manikeiska dikotomier, som båda har givit USA:s förhållande till sin omvärld ett drag av storhetsvansinne. Om dess reaktion på 11 september-attacken utgör någon indikator, kommer USA:s planer för världsherravälde sannolikt att inte bara provocera till fortsatt internationellt, men även inhemskt, motstånd — medan den internationella förödelse som skapats av dess militära och ekonomiska krafter "blåser tillbaka" för att hemsöka det

---

63 Som en expert på internationell policy skriver: "Den amerikanska strävan att frysa den historiska utvecklingen genom att arbeta för att bibehålla världens unipolaritet är dömd att misslyckas. På inte mycket lång sikt, kommer uppgiften att överstiga USA:s ekonomiska, militära och politiska kapacitet; och själva handlingen att försöka upprätthålla en hegemonisk position är det säkraste sättet att underminera den." Se Kenneth N. Waltz, "Intimations of Multipolarity", i *The New World Order: Contrasting Theories*, red. Birthe Hansen och Bertel Heurlin (New York: St. Martin's Press, 2000). Även Chalmers Johnson, *Blowback: The Costs and Consequences of American Empire* (New York: Henry Holt, 2000), ss. 220–29; Hans-Dietrich Sander, "Das erste Kriegsziel der amerikanische Politik", *Staatsbriefe* (december 1999).

64 *New York Times* (8 mars, 1992). Även Patrick J. Buchanan, *A Republic, Not an Empire: Reclaiming America's Destiny* (Washington, DC: Regnery, 1999), ss. 7–22; Alain de Benoist, "Les gendarmes du monde" (1992), i *L'écume et les galets*.

65 Alain de Benoist, "George W. Bush: l'ennemi américain", *Le Lien express 8* (juni 2001). Jfr. Susan Bryce, "Who Is George W. Bush?", *New Dawn 65* (mars–april 2001).

amerikanska fastlandet.[66] I själva verket verkar den arrogans, lögnaktighet och vettlöshet som utmärker de amerikanska eliternas undertryckande av varje utmaning mot deras makt sätta dem på kollisionskurs med sina vänner och allierade — och särskilt med verkligheten.

Mot den amerikanska talassokratiska traditionen, allierar sig den nya högern med "kontinentalisterna", representerade av ett led av geopolitiska tänkare som sträcker sig från Friedrich Ratzel och Karl Haushofer till Jean Thiriart och Heinrich Jordis von Lohausen, vilka samtliga betonar de andliga kopplingar som binder organiskt formade folk till sin hembygd och sina nationella traditioner. Liksom dessa tänkare, identifierar sig den nya högern med den äldsta av Europas geopolitiska principer: *Delenda est Carthago!* (Karthago måste förstöras!). De förespråkar därför ett kustland-hjärtland (Rimland-Heartland) — en europeisk-rysk allians som ligger till grund för ett kontinentalt block med syftet att motverka *pax americanas* uppro-tande krafter. Driven av sin "hierarkiska, kommunitära, och heroiska världsbild" (Alexander Dugin) tror den nya högern att ett sådant block har potential att återställa Ryssland och Europa till stormaktsstatus och bromsa de antiidentitära drivkrafterna hos USA:s Nya världsordning.

Möjligheten till en sådan allians mellan Öst och Väst fick en särskild relevans i det kalla krigets efterdyningar: i och med sovjetkommunismens undergång, förlorade Europas "blinda solidaritet" med USA sitt tidigare existensberättigande. Detta, i kombination med det faktum att EU:s ekonomiska styrka hämmas av dess amerikanska förmyndarskap och att Europas Nya klass, hur underordnad den än må vara, upplever sin underkastelse som en börda, ökar ytterligare möjligheten för en sådan kontinentalism. De allvarliga sprickor i den atlantiska alliansen under perioden fram till det andra amerikanska kriget mot Irak — "det tjugoförsta århundradets första stora 'brott mot mänskligheten'" (Benoist) — avslöjar (i skrivande stund) redan splitt-

---

66 Noam Chomsky, *9-11* (New York: Seven Stories Press, 2001).

ringspotentialen i dessa geopolitiska motsättningar, eftersom ameri-
kanska planer för världsherravälde blivit alltmer outhärdliga för dess
"allierade".[67] En öst-väst-omställning, där tellurokratiska krafter som
hierarki, ordning och förankring enas mot de talassokratiska princi-
perna nihilism, rotlöshet, och feminin egalitarism, är dock beroende
av samarbetet mellan de två viktigaste europeiska folken.

Vid tiden för det fransk-tyska kriget (1870), skrev Ernest Renan
att den stora tragedin i europeisk historia var att tyskarna inte förstod
fransmännen och att fransmännen inte förstod tyskarna.[68] Även om
detta tillstånd dröjer sig delvis kvar, strävar grécister och andra iden-
titära förespråkare av Europatanken efter att övervinna den.[69] Det var
De Gaulle som ledde vägen genom att förkasta det teknoekonomiska
Europabegreppet och bekräfta hennes politiska identitet. I slutet av
1940-talet hade han kommit att inse att den fransk-tyska vänskapen var
nyckeln till att omkullkasta det antieuropeiska Jalta-systemet.[70] Under
hela sin karriär, som en motståndare till talassokratiska privilegier,
fortsatte han att främja fransk-tyskt samarbete, även om Tysklands
USA-styrda ledarskap svek honom upprepade gånger.[71] Till skillnad
från många efterföljande gaullister, fruktade generalen inte ett enat

---

67 Philippe Grasset, "Europe in the Making?" (2002), på *De Defensa* (http://www.dedefensa.
org); Emmanuel Todd, *Après empire: Essai sur la décomposition du système américain*
(Paris: Gallimard, 2002). (Egentligen har raka motsatsen till vad jag förutspådde 2003
därefter inträffat, eftersom européerna [i synnerhet Frankrike och Storbritannien] därefter
integrerat sig ännu mer intimt i amerosfären.)

68 *Journal des débats* (september 18, 1870); citerad i Alain de Benoist, "Une certaine idée de
l'Allemagne", *Éléments 30* (juni 1979).

69 Benoist, "Une certaine idée de l'Allemagne".

70 Jean-Jacques Mourreau, "De Gaulle, visionnaire de l'Europe", *Éléments 68* (sommaren
1990). Samtidigt som de stöder De Gaulles motstånd mot supermakterna, betraktar Grece
ändå honom som nationalist snarare än pro-europeisk. Se Pauwells, *L'empire impérieuse*,
ss. 17–18.

71 Pierre-Marie Gallois, *La France sort-elle de l'histoire? Superpuissances et déclin national*
(Lausanne: L'Âge d'Homme, 1998), ss. 117–18. Inte helt oväntat var en det av pionjärerna
inom den tyska nya högern och en stor influens för Benoist som var ansvarig för att göra
de gaullistiska politiska målen bekanta för sina landsmän. Se Armin Mohler, *Die Fünfte
Republik: Was Steht hinter de Gaulle* (Munich: Piper, 1963) och *Was die Deutschen Fürchten*
(Stuttgart: Seewald, 1965). Om Mohler, se Marc Ludder och Robert Steuckers, "Armin
Mohler et la Nouvelle Droite", *Vouloir 11* (1999).

Tyskland, eftersom han menade att det var nödvändigt för europeisk enighet och att enandet kring en "karolingisk axel" var avgörande för att återställa Frankrikes storhet.[72] Men vad de Gaulle inte helt uppskattade och vad som skiljde honom (och många gammaldags nationalister) från den nya högerns identitärer är oförenligheten i den franska nationella traditionen med den tyska kejserliga traditionen.

När den franska nya högern förespråkade europeisk enighet, gjorde de detta i opposition till sina egna nationella traditioner, som länge motsatt sig en konsolidering av de europeiska stormakterna på bekostnad av den franska staten. Frankrike har dock inte alltid varit anti-imperialistiskt, även om det var först med att förråda den europeiska imperietraditionen.[73] Den nya högern påpekar att Klodvig I, den berömda grundaren av nationen, faktiskt var härskare över ett fransk-germanskt imperium som varade fram till slutet av tionde århundradet, då Hugo Capet övergav den romerska imperietanken och inledde en process för monarkisk centralisering — en process som lade grunden för den moderna nationalstaten. För att konsolidera sina dynastiska ambitioner var efterföljande capetinger skyldiga att slå samman "hexagonens" olika folk och skapade därmed i själva verket den franska nationen ur en disparat samling av britanner, elsasser, flamländare, occitaner, basker, normander och andra. Därmed trängdes dessa regionala språk, institutioner och identiteter undan till förmån för deras motsvarigheter från Paris och *Île-de-France*. Den franska staten uppstod således som ett "anti-imperium", på ruinerna

---

72 Mourreau, "De Gaulle, visionnaire de l'Europe." Arvet efter De Gaulle förblir starkt omtvistat. Vid olika tidpunkter har nationalister kritiserat honom för att vara en jakobin, en fiende till nationen, en lakej åt anglosaxarna, kommunisterna, Rothschilds, eller frimurarna. Se exempelvis Philippe Ploncard d'Assac, *Le nationalisme français: Origines, doctrine et solutions* (Paris: Duquesne Diffusion, 2000), ss. 29–31; Pierre Monnier, *Quand grossissent les têtes molles: Essai sur la têtemollité* (Paris: Éds. Déterna, 2000), ss. 25–26, ss. 100–1; Henri-Christian Giraud, *De Gaulle et les communistes*, 2 vol. (Paris: Albin Michel, 1988–89); Alain Pascal, *La trahison des initiés: La Franc-Maçonnerie du combat politique à la guerre de religion* (Paris: L'Ancre, 1998), ss. 120–22.

73 Venner, *Histoire et tradition des européens*, 157; Pierre Vial, "Ou va la France?", *Terre et peuple: La revue* 11 (våren 2002).

av hennes gamla provinsiella institutioner och lokalsamhällen. I denna mening är Frankrike en "konstgjord" nation, skapad av staten. Efter 1789 fortsatte de liberala revolutionärerna det capetingiska projektet och slutförde den nationsskapande processen av centralisering, homogenisering och assimilering.[74] Den republikanska tradition som skapades av revolutionen skulle alltså följa en högt standardiserad definition av nationell identitet — eftersom endast en sådan låg i linje med dess enhetliga medborgarskapsmodell.[75] Tyskarna har däremot sällan förväxlat nationalitet och medborgarskap. Det Tysk-romerska riket (grundat 962 av Otto I) förenade dem politiskt med andra centraleuropeiska folk i ett federativt kejsardöme, vars politiska uppdelning var dynastisk snarare än nationell. Som en följd av detta var det inte genom staten som medeltida tyskar kom att identifiera sig som ett folk, för "nationen" var alltid delad enligt politiska gränser. Detta gjorde dem emellanåt opolitiska, men har också gjort det möjligt för dem att definiera sig själva i bredare termer. Innan artonhundratalets liberaler tog upp den nationella idén, var fäderne-landet (*Vaterland*) främst ett kulturellt, språkligt koncept. Tyskarna kände därmed sällan lust att uttrycka sig politiskt och behandlade istället sin nationella identitet som en "omvärldsöppen" kulturell konstruktion. I motsats till den franska nationella traditionen (vilken överförde en kanoniserad kultur som en del av den politiska socia-liseringsprocessen), befann sig den tyska kulturtraditionen i ständig utveckling, i takt med att tyskarna själva växte och expanderade som

---

74 Benoist, *L'empire intérieur*, ss. 142–46; Carl Schmitt, "La formation de l'esprit français par les légistes" (1942), i *Du politique*, red. Alain de Benoist (Puiseaux: Pardes, 1990). Jfr. Karlheinz Weissmann, *Nation?* (Bad Vilbel: Ed. Antaios, 2001); Brian Jenkins and Nigel Copsey, "Nation, Nationalism and National Identity in France", i *Nations and Identity in Contemporary Europe*, red. Brian Jenkins and Spyros A. Sofos (London: Routledge, 1996).

75 Denna process pågick fortfarande så sent som i den Tredje republiken. Se Eugen Weber, *Peasants into Frenchmen: The Modernization of Rural France, 1870–1914* (Stanford, CA: Stanford University Press, 1976).

folk.[76] Det var först sent på artonhundratalet som de uppnådde någon politisk enighet, och då endast delvis. I sanning har det aldrig funnits en tysk nationalstat (inte ens på höjden av Tredje riket — eftersom de schweiziska, ungerska, baltiska och de olika östeuropeiska tyskarna fortfarande befann sig utanför rikets gränser). Historiskt var Tyskland helt enkelt alla länder bebodda av personer av tyskt språk och blod. Än idag är imperietanken, med dess federala politiska former, fortsatt stark i tysk politik. I detta avseende skiljer sig förbundsrepubliken skarpt från De Gaulles starkt centraliserade femte republik.

Eftersom nationalstaten inte längre fungerar och federationen verkar utgöra den enda möjliga grunden för europeisk enighet, tenderar den nya högern att inte frukta Tyskland på det sätt många franska suveränitetsivrare gör. Enligt deras uppfattning är nationen stängd och imperiet öppet. När de förespråkar europeisk enighet, främjar de samtidigt ett koncept som bygger på den tyska imperietanken — med undantaget att den kultur och de människor de tilltalar inte är tyskar, utan européer.[77] Detta innebär inte att Frankrike inte har något att bidra till europeisk enhet. På många sätt speglar Frankrike Europa och förblir avgörande för enandeprocessen. Nationen som smiddes av capetingerna uppstod ur en blandning av olika men närbesläktade folk och språk. Etniskt gjorde detta fransmännen till de mest representativa för Europas folk, eftersom de kombinerar en blandning av keltiska, germanska och grekisk-romerska folkstammar — kontinentens huvudsakliga etniska komponenter — tillsammans med senare slaviska

76 Benoist, "Une certaine idée de l'Allemagne"; Benoist, *Les idées à l'endroit*, s. 226. Jfr. Louis Dumont, *German Ideology: From France to Germany and Back* (Chicago: University of Chicago Press, 1994).

77 Pauwells, *L'empire impérieuse*, s. 20. Flera franska suveränitetsivrare ser tysk federalism som en plan för att försvaga Frankrike och lägga grunden för Tysklands dominans över Europa. För exempel, se Pierre Hillard, *Minorités et régionalismes dans l'Europe fédérale des régions: Enquête sur le plan allemand qui va bouleverser l'Europe* (Paris: François-Xavier de Guibert, 2000).

tillsatser från Polen och Ryssland och även armenier från Europas förlorade östliga militärexpeditioner.[78]

Vidare har Frankrikes extraordinära kulturarv skänkt Europa en anda av analytisk objektivitet, en sorts förfining, form och stil, och en språklig vältalighet, klarhet och finess som är unik bland världens folk. Framför allt är Frankrike det enda europeiska land som hävdat sig som maktnation i den efterkrigstida världen, beväpnat sig med kärnvapen, försöker agera som en självständig diplomatisk kraft, och under de Gaulle, vägrat finna sig tillrätta i en underordnad status.[79] Av de olika europeiska nationerna är bara fransmännen militärt jämförbara — naturligtvis inte i storlek, men i deras tekniska och offensiva potential — med USA. Slutligen är Frankrikes öde, som De Gaulle bekräftade, att skapa historia. Frankrike kan i sanning inte vara Frankrike utan storslagenhet. "Arvet från fyrtio kungar" har genomsyrat landet med en i allra högsta grad politisk och krigisk uppfattning om dess väsen.[80] Som Brzezinski skriver, är Frankrike det enskilda europeiska land som har "viljan och ambitionen för ett Storeuropa".[81] Även om den tyska erfarenheten förkroppsligar en sundare politisk grund för enande, kommer alla historiska reflektioner kring Europas framtid sannolikt att fokusera på Frankrike. Fransmännen kommer dock endast att kunna spela denna världshistoriska roll om de gör sig av med sina särskilda nationella anspråk. I en värld där deras kulturella och politiska identitet hotas av amerikanisering och deras biologiska existens genom kolonisering från tredje världen, beror deras nationella

---

78 Pierre Vial, "A la croisée des destins", *Éléments 38* (våren 1981); Jean Haudry, "Les racines du peuple français", i *Les origines de la France*, red. Jacques Robichez (Saint-Cloud: Éds. Nationales, i.d.).

79 Frank Costigliola, *France and the United States: The Cold Alliance since World War II* (New York: Twayne, 1992), s. 24.

80 Michel Marmin and Jean-Claude Valla, "Pourquoi la France?", *Éléments 38* (våren 1981).

81 Brzezinski, *The Grand Chessboard*, s. 63.

öde nu på deras engagemang för det europeiska projektet.[82] Av denna anledning menar de flesta identitärer att deras nationella och regionala identiteter nu ohjälpligt är kopplade till deras europeiska identitet.[83]

Samtidigt som den sovjetiska kollapsen 1991 tycktes minska kravet på europeisk enighet, gjorde de utsikterna för en sådant enighet potentiellt mer ödesdigra, då folk i Ryssland, Ukraina, Baltikum, och Östeuropa anslöt sig till *le grand espace eurasiatique*. De Gaulle ansåg ryssarna vara ett europeiskt folk och under det kalla krigets höjdpunkt talades det om ett "Europa från Atlanten till Ural". Befriade från det sovjetiska oket verkar utsikterna för ett sådant Europa, som sträcker sig från Galway till Vladivostok, från Island till Armenien, ännu mer möjliga. Faktum är att Ryssland för identitärerna blivit nyckeln till den internationella situationen, eftersom det fortfarande är den enda europeiska makt som kan utmana den kosmopolitiska diktatur som representeras av "Jänkarnas talassokrati". Desto mer eftersom de i egenskap av slaver tillhör den europeiska familj som bäst lyckats motstå den liberala modernitetens feminiserande krafter och behållit delar av sin gamla krigaretik. Flera Europavänner tror att Europas framtid nu är knuten till detta potentiella "Piemonte". Solen, säger de, går upp i öst.[84]

Med tanke på de geopolitiska realiteternas natur har Grece länge sympatiserat med Ryssland, även under det kalla kriget. Detta var särskilt tydligt i deras positiva bedömning av nationalbolsjevismen.[85]

---

82   Guillaume Faye, "La France en Europe", in *Une certaine idée de la France: Actes du XIXe colloque national du GRECE* (Paris: Le Labyrinthe, 1985).

83   Jean-Gilles Malliarakis, "Contre Moscou sans Washington", *Jeune nation solidariste: Organe de Troisième Voie 9* (maj–juni 1986).

84   Alain de Benoist, "Le retour de l'histoire", i *Crépuscule des blocs, aurore des peuples: Actes du XXIIIe colloque national du GRECE* (Paris: Grece, 1990).

85   Alain de Benoist, "L'ennemi principal" (Part II), *Éléments 41* (mars–april 1982); Guillaume Faye, "L'audace de la puissance", *Éléments 56* (vintern 1985); Pierre Krebs, *Die europäische Wiedergeburt* (Tübingen: Grabert, 1982), 74–77; Alain de Benoist, "Préface", in Ernst Niekisch, *Hitler: Une fatalité allemande et autres écrits nationaux-bolcheviks*, övers. Imke Mieulet (Puiseaux: Pardes, 1991). För en kortfattad formulering av nationalbolsjevismens principer från en av dess främsta levande företrädare, se Alexandre Dougine (Dugin), "La métaphysique du National-Bolchevisme", på *Archivio Eurasia* (http://utenti.tripod. it/archivEurasia). Om Niekisch, se Friedrich Kabermann, *Widerstand und Entscheidung eines deutschen Revolutionärs: Leben und Denken von Ernst Niekisch* (Koblenz: Verlag S.

Upplysta av Ernst Niekisch verksamhet under mellankrigstiden, fö-
respråkade denna revolutionerande nationalistiska utlöpare av den
konservativa revolutionen en östorientering för att bryta med Västs
liberala krafter (främst Storbritannien och USA) och underlätta ett
närmande mellan tysk nationalism och rysk socialism.

Niekisch arv
påverkar fortfarande en stor del av den antiliberala högern — särskilt
i att lyfta fram de preussiska/spartanska dygderna heder, tjänst och
ordning som ett motgift mot liberalismens individualistiska, hedonis-
tiska och rovgiriga anda. Samtidigt kan man se den som ett trovärdigt
alternativ, inte bara till det tjugonde århundradets viktigaste antilibe-
rala regimer (främst kommunismen och fascismen), men även en som
tagit vara på allt som var bra i dessa regimer och samtidigt övervunnit
deras uppenbara brister.[86]

Likt nationalbolsjevikerna, menar Grece att kommunismen aldrig
påverkade den ryska andan i den utsträckning liberalismen påverkat
den amerikanska.[87] Ännu viktigare är att Ryssland för dem represente-
rar en mindre globaliserad och kommersialiserad version av Europa,
som saknar dess "extrema individualism, militanta själlöshet, religiösa
likgiltighet... [och] masskultur" (Gennadij Ziuganov). Även om tsa-
rernas tidigare imperium haft en ambivalent historisk relation till väst
och behåller vissa asiatiska egenskaper som är främmande för Europa,
är ryssarna ett kristet indoeuropeiskt folk, rotade i rasliga, språkliga,
kulturella och historiska strukturer besläktade med européer.[88]

Bublies, 1993); Birgit Rätsch-Langejürgen, *Das Prinzip Widerstand: Leben und Wirken von Ernst Niekisch* (Bonn: Bouvier, 1997).

86 Benoist, "Préface", i Niekisch, *Hitler*; F. Lapeyre, "Ernst Niekisch, un destin alle-
mand", *Éléments* 73 (våren 1992). Jfr. Karl Otto Paetel, *Nationalbolschewismus und nationalrevolutionäre Bewegungen in Deutschland* (Schnellbach: Bublies, 1999); Karlheinz Weissmann, *Die preussische Dimension: Ein Essay* (Munich: Herbig, 2001). Niekisch na-
tionalbolsjevism ska emellertid inte förväxlas med den som gick under samma beteck-
ning i Sovjetunionen. På den sistnämnda, se Mikhail Agursky, *The Third Rome: National Bolshevism in the USSR* (Boulder, CO: Westview Press, 1987). Det finns flera andra tendenser förknippade med termen; se Louis Dupeux, *National Bolchevisme: Stratégie communiste et dynamique conservatrice*, 2 vol. (Paris: H. Champion, 1979).

87 Benoist, "L'ennemi principal" (del II).

88 Georges Nivat, *Vers la fin du mythe russe: Essais sur la culture russe* (Lausanne: L'Âge d'Homme, 1982).

Som en kontinentalmakt "naturligt" motsatt de talassokratiska krafterna, har Ryssland en inneboende geopolitisk samhörighet med Europa.[89] Som Vladimir Putin sade på felfri tyska inför stående ovationer i det tyska parlamentet (25 september, 2001): "Mellan Ryssland och Amerika finns det en ocean. Mellan Ryssland och Tyskland, finns det en stor historia."[90] Om europeiskt kapital och kunnande fortsätter att tränga österut, vilket bidrar till Rysslands återhämtning, har den forna Sovjetunionen möjligheten att bli en stor kontinentalmakt, med ett överflöd av naturtillgångar (särskilt olja), en enorm reservoar av mänsklig talang och en vilja till makt. Ett eurasiskt närmande (vilket redan sker på vissa områden inom handel, forskning och utveckling) skulle förebåda ett imperium av oöverträffad storlek och ett eventuellt "förberedelseområde för en ny anti-borgerlig, anti-amerikansk revolution" (Dugin). Det skulle inte alls vara "onaturligt" om det europeiska och ryska ödet skulle slås samman och ett "Solens rike", som spänner över 14 tidszoner, uppstår.[91]

Som Grece förutspådde 1991 skulle Ryssland så snart det var befriat från dess kommunistiska härskare plundras av väst och reduceras till nykolonial status.[92] "Kommunismen", skriver Benoist, "utarmade Ryssland, kapitalismen [har] kraschat landet".[93] Den tidigare supermakten (som ställts under amerikansk tvångsförvaltning enligt vill-

---

89 Alexandre Dougine, "La Russie, l'Europe, le Monde", Éléments 73 (våren 1992); Alain de Benoist, Orientations pour des années décisives (Paris: Le Labyrinthe, 1982), ss. 72–73.

90 "Die Rede der Präsidenten des Russichen Föderation", på Paris-Berlin-Moscou (http://www.paris-berlin-moscou.org). Även Wolfgang Strauss, "Deutschrussische Affinitäten", Staatsbriefe (januari–februari 1998).

91 Pierre Vial, "La troisieme Rome", Éléments 57–58 (våren 1986). Jfr. Gerhoch Reiseggen, Wir Werden Schamlos Irregeführt: Vom 11. September zum Irak-Krieg (Tübingen: Hohenrain, 2003).

92 Alain de Benoist, "Huit réflexions sur la mort du communisme", Éléments 71 (hösten 1991). Om den hemliga samverkan mellan Väst och det forna Sovjets härskande klass, medan de tillsammans plundrade landet, se Alexander Zinovjev, La suprasociété globale et la Russie, övers. Gérard Conio (Lausanne: L'Âge d'Homme, 2000).

93 Alain de Benoist, Dernière année: Notes pour conclure le siècle (Lausanne: L'Âge d'Homme, 2001), s. 95. Detta är också uppfattningen från en insider hos Världsbanken: se Joseph E. Stiglitz, Globalization and Its Discontents (New York: Norton, 2002), ss. 133–34.

koren i den "andra Versaillesfreden" [Nikolai von Kreitor]) närmade sig tredje världen-status under 1990-talet. Medan den sociala och ekonomiska infrastrukturen rasade, trängde NATO allt längre in i dess tidigare intressesfärer och USA:s politik (driven av de russofobiska leden inom Pentagon och Statsdepartementet) främjade (och fortsätter att främja) olika "avryssifieringskampanjer" i Ukraina och Centralasien. På samma sätt syftade, som Alex Del Valle och andra pekat på, NATO:s mordiska bombkrig mot Serbien, inte bara till att säkra USA:s kontroll av det strategiskt belägna Balkan, utan även till att förhindra ett eventuellt närmande mellan Europa och den ortodoxa slaviska världen.[94] Som Brzezinski hävdar i *The Grand Chessboard* och Wolfowitz i läckta Pentagon-dokument, kräver amerikanska intressen Rysslands lemlästning och dess marginalisering i världspolitiken.

USA är dock inte ensamma om att hoppas på att plundra och fragmentera landet. Medan NATO inkräktar på dess västra inflytelsesfärer, hotas Ryssland samtidigt från söder och öster av potentiellt aggressiva folk från tredje världen, främst muslimer och kineser, som eftertraktar dess mark och resurser. Under hela 1990-talet, då dess inhemska liberaler tjänade som "Västs springpojkar" (Iver Neumann), förblev Ryssland relativt hjälplöst inför dessa hot — i en sådan omfattning att landets existens stod på spel. I och med Putin, tycks landet ha återhämtat sig från Jeltsinårens alkoholdvala, eftersom det återupptagit den "maktpolitik" som anstår en stor nation. Dess blodiga krig med islam i Tjetjenien (vars muslimska rebeller stöddes av oljemonarkierna och, via Pakistans säkerhetsapparat, USA) markerar den enda europeiska insatsen hittills för att försvara kontinentens biokulturella integritet från den antieuropeiska södern.[95]

---

94 Alexandre Del Valle, *Guerres contre l'Europe: Bosnie-Kosovo-Tchétchénie* (Paris: Éds. des Syrtes, 2000). Den anti-ryska drivkraften i USA:s utrikespolitik är särskilt tydlig för ryska geopolitiker. Se Natalija Narocnickaja, "Russland und Europa in 20. Jahrhundert" (2000), på *Synergon* (http://www.geocities.com/spartacorps/synergon).

95 Michel Chossudovsky, *War and Globalization: The Truth Behind September 11* (Shanty Bay, Canada: Global Outlook, 2002), ss. 27–28, 74, 113. Ryssland under Vladimir Putin,

Som antytts ovan, ser väldigt många inom den nya högern nu Ryssland som en potentiell befriare. Flera gånger under sin historia, när dess folk verkat vara på gränsen till utrotning, har det genomfört extraordinära återhämtningar. Om detta någonsin skulle återupprepas, kommer Europa troligen att svepas med i Rysslands upptrappning. Den kanske viktigaste variabeln i den ryska situationen är dock dess öppenhet. Det finns inte ett enda europeiskt land i dag som är fritt från eller direkt inriktat mot USA:s kosmopolitiska ordning. Medan Ryssland vare sig är fritt från eller uttryckligen motsätter sig USA, är det ändå i förändring; och denna övergång, särskilt om den fortsätter på sin nuvarande nationella-patriotisk kurs, har potential att förändra den nuvarande världens inriktning. Den geopolitiska likheten mellan ryska och europeiska intressen — deras gemensamma underkuvande inför det internationella kapitalet, liksom de faror som amerikansk militärmakt och det demografiska angreppet från Tredje världen utgör — kan tänkas leda till en situation där deras öden flätas samman. Många europeiska, liksom ryska, nationalister förespråkar i själva verket just nu ett sådant förbund.[96]

---

som uppenbarligen inte är någon av Washingtons män, har redan utmärkt sig från "Jeltsinfamiljens" korrupta Ryssland. Sedan han blev vald, har landets eliter blivit mer medvetna om de internationella hot de möter och trots att det fortfarande finns flera pro-amerikaner i Putins regering, har de börjat motverka den aggressiva antiryska inriktningen på USA:s politik. Putin verkar också inse att Europa utgör en potentiell motvikt till amerikansk hegemoni och måste odlas som sådan. Slutligen har det post-jeltsinska systemet en avgjort nationalpatriotisk karaktär, till skillnad från "familjens" liberala inriktning. Se Victor Loupan, *Le défi russe* (Paris: Éds. des Syrtes, 2000); Wolfgang Seiffert, *Wladimar W. Putin: Wiedergeburt einer Weltmacht?* (Munich: Langen Müller, 2001).

96 Till exempel, Walter Laqueur, *Black Hundred: The Rise of the Extreme Right in Russia* (New York: Harper Perennial, 1993), ss. 162, 266; Guillaume Faye, "La guerre nécessaire", *Terre et peuple: La revue 10* (vintern 2001); Gennady N. Seleznew, "International Aspects of Eurasism", på *Archivio Eurasia* (http://utenti.tripod.it/ArchivEurasia); men viktigast av allt, följande tal till den ryska duman av en av dess ersättare: Alexey Mitrofanov, "Anti-NATO: Ein neues Gedanke für russische Geopolitik, Taktik und Strategie für die heutige Zeit", på *Reich Europa* (http://www.esclarmonde.de.vu). Jfr. Marlene Laruelle, *L'idéologie eurasiste russe ou comment penser l'empire* (Paris: L'Harmattan, 2001). Att denna eurasiska strategi har börjat oroa de liberala plutokratierna är tydligt i åtskilliga aktuella kritiska artiklar om Alexander Dugin, Rysslands främsta geopolitiker. Se *Financial Times* (2 december, 2000); *Le Monde* (18 januari, 2001, och 8 juni, 2001).

Om ett eurasiskt imperium från Atlanten till Stilla havet — Eurosibirien — någonsin skulle uppstå, skulle det innebära en kraftfull motvikt till USA:s hegemoni och ett avgörande bidrag till Europas resning.[97] Detta är bara en idé, förstås. Men idéer, särskilt sådana havande med möjligheter, kan ibland förändra världen.[98]

ORGANISK DEMOKRATI

Som ett imperium som spänner över hela den indoeuropeiska biokulturella zonen, erbjuder Eurosibirien det möjliga geografiska ramverket för europeisk enighet. Imperietanken är dock politiskt neutral. Den kan tänkas ta monarkisk, republikansk, välfärdsbyråkratisk, totalitär eller någon annan form.[99] Grece föreställer sig imperiet som en federal demokrati, eftersom ingen annan statlig form verkar genomförbar, utom den liberala med total administrativ kontroll. Detta väcker dock frågan: vad är demokrati? Som "den samtida nationalstatens moraliska esperanto" (RBJ Walker) har termen kommit att bära många uppblåsta betydelser, även de mest orwellianska.[100] De liberala plutokratierna, med USA i spetsen, tröttnar exempelvis aldrig på att framhäva sina

---

97 Louis Sorel, "Le Grand Triangle", *Res Publica Europaea: Information et analyses géopolitique 17* (maj 2001). Jfr. Franck de La Riviere, *L'Europe de Gibraltar à Vladivostok* (Lausanne: L'Âge d'Homme, 2001); Henri de Grossouvre, *Paris-Berlin-Moscou: La voie de l'indépendance et de la paix* (Lausanne: L'Âge d'Homme, 2000).

98 Det bör nämnas att Greces nationalbolsjevism har fläckats av inkonsekvens och tveksamhet. De förkastar exempelvis formellt kopplingarna till Alexander Dugins eurasiska rörelse, har underlåtit att stödja Rysslands krig i Tjetjenien, och de har varit kritiska mot de ryska ansträngningarna att återupprätta sin dominans i de forna Sovjetrepublikerna. Den identitära strömning som varit mest eurasisk (och den mest geopolitiskt sofistikerade) är Robert Steuckers Synergon/Europa-rörelse. Se tidskriften *Vouloir* och hemsidan http://www.geocities.com/spartacorps/synergon. Det bör också tilläggas att Steuckers, en före detta Gréce-medlem, konsekvent tagit Gréce identitära logik i riktningar som nu det nu åldrande Gréce tvekar att följa. Se Robert Steuckers, "La redécouverte des facteurs 'Russe,' 'Sibérie,' et 'Eurasie' dans la Nouvelle Droite en France", på *Archivio Eurasia* (http://utenti. tipod.it/ArchivEurasia).

99 Benoist, "L'idée d'empire."

100 Robert de Herte, "Réinventer la démocratie", *Éléments 52* (vintern 1985). Jfr. George Orwell, *Selected Essays* (London: Penguin, 1957), 149; Vladimir Volkoff, *Pourquoi je suis moyennement démocrate* (Paris: Rocher, 2002).

demokratiska dygder — även när de utsätter sina befolkningar för alltmer odemokratisk kontroll och deras offentliga verksamhet för ett allt mer omfattande nihilistiskt belöningssystem. Kommunisterna på sin tid var inte mindre plumpa då de gjorde "demokrati" till en tom fras. Medan de etiketterade sina östeuropeiska satellitstater "folkdemokratier", utförde de de mest avskyvärda brott och utövade den mest hänsynslösa despotism. Att då påstå att man är en demokrat har idag ungefär lika stor betydelse som när Kim Il Sung i Nordkorea, Pol Pot från de röda khmererna, eller intellektuellt begränsade medlemmarna av huset Bush gör anspråk på att vara demokrater.[101]

När den nya högern förespråkar demokrati hänvisar de inte till dess liberala skenbild, med dess betoning av val och "rättsstaten". De hänvisar heller inte till de så kallade "folkdemokratierna", som tyranniserade sina befolkningar i den sociala jämlikhetens namn. Deras referens är i stället de tidiga europeiska former av självstyre som gav upphov till termen. Men även i den etymologiska betydelsen av "folkstyre" har "demokrati" tolkats på olika motsägelsefulla sätt. Under exempelvis den moderna perioden brukar det betyda valpolitik, parlamentarism och juridisk proceduralism, där alla "gestaltningsformer" tenderar att kulminera i opportunism, karriärism, korruption och en asocial individualism; i andra fall är termen associerad med en viss lössläppt livsstil baserad på individuell autonomi. Postmodernister torgför även en föreställning om "kosmopolitisk demokrati" som, av hänsyn till obegränsade konstruktioner av jaget, avstår från varje tanke på folk eller en nation.

När den nya högern talar om "folkstyre", är deras referens inte dessa moderna eller postmoderna konstruktioner, utan snarare den antika grekiska föreställningen att bara en folkförsamling har rätt att besluta om sitt "gemensamma bästa". Demokrati är i denna mening baserad på tillgång till torget (*agora*), där de viktigaste politiska besluten

---

101 Alain de Benoist, *Démocratie: Le problème* (Paris: Le Labyrinthe, 1985), s. 7.

fattas i direkt samråd med medborgarna.[102] Benoist påpekar att redan
innan Kleisthenes reformer hade atenarna rätt att församlas och tala
på torget, som tillhörde "alla" och utgjorde axeln kring vilken stadssta-
ten (*polis*) kretsade. Till skillnad från i det moderna liberala konceptet,
var klassiskt medborgarskap inte baserat på abstrakta "oförytterliga
rättigheter", utan på medlemskap (härlett från släktskap) i staden.[103]

Stadsstaten som sådan var inte någon politiskt enad samling
människor, utan en samling medborgare som återspeglade en etniskt
homogen och kulturellt sammanhållen gemenskap med liknande un-
derliggande känslor och värderingar. Detta organiska medborgarskaps-
begrepp gjorde den antika demokratin relativt harmonisk, eftersom
den inte fungerade som en marknad där konkurrerande intressen
tävlade, utan som en utökad familj där intresse för det gemensamma
bästa, även när detta tolkades olika, sattes i första rummet.[104] I många
avseenden var den antika demokratin helt överflödig, eftersom män-
niskor i egenskap av ett folk implicit var överens i alla grundläggande
frågor. De mindre frågorna där medborgare (*polites*) hade skilda me-
ningar och som följaktligen överlämnades till den offentliga debatten
påverkade sällan deras gemensamma intressen. Benoist noterar att
den latinska roten till "frihet", *liberi*, betyder "barn" — det vill säga
"med gemensam härstamning". I denna mening innebar inte demo-
kratiska "friheter" befrielse från samhälleliga begränsningar, utan att
tillhöra — och därmed vara inblandad i angelägenheterna hos — ett
eget "folk".[105] Detta gjorde friheten "organisk" och även pre-politisk,
innebärande en gemenskap av besläktade varelser sammanbundna av
"blod och jord". Följaktligen uteslöt *demos* i den grekiska demokratin

---

102 Alain de Benoist, "Plädoyer für eine organische Demokratie", *Elemente für die europäische
    Wiedergeburt* 1 (juli 1986).
103 Benoist, *Démocratie*, s. 13.
104 Alain de Benoist, "Peut-on encore etre démocrate?", *Éléments* 52 (vintern 1985). Jfr.
    Aristotle, *The Politics*, övers. T. A. Sinclair (London: Penguin, 1981), ss. 167–71.
105 Benoist, *Démocratie*, s. 14.

slavar och metoiker, som inte — och aldrig skulle kunna vara — en del
av samhället. De som hade Grekland som sitt fädernesland och som var
villiga att försvara det, fick emellertid medborgarskapet automatiskt.
Detta gjorde den grekiska demokratins *demos* oskiljbar från
dess *ethnos*. Man föddes till, snarare än blev, atenare, eftersom vill-
koret för att bli atensk innefattade historia och släktskap.[106] Folkets
grundläggande enighet ifrågasattes alltså aldrig. Kollektiva och indi-
viduella intressen, liksom offentliga och privata, överlappade. I detta
sammanhang är det relevant att notera att den grekiska demokratin
kollapsade under Alexander den stores tidsålder, när hans erövringar
i Mellanöstern förstörde polis "etniska grunder". Klassiska författare
(särskilt Aristoteles) var alltså vana att se blandningen av olika folk
och kulturer som en oundviklig källa till politisk oordning, eftersom
sådana blandningar misslyckades med att skapa en gemensam upp-
fattning om det allmännas bästa.[107]

Till skillnad från den moderna liberala demokratins virtualistiska
karaktär, med dess rättsliga koncept, vilande på alltmer abstrakta och
simulerade representationsformer, och till skillnad från det postmo-
derna tillståndet, där det inte finns några människor och inga be-
stämda uttryck för auktoritet, var den antika demokratin i allra högsta
grad gemenskapsbaserad.[108] Som Schmitt skriver, är "det centrala i
demokratibegreppet folket, inte mänskligheten".[109] Demokratiska
rättigheter följde av att vara medlem i en viss gemenskap, inte av att
vara människa. Politisk jämlikhet var följaktligen en "gåva" av de lo-
kala hedniska gudar, som liknade de människor som dyrkade dem.
(Det var inte en tillfällighet att *agoran* omgavs av hedniska tempel).[110]

106 Bernard Marillier, *Indo-Européens* (Puiseaux: Pardes, 1998), ss. 62–64.
107 Jfr. Irenäus Eibl-Eibesfeldt, *Der Mensch — Das riskierte Wesen. Zur Naturgeschichte
     menschlischer Unvernunft* (Munich: Piper, 1988).
108 Guillaume Faye, "Peut-on encore etre démocrate?", *Éléments 52* (vintern 1985).
109 Citerad i Alain de Benoist, "De quelques évolutions idéologiques a gauche", *Éléments 99*
     (november 2000).
110 Enligt Joseph de Maistre: *"La politique et la religion se fondent ensemble"*. Se hans
     Considérations sur la France (Lyons: E. Vitte, 1924), s. 71.

Till skillnad från liberalismens abstrakta, byråkratiska rättighetsbegrepp — vilket tillåter den enskilde att lösgöra sig från kollektiva band och göra vad han vill — menade antika och medeltida föreställningar om frihet att man var fri till den grad man kunde delta i samhället.[111] I själva verket ansåg man under antiken att frihet endast var möjlig genom deltagande i allmänna angelägenheter, inte som en tillflykt i privatlivet. Med förlusten av detta begrepp gick ett organiskt folkbegrepp också förlorat. Eftersom de franska och amerikanska revolutionerna universaliserade "människans rättigheter", omdefinierade "folket" till att betyda en mångfald av individer vars "lika" och "omistliga" rättigheter överskrider samhälleliga, nationella eller etniska samband. Genom att upphöja individen över folket (den privata sfären ovanför den allmänna), avskaffar liberalernas rättighetsbaserade ordning även möjligheten till folkligt självbestämmande, då makten delegeras till "en ganska tvivelaktig personkrets" (Schmitt) — professionella politiker — som ensamma är ansvariga för att likt fåraherdar valla den så kallade "befolkningen".

I genuint demokratiska stater, menar den nya högern, i likhet med Schmitt, att gruppens identitet, rättigheter och projekt, förankrade i kulturellt grundade begrepp om det goda, har företräde framför individualistiska eller abstrakta humanitära ideal. En sådan grupporienterad stat står nödvändigtvis över alla "särintressen", och representerar den kollektiva strävan hos dem som känner sig vara en del av en utökad familj. *La politique, c'est le destin*, som Napoleon uttryckte det. Om individer rotade i specifika kulturer och samhällen har en stat som uttrycker deras vilja att existera som ett folk, kan denna stat inte annat än ta på sig ödets kraft — då ödet inte är något annat än den inneboende logiken i ett folks projekt. Av denna anledning föreställer den nya högern sitt eurosibiriska imperium som en suverän demokratisk fede-

---

111 Om den liberala definitionen av frihet som "frihet från tvång", se J. G. Merquior, *Liberalism, Old and New* (Boston: Twayne, 1991), ss. 5–9.

ration bestående av olika självstyrande samhällen, vilka representerar de olika europeiska familjernas *ethos* och *ethnos*. Detta gör att det inte kan identifieras med det moderna *demos*, i den liberala meningen tolkad som en samling av ansiktslösa, obesläktade individer, utan snarare med de transcendenta band som är underförstådda i existensen av *un peuple* eller *ein Volk*.[112]

Snarare än att utgöra en olycklig bieffekt av det moderna samhället, menar den nya högern att professionaliseringen av den samtida politiken — utifrån ett partisystem som per definition underordnar folkets allmänna välfärd en "del" av folket — är en oundviklig utväxt av inte bara liberalismens kringgående av det politiska, utan även dess inneboende antipati till alla former av folkligt självbestämmande — eftersom ett folk representerar en plats, en historia och ett öde, vilket motsäger liberalismens tidlösa, abstrakta, och universalistiska principer.[113] Trots de oupphörliga slagorden och hyckleriet om motsatsen, utesluts den atomiserade folkmassan i moderna demokratier rutinmässigt från all meningsfull maktutövning, såvida man inte anser de allmänna valen — "summan av privata yttranden" (Schmitt), vilka reducerar allt och alla till minsta gemensamma nämnare — vara ett utövande av makt. (Som Baudrillard konstaterar: "Hela konsten med politiken av idag är att piska upp folklig likgiltighet.")[114]

Tvärtemot apologeternas påståenden har den nuvarande bristen på demokratiskt deltagande ingenting att göra med samhällets storlek och komplexitet. I en tid när makten är ojämnt fördelad och staten har övergivit många av sina traditionella funktioner, hade de många befintliga föreningarna och samfunden kunnat fungera som demokratiska arenor. Men istället för att multiplicera "offentliga rum där en aktiv befolkning skulle kunna återfödas", utövas den liberala makten

---

112 Alain de Benoist och Guillaume Faye, "Pour un État souverain", *Éléments 44* (januari 1983).

113 Benoist, *Démocratie*, 31; Armin Mohler, *Von rechts gesehen* (Stuttgart: Seewald, 1974), ss. 108–11.

114 Jean Baudrillard, *Cool Memories II*, övers. Chris Turner (Durham, NC: Duke University Press, 1996), s. 16.

uppifrån och ned, och berövar lokala föreningar och samfund betydande beslutsbefogenheter, och i annat fall utövas makten genom marknaden och tekno-administrativa nätverk, vilka är immuna mot folkomröstningar, alltmedan policy ersätter politik. På samma sätt undviker man decentralisering, delegering av ansvar, och gräsrotsomröstningar. Även när folkomröstningar "iscensätts", tenderar de att endast behandla sekundära frågor. (Och om sådana folkomröstningar skulle råka ge ett resultat som är ogynnsamt för den Nya klassens eliter, åberopas alltid konstitutionella principer för att upphäva dem.)

I denna anda har hela statsapparaten hos dagens så kallade demokratier anpassat sig efter storföretagens och mäktiga minoritetsintressens lobbyverksamhet, snarare än medborgarnas deltagande. De enda offentliga debatterna är följaktligen de styrande eliternas, som sätter ramar för frågeställningarna, styr diskussionen och tolkar resultaten för en offentlighet som till stor del är belagd med munkavle. Det finns i själva verket inte längre medborgare som deltar i det politiska livet eller styr sitt öde, bara tv-tittare som röstar och konsumerar som de programmerats till.[115] Man skulle kunna hävda att liberala demokratier inte längre har någon folkvilja eftersom de inte vilar på ett folk, utan snarare på aggregat av särintressen, på pengar, och på dem som vet "hur man drar i de trådar som styr det allmänna medvetandet".[116]

Mot sådana bedrägliga former av maktutövning, vädjar den nya högern till Europas längsta minne, och förespråkar ett demokratiskt imperium av organiska samhällen som, genom att inordna alla de olika anti-liberala principer som utforskats i tidigare kapitel, banar väg för en radikal identitär ordning trogen sitt folks biokulturella arv.

---

115 Alain de Benoist, "Vers une démocratie organique", *Éléments 52* (vintern 1985). Karlheinz Weissmann gör en analog iakttagelse om det uråldriga germanska frihetsbegreppet (*Freiheit*), som etymologiskt avsåg föreställningar om vän (*Freund*) och frid (*Friede*). Se *Alles was recht(s) ist: Ideen, Köpfe und Perspektiven der politischen Rechten* (Graz: Stocker, 2000), s. 253.

116 Alain de Benoist, "Huit theses sur la démocratie", *Éléments 52* (vintern 1985).

SLUTSATS

Den nya högerns metapolitiska projekt tar avstamp i begreppet identitet. Vad avses med "identitet"? Etymologiskt härstammar ordet från det senlatinska "identitas", som betyder "beskaffad på ett unikt eller särskilt sätt". Identitas kan i sin tur härledas till det tidiga latinska ordet "idem", åsyftande kontinuitet, att något förblir detsamma. Idag används ordet "identitet" i de flesta indoeuropeiska språk för att beteckna någons eller någots särart, även i fall där denna särart återfinns hos något som växer och utvecklas. Identitetsfrågor aktualiseras följaktligen närhelst det gäller att skilja en livsform från en annan, eller ett stadium i en livsforms utveckling från ett annat. När det är frågan om ett folk (dess natur, ande eller föreställningsvärld), åsyftar identiteten det som gör det ojämförbart och oersättligt i förhållande till ett annat.[1] För individen handlar identiteten om hur han uppfattar sig själv, hur han förhåller sig till omvärlden och till andra.

Trots att den är en av de mest grundläggande aspekterna av den mänskliga naturen, har en verklig förståelse för identiteten blivit alltmer problematisk i den moderna tidsåldern. Den riskerar rent av att förvanskas, när européer sveps med av trender, oförmögna att känna igen de unika fundamenten i sin existens, eller offrar långsiktiga möj-

---

1   Gordon Marshall, red., *The Concise Oxford Dictionary of Sociology* (Oxford: Oxford University Press, 1994), s. 232; *The Oxford Universal Dictionary*, 3:e uppl. (Oxford: Clarendon Press, 1955), s. 951; Guillaume Faye, *Pourquoi nous combattons: Manifeste de la Résistance européenne* (Paris: L'Æncre, 2001), ss. 146–49.

ligheter för kortsiktiga tidsfördriv. När en sådan falsk identitet fått fotfäste, underordnas livet beslut som inte längre är dess egna. Den resulterande förändringsprocessen kulminerar ofrånkomligen i förlusten av därvaron — *Dasein* — det vill säga förlusten av friheten, möjligheten och själva förutsättningarna för att vara en tids- och rumsspecifik självständig varelse. Förlusten av Europas särpräglade etnokulturella identitet förebådar därmed förlusten av Europa som sådant.

LIBERALISMENS KRIG MOT IDENTITETEN

Genom att förutsätta identitetens primat, hävdar den nya högern att människans väsen endast till fullo kan förverkligas i relation till de unika egenskaper som finns i hennes organiska fundament — det vill säga, i relation till allt som förankrar henne i en specifik kultur, i en specifik tidsperiod, i ett specifikt folk. Med modernitetens födelse har dessa betydelsebärare emellertid gradvis utplånats, med följden att *Dasein* "fallit bort från sig själv."[2] Den efterföljande förlusten av identitet har, enligt identitärer från kontinentens alla hörn, blivit ett förödande kaos som hotar européernas etniska och kulturella fortlevnad.[3]

Som argumenterats för i de föregående kapitlen, är liberalismen den enskilt starkaste kraft som angriper dessa betydelsebärare och därmed hotar integriteten hos Europas väsen, då den uppfattar människan på samma sätt som den moderna naturvetenskapen uppfattar död materia. Baserat på liberalismens förenklingar omtolkas den eu-

2 Martin Heidegger, *Being and Time*, övers. av J. Macquarrie och E. Robinson (New York: Harper and Row, 1966), §38 [tempus ändrat].

3 Karlheinz Weissmann, "Arnold Gehlen: Von der Aktualität eines zu Unrecht Vergessenen", i *Criticón 153* (januari 1997); Leslie Holmes och Philomena Murray, red., *Citizenship and Identity in Europe* (Aldershot UK: Ashgate, 1999), ss. 1–24. Cf. Charles Taylor, *Sources of the Self: The Making of Modern Identity* (Cambridge: Cambridge University Press, 1989). Till och med akademiker börjar inse att "den centrala frågan i samtida debatter om samhälle och kulturteori" härrör ur konflikten mellan identitet och kosmopolitism. Se Craig Calhoun, *Critical Social Theory: Culture, History, and the Challenge of Difference* (Oxford: Blackwell, 1995), s. xii.

ropeiska människan till en kvantitativ abstraktion, utan åtskillnad från resten av mänskligheten. Reducerad till den grad att hon underställs lagar som isolerar och rycker henne ur sitt sammanhang, begränsar hennes drivkrafter till materiellt egenintresse, tvingar henne att förhålla sig till andra människor genom opersonliga avtalsliknande relationer, och, skadligast av allt, låser henne till en enkelriktad tidsuppfattning som skär sig med hennes "omvärldsöppna" natur. Slutligen, när de instrumentalistiska diktat denna situation ger upphov till sätter sig över djupt rotade innebörder, blir livet andefattigt och ångestladdat.[4] I och med postmoderniteten har denna process nått nihilistiska proportioner, genom att historiskt formade folkslag förvandlats till konsumtionsstyrda stammar, och identiteten reducerats till en rad innehållslösa livsstilsval som hotar att utsläcka de sista spåren av vårt forna arv. Genom att avskärma européerna från allt som gör dem till unika och särpräglade folk, har liberalismen försatt dem i en situation som inte kunde vara värre. Som José Ortega y Gasset beskriver det: "Européer vet inte hur de ska leva såvida de inte är involverade i något stort projekt. När detta saknas i deras liv, blir de småaktiga och svaga och deras själar förtvinar."[5]

Inget folkslag är idag mer hotat av liberalismens småaktiga, förklenande och upplösande effekter.[6] Om den nuvarande situationen inte ändras, kommer allt som gjort européerna unika genom tiderna och inspirerat deras stora bedrifter att offras på det kommande kaosets altare. Kontinenten kommer då att upphöra att vara europeisk, eftersom den förändras genom införandet av främmande genpooler,

---

4 Cf. Pierre Chaunu, *Histoire et décadence* (Paris: Perrin, 1981).

5 Citerad i Michael Walker, "We, the Other Europeans", i *The Scorpion* 9 (våren 1986). I samma anda skriver Guillaume Faye: "Pour ne pas mourir, nous sommes condamnés à l'angoisse et à la grandeur. Nous ne sommes pas une civilisation faite pour le bonheur." Se *Nouveau discours à la nation européenne*, 2:a uppl. (Paris: L'Æncre, 1999), s. 130.

6 Angående den sociohistoriska bakgrunden till den nuvarande identitära krisen se Richard Kuisel, "Modernization and Identity", i *French Politics and Society 14* (vintern 1996); Dave Russell and Mark Mitchell, "Fortress Europe, National Identity, and Citizenship", i F. Carr, red., *Europe: The Cold Divide* (London: Macmillan, 1998).

eftersom arabiska, turkiska och andra utomeuropeiska språk kommer att bli jämbördiga med de europeiska språken, eftersom islam intar sin plats vid sidan av, och därefter tränger undan, kristendomen, eftersom sociala normer, sedvänjor, beteenden och institutioner omformas av främlingar, och eftersom den härskande eliten, driven av sin ekonomiska aptits kvantitativa logik, gör allt i sin makt för att omvandla kontinenten till en "mångraslig smältdegel". Ställda inför hotet att utrotas, hävdar den nya högern att européerna bara har ett alternativ: att förkasta de liberala principer som bedövat dem under det senaste halvseklet och genomföra en konservativ revolution för att återerövra sitt ursprungliga och sanna väsen. För endast när deras äldsta minnen återigen präglar de principer som vägleder dem mot framtiden kommer de att återfå en hel och levande kultur.[7] Som Heidegger formulerar det: "Identitet är förverkligandet av ett kulturarv".[8] Utan den kommer européerna att upphöra vara sig själva.

Med tanke på motståndet mot alla dem som motsätter sig det globala systemets "bedövande pluralism" tycks framtiden förebåda en kraftmätning mellan de som är inställda på att försvara sin identitet och de som är beslutna att låta den förgås i den globala marknadens universalistiska lösningsmedel. Sedan den nya världsordningens uppsegling för över ett decennium sedan, har identitära rörelser och, i vissa fall, en våldsam "etnifieringsprocess" (Wallerstein), äntrat den internationella arenan, medan Washingtons marknadsfundamentalism stärker greppet om sin homogeniserande ordning hos världens alla folk.[9] I denna kamp mellan den liberala *Moloch* och de som mot-

---

7 Jacques Marlaud, "Notre conception de l'identité", i *Crépuscule des blocs, aurore des peuples: Actes du XXIIIe colloque du GRECE* (Paris: Grece, 1990); Pierre Krebs, *Das Thule-Seminar: Geistesgegenwart der Zukunft in der Morgenröte des Ethnos* (Horn: Weecke, 1994), s. 14.

8 Citerad i Yvan Blot, "L'identité française et son heritage antique", i J. Robichez, red., *Les origines de la France* (Saint-Cloud: Eds. Nationales, i.d.).

9 Ronald Gläser, "Kulturelle Konflikte Verstakte Spürbar", i *Junge Freiheit* (26 oktober 2001). Jfr. Benjamin R. Barber, *Jihad vs. McWorld: How Globalism and Tribalism Are Reshaping the World* (New York: Ballatine Books, 1996), ss. 205–32; Neva Welton och Linda Wolf, red., *Global Uprisings: Confronting the Tyrannies of the 21st Century* (Gabriola Island,

sätter sig denna "varma död" (Lorenz) konstaterar Benoist att en av de stridande parterna beväpnar sig i mänsklighetens namn, medan den andra mobiliserar till de särpräglade folkslagens försvar; en eftersträvar liberalisering, den andra frihet; en upprätthåller skenbara former av representativ demokrati, den andra förordar lokal direktdemokrati och folkligt självbestämmande; en motsätter sig skillnader, den andra motsätter sig likformighet; en försöker att införliva Europa i ett enhetligt globalt system, medan den andra kämpar för en värld där européer och andra folk är fria att förverkliga sitt eget öde, som de själva, och inte ekonomiska intressen med huvudkontor i New York, styr över.[10] Dessa strider — snarare än modernitetens gamla trötta vänster-högermotsättningar — är de som den nya högerns identitärer nu förbereder européerna på att utkämpa. De borde därför betraktas som en del av en bredare motståndsrörelse mot världens amerikanisering, eftersom de mobiliserar kring den idé, som för länge sedan formulerades av Charles Maurras, om att blodsband är den enda kraft som är stark nog att besegra kapitalets rovgiriga krafter.[11]

DEN NYA HÖGERNS PROJEKT

Varje social ordning ger upphov till sina specifika konflikter. Under den liberala modernitetens glansdagar utgjorde den nationella marknaden, nationalstaten, och filosofin allierad med naturvetenskapen de viktigaste institutionerna för modernistisk åsiktsbildning. Idag,

---

Canada: New Society Publications, 2001); John Gray, *False Dawn: The Delusions of Global Capital* (New York: The Free Press, 1998), ss. 209–11.

10 Guillaume Faye, "Les système contre les peuples", i *La cause des peuples: Actes du XVe colloque national du GRECE* (Paris: Le Labyrinthe, 1982); Alain de Benoist, *L'écume et les galets. 1991–1999: Dix ans d'actualité vue d'ailleurs* (Paris: Le Labyrinthe, 2000), s. 22. Till och med Thomas Friedman, en sliskig apologet för Washington-konsensusen, medger att ett sådant scenario är möjligt. Se *The Lexus and the Olive Tree* (New York: Farrar, Strauss and Giroux, 1999), s. 212.

11 Alain de Benoist, "Identité et mondialisation", i *Le Lien Express 9* (oktober 2001); "Interview de Guillaume Faye", hos Vlaamse Jongeren Mechelen (http://www.vjm.cc/vjm).

med den hotande postmoderniteten, har globala marknader, transnationella organ och nya axiom börjat ersätta dessa institutioner. Den diskursiva effekten av denna omvandling och de politiska klyftor de skapar har haft en särskilt oroväckande effekt på vänsterns och högerns politik. I kölvattnet på den moderna tidsålderns slut uppstår följaktligen en omfattande ideologisk förvirring och osäkerhet.

Präglade av de statliga universitetens marxistiska värderingar (istället för den organiska ontologi som var förhärskande i exempelvis Irlands gamla "hedge schools"), har de flesta postmodernister reagerat genom att omformulera det liberala projektet på ett sätt som gynnar "den nya klassens" syften (genom att främja mångkultur, individualism, minoritetsintressen, samt avskaffandet av tullhinder och gränser). De som, å andra sidan, kan dra nytta av de antiliberala konsekvenserna av den postmoderna samhällskritiken (det vill säga, konservativa, traditionalister, nationalister, högerradikala antiglobalister och andra nutida antiliberaler) har ofta varit minst benägna att ta till sig postmodernisternas observationer — eller att ens erkänna att dessa observationer överhuvudtaget innehåller något av värde.[12]

Grece, som kan ses som den nya högerns flaggskepp, anser att postmodernismen är relevant för den antiliberala traditionen och därmed också för de nuvarande striderna mot "den nya liberala imperialismen".[13] Dess erkännande av rationalismens fiktiva postulat, den primära betydelse man tillskriver kultur och samhälle, den rikedom av möjligheter den ser begränsas av liberalismens *status quo*, dess opposition mot den politiska korrekthetens intellektuella tvångströja — sådana teser har länge varit fundamentala inom kontraupplysningens olika tankeströmningar. I kontrast mot många konservativa och traditionalister,

---

12 Denna motvilja har mycket att göra med högerns "realism". Till skillnad från vänstern (vars idealism gör den benägen att se världen som enbart en konstruktion, att omforma i enlighet med den egna utopins förutsättningar), rotar sig högern i grunläggande trosuppfattningar — inklusive, tyvärr, de som hör moderniteten till.

13 John Schwarzmantel, *The Age of Ideology: Political Ideologies from the American Revolution to Postmodern Times* (New York: New York University Press, 1998), ss. 118–30.

som betraktar postmodernismen som endast ytterligare ett osmakligt uttryck för liberalismens "konstruktivistiska idealism", är grécisterna väsentligt mer mottagliga för den postmoderna kritiken. När postmodernister blottlägger modernitetens outtalade antaganden, likställer förnuft med symbolisering och makt, postulerar kontextens företräde, ser grécisterna inte en annan trendriktigt pervers attack på "tingens ordning", utan snarare en bekräftelse av uråldriga europeiska sanningar. Naturligtvis följer de inte postmodernisternas exempel genom att göra den "stora berättelsens" sammanbrott till en ursäkt för antiidentitär verksamhet. Inte heller hämtar den nya högern inspiration i postmodernisternas orientering mot vänstern, vilken inte endast övergivit folket till förmån för feminister, homosexuella och icke-vita, utan även gjort så på ett sätt som främjar den nya världsordningens mest radikala kvantitativa impulser.

Den slutsats den nya högern drar från postmodernismen är mer traditionalistisk — och revolutionär — eftersom den orienterar sig mot de ursprungliga källorna till Europas väsen och därmed de olika möjligheter som finns latenta i den europeiska idén. Ett erkännande av världens brist på sammanhang och relativiteten i dess olika värdesystem behöver därmed inte trivialisera eller misskreditera det europeiska arvet. Från Greces perspektiv utgör postmodernismens antifundamentalistiska bredsidor ett eftertryckligt rättfärdigande av traditionens egenart och det faktum att vi är de vi är tack vare att vi fattar vissa beslut om att identifiera oss med och försvara vårt särpräglade system av sanningar. Den historiska berättelsens konstruerade (det vill säga mänskliga eller kulturella) karaktär, mångfalden av dessa berättelser och att de ännu inte nått sitt slut, är skäl till bekräftelse och engagemang, inte uppgivenhet, eftersom kulturellt relativa "sanningar" sprungna ur ens egen identitet alltid är mer meningsfulla än de som inte är det.

Organiska former av identitet kan därför sakna det slags filosofiska fundament moderniteten tillskansat sig, men den nya högern menar att dessa är oersättliga när det gäller att skapa möjligheter för ett folk att växa och utvecklas i enlighet med sitt innersta väsen. För utan dessa former, kan ett folk (vilket jag har försökt visa ovan) inte vidmakthålla sig självt i sitt väsens fulla djup. Den historiska överlevnadens konst — som Raymond Ruyer kallar kronopolitik — dikterar följaktligen att ett folk egoistiskt, intolerant om så krävs, måste försvara sina myter, värderingar, livsstilar, språk, institutioner, och, givetvis, sitt specifika genetiska arv, eftersom det endast är genom dessa som folket kan vara vad det är och bli vad det kan bli. Det finns ingen annan anledning för ett folk att existera. Som Benoist skriver: ett folk är arvtagare till ett unikt fragment av historien; det är inte en godtycklig territoriell gruppering, en abstrakt social konstruktion, eller en tillfällig samling individer vars yttersta identifikation är med den övriga mänskligheten. Ett folks historia, förkroppsligad i en identitet smidd i den oupplösliga symbiosen av ras och kultur, ingjuter en gemensam samhörighetskänsla, känslan av ett gemensamt öde, men framför allt, kunskapen om var de kom ifrån och vart de är på väg.[14] Utan sådana känslor finns inget folk. Liberalismen vill emellertid att människor skall glömma det arv som gör dem till ett folk. Således behandlar liberalismen det förgångna som en börda och uppmuntrar individer att färdas genom livet utan detta i bagaget.

Den nya högern förkastar liberalismens "nutid", och menar att endast genom att erövra det förflutna och hålla det levande i nuet är det möjligt att skapa en meningsfull framtid. För att tala med Heidegger kan vi säga att identitärerna, genom sin förståelse för "vad som kommer att vara" i termer av "vad som varit", i form av Greces "Nya skola för europeisk kultur" har skapat den mest radikala och framtidsorienterade

---

14 Alain de Benoist, "Pour une déclaration du droit des peuples", i *La cause des peuples*, op. cit.

av samtidens ideologiska skolor.[15] Uppfattningen är befogad — de har tillsammans med Ernst Jünger förutspått att vi står inför två tänkbara framtidsscenarier: de gamla gudarnas återkomst eller ett brinnande kaos — för utan att återuppväcka Europas ursprungliga andlighet, menar de att ingenting kommer att kunna rädda dem från införandet av liberalismens livsfientliga kosmopolitism.[16] Om européerna ska ha en framtid, har de inget annat alternativ än att återvända till sitt väsens ursprung — till den mark deras förfäder bebodde, de traditioner och myter som har väglett dem genom historien, den faustiska anda som frammanat deras arvs främsta kvaliteter — och åter levandegöra dessa värden hos den samtida europeiska människan.

Europas återfödelse hägrar över kontinenten. I egenskap av arvtagare till "den indoeuropeiska civilisationen" (Dumezil), besitter dess folkslag alla de egenskaper som krävs för att skapa ett blomstrande imperium. De behöver bara se bortom sina triviala meningsskiljaktigheter för att stärka de band som gjort dem till vad de är. Den nya högerns politiska målsättningar är således att göra de europeiska folken medvetna om de oerhörda möjligheter som deras biokulturella arv erbjuder.

EN KRITIK AV GRECE

Eftersom den nya högern bejakar sin europeiska identitet och motsätter sig liberalernas samhällsomstörtande verksamhet stämplas de rutinmässigt som fascister eller rasister. Sådana formuleringar säger naturligtvis mer om liberalismens oförmåga att tolerera åsiktsskillnader än vad de gör om den nya högern. Genom att klistra stigmatiserande etiketter som "fascist" eller "rasist" på vadhelst som misshagar

---

15 Heidegger: "Whoever wants to go very far back ... into the first beginning — must think ahead to and carry out a great future." Se *Contributions to Philosophy (From Enowning)*, övers. av P. Emand och K. Maly (Bloomington: Indiana University Press, 1994), §23.

16 Robert de Herte, "Œcuménopolis", i *Éléments* 24–25 (vintern 1977–78).

eller utmanar liberalismens världsbild, demonstrerar dess företrädare helt enkelt att de inte anser sig behöva motivera sina ståndpunkter eller bemöta sina kritikers argument. Att förespråkare för det så kallade "öppna samhället" försöker smutskasta eller tysta sina kritiker är dock mer än bara ännu ett av senmodernitetens absurda fenomen, eftersom det även vittnar om en oförmåga att rättfärdiga sitt illa ansedda och allt mer dysfunktionella projekt.[17] Med det sagt finns det förstås även seriös kritik mot den nya högern. Den baserar sig dock på identitära, och inte liberala, grundvalar.

Sedan starten har Grece, den ursprungliga och mest uthålliga av de strömningar som samlats under den nya högerns fana, utsett den liberala moderniteten till Europas huvudsakliga "fiende". Eftersom USA är världens främsta liberala makt, har Greces antiliberalism gått hand i hand med antiamerikanism.[18] Man kan dock ifrågasätta om Grece korrekt har identifierat Europas verkliga fiende.[19] Carl Schmitts föreställning om att identifiera sin fiende förutsätter att politiken delar in världen i vänner och fiender, och att en fiende är den som hotar den egna gruppens överlevnad. Från ett identitärt perspektiv råder det inga tvivel om att Amerika hotar Europa, men det är inte lika självklart att Amerika utgör Europas huvudfiende. Som nämnts i ett tidigare kapitel, pågår för närvarande en massiv invandring av folkslag från Tredje världen som skakar om Europas grundvalar. Till skillnad från konkurrerande nya höger-strömningar, särskilt de som betonar rasen eller identitetens biologiska komponent, ser Grece detta intrång i det europeiska livsrummet som ett symptom på kapitalismens omättliga

---

17 Som en vänsterliberal historiker medger: "Vi närmar oss snabbt den punkt då forskning blir propaganda, upphör att befria den mänskliga individens ande, och helt enkelt ersätter de gamla dogmerna med nya." Se Glen Jeansonne, *Women of the Far Right: The Mothers' Movement and World War II* (Chicago: University of Chicago Press, 1996), s. 186.

18 Alain de Benoist, "L'ennemi principal", i *Éléments 41* (mars–april 1982); Alain de Benoist, "Qu-est-ce que l'identité? Réflexions sur un concept-clef", i *Éléments 77* (i.d. [c. våren 1993]).

19 Faye, *Nouveau discours à la nation européenne*, op. cit., ss. 147–49.

strävan efter billig arbetskraft och dess vilja att prioritera ekonomiska intressen framför alla andra.[20] Därmed riktar de inte sina angrepp mot invandringen i sig, utan snarare mot det liberala marknadssystem som främjar den. Samtidigt förordar de emellertid "folkens sak" och "rätten till skillnad", och försvarar därigenom partikulära identiteter mot den globala marknadens homogeniserande krafter. Och detta har, som vi sett, lett till en villkorad mångkulturalism.

I sina identitära kritikers ögon har Grece misslyckats med att se skillnaden mellan Europas fiende och dess tillfälliga motståndare (mellan vad Carl Schmitt betecknar "*Feind*" respektive "*Gegner*").[21] Även om den amerikanska ordningen i Europa avkulturerar, alienerar och gör européer rotlösa, hävdar Greces kritiker att den inte hotar dem med omedelbar fysisk förintelse. Detsamma går inte att säga om massinvandringen. Upplösningen av en kultur, menar man, kan stoppas när som helst, så snart ett folk finner vägen tillbaka till sina rötter. Blandningen av raser är dock oåterkallelig. Av denna anledning anser dessa identitärer att den ökande andelen etniska främlingar utgör den enskilt största faran för Europas överlevnad eftersom de hotar vårt biologiska fundament. Det amerikanska systemet kan därför innebära en långsam död genom avkulturering och även vara direkt ansvarigt för den pågående massinvandringen från Tredje världen, men om nuvarande trender fortsätter kommer européer att vara en förföljd minoritet i sina egna länder inom loppet av två generationer. Detta kommer att skapa ett icke-vitt Europa — det vill säga något helt annat än vad Europa historiskt har varit.[22]

20　Alain de Benoist, "Immigration et logique du capital", i *Le lien express 9* (oktober 2001); Roberte de Herte, "Avec les immigrées contre le nouvel esclavage", i *Éléments 45* (våren 1983).

21　Guillaume Faye, "L'imperialisme américain: Menance majeure ou tigre du papier?", i *Terre et peuple: Le revue 12* (sommaren 2002).

22　Pierre Vial, *Une terre, un peuple*, (Villeurbanne: Terre et Peuple, 2000), s. 66; Jean-Raphaël Sourel, *La fin de l'Europe et de sa civilization humaniste* (Paris: Eds. des Ecrivains, 1999).

Parallellt med att de underskattat invandringens rasliga konse-
kvenser, härbärgerar Grece en antydan till beundran för islams anti-
modernism. Detta får dem att betrakta den muslimska världen — i
Europa och annorstädes — som en potentiell allierad i kampen mot
amerikansk avkulturering.[23] Greces identitära kritiker håller återigen
inte med. De gör iakttagelsen att amerikanism och islamisering inte
är oförenliga, utan tvärtom två närbesläktade fenomen.[24] Exempelvis
är Frankrikes nya islamiska kultur — "la culture black-beur", med sina
gangsterkläder, sin rapmusik, sin narcissistiska personlighetstyp och
sitt förakt för europeisk högkultur till stor del en produkt av ameri-
kansk kulturell påverkan. Likaledes är det etniska kaos — den pågå-
ende intifadan — som följer av massinvandringen från Tredje världen,
något som stärker USA:s grepp om Europa, eftersom det försvagar den
sociala stabiliteten och främjar en kosmopolitism som gynnar ameri-
kanska intressen. Det verkar därför knappast vara en slump att USA
uppmuntrar denna utomeuropeiska invandring, och utövar påtryck-
ningar på europeiska regeringar för att de ska upprätthålla mångkul-
turalismen, samt förespråkar att det muslimska Turkiet skall införlivas
i EU.

Av hotet från den amerikanska kulturindustrins "mentala koloni-
sering" och dess konsumtionssamhälle å ena sidan och den faktiska
kolonisation som sker genom islamiseringen å andra sidan, identifierar
Greces kritiker det senare som en betydligt mer akut fara — även om de
inser att invandringen ytterst är en produkt av USA:s ekonomiska civi-
lisations krav på avkulturering.[25] För hur avskyvärd amerikaniseringen
än må vara, är det, som Guillaume Faye påpekar, lättare att göra sig av

23 Roberte de Herte, "Le réveil de l'Islam", i Éléments 53 (våren 1985).
24 Alexandre Del Valle, Islamisme et États-Unis: Une alliance contre l'Europe (Lausanne:
L'Age d'Homme, 1999). Denna anti-islamska identitarism har kritiserats skarpt av Grece-
anhängare. Se Arnaud Guyot-Jeannin, "Europe-Islam: Même combat contre l'Occident!",
i Cartouche: L'actualité des idées 5 (augusti 1998); M. Thibault, "Alexandre Del Valle, un
homme sous influence", i Lien Express 9 (oktober 2001).
25 Pierre Vial, "Où va la France?", i Terre et peuple: La revue 11 (våren 2002).

med en McDonalds-restaurang än en moské.²⁶ Den stora hegemonen i
väst utgör därför en farlig motståndare som måste motarbetas om eu-
ropéerna ska kunna återerövra sin identitet, men det omedelbara hotet
mot Europas existens — i dess mest elementära biokulturella bemär-
kelse — kommer från de muslimska länderna i söder, vars invandrare
för närvarande tränger in i Europas sociala väv, utraderar dess kultur
och minne, och förvandlar det till oigenkännlighet.²⁷ Som algeriska
revolutionära Houari Boumediene skryter om, bär den islamiska värl-
den idag i sina kvinnors livmödrar de vapen som en dag kommer att
erövra Europa. Genom att på detta sätt successivt kolonisera konti-
nenten, lägger muslimer grunden för en framtida regelrätt erövring.²⁸
Med anledning av detta förespråkar de mer insatta identitärerna inte
bara ett invandringsstopp, utan även en militär återerövring av sina
hemländer. Striden om Kosovo mellan muslimer och kristna, var bara
upptakten till en mer omvälvande kamp för Europas framtid.²⁹ Grece
har dock tillmötesgått vad många identitärer idag uppfattar som den
huvudsakliga fienden.³⁰

Greces felaktiga definition av Europas fiende är kopplad till ett an-
nat problematiskt förhållande i dess projekt. Som redan noterats, har
dess analytiskt avskärmade metapolitik kulminerat i en form av vill-
korad mångkulturalism. Ett liknande misslyckande finns inneboende
i deras identitarism, som är mer intellektuell än biokulturell. Genom
att göra sig till förkämpar för "folkens sak" och "rätten till olikhet" har
Grece i slutändan återvänt till flera av de egalitära principer det for-

26 Faye, *Nouveau discours à la nation européenne*, op. cit., s. 210.
27 Guillaume Faye, *La colonisation de l'Europe: Discours vrai sur l'immigration et l'Islam*
    (Paris: L'Æncre, 2000).
28 Del Valle, *Islamisme et Etats-Unis*, op. cit., ss. 199–247.
29 *Inter alia*, se Pierre-Marie Gallois, *Le soleil d'Allah aveugle l'Occident* (Lausanne: L'Age
    d'Homme, 1995); David och Ahmed Salam, *La tentation du Jihad*. *L'Islam radical en France*
    (Paris: Lattés, 1995); Christian Bouchet, *Les nouveaux nationalistes* (Paris: Déterna, 2001).
30 Arnaud Guyot-Jeannin, "La Droite et l'identité", i A. Guyot-Jeannin, red., *Aux sources de la
    Droite: Pour en finir avec les clichés* (Lausanne: L'Age d'Homme, 2000).

mellt förkastar.[31] Exempelvis framställer de etnopluralism som en all-
män rättighet, avskild från sitt specifika sociohistoriska sammanhang:
det är trots allt bara den självhatande vita mångkulturalisten, stöpt i
den liberala modernitetens rationalistiska myter, som tror på alla folks
och kulturers lika värde. Varje friskt folkslag — och därmed även varje
äkta identitär — betraktar sin egen kultur som överlägsen. Långlivade
folkslag, i synnerhet kineser och judar, har just sin etnocentrism att
tacka för sin historiska uthållighet. Även amerikaner skulle sakna sitt
självförtroende och sin syn på sig själva som världserövrare om de
inte trodde på sin egen kulturs överlägsenhet. Dessutom, om ens egen
civilisation inte upplevs vara överlägsen andra, framstår det inte som
lika viktigt att försvara den.[32] I samma anda tillskriver Christopher
Dawson orsakerna till slutet av den europeiska tidsåldern mindre till
nedgången av dess ekonomiska och politiska krafter efter 1945 än till
"att man förlorat tron på det unika i [sin] kultur".[33] Som Giorgio Locchi
en gång varnade för, står etnopluralismen i motsatsförhållande till den
identitära politikens grundprinciper. En civilisation och ett folk exis-
terar nämligen endast i förhållande till andra folk och civilisationer.
Genom att vägra att erkänna det egnas företräde och genom att vägra
att sätta sina egna intressen framför andras, blir "rätten till skillnad"
bara en annan form av liberal pluralism, där kampen inte utkämpas
för vår kultur och vårt folk, utan för alla andra: som Julien Freund
hävdar, är pluralism natten där alla katter är grå.[34] Europa är inte en

---

31 Se exempelvis den franske nationalisten Philippe Ploncard d'Assacs varnande ord: "Les
    mots étant les drapeaux des idées et leurs véhicules, il est évident que le changement de vo-
    cabulaire entraîne fatalement, insensiblement, le changement des idées. On fini par penser
    comme l'on parle et agir comme l'on pense." Se *Le nationalism français: Origines, doctrine
    et solutions* (Paris: Duquesne Diffusion, 2000), s. 40.

32 Monthelant i *Le maître de Santiago*: "Si nous ne somme par les meilleurs, nous n'avons pas
    de raison d'être." Citerad i "Entretien avec Jean Mabire", i *Réfléchir et agir* 9 (sommaren
    2001).

33 Christopher Dawson, *Dynamics of World History*, red. av J. J. Mulloy (Wilmington DE: ISI
    Books, 2002), s. 421.

34 Julien Freund, "Le pluralisme des valeurs", i *La fin d'un monde — Crise ou décline? Actes du
    XVIIIe colloque national du GRECE* (Paris: Le Labyrinthe, 1985).

bland många lika livskraftiga civilisationer. I alla avseenden befinner sig Europa i en klass för sig.[35] Den belgiska nationalbolsjeviken Jean Thiriart konstaterar med rätta att den europeiska kulturen "är civiliserade människors kultur överallt, oavsett om det är Tokyo, Moskva, Singapore eller Pasadena".[36] Dess prestationer och kreativa livskraft är likaledes främst bland alla civilisationer. Dess överlägsenhet har i själva verket aldrig ifrågasatts, utan endast dess nuvarande brist på självförtroende. Detta är dock avgörande. En civilisation kan endast bestå så länge som dess medlemmar tror på sig själva.[37] Av skäl som berörts tidigare i den här boken, har européerna numera tappat tron på sig själva. Efter att ha förlorat sitt blods och sin andes identitet och därmed sin vilja till makt står deras unika civilisation nu inför risken att utplånas, då de blandas med avlägsna folkslag, överger sina gamla traditioner och ignorerar sitt enastående kulturarv. Greces etnopluralism bidrar till att öka risken för ett sådant förfall.

De brister som följer av dess dekontextualisering av identiteten är än mer uppenbara i deras antiamerikanism och kristendomsfientlighet. De få amerikanska tänkare som har undersökt Greces idéer på ett objektivt sätt beskriver deras antiamerikanism som karikatyrmässig, baserad på en Hollywoodskildring av amerikansk kultur.[38] Dess karikatyrmässiga karaktär är dock inte det verkliga problemet med antiamerikanismen, som faktiskt belyser ett flertal amerikanska svagheter och bekräftar många traditionella europeiska ståndpunkter. Greces

---

35 Faye, *Pourquoi nous combattons*, op. cit., ss. 72–73; Claude Lévi-Strauss, *Race et histoire* (Paris: Denoël, 1987), ss. 51–52.

36 Jean Thiriart, "Responses to 14 Questions", från Archivio Eurasia (http://utenti.tripod.it/ ArchivEurasia).

37 Guillaume Faye, "Dans les replis du déclin: La métamorphose", i *La fin d'un monde*, op. cit.; Jean-Pierre Blanchard, *Mythes et races: Précis de sociologie identitaire* (Paris: Eds. Déterna, 2000).

38 Paul Gottfried, "Alain de Benoist's Anti-Americanism", i *Telos 98–99* (vintern 1993–våren 1994); Paul Piccone och Gary Ulmen, "Introduction", i *Telos 117* (hösten 1999). Det finns emellertid de som hävdar att "the caricatures of American life found in comics and Hollywood are not caricature." Se Marcus Cunliffe, "The Anatonomy of Anti-Americanism", i Rob Kroes, red., *Anti-Americanism in Europe* (Amsterdam: Free University Press, 1986).

antiamerikanism misslyckas ur ett identitärt perspektiv, inte på grund
sina överdrifter, utan snarare på grund av den underordnade eller "ko-
loniala" mentalitet den speglar. Dess fixering vid USA orsakar med an-
dra ord inte bara en felaktig identifiering av Europas huvudfiende, utan
ger även uttryck för ett ressentiment som, enligt Nietzsches definition
av en "god europé", framstår som opassande. Amerika är visserligen
Europas motståndare, men, som Grece själva erkänner, är Amerika
endast starkt i den utsträckning som Europa är svagt. Det är inte USA
som tvingar Europa till underkastelse, utan snarare Europas vassal-
liknande eliters undergivna samarbetsvilja.³⁹ Kontinentens underord-
nade ställning i den USA-dominerade världen är alltså till syvende och
sist ett europeiskt problem. Därmed borde Greces tyngsta kritik riktas
mot dem som möjliggör denna underordning. Så har emellertid inte
varit fallet. En metapolitik motiverad av en realistisk politisk hänsyn
till europeisk identitet skulle utan tvekan ägna mindre tid åt Amerika
och mer tid åt att angripa de kollaboratörer vars förräderi har lämnat
den europeiska kontinenten utan ledarskap.

Det finns ett ännu mer talande problem med Greces antiamerika-
nism. När européer dukar under inför USA:s liberala imperies dekul-
turerande påverkan, förråder de sig själva. Det som idag klassas som
amerikanism är i lika hög grad ett hot mot euroamerikaner i största
allmänhet — och inte enbart mot dem av oss "som hittar sitt ursprung,
sin inspiration och sitt andliga hem i Europas heliga jord" (Yockey).
Det finns två viktiga frågor här: USA:s europeiska väsen och risken
för Euro-Amerikas biologiska undergång. Grece har konsekvent un-
derskattat till vilken grad Amerika är (eller åtminstone en gång var)
ett europeiskt land. Trots den anti-europeiska aversion som återfanns
hos de puritanska grundarna och den hebreiserande karaktären i dess
liberala modernistiska värdegrund, koloniserades dess mark av män-

---

39 Faye, *Nouveau discours à la nation européenne*, op. cit., s. 135. Jfr. Pierre M. Gallois,
    Réquisitoire: Entretiens avec Lyndwing Helly (Lausanne: L'Age d'Homme, 2001), s. 7.

niskor av europeisk härkomst, som utvecklats i enlighet med europeiska principer (hur mycket dessa än må ha förändrats eller reviderats), och behöll en etnisk identifikation med Europa (utan vilken dess kolonisering av Nordamerika skulle genomgått liknade anti-identitära processer som utmärker Mexiko och många delar av Latinamerika). Som en av USA:s största Europavänner skriver: "Amerika har en andlig samhörighet med, och kommer alltid att tillhöra, den västerländska civilisation från vilken den utgör ett kolonialt utskott, och ingen del av det sanna Amerika tillhör [dem]. . . som inte är en del av denna civilisation".[40] Givet dess speciella relation till Europa kan identitärer inte helt förkasta denna "europeiska nation på en utländsk kust" (H. Millard).

Detta verkar särskilt vara fallet för de skikt av den amerikanska befolkningen vars huvudsakliga identitet är europeisk.[41] Genom sin ytliga bekantskap med landets historiska komplexiteter och sin oförmåga att "följa en amerikansk dynamik i amerikanska termer snarare än europeiska" (Robert Wiebe) har Grece konsekvent underskattat till vilken grad vita sydstatare och europeiska invandrare, särskilt "etniska katoliker", avvisade (den anti-europeiska) Yankee-modellen och, ibland, anammade ett antiamerikanskt uttryck i sin amerikanism (genom att identifiera sig med det religiösa och kulturella arvet i det "gamla landet" i stället för den lågkyrkliga antikulturen i sitt nya hemland). I själva verket var det de nya eliternas decimering av det katolska Amerika och den amerikanska södern under den post-Rooseveltianska eran, särskilt genom deras ras- och invandringspolitik, som lade grunden till det system vars globalistiska principer för närvarande koloniserar resten av världen. Identitärer som vänder sig mot "amerikanism" bör därför skilja mellan amerikaner av europeiskt ursprung, som hotas av

40 Francis Parker Yockey, "The Destiny of America" (1955), i *The Thoughts of Francis Parker Yockey* (London: The Rising Press, 2001).

41 Robert H. Wiebe, *The Segmented Society: An Introduction to the Meaning of America* (New York: Oxford University Press 1975).

den amerikanska liberalismens antiidentitära krafter, och den nutida motsvarigheten till den puritanska eliten som utgör det huvudsakliga hotet (och som till stor del består av judar). Liksom européerna, är dessa europeiskättade amerikaner ansatta av mångkulturalism och massinvandring som på sikt säkerställer deras utplåning som folk, av en terapeutisk stat som förvandlar dem till passiva konsumenter, av globaliseringen som sliter sönder strukturen i deras samhällen, av kulturindustrin vars smörja förorenar deras arv, och av skolsystem, universitet, myndighetsbyråkratier och avlägsna samhällsplanerare som förkastar deras moraliska ordning och deras rätt att vara sig själva. Identitarism i europeisk tappning riktar sig nästan lika mycket till europeiskättade amerikaner som upplever USA:s omvandling till "ett instabilt och fragmenterat mångkulturellt kollektiv", på samma sätt som européer upplever den pågående aveuropeiseringen av sina egna länder. Likaså erbjuder den dem en plattform för att återuppta det invandringskritiska projekt ("the nativist project") som hamnade på ett sidospår för ett och ett halvt sekel sedan och misslyckades med att skapa en amerikansk nation baserad på Europas rasliga och kulturella arv. Det framstår därför inte som någon överdrift att hävda att framtiden för européerna på båda sidor av Atlanten hänger på deras gemensamma kamp mot samma liberala "Moloch", oavsett om den kallas "amerikanism", "modernitet" eller "globalisering".

Greces kristendomsfientlighet är behäftad med liknande brister. Det är naturligtvis filosofiskt korrekt att betona den tidiga kristendomens icke-europeiska ursprung och dess förvanskande effekt på europeisk kultur, men efter 1500 år verkar det rimligt att anta att kristendomen har kommit att göra ett bestående avtryck—och ett inte alltigenom negativt sådant—i den europeiska folksjälen. Om historien har lärt oss något, så är det att civilisationer—dess kulturer, traditioner och folk—tenderar att omforma främmande religioner istället för att regelrätt underordna sig dem. Detta introducerar flera faktorer som ignorerats eller minimerats av Grece. Den första innebär den uppenbara skillnaden mellan kyrklig och populär kristendom. Medan det hedniska Europa kristnades av den romerska kyrkan, var det kyrkliga etablissemanget tvunget att i många avseenden anpassa sig till den europeiska folktron. I den utsträckning som så skedde fortsatte den folkliga kristendomen att fungera som en bärare av den europeiska folksjälen och inkorporerade betydande aspekter av det undertryckta hedniska arvet. Den medeltida kristenhetens främsta prestationer — dess universitet, gotiska katedraler, episka dikter, ädla riddare och fagra damer — kan i detta avseende lika mycket tillskrivas den keltisk-germanska hedendomen, eftersom Europas ursprungsbefolkningar förvandlade en ursprungligen semitisk religion till en bärare av deras egna inneboende andlighet.

En annan faktor handlar om den klyfta som skiljer den historiska kristendomen från modern kristendom. Såväl i dess nykatolska som protestantiska tappning, assimilerar modern kristendom mycket av vänsterns prat om jämlikhet och universalism, vilket Grece tar som intäkt för dess inneboende anti-identitarism. I denna anda riktar den moderna kyrkan sig till hela världen, samtidigt som den försummar de människor och den kultur som gjorde den till vad den är. Emellertid har den historiska kristendomen, i såväl dess medeltida som tidiga moderna former, erkänt etnokulturella skillnader och bejakat förekomsten av nationer, samtidigt som den uttryckligen förbjöd eller såg ned på blandäktenskap, accepterade rasliga skillnader och erkände hierarkiska ojämlikheter. I ljuset av vad James C. Russell kallar "germaniseringen av den medeltida kristendomen", är det bedrägligt att behandla det kristna arvet som om det utgjorde en oförändrad fortsättning på dess "primitiva" mellanösternursprung istället för att inse att den med tiden kom att bli en "europeisk folkreligion". En monolitisk tolkning av kristendomen som misslyckas med att identifiera dess komplexa och mångskiftande historiska uttryck gör den inte rättvisa.

Ett tredje problem med Greces antikristendom handlar om att avkristnandet av Europa ohjälpligt är kopplat till Europas "avförandligande" i största allmänhet. Som René Guénon påpekar, är avförandligande en form av "avtraditionalisering". Vad som än var av "värde i den moderna världen", skriver han, "kom från kristendomen, eller i varje fall genom kristendomen, för kristendomen [bar på] arvet från tidigare traditioner" — det vill säga av det hedniska förflutna och den grekiska filosofiska traditionen som utgjorde den europeiska idéns fundament.[42] Dessa tidigare traditioners påverkan på kristen kultur är särskilt tydlig i allt som skiljer den från den materialistiska och anti-metafysiska karaktär som präglar de andra abrahamitiska religionerna. Kristendomen var också avgörande i att den fungerade som det medium genom vilket vanliga personer deltog i den europeiska högkulturen, överbryggade de rudimentära antropologiska gränserna i deras vardagliga liv och förenade dem med sin aristokrati.[43] Att kategoriskt avvisa kristendomen, som Grece och dess anhängare gör, avfärdar inte bara vad som återstår av värde i både den hedniska andligheten och kontinentens högkultur, utan påskyndar även det pågående nihilistiska avförandligandet av den europeiska människan. Slutligen, som Julius Evola hävdar, kommer europeisk hedendom aldrig att kunna återuppväckas som en religion. Dess principer och värderingar lever vidare enbart inom den kristna, särskilt i den pre-tridentinska katolska traditionen, eftersom denna är den tradition som bäst bevarat allt som fortfarande finns kvar av den europeiska hedendomen. Eftersom det vid sidan av kristendomen saknas realistiska religiösa alternativ för européer, kan ett kategoriskt avfärdande av kristendomen endast grunda sig på den tidiga kristendomens intellektuella rötter i mellan-

---

42 René Guénon, *The Crisis of the Modern World*, övers. av A. Osbourne (Ghent NY: Sophia Perennis et Universalis, 1996), s. 139.

43 Nicolas Berdyaev, *The Fate of Man in the Modern World*, övers. av D. A. Lowrie (Ann Arbor: University of Michigan Press, 1935), s. 114.

östern.[44] Kristendomen är, på gott och ont, Europas religion. Istället för att gå till frontalangrepp mot kristendomen, skulle Grece kunna betona dess assimilering av europeiska värderingar, inklusive värderingar hämtade från det indoeuropeiska förflutna och den romerska kejserliga traditionen, och erkänna att denna specifika tillämpning av kristna trossatser historiskt tjänat de europeiska folkens kollektiva intressen, snarare än de icke-europeiska utgruppernas intressen. Deras kritik borde framförallt rikta sig mot de religiösa företrädare som övergett detta tankegods till förmån för den flummiga humanism och "politiskt korrekta ekumenik", som i dagsläget ska föreställa kristendom. Som fler än ett fåtal identitärer noterat, spelar Greces kategoriska kristendomsfientlighet vänstern i händerna, eftersom vänstern eftersträvar en fullständig avsakralisering för att påskynda sina utopiska konstruktioner.[45]

VAD DE ÅSTADKOMMIT

Det finns allvarlig kritik av och, från ett identitärt perspektiv stora brister i, Greces projekt.[46] Hur komprometterande dessa brister än må vara, uppvägs de emellertid genom det flertal ovärderliga insatser Grece bidragit med till den antiliberala saken under de senaste tre decennierna — särskilt genom lanseringen av viktiga tänkare som Guillaume Faye, Robert Steuckers, Pierre Vial, Pierre Krebs, Dieter Stein, Michael Walker, Tomislav Sunic och Jean-Claude Valla, som alla för närvarande går i bräschen i kampen för Europas framtid. Även om Greces övergivande av metapolitiken, dess hyperintellektualisering

---

44 Jfr. Christopher Dawson, "Sociology as a Science", i A. Thomson och J. G. Crowther, red., *Science for a New World* (New York: Harper and Bros., 1934).

45 Exempelvis, Robert Barrot, *Il est trop tard* (Paris: Godefroy de Bouillon, 2001), s. 8; Kevin MacDonald, "What Makes Western Culture Unique?", i *The Occidental Quarterly: A Journal of Western Thought and Opinion II:2* (sommaren 2002).

46 För att ta del av Grece bemötanden av en del av denna kritik, se "Entretien avec Alain de Benoist", i *Réflechir et agir 11* (våren 2002).

och dess eftergifter till de förhärskande liberala idéerna, i synnerhet mångkulturalismen, gör dem allt mer irrelevanta för den europeiska identitarismens framryckande krafter, så kommer dessa krafter sannolikt endast att kunna lyckas i den mån de tar vid där Grece slutade.

Varje sammanfattande bedömning av Greces insatser borde börja med att erkänna att dess metapolitik inte har haft någon inverkan på den politiska klassen (med några enstaka undantag), den akademiska världen, eller den nya klassens härskande eliter. Utanför etablissemanget, bland olika systemkritiska krafter, såsom Front National, MNR, Vlaams Blok, Alleanza Nationale och en mängd nya politiska grupperingar som utmanar de liberala oligarkerna, har Grece däremot gått i bräschen i underminerandet av den dominerande diskursen och skapat ett livskraftigt alternativ till denna. I de ungas och oindoktrinerades led, bland ett växande antal identitärer, högerradikaler och revolutionära nationalistiska organisationer, samt i den stora subkultur som består av darkwave-band och esoteriska traditionalister har dess idéer också funnit en mottaglig publik. Den växande likgiltigheten inför den dominerande vänster-höger-diskursen utökar också den potentiella publiken.[47] Nästan varje form av anti-liberalism i Frankrike, en stor del av den i Tyskland, Italien och Belgien, och mer och mer hela Europa, har nu börjat reflektera över de idéer som ytligt berörts i den här boken. Greces metapolitiska betoning av kultur, dess filosofiska kritik av liberal rationalism, dess förkärlek för det tragiska-heroiska snarare än ekonomiska värden, dess hedendom, arkeofuturism, antiamerikanism, europeiska nationalism, och geopolitik har i allra högsta grad blivit centrala för nästintill alla som för närvarande kämpar för Europas överlevnad.[48]

---

47 Gregory Flynn, red., *Remaking the Hexagon: The New France in the New Europe* (Boulder: Westview Press, 1995), ss. 191, 204.

48 Exempelvis identifierade sig samtliga nationalister som intervjuades i Christian Bouchets *Les nouveaux nationalistes*, op. cit., med just de av Greces idéer som en tidigare generation nationalister skulle ha betraktat som hädiska.

Vilka långsiktiga effekter Greces identitarism kommer att ha på den uppväxande generationen återstår naturligtvis att se, men vissa av dess ansträngningar, särskilt inom idéernas sfär, har redan uppvisat positiva resultat. Grece har exempelvis varit avgörande i att popularisera försummade franska tänkare som Georges Dumézil och att introducera många utländska, framför allt tyska, tänkare som Carl Schmitt, Arnold Gehlen, Ernst Niekisch, Armin Mohler, Ernst Jünger och andra, för en högerradikal publik. Ett växande intresse för indoeuropéerna, biologi, hedendom, mytologi, postmodernism, samt ett flertal historiska epoker och personligheter som ignorerats av den akademiska nomenklaturan, härrör också från Greces publikationer. Indirekt (eftersom detta främst åstadkommits av identitärer influerade av dem) har de även skapat ett förnyat intresse för de antika, medeltida och episka traditionerna i den europeiska tankevärlden, och övertygande argumenterat för att de på många sätt är överlägsna, och förnuftigare än, moderna liberala åsikter.

Grece har också legat långt före andra politiska strömningar när det gäller att förutse de viktigaste skiljelinjerna i den senmoderna tidsåldern. Under sin tidiga historia identifierade de det amerikanska hotet mot Europa, förkastade uppfattningen att handel skapar universell harmoni och att marknader är de universalmedel de utmålas som, förutspådde att identitära frågor åter skulle hamna på dagordningen och Huntingtons "civilisationernas kamp", förespråkade och förutspådde Tysklands återförening, hävdade att europeisk enighet skulle uppnås trots motstånd från nationalstaten och indelningen i öst- och västblocket, förutspådde sovjetkommunismens kollaps, dissekerade det andliga tomrum konsumtionssamhället skapar, återupplivade ett intresse för filosofisk och politisk litteratur kritisk mot liberalismen, avslöjade den politiska korrekthetens inkvisitoriska karaktär och förutsåg globaliseringens, massinvandringens, och mångkulturalismens anti-identitära konsekvenser.[49] Listan kan göras ännu längre.

Grece har framförallt spelat en central roll i att återupprätta den högerintellektuella tanketraditionen som, i likhet med nästan alla idéströmningar som inte underordnar sig liberalismen, har befunnit sig i karantän sedan Andra världskriget. På grund av sin lojalitet mot den nuvarande liberala ordningen har den etablerade högern helt naturligt varit fientligt inställd till Grece — särskilt till dess anti-liberalism och anti-amerikanism. Emellertid kan denna falska höger inte längre framställa sig som det enda tänkbara alternativet till vänstern. Dess okritiska bejakande av världsmarknaden och globalismens kulturfientliga konsekvenser har förvandlat den etablerade högern till en skamlös konvertit till den liberala moderniteten. Vad gäller vänstern har Grece absorberat dess mest värdefulla insikter och stöttat den närhelst den gjort motstånd mot det globala kapitalets teknoekonomiska anstormningar eller mot den terapeutiska staten. Några av de mest framstående vänsterintellektuella personerna i Frankrike — bland andra Jean Baudrillard, Régis Debray, Louis Dumont, Edgar Morin och Michael Maffesoli — har också fått sitt mest sympatiska gehör från Grece-anhängare som engagerat sig för deras idéer på sätt som vänstern, i sin småborgerliga bekvämlighet, har vägrat. Detta har naturligtvis inte hindrat Grece från att attackera vänsterns hegemoni och vända dess nyckelidéer mot den själv. Som en följd av detta kan vänstern inte längre förvänta sig att dess principer automatiskt ska tas för givna, nu när Grece har avslöjat den anti-europeiska rasism som är en underförstådd del av vänsterns mångkulturalism, dess anti-demokratiska karaktär som framgår av dess rationalistiska politik, de inkvisitoriska avsikterna med dess politiska korrekthet, den kollaborerande karaktären hos dess amerikanism, dess bakåtsträvande förnekande av biolo-

---

49 *Manifeste pour une renaissance européenne: À la decouverte du GRECE, son histoire, ses idées, son organisation* (Paris: Grece, 2000), ss. 11–12.

gin, de samhällsförstörande konsekvenserna av dess ekonomism, och inte minst dess oförmåga att försvara sina filosofiska grundpremisser. I största allmänhet föregriper Greces förkastande av höger-vänster-politiken den postmoderna klyftan. I en tid då den europeiska civilisationens och etnicitetens överlevnad står på spel, har modernistiska politiska motsättningar förlorat sin forna betydelse. Efter att en gång ha varit symboliska uttryck för de polariserande krafterna "framsteg" och "tradition", har högern och vänstern upphört att i praktiken ta itu med de brinnande frågor de flesta européer idag står inför — och i själva verket representerar de inte ens längre två tydligt åtskilda politiska alternativ. Om dessa politiska strömningar ska kunna överleva, måste de utan tvekan omdefinieras, eftersom européer idag befinner sig i gryningen av en helt ny tidsålder av kamp. Som Paul Piccone antyder kan den identitära nya högern i själva verket representera "ett avgörande paradigmskifte som hotar att ersätta den traditionella vänster-höger-indelningen".[50] Det har blivit uppenbart i den eskalerande globala konflikten mellan identitärer och globalister, patrioter och kosmopoliter att en sådan omorientering länge har legat latent i liberala modernistiska samhällen; och sedan Sovjetunionens sammanbrott har den flyttat närmare politikens centrum. I detta avseende var det franska presidentvalet 2002 — av vissa kallat "det första riktiga valet sedan 1945" — särskilt anmärkningsvärt då det i flera avseenden

---

50 Paul Piccone, "Confronting the French New Right: Old Prejudices or a New Political Paradigm?", i *Telos* 98–99 (vintern 1993–våren 1994). Piccones positiva inställning till den nya högern kan härledas ur Frankfurtskolans motstånd mot "upplysningens dialektik" — dvs. mot modernismens samhälleliga rationalisering och detaljstyrda samhällssystem. Han och andra redaktörer på *Telos* som hade börjat översätta Benoist till engelska är, emellertid, endast positivt inställda till hans identitarism på de ekonomiska och sociala nivåerna.deras kritik av "instrumentellt förnuft" och den homogeniserande mekanisering av livet detta ger upphov till, avfärdar däremot den nya högerns föreställning om en stark stat, och än viktigare, dess bejakande av det europeiska livets biokulturella särart. Ett tydligt exempel på detta är Piccones bisarra påstående att amerikaner borde betrakta den mexikanska koloniseringen av sydvästra USA som en "berikning". Om vänster-högersplittringen i USA, se Samuel Francis, "Paleo-Malthusians", i *Chronicles* (december 1998); Patrick J. Buchanan, *The Great Betrayal: How American Sovereignty and Social Justice Are Being Sacrificed to the Gods of the Global Economy* (Boston: Little, Brown and Company, 1998), s. 108.

markerade startpunkten för en ny era inom europeisk politik. Jean-Marie Le Pens nederlag, mot bakgrund av alla smutsiga metoder och förtal från den enade oligarkin (vars slutliga rösträkning var värdig en bananrepublik), representerade hur som helst en moralisk seger för identitärerna och ett moraliskt nederlag för vänstern, som svart på vitt klargjorde att de föredrog en skurk framför en nationalist (*plutôt un escroc qu'un facho!*). I motsats till hur etablerad massmedia framställde det var Le Pens lilla men imponerande uppvisning mer än bara en proteströst. Den var snarare en upprorshandling mot hela det nuvarande liberala systemet. Detta framgick särskilt tydligt i det inbördeskrigsliknande klimat och den totalitära mobilisering av stat och samhälle som uppstod mellan de två valomgångarna.[51] I den identitära historieskrivningen markerade valet 2002 ett definitivt avslut på det vänster-högerindelade politiska systemet, eftersom alla framtida politiska strider — i Frankrike och sedermera i hela EU — oundvikligen kommer att stå mellan de européer som mobiliserar för en *Reconquista* mot den korrupta vänsterorienterade oligarkin och dess muslimska och islamofila väljarkår.[52] I denna omvandling av det politiska systemet är det svårt att inte se begynnelsen av Piccones "paradigmskifte".

Den tidigare Grece-medlemmen Guillaume Faye har jämfört den nya högern med en sädescell: om än oförmögen att direkt förändra världen, har Grece förmågan att befrukta situationer och sprida idéer som kan förändra framtiden.[53] När vi nu går in i det tjugoförsta århundradet, förutspår Faye en framtid av eld och storm — där univer-

---

51 Yves Daoudal, *Le tour infernal: 21 Avril — 5 Mai* (Paris: Godefroy de Bouillon, 2003).

52 Guillaume Faye, "Analyse de la présidentielle", i *J'ai tout compris*, tillägg till n. 21 (maj 2002). Samtidigt som Le Pens Front National förvisso utmanar den liberala oligarkin och mobiliserar många anti-liberaler, är det knappast något idealiskt parti för identitärer. Det är exempelvis nationalistiskt snarare än europaorienterat; assimilationistiskt snarare än separatistiskt; "liberalt" snarare än anti-kapitalistiskt. De mer intellektuella identitärerna argumenterade under en period för att Front National upphört att representera dem och att vägen framåt endast skulle vara möjlig efter att partiet lämnat scenen. Se Norbert de la Aixe, "'Remettez-nous ça, garçon!'", i *Réfléchir et Agir 12* (sommaren 2002).

53 "Entretien avec Guillaume Faye", i *Éléments 92* (juli 1998). Om Fayes bidrag till de mest centrala idéerna inom den nya högern, se Robert Steuckers, "L'apport de Guillaume Faye

salisternas vision om "den globala byn" kommer att ge vika för civilisationers sammandrabbningar och rivaliserande biokulturella block.[54] I detta scenario, som föregriper modernitetens interregnum, menar han att de liberala eliter som utgör "*le parti américain*" inte har någon roll att spela. Rekryterade från företagsledningarnas led, en korrumperad politisk klass och ett universitetssystem som ägnar sig åt den nya klassens ideologiska banaliteter, har denna "blodlösa, könlösa, raslösa, klasslösa" besättning vid rodret för "*Le Titanic Europa*" (G. A. Amaudruz) varit ansvarig för en katastrof utan motstycke i Europas historia — utan tvekan mer katastrofal än något som hunnerna eller turkarna någonsin gjorde sig skyldiga till.[55] Omedvetna om att ett samhälle kan framstå som om det fungerar normalt även efter att ha förlorat sin själ, försvarar de det "sämsta samhälle som någonsin funnits ... eftersom [det är] det som i störst utsträckning underordnar sig ekonomins tyranni och förtingligandet av mänskliga relationer". I själva verket utgör det ett direkt hot mot Europas etniska och kulturella existens.[56]

En mindre fördummad generation skulle nästan helt säkert ha betraktat det vanstyre som Europas amerikaniserade nomenklatura

---

à la Nouvelle Droite et petite histoire de son eviction", på Vlaamse Jongeren Mechelen (http://www.vjm.cc/vjm/index3.htm).

54 Guillaume Faye, "XXIe siècle Europe: Un arbre dans la tempête", i *Terre et peuple: La revue* 2 (vinter 1999); Raymond Ruyer, *Les cent prochains siècles: Le destin historique de l'homme selon la Nouvelle Gnose américaine* (Paris: Fayard, 1977), ss. 199–207; Paul-Marie Coûteaux, *L'Europe vers la guerre* (Paris: Ed. Michalon, 2000); Jean Parvulesco, "Vladimir Poutine et l'Europe eurasiatique de la Fin" (2000), på Synergon (http://www.geocities. com/spartacorps/synergon). Jfr. Robert D. Kaplan, *The Coming Anarchy: Shattering the Dreams of the Post Cold War* (New York: Random House, 2000); Samuel P. Huntington, *The Clash of Civilizations and the Remaking of World Order* (New York: Simon and Schuster, 1996); Thomas W. Chittum, *Civil War II: The Coming Breakup of America* (Show Low AZ: American Eagle Publications, 1996); Alain Minc, *Le nouveau Moyen-Age* (Paris: Gallimard, 1993); Richard C. Longworth, *Global Squeeze: The Coming Crisis for First-World Nations* (Chicago: Contemporary Books, 1998).

55 Jfr. Giorgio Freda, *La désintégration du système*, övers. av E. Houllefort (Paris: Totalité, 1980).

56 "Vers de nouvelles convergences: Entretien avec Alain de Benoist", i *Éléments* 56 (vinter 1985).

ägnar sig åt som ett fullgott skäl till uppror.[57] Dess dagar är dock redan räknade. Liksom det modernistiska projektet, har detta motbjudande "kvantitetsväldes" legitimitet börjat krackelera. När stormvindarna väl blåser upp, vilket de oundvikligen kommer att göra, kommer dess motstridiga ideal och endimensionella sociala former troligtvis att sopas bort, som en gång Sovjetunionens. Då kan det komma att bli tydligare att den nya högern har representerat det som är mest bestående i Europas unika arv — och det som förhoppningsvis kommer att bli framtida generationers arvedel.

---

57 Pierre Thullier, *La grande implosion: Rapport sur l'effrondrement de l'Occident 1999–2002* (Paris: Fayard, 1999), ss. 14–21; Pierre-Marie Gallois, *La France sort-elle de l'histoire? Superpuissances et déclin national* (Lausanne: L'Age d'Homme, 1998), s. 149; Guillaume Faye, *L'archéofuturism* (Paris: L'Æncre, 1998), s. 57; Emmanuel Lévy, "L'avant-guerre civile", i *Éléments* 96 (november 1999); Alain de Benoist, "Secessio plebis: Une situation prérévolutionnaire" (1996), i *L'écume et les galets*, op. cit. Även Peter Glotz, Rita Süssmuth, och Konrad Seitz, *Die planlosen Eliten: Versäumen Wir Deutschen die Zukunft* (München: Ferenczy bei Bruckmann, 1992); Alfred Mechtersheimer, "Weshalb das 'System' nicht länger funktioniert", i *Nation und Europa: Deutsche Monatshefte* (mars 2003); Christopher Lasch, *The Revolt of the Elites and the Betrayal of Democracy* (New York: Norton, 1995). Patrick Buchanan står för en liknande negativ karaktärisering av de amerikanska eliterna, och hävdar att de "idag återupprepar varje misstag som förde tidigare imperier till deras undergång." Se *The Great Betrayal*, op. cit., s. 4.

INDEX

A

Abellio, Raymond 56, 69
Alexander den store 320
Althusius, Johannes 290–292
Amaudruz, Gaston Armand 350
amerikanisering 18–30, 266, 295, 311, 328
Andra världskriget vii, 24, 145, 262, 292, 347
antikommunism 27–29, 69, 123, 218
arkeofuturism 178, 214–215, 345
Arendt, Hannah 144
Aristoteles 103, 180, 320
Aron, Raymond 68, 144
Aron, Robert 247
atlanticism, atlanticister 271–283, 295

B

Badinter, Robert 139
Bardèche, Maurice 26, 217–219
Barrès, Maurice 63
Barsamian, David 149
Baudelaire, Charles 221
Baudrillard, Jean 14–20, 42–46, 146–148, 231,
    247–249, 322, 347
Beauvoir, Simone de 125
Beethoven, Ludwig van 249
Bell, Daniel 27, 109, 145, 218, 289
Benoist, Alain de xiv, 5–351
Berger, Peter 33, 87
Berlin, Isaiah 11
Bernstein, Eduard 15
bibeln 7
biokultur 298
bisexualitet 125
Bloch, Ernst 152
Boas, Franz 78
Bodin, Jean 286
Bonald, Louis de 7–12, 92
bourgeoisie 17, 34, 240
Bowie, Jim 239
Brasillach, Robert 217
Brogan, Denis William 221, 235–239
Brzezinski, Zbigniew 144, 270–272, 302–315

Bücher, Karl 115
Burke, Edmund 11–18, 62
Burnham, James 27, 123, 225–227
Bush, George W. 140, 232, 305
Capet, Hugh 308
Carrel, Alexis 127
Carterregeringen 139
Cau, Jean 107, 266
Cause du peuple, la 57
cartesianism 93–98
Champetier, Charles 27, 46–53, 78, 103,
    120–148, 185, 203, 222, 270–274, 289–304
Chesterton, G.K. 234
CIA 34, 257, 269
Clausewitz, Carl von 300
Clinton, Bill 232, 305
Collingwood, R. G. 95, 188, 207
Commission des Traditions 176
Comte, Auguste 194
Connolly, William 41–48
Constable, John 115
Crockett, Davy 239

D

Dahmer, Jeffery 109
Dar-al-Harb 132–134
Dawson, Christopher 9, 178–180, 337–344
Debord, Guy 146
Debray, Régis 38, 105, 263, 289, 347
De Gaulle, Charles 18–34, 270, 307–312
Deleuze, Gilles 42
Del Noce, Augusto 33, 145, 281
Del Valle, Alexandre 269, 315, 335–336
demokrati 20, 110, 256, 298, 317–328
Derrida, Jacques 42
Descartes, René 30, 90–99, 160, 205, 247
Dewey, John 107–108
Diwald, Hellmut 178
Djingis Khan 240
Doolittle, Eliza 108
Dostojevskij, Fjodor 64
Droit à la différence, le 57

Dugin, Alexander 13, 147, 306–316
Dumézil, Georges 54, 68, 185–188, 346
Dun, Robert 133, 150, 163
Dumont, Louis 157, 309, 347

E
Eddan 158
Eibl-Eibesfeldt, Irenäus 80, 320
Éléments 13–186, 200, 215–335, 349–351
Eliade, Mircea 166–180, 193–195, 209–211
Eliot, T. S. 16, 225
empirism 99
Europe-Action 30
Europa vii–xviii, 1–38, 54–73, 86–87, 124–156,
   174–185, 218–223, 240–351
Eurosibirien 316–317
eviga återkomsten, den 191–198
Evola, Julius xvii, 12–19, 34–36, 56–64, 108,
   125–126, 148–165, 181–189, 204–217, 233,
   246–251, 288–298, 343
ex oriente lux, tesen om 183–186

F
fascism xii, 19–25, 40, 53, 145, 228, 267
Faye, Guillaume xiv, 23, 39, 68, 82–94, 113–161,
   178–185, 205–218, 231–240, 259–296, 311–351
feminism xii, 37, 142
Figaro, Le 23, 131–133, 148
filoamerikaner 295
Finkelstein, Norman 256
Fontenelle, Bernard le Bovier de 9
Ford, John 243
Fortuyn, Pim 20
Foucault, Michel 2, 42–50, 68, 186–193
Frank, Andre Gunder 277
Frankfurtskolan viii, 31
Frazer, James G. 186
Fredrik den andre 296
Freund, Julien 13, 56, 118–123, 143, 170, 283,
   323, 337
Freyer, Hans 64, 104
Friedrich, Carl J. 144
Fukuyama, Francis 214, 272
Första världskriget 64–70

G
Gandillon, André 132–133
Gehlen, Arnold 56, 75–93, 107–108, 135,
   147–157, 172–173, 325, 346
geopolitik 300–304, 316, 345
ghibelliner 297
Giroud, Françoise 283
Giscard d'Estaing, Valéry 68, 131
globalisering 38–41, 285–295, 341
Godard, Jean-Luc 37
Goethe 223
Gramsci, Antonio ix, 69–73, 137
Gray, John 17–23, 135, 236, 258, 327
Großraumautarkie 295

Groupement de Recherche et d'Études pour
   la Civilisation Européenne (GRECE) xii,
   16–32, 50–78, 105–113, 138–186, 215–220, 242,
   264–349
Guénon, René 9, 92–108, 122–123, 254, 343
Guevara, Che 35
Guizot, François 102
Guyot-Jeannin, Arnaud 19–23, 90–113, 126,
   155, 176, 288–299, 335–336

H
Habermas, Jürgen 2, 100–103
Haider, Jörg 20
Hain, Peter 260
Ham, Peter van 121, 285–296
Hassan, Ihab 45
Hassner, Pierre 305
Haushofer, Karl 306
Hawthorne, Nathaniel 228
Hazard, Paul 8, 52, 181
Heidegger, Martin 48–64, 93, 151, 166–181,
   196–215, 263, 325–332
Herakleitos 77, 161
Hesiodus
Hitler, Adolf 268, 312–313
hierarki xvii, 3, 15, 56, 105–109, 189, 223, 307
Hobbes, Thomas 286
Homeros 161–162, 180–190
homo oeconomicus (den ekonomiska män-
   niskan) 101–102, 119, 144
homosexuella xiii, 36, 128, 330
Hume, David 170
Huntington, Samuel P. 12, 87, 134, 254, 273,
   302, 350
Hussein, Saddam 269
Husserl, Edmund 75
Huxley, Aldous 147

I
identitet 4, 31–60, 85–87, 105, 122–138, 151,
   173–185, 198–199, 211–246, 265–340
ideologi 13, 52–71, 89, 123–132, 146, 158, 187,
   226–227, 271–275
Iliaden 158
imperietanken (Reichsidee) 293–317
Imperium 58–59, 123, 265, 282–332
individualism, individualitet 2–57, 103–106,
   121, 142, 154, 231–235, 313–329
indoeuropeer 184–188, 215, 346
invandring viii, 38, 132, 333–335
Irak 141, 217, 255–257, 304–314
Irving, David 160, 251, 285
islam 133–135, 185, 269, 303, 315, 327–336

J
Jefferson, Thomas 232, 248
Jordis von Lohausen, Heinrich 197, 302–306
Jünger, Ernst 56–64, 159, 247, 332, 346

K

Kalla Kriget 217, 252–312
kalvinism, kalvinister 153, 223
Kant, Immanuel 46, 97–103, 202, 230
kapitalism 14, 40, 57–65, 113
katolicism 31, 61
kelter 54, 124, 151–161, 184, 215, 310, 342
Kennedy, Robert 253
Keyserling, Hermann 105, 217, 229, 242–246, 264–268
Kim Il Sung 318
Kirk, Russell 4, 16, 175, 215, 232
Kleisthenes 319
Klodvig 308
kollaboratörer 26, 339
kommunism, kommunister 38, 181, 261–263
Konservativa revolutionen, den 59–65, 312
konsumism 30, 146, 265
konsumtionssamhället 37, 346
kontraupplysningen 11, 62–69, 287
Krebs, Pierre xiv, 23, 87–88, 112–124, 136–140, 155, 178–188, 227, 256–284, 312, 327, 344
Kreitor, Nikolai von 268, 314
kristendomen 23, 57, 151–166, 180, 281, 327, 341–344
kultur x, 8–92, 104–152, 164–197, 215–250, 265–284, 296–310, 325–345

L

La Rocque, François de 28
Latouche, Serge 14, 279
Le Bon, Gustave 34, 63, 158, 174
Lenin, V.I. 30, 71–73
Le Pen, Jean-Marie 61–68, 131
Lévi-Strauss, Claude 53, 77–78, 166, 185–186, 214–215, 252, 338
liberalism 1–38, 61–69, 89–108, 120–125, 237, 261–263, 321, 345–347
Lincoln, Abraham 164, 240
Lind, Michael 231, 266
List, Friedrich 115–116
Locchi, Giorgio 55, 76–84, 153, 166–168, 182–196, 214–218, 244, 297, 337
Locke, John 97–117
logos 41, 156–181, 193, 205, 301
London, Jack 4–46, 69–122, 135–144, 183–198, 219–249, 263–265, 285–288, 302–326, 340
Lorenz, Konrad 56, 77, 241, 328
Lorrain, Claude 115
Lundestad, Geir 267–271, 294
Lyotard, Jean-François 41–42, 169

M

Mabire, Jean 29–35, 165–176, 225, 337
Mackinder, Halford 303
Maffesoli, Michel 44, 347
Maistre, Joseph de 12, 62–69, 238, 298, 320
Majrevolten 33–40
Malia, Martin 267

Marcuse, Herbert x, 35, 145
Markale, Jean 161
marknaden 20, 50, 64, 102–122, 141–142, 230, 271, 293–294, 323–328
marknadsekonomi 14
Marshallplanen 293
Marx, Karl xi, 13, 30–37, 71–72, 95, 140–141, 181, 265
marxism ix, 31–38, 71
massinvandring vii–xii, 341
Maulnier, Thierry 56, 90
Maurras, Charles 28, 63–64, 118, 288, 328
medborgarrättsrörelsen 35, 258
Mencken, H. L. 248
Metapolitik ix–xvi, 55, 67–74, 86, 137–138, 171, 256, 274, 336–345
Millard, H. 340
Miller, Henry 205, 248
milletsystem 135
Milton, John 23, 180
Mitterand, François 67
modernitet 5, 17–20, 87, 175, 285, 341
Moder Teresa 109
Moeller van den Bruck, Arthur 4, 64
Mohler, Armin 18–25, 51–64, 87, 151, 190, 249, 307, 322, 346
Molnar, Thomas 15–27, 116, 150–156, 210–223, 257, 283–294
Monroedoktrinen 255
Mouvement National Républicain 345
Mozart, Wolfgang Amadeus 300
Müller, Adam 62, 117, 315
Mussolini, Benito 69–70
myt 102, 168–171, 213, 243
mytos 166–167
mångkultur, mångkulturalister 329
mänskliga rättigheter 20, 39, 130–142, 235, 276

N

Napoleon 3, 321
nation, nationalstat 29, 45, 87, 104, 122, 225–238, 253–351
Nationella Fronten, franska 113, 137
Nationalsocialism 25
NATO 268–272, 289–294, 314–316
Neumann, Iver 157, 315
New York Times 258, 305
Niekisch, Ernst 13, 64, 312–313, 346
Nietzsche, Friedrich 37–63, 79–95, 108, 154–221, 246
Nock, Albert Jay 232, 248
Nolte, Ernst 267
Nouvelle École 280, 297
Nouvelle Observateur, La 23
nya klassen, den 27, 301
nya vänstern, den xii, 24, 51, 69
nya världsordningen, den 139, 290

O

Oakeshott, Michael 95, 232
Oberlercher, Reinhold 13, 218–222
Om arternas uppkomst 170
Ortega y Gasset, José 170, 326
O'Sullivan, John 225
Otto I 309

P

Paine, Thomas 224
Pareto, Vilfredo 63
Parkinson, C. Northcote 219
Parti américain, le 31, 264, 350
Pascal, Alain 31, 308
Pauwels, Louis 157
Pauwels, Luc 157
Percy, Walker 229
Pétain, Marshal 25
Piccone, Paul 19, 72, 110, 143, 235, 338–349
Pingel, Konrad 142, 243, 270
Plessner, Helmuth 75
Poe, Edgar Allen 225
Pol Pot 318
postmodernism 36–50, 84, 198, 346
Pound, Ezra 225
pragmatism 34, 48, 241
Pravda 149
Principia Mathematica 170
privata sfären, den 117, 227, 287, 321
Protagoras 80
protestantism, protestanter 7, 221–228
puritaner 219–234
Putin, Vladimir 258, 313–315

R

Ranke, Leopold von 203
rasism viii–xiii, 20, 53, 85, 131–138, 347
Rassemblement du Peuple Français (RPF) 27–28
Ratzel, Friedrich 306
Reagan, Ronald 20–23
reformationen, den protestantiska 6–7, 124, 301
relativism 7, 34, 48, 84, 161
Renan, Ernest 307
Renfrew, Colin 183
revolutionen, den franska x, 12, 62
Rigveda 158, 186
Robespierre 60
Robichez, Jacques 118, 130, 310, 327
Roosevelt, Franklin D. 240, 262
Rorty, Richard 43–48, 93–97, 122, 222, 241
Roszak, Theodore 98
Rougier, Louis 55–57, 101, 151–165, 180–187
Rousseau, Jean-Jacques 60, 276–286
Rufer, Hermann 262
Ruggiero, Guido de 95–103
Russell, James C. 153, 175, 215, 232, 326, 342
Ruyer, Raymond 56, 85, 102, 209, 331, 350

S

Sade, Marquis de 36
Saint-Just 60
Salomon, Ernst von 244
Sandel, Michael 236, 257
Santayana, George 233, 247
Sartre, Jean-Paul 38
Saving Private Ryan (Rädda menige Ryan) 239
Scheler, Max 75, 103, 141, 157
Schmitt, Carl 64, 117–123, 180, 234–237, 303–309, 334, 346
Scruton, Roger 231
sekularisering 7
sex 125–131, 147
Shakespeare, William 300
sharia 132
Skinner, Quentin 287
Smith, Adam 16, 70, 95, 112–120, 232, 254
socialism 13, 120, 264, 313
Solzjenitsyn, Alexander 110, 149
Sorel, Georges 2–13, 63, 170–181, 272–274, 317
Sovjetunionen x, 14–24, 143–148, 185, 252–272, 313–314
Spann, Othmar 114–115
Spengler, Oswald xvi, 13–14, 64, 179–185, 217–221, 239, 264
Spykman, Nicholas 271
Staël, Madame de 74
Stalin, Josef 143, 262
stat 5, 28, 72–74, 118–123, 223–243, 286–297, 321, 341–349
Sternhell, Zeev 63
Steuckers, Robert 34, 58, 117, 134–139, 203–218, 240, 270, 307–317, 344–349
Stoddard, Lothrop 225
subsidiaritet 291–292
Sunic, Tomislav 44–46, 65–74, 107, 142, 156, 237, 344
Système à tuer les peuples, Le 178, 278–283

T

Táin Bó Cuailnge 170
Talmon, Jacob 144
Taylor, Charles 108–117, 325
Terre et peuple 30, 45, 58, 131–135, 238–242, 259, 308–316, 334–335, 350
Thatcher, Margaret 20–23
Thiriart, Jean 297–306, 338
Thompson, Jim 243
Thukydides 179
Tjernobyl 14
Tocqueville, Alexis de 23, 245
Todd, Emmanuel 236–237, 272–274, 307
Tönnies, Ferdinand 62, 103
totalitarism 144–150, 296

tradition xvii, 3–29, 50–65, 77, 92–102,
120–139, 161–176, 188, 202–244, 283,
308–309, 343–348
traditionalism 36–38, 60, 92, 108, 155, 175
Traditions d'Europe 176
Travis, William 239
Tredje världen 20, 38, 58, 130, 259, 275–278,
311–316, 333–335
trefunktionalitetssystemet 187–188
Tysk-romerska riket, det 309
Twain, Mark 222

U
universalism 13, 39–45, 111, 123, 142, 154, 169,
204, 216, 231, 281, 342
Upplysningen 9–17, 50, 100, 264–267, 281

V
Valla, Jean-Claude 26, 72, 138, 240, 297,
311–321, 344
Vattimo, Gianni 2, 42–48, 105, 172, 191,
205–212
Veblen, Thorstein 225
Venner, Dominique xiv, 17–38, 54, 128, 161,
174–175, 202, 238, 283, 308
Veyne, Paul 166–172
Vial, Pierre 13, 25–30, 55–72, 138, 155–183, 212,
238, 273, 308–314, 334–344
Vichy (regim) 25, 63
Vico, Giambattista 179
Vidal, Gore 184, 250
Vietnam 139, 218, 238, 255–266
Vlaams Blok 345
Voltaire 60

W
Wallerstein, Immanuel 272–284, 327
Washington, George 224, 243
Weaver, Richard 85, 248
Weber, Max 145, 289, 309
Westfaliska freden, den 292
Wiebe, Robert 27, 228–244, 340
Wilson, Woodrow 252, 267
Wittgenstein, Ludwig 105
Wolfowitz, Paul 305–315
Wood, Gordon S. 224–232

Y
Yalta 262
Yockey, Francis Parker 28, 96, 217–225, 238,
265, 284–297, 339–340

Z
Zedong, Mao 35–40
Zinovjev, Alexander 58, 143–145, 267, 280–281,
314
Ziuganov, Gennadij 313

ANDRA BÖCKER FRÅN ARKTOS

SRI DHARMA PRAVARTAKA ACHARYA — *The Dharma Manifesto*

ALAIN DE BENOIST — *Beyond Human Rights*
Carl Schmitt Today
Manifesto for a European Renaissance
On the Brink of the Abyss
The Problem of Democracy

ARTHUR MOELLER VAN DEN BRUCK — *Germany's Third Empire*

KERRY BOLTON — *Revolution from Above*

ALEXANDER DUGIN — *Eurasian Mission: An Introduction to Neo-Eurasianism*
The Fourth Political Theory
Last War of the World-Island
Putin vs Putin

KOENRAAD ELST — *Return of the Swastika*

JULIUS EVOLA — *Fascism Viewed from the Right*
Metaphysics of War
Notes on the Third Reich
The Path of Cinnabar

GUILLAUME FAYE — *Archeofuturism*
Convergence of Catastrophes
Sex and Deviance
Why We Fight

DANIEL S. FORREST — *Suprahumanism*

ANDREW FRASER — *The WASP Question*

ANDRA BÖCKER FRÅN ARKTOS

GÉNÉRATION IDENTITAIRE   *We are Generation Identity*

PAUL GOTTFRIED   *War and Democracy*

PORUS HOMI HAVEWALA   *The Saga of the Aryan Race*

RACHEL HAYWIRE   *The New Reaction*

LARS HOLGER HOLM   *Hiding in Broad Daylight*
Homo Maximus
The Owls of Afrasiab

ALEXANDER JACOB   *De Naturae Natura*

PETER KING   *Keeping Things Close: Essays on the Conservative Disposition*

LUDWIG KLAGES   *The Biocentric Worldview*
Cosmogonic Reflections: Selected Aphorisms from Ludwig Klages

PIERRE KREBS   *Fighting for the Essence*

PENTTI LINKOLA   *Can Life Prevail?*

H. P. LOVECRAFT   *The Conservative*

BRIAN ANSE PATRICK   *The NRA and the Media*
Rise of the Anti-Media
The Ten Commandments of Propaganda
Zombology

TITO PERDUE   *Morning Crafts*

ANDRA BÖCKER FRÅN ARKTOS

RAIDO	*A Handbook of Traditional Living*
STEVEN J. ROSEN	*The Agni and the Ecstasy*
	The Jedi in the Lotus
RICHARD RUDGLEY	*Barbarians*
	Essential Substances
	Wildest Dreams
ERNST VON SALOMON	*It Cannot Be Stormed*
	The Outlaws
TROY SOUTHGATE	*Tradition & Revolution*
OSWALD SPENGLER	*Man and Technics*
TOMISLAV SUNIC	*Against Democracy and Equality*
ABIR TAHA	*Defining Terrorism: The End of Double Standards*
	Nietzsche's Coming God, or the Redemption of the Divine
	Verses of Light
BAL GANGADHAR TILAK	*The Arctic Home in the Vedas*
DOMINIQUE VENNER	*The Shock of History: Religion, Memory, Identity*
MARKUS WILLINGER	*A Europe of Nations*
	Generation Identity
DAVID J. WINGFIELD (ED.)	*The Initiate: Journal of Traditional Studies*